[第3版]

民法の基礎

2 物権

有斐閣

第 3 版　はしがき

　土地の所有者またはその所在が不明であるために社会においてさまざまな問題（「所有者不明土地問題」）が生じていることを受けて，昨年，「民法等の一部を改正する法律」（令和 3 年法律第 24 号）と「相続等により取得した土地所有権の国庫への帰属に関する法律」（令和 3 年法律第 25 号）が制定された。

　このうち前者の法律では，民法の規定について，所有者不明土地問題を契機として，財産の利用（権利の行使）の停滞が問題視される場合について幅広く，その利用の円滑化を図るための見直しがされ，相隣関係の規定の見直し，共有の規定の大幅な見直し，土地または建物に特化した新たな管理制度の創設など，本書に関連する重要な改正が数多くされている。

　それらの規定が本年 4 月 1 日から施行されることにあわせて，本書を改訂することにした。その際，改正の影響がある部分に限ることなく，本書全体について説明の仕方や表現を改めて見直し，必要と考える変更をした。

　今回の改訂にあたっても，有斐閣書籍編集部（京都支店）の一村大輔さんに大変お世話になった。心よりお礼を申し上げる。

　2023 年 3 月 18 日

佐 久 間　毅

初版　はしがき

　本書は，『民法の基礎』シリーズの第2巻であり，物権法を対象としている。

　『民法の基礎』シリーズでは，初学者に基礎的な事柄を伝えることを第1の目的としつつ，読者が少し高度な問題についても自ら取り組めるようになる手助けをすることも目指している。

　本書の執筆に際しては，これらの目的の達成に少しでも近づけるようにと，第1巻においてと同じく次のことを心がけた。第1に，記述をできる限り次のような構成で進めることにした。すなわち，はじめに具体例を挙げて問題の所在を明確にする。つぎに，その問題に関して一般的な説明をする。そして最後に，その説明が具体例においてどのように展開されるのかについて一例を示す，という構成をとった。第2に，専門用語や民法の他の領域で学ぶ制度については，初出時に平易な言葉で説明したり，本書で後に詳しく扱う箇所を指し示したりするようにした。ただし，本書はシリーズの第2巻であることから，第1巻で扱った総則で取り上げられることが一般的な事柄については，読者が基本的知識を有することを前提として記述を進めた。第3に，説明に際しては，なぜそのようになるのかという理由をなるべく付した。第4に，基本的な問題とやや高度な問題・細かな問題を明確に分けて説明するようにした。

　物権法の領域でも，他の領域と同じく，見解が鋭く対立している問題は少なくない。本書では，そういった問題について，いくつかの例外を除けば，判例と一部の主要学説に触れるにとどまっている。これは，そういった見解の対立に意味を認めないからでは決してない。一冊の本に盛り込める内容には限りがあり，あらゆる読者のあらゆるニーズに応えられる本など存在しない。また，真の専門的知見を獲得するためには，労を惜しむことなく（他人による整理・分析を鵜呑みにするのではなく），数多くの文献を渉猟して，諸説を相対化しながら自ら分析することが不可欠だと考えている。そこで，上記の目的を掲げた本書では，読者が必要に応じて自ら多くの文献に接せられることに期待して，学説上の見解の対立の詳細に立ち入ることはしていない。

　シリーズ第1巻・総則に対しては，好意的な声を数多くいただいた。また，読者のなかには，続巻の早期刊行を望む旨を伝えてくださる方もあった。大変ありがたく，文字どおり望外の喜びであり，これらの方々の期待に応えたいと強く思

いながらも，結局，2冊目の刊行にこぎつけるまでに3年半もの月日を要してしまった。それでも待っていてくださった方があるならば，せめて，本書がその期待に背くことがないようにと願っている。

本書がなるにあたっては，多くの方々から大変貴重な協力を得た。

とくに，いずれも元ゼミ生の北川瞬さん（京都大学大学院法学研究科法曹養成専攻院生），採澤友香さん（京都大学法学部学生），品田智史さん（京都大学大学院法学研究科博士後期課程院生），長尾一司さん（京都大学法学部学生），西内康人さん（京都大学法学研究科助手），狭間巨勝さん（京都大学法学部学生）は，草稿に丹念に目を通してくださり，数多くの有益な指摘をしてくださった。そのお陰で，非常に多くの誤りを正し，よりよい説明に変えることができた。真摯で大変優秀な方々に授業等で日々接し，刺激を受けるという非常に恵まれた環境にあることを再認識する，とてもよい機会にもなった。諸氏に，心よりお礼を申し上げる。

第1巻に続き，今回も，有斐閣京都支店の一村大輔さんに大変お世話になった。いろいろ理由をつけて原稿や校正をなかなか出さないのに，出すとなると前言を翻して予定外の大幅な加筆・修正を平気でする筆者に，嫌な顔一つせず付き合ってくださった。同氏の敬服に値する忍耐がなければ，この時期にすら本書を世に出せることはなかっただろう。深く感謝を申し上げる。

2006年7月

佐久間　毅

本書は，「はしがき」にも述べたとおり，物権法をはじめて勉強する人を主たる対象として，読者に物権法に関する基礎知識を伝えるとともに，より高度な問題に自ら取り組もうとする読者にも助力することを目指している。この目的を実現するために，本書は，大きく分けて，本文，⬚発展学習，⬚補論という3つの部分から構成されている。

本文は，多くの場合，*Case* とそれに対する一般的説明，その説明の *Case* への展開例（網かけの部分）からなっている。そして，*Case* については，そこで何が問題となっているのかを，⬚問題の所在にまとめていることが多い。また，当該問題を論じるにあたって欠かせない前提知識であって，本書において当該箇所以前に説明のない制度や規定については，⬚前提知識として説明している。

本文では，発展的な問題や細かな問題は，原則として扱っていない。それらの問題のうち必要と思われるものについては，⬚発展学習において説明している。

本文と⬚発展学習は，一部に例外はあるものの，法律の条文，判例，および学説における一般的理解に基づいて説明をしている。それに対し，⬚補論では，著者自身の見方や考えを示した。

本文は，⬚発展学習および⬚補論における説明を前提とせずに，なるべく丁寧に説明するよう心がけた。したがって，物権法をはじめて勉強される方は，⬚発展学習および⬚補論を完全に無視して読み進めていただいても構わない。本文を読み通すだけで，物権に関する最低限の基礎知識は身につくはずである。反対に，すでにある程度勉強が進み，*Case* をみただけで問題点を自ら把握できる方は，⬚問題の所在や⬚前提知識は読み飛ばしていただいて差し支えない。ただし，いずれの方にも，本書を読まれるにあたっては，法律の条文を丹念に確認されることを強くお勧めする。また，（余力があるならば）本書にあげられている判決を実際に読まれることが大変有益であることを付言する。

ある程度勉強が進んでくると，本文だけでは物足りなくなるかもしれない。そのように感じられた方は，是非，⬚発展学習もお読みいただきたい。そこでは，本文の説明に関連する発展的な問題，複合的な問題，学説の対立，細かな知識，主張・立証責任の所在などが扱われている。ここまで読み込んでいただければ，か

なり実践的な力を養えると思う。ただし，[発展学習]の記述は，本文ほど丁寧ではないことを，予めお断りしておく。

　さらに，自分で考える際の参考にするために，少し変わった見方や考え方を知っておくのも悪くないと思われる方は，[補論]もお読みいただければ幸いである。

第6章	物権的請求権	323

略 語 一 覧

1 法 律 等

遺失物	遺失物法
区分	建物の区分所有等に関する法律
憲	憲法
古物	古物営業法
質屋	質屋営業法
借地借家	借地借家法
信託	信託法
商	商法
動産・債権 譲渡特例法	動産及び債権の譲渡の対抗要件に関する民法の特例等に関する法律
農地	農地法
非訟	非訟事件手続法
不登	不動産登記法
旧不登	平成 16 年改正前の不動産登記法
民	民法*
民執	民事執行法
民保	民事保全法
立木	立木ニ関スル法律

*ただし，民法の規定については，他の法律における規定と区別するためにとくに必要であると
思われる場合を除き，単に条数のみで示している。

2 判 決

最判（決）	最高裁判所判決（決定）
最大判	最高裁判所大法廷判決
大判（決）	大審院判決（決定）
大連判	大審院連合部判決
高判	高等裁判所判決
控判	控訴院判決
地判	地方裁判所判決

3 判決登載誌

民集	最高裁判所民事判例集または大審院民事判例集
裁判集民事	最高裁判所裁判集民事
民録	大審院民事判決録
裁判例	大審院裁判例（法律新聞別冊）
判決全集	大審院判決全集
評論	法律〔学説判例〕評論全集
法学	法学（東北大学法学会誌）
判例彙報	司法行政判例彙報
刑録	大審院刑事判決録
下民集	下級裁判所民事裁判例集
家月	家庭裁判月報
訟月	訟務月報
新聞	法律新聞
判時	判例時報
判タ	判例タイムズ
百選 I	潮見佳男・道垣内弘人編『民法判例百選 I　総則・物権（第 9 版）』（有斐閣，2023 年）
百選 II	窪田充見・森田宏樹編『民法判例百選 II　債権（第 9 版）』（有斐閣，2023 年）
百選 III	大村敦志・浅野眞己編『民法判例百選 III　親族・相続（第 3 版）』（有斐閣，2023 年）

第 1 章

物権法序論

1　物権とは何か

　民法は，社会における私人間の関係を規律している。この規律は，財産に関するものと身分に関するものに分けられる。

　民法は，人びとの財産関係を規律するにあたって，二種の権利概念を主たる道具として用いている。物権と債権である。本書では，このうち物権に関する諸問題を扱う。

　物権は，一般に，物を排他的に支配する権利であるとされている。この定義は，いくつかの要素を含んでいる。

1　物権は，「権利」の一種である

　第一に，物権は，権利の一種である。これは，物権も人との関係において意味をもつことを示している。物権について，しばしば，債権と対比して次のように説かれる。すなわち，債権が特定の他人に対する行為請求権であるのに対し，物権は物に対する支配権である，と。確かに，この特質ゆえに，債権の場合には，債権という権利に対応する義務（債務）を負う者がある。それに対して，物権の場合には，物権という権利に対応する義務を誰かが負うわけではない。しかしながら，人が物を支配する権利を有することは，それを他人に主張する場面でこそ意味をもつ。したがって，物権を債権との対比で理解しようとするときには，他人に対してすることができる法的主張の内容の違いに注目することが重要である。

2　物権は，「物」を客体とする権利である

　第二に，物権は，「物」を客体とする権利である。

　民法において，「物」とは有体物（空間の一部を占めるもの。すなわち，気体，液体，固体）をいう（85条）。したがって，物権は，有体物を客体とすることになる。これには例外もある（たとえば，権利質〔362条以下〕や，地上権等の権利の上に設定された抵当権〔369条2項〕は，財産権を客体とする）が，それらの例外を除けば，有体物以外の客体に対する権利に民法第2編（物権編）の規定が直接に適用されることはない。たとえば，プライバシー，名誉，肖像といった人格的利益や，発明，著作に対する無体財産権に，物権編の規定は，直接には適用されない。物権編の規定による権利の保護は，一般に，債権編の規定による保護よりも相当強力であ

る。その強力な法的保護が，それを与えることが適当ではないかとも考えられる場合に，必ずしも与えられないのである。そこで，そういった利益や権利の保護は，特別法によるか，判例法によって図られるしかない。これは，わが国の民法典の大きな欠点の一つである。

❸　物権は，物の「支配」を内容とする権利である

　第三に，物権は，物の「支配」を内容とする権利である。ここにいう「支配」とは，物理的支配を含みうるが，その本質は物が有する価値や物から派生する価値の把握にある。この支配の内容の違いに応じて，物権は各種のものに分かれることになる（⇒ p.7 の **2**）。

❹　物権は，物を「排他的に」支配する権利である（**物権の排他性**）

　第四に，物権者は，その権利の限度において，他者を排除して物の価値を独占すること（物の排他的支配）ができる。これを，**物権の排他性**という。

　物権に排他性が認められる結果として，物権者の価値支配に抵触する内容の物権は成り立たないことになる（たとえば，A が甲土地を所有する場合には，甲土地に別の所有権は成立しえない）。また，物権者は，競合する債権を有する者に対して優先を認められることになる（たとえば，A が自転車甲をその所有者 B から購入した場合には，A は，B から甲を賃借していた C に対し，甲の返還を求めることができる〔「売買は賃貸借を破る」〕。また，債務者の所有に属する乙土地に抵当権の設定を受けた債権者は，破産や強制執行の場合に，他の債権者に優先して乙土地の価値から弁済を受けることができる）。このように，物権が他の権利に対して優先するという効力を，物権の優先的効力（⇒ p.19 の **2**）という。

　これに対し，債権には一般に排他性がない。そのため，内容の実現において両立しえない債権が複数成立しうる（たとえば，A と C のそれぞれが，B に対して，同日同時刻に別の劇場公演に出演することを求める債権を有することがありうる）。また，それらの複数の債権の間に，優劣関係は認められない。現実に履行を受けた債権者の債権だけが実現されるが，どの債権を実現するかは，債務者の意思にゆだねられる。履行を受けられなかった債権者は，債務者に対して債務不履行の責任を問うことができるにとどまる。また，破産や強制執行の場合には，各債権者は，債権額の割合に応じて平等に弁済を受けることになる。

1 物権法定主義

1 物権法定主義とは

　物権と債権は，権利の種類と内容の点でも際立った対照を示す。債権は，私的自治の原則から，人びとが自由に創設することができる。それに対し，物権は，民法その他の法律に定められたものに限って認められ，人びとが自由に創設することは許されていない（175 条）。物権に関するこの原則を，**物権法定主義**という。

　物権法定主義は，次の二つの内容を含む。

　第一に，法律に定めのない種類の物権を作ることはできない。

　第二に，法律の定める物権に，それと異なる内容を与えることはできない。たとえば，所有権は，物を自由に使用，収益，処分する権利であるとされている（206 条）。そのため，ＡＢ間でＡの所有する物（甲）の売買がされるに際して，Ｂは甲を他に譲渡してはならない旨が合意されたとしても，この合意によって，Ｂが甲の譲渡の権能を有しないことにはならない。したがって，Ｂが甲をＣに売却した場合には，Ｃは，甲の所有権を取得することができる（ただし，Ｂは，Ａとの間で甲をある期間他に譲渡しない債務を負っていたとして，Ａから債務不履行を理由とする責任を問われることがありうる）。

2 物権法定主義が採用されている理由

　物権法定主義が採用されたことには，歴史的な理由と実質的な理由がある。

　1 歴史的理由　　民法制定以前は，とくに土地について所有権を拘束するさまざまな権利（土地所有権に対する封建的拘束）が存在しており，土地をめぐる権利関係がきわめて複雑であることがあった。そして，これは円滑な取引の妨げにもなっていた。そこで，民法の起草者は，そういった権利関係を整理して自由な所有権をまず確立し，そのうえで，権利関係が再び複雑になることがないように，それ以外の権利は法律の認めるわずかな種類に限ることとした。

　2 実質的理由　　物権法定主義が採用された実質的理由として，社会における人びとの行動の自由と取引安全の保護がある。

　物権には排他性が認められる。その結果，物権が存在すると，権利者以外のすべての者が，その物権の存在によって法的影響を受ける。そのため，このような

権利を人びとが自由に作り出せることになると，他者の行動の自由が著しく害されるおそれがある。また，排他性のある権利は，他者の行動の自由と取引安全を確保するために，その存在と内容を公示させることが望ましい。ところが，権利の種類や内容を人びとが自由に決められるとすると，その公示のための方法を用意することが難しくなる。そこで，物権として認められる権利の種類と内容が限定されることになった。

❸ 物権法定主義の限界

　物権法定主義には，問題点もある。物権の種類と内容を法律が認めるものに限定すると，社会のニーズに応えられないおそれが生じうるのである。

　社会においては，絶えず新たな形態の取引が生み出される。その際に，ある利益や地位を排他性を伴って法的に強く保護すること，または既存の物権の内容を変えることが望まれることもある。そういった場合に，その保護または内容をすぐさま法律で実現することができればよいが，それは，事実上不可能である。そこで，社会において生じた慣習上の権利に物権としての法的効力を認めることができないかどうかが，問題になる。

　民法の起草者は，物権法定主義を非常に厳格に解して，慣習法上の物権は認めないとする立場だった（175条のほか，民法施行法35条を参照）。これは，次の二つの理由による。第一に，慣習法上の物権を認めると，複雑な権利関係を整理してようやく確立した安定した物権秩序が害されて，元の状態に戻ってしまうおそれがあると考えられたことである。第二に，慣習法上の物権の法的承認に対して，当時は，取引社会からそれほど強い要請があったわけでもなかったことである。

　しかしながら，とくに金融取引や信用取引が進展した現在では，このような立場を墨守すると，社会の発展を阻害するおそれもある。そのため，民法の制定後に，判例上，いくつかの権利に物権と同様の効力（物権的効力）が認められてきた。根抵当権，仮登記担保権，譲渡担保権などがその代表例である（前二者については，判例の集積を踏まえて，すでに法律の規定が設けられている）。

　そうすると，どういった場合であれば，法律に定めがなくてもある権利に物権的効力を認めてよいかが問題になる。その効力の承認には，物権法定主義が採用された理由に照らして，次の条件が充たされていることが必要であると考えられる。すなわち，①その権利が，自由な所有権に対する支障となるような封建的権利ではないこと，②その権利の存在と内容が，社会的に承認を受けているといえ

るほどに固まっていること，③その権利の存在と内容を公示する適当な方法があることである。

 慣習上の権利とその物権的効力

　判例上，物権的効力が認められているものとして，本文に掲げたもののほかに，水利権（河川などの水を排他的に利用する権利。大判明治32・2・1民録5輯2巻1頁，大判明治38・10・11民録11輯1326頁，大判明治39・3・23民録12輯445頁）や温泉専用権（地下から湧き出る温泉を排他的に管理使用する権利。大判昭和15・9・18民集19巻1611頁〔百選I 45事件〕）がある。これに対し，判例によって物権的効力が否定されたものとして，上土権（他人の土地を開墾した者に認められる永代の耕作権。上土権を除いた土地の支配権を底土権と呼ぶ）がある（大判大正6・2・10民録23輯138頁）。

2 民法上の物権

　民法には，175条を受けて物権として10種類の権利が定められている。占有権，所有権，地上権，永小作権，地役権，入会権，留置権，先取特権，質権，抵当権である。地上権以下の8種の権利をまとめて制限物権，地上権・永小作権・地役権・入会権（ただし，共有の性質を有しないもの）をまとめて用益物権，留置権・先取特権・質権・抵当権をまとめて担保物権と呼ぶ。

　以下，本書全体に共通の前提として，これらの権利の概要を説明する。

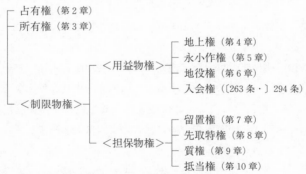

　　　　　　　　　<　　>内は，民法典にはない整理概念

1 所 有 権

　所有権は，物（の価値）を全面的に支配する権利である。そのため，所有者は，自由に，物を占有し使用すること，物から利益を収めること，物を処分することができる。また，こういった権利の内容の実現を他人が妨げる場合には，所有者は，その妨害を排除することができる。

所有権は，物権の典型とされる権利である。物権の意義や特質，物権の効力は，多くの場合に，所有権をモデルとして語られている（そのため，他の物権については，そこで述べられていることが妥当しないこともある）。

❷ 制 限 物 権

1 **制 限 物 権**　　所有権は，物の二つの経済的な価値を把握するものということができる。物の利用価値と交換価値である。利用価値とは，権利者が物を自ら使用する，または他人に使用させて収益を得る側面をいう。交換価値とは，権利者が物を他人に譲渡して収益を得る側面をいう。これら二つの価値の一部を把握する権利が，所有権それ自体を所有者のもとにとどめたままで，他人に与えられることがある。他人に与えられるこの権利は，所有権の権能の一部であることから，物権として構成されている。そして，その物権は，所有権を制限する効力をもつことになるので，**制限物権**と呼ばれている。

2 **用 益 物 権**

(1)　*用益物権とは*　　制限物権は，一般に，用益物権と担保物権に分けられる。そのうち，**用益物権**は，他人の土地の利用価値を支配する物権である。

(2)　*用益物権にあたる権利*　　民法上の物権では，地上権，永小作権，地役権，共有の性質を有しない入会権がこれに該当する。

地上権は，工作物または竹木を所有するために他人の土地を使用する物権である（265条）。

永小作権は，耕作または牧畜に他人の土地を使用する物権である（270条）。

地役権は，自己の土地の便益を図るために他人の土地を使用する物権である（280条）。自宅から公道に出るために他人の土地を通行する権利，他人の土地から水を引く権利，日照確保のために他人の土地に建築制限をかける権利などが，ここに含まれる。

入会権は，村落共同体に属する住民が，実質的に村落に帰属する山林や原野などに対する権利（入会財産）を，共同で利用する慣習上の物権である。入会権には，共有の性質を有するものと，有しないものがある。前者は，所有権（類似の権利）の一種であり，後者は，用益物権の一種である。入会権は，慣習上の物権であるため，その内容が民法において具体的に定められているわけではない（内容決定も，慣習にゆだねられている）。この点で，民法上の他の物権と異なっている。

3 担保物権

(1) 担保物権の意義　**担保物権**は，債権者に債権回収の確保のために認められる，他人の物の主として交換価値を支配する物権である。債権者にとってこの物権を取得する意味は，債務不履行があった場合に，債権者平等の原則を排除して優先的に債権回収を図ることができる点にある。

この意味を，AがBに対する1000万円の債権を有していた場合を例に説明する。

この場合に，Aは，履行期を過ぎても弁済を受けられなければ，原則として強制執行や破産といった手続を通じて債権の回収を図ることになる。強制執行を例にとれば，Aは，たとえばBの所有する土地を差し押さえて，Bがそれを勝手に処分することができないようにした上で強制的に競売にかけ，その売却代金を原資とする配当を受けることで，債権回収を図る。この場合に，1000万円がBの債権者に配当されることになったとしても，Aが，債権全額を回収することができるとは限らない。Bの債権者で手続に加わるものがほかにもいたならば，1000万円は，Aとそれらの者の間で，債権額の割合に応じて分けられることになるからである。このように，強制執行等の手続において各債権者が債権額の割合に応じて平等に配当（弁済）を受けるものとする原則を，**債権者平等の原則**という。

債権者平等の原則によって，債権者間の公平が図られる。また，この原則の実質を確保するために，債権者の一部による抜け駆け的な債権回収を防ぐ方策（たとえば，詐害行為取消権や破産法上の否認）も用意されている。これによって，債務者が財産的危機に陥ったときに債権者が我先にと債権回収へと走ることがある程度防止されて，債務者が直ちに財産的破綻へと追い込まれることを避けることができる。

しかしながら，債権者平等の原則を貫くことには，次の問題点がある。

第一に，債権者の中には，公平の見地や政策的理由から，他の債権者よりも強い保護に値する者もある。そのような者に対しては，債権者平等の原則を排除して，他の債権者に優先して債権回収を認める必要がある。

第二に，債権者平等の原則によって，信用不安のある債務者が，かえって窮地に追い込まれることがある。債権者平等の原則の下では，信用不安のある債務者に対する債権をもつことは，一定割合で債権を回収することができない危険を引き受けることを意味する。そのため，そのような債務者は，新規に融資

を受けることや弁済の繰り延べを認めてもらうことが困難になりうるからである。このような場合を考えると，債権者平等の原則を排除して，ある債権者に優先的な債権回収を認めることも必要になる。

　担保物権は，以上の必要性をみたすものである。

　(2) **担保物権にあたる権利**　　民法上の物権では，留置権，先取特権，質権，抵当権が担保物権に該当する。

　(a) **留 置 権**　　留置権は，ある物に関して生じた債権がある場合において，その物が債権者の手元にあるときに，債権者が弁済を受けるまで物を自らのもとに留め置く（物の返還を拒む）ことができる権利である。したがって，目的物の所有者は，債務の弁済まで使用権能を制限されることになり，これにより弁済が間接的に促進される。

　たとえば，AがBから依頼されて，B所有の機械（甲）を預かり，報酬額10万円で修理したとする。この場合，Bは，Aとの契約に基づいて，甲の返還を求めることができる。もっとも，Bがこれを求めたならば，Aは，10万円の報酬債権をBに対して有するので，その支払があるまで甲の返還を拒むことができる（同時履行の抗弁権。533条）。ただ，同時履行の抗弁権は，双務契約上の権利である。そのため，Bが所有権に基づいて甲の返還を請求する場合や，甲がBからCへと譲渡されて，Cが所有権に基づいて甲の返還を求める場合には，Aは，同時履行の抗弁権によって争うことができない。しかしながら，この場合も，Aは代金支払まで甲を返還しなくてよいとすることが，公平といえる。この公平の理念を実現するものとして法によって債権者に与えられるのが，物権たる留置権である。

　(b) **先 取 特 権**　　先取特権は，債務者が債務を弁済しない場合に，法律の規定によって，債権者に，債務者の目的財産の競売等による換価金から優先的に配当を受けることが認められる物権である。これは，公平の観念，当事者の通常の期待の保護，社会的弱者の保護，特定産業の保護などの理由から，一定の債権を強く保護するために法律上当然に成立が認められるものである。先取特権は，民法において15種類あり，民法以外の法律にも，数多く存在する。

　先取特権には，特定の動産を目的物とするもの（動産先取特権），特定の不動産を目的物とするもの（不動産先取特権）のほか，特定の物を目的とするのではなく，債務者の総財産（の一部）を目的とするものがある（一般先取特

権）。このうち，動産先取特権と不動産先取特権は，目的物の交換価値を支配するものということができる。一般先取特権については，特定の物の支配を観念することができず，先取特権者は，強制執行等の場面で他の債権者に対する優先を認められる点でのみ，単なる債権者と異なるにすぎない。そのため，一般先取特権は，物権性が希薄であるということができる。

(c) 質 権　質権は，債権者が担保として目的物を預かり，期限に債務が弁済されなければ目的物を競売にかけるなどして，その換価金から他の債権者に優先して配当を受けることができる物権である。質権は，留置権や先取特権と異なり，当事者の合意によって設定される。

民法上，質権には，動産を目的物とする動産質権，不動産を目的物とする不動産質権，所有権以外の財産権を目的とする権利質権がある。権利質権は物を客体とするものではないが，これにも物を目的とする質権に関する規定が原則として準用される（362条2項）。

動産質権と不動産質権では，質権者は，弁済を受けるまで目的物を占有することができる。また，質権者は，債務不履行があった場合に，目的物を競売にかけるなどして得られた金銭から優先弁済を受けることができる。したがって，質権の設定によって，目的物の所有者は，物の使用収益権能を制限されるとともに，債務不履行の場合に所有権そのものを失うという制限を受けることになりうる。

(d) 抵 当 権　抵当権は，債権者が，債務不履行の場合に，担保目的物である不動産を競売にかけるなどして得られる金銭から，他の債権者に優先して配当を受けることができる物権である（369条1項）。これも，質権と同じく，当事者の合意によって設定される。

抵当権は，不動産所有権のほか，地上権や永小作権を目的とすることが認められている（369条2項）。

抵当権においては，債務不履行があるまでは目的物の占有が所有者（あるいは，地上権者や永小作権者）に留められる。債務不履行があり抵当権が実行されると，目的物が競売によって処分されたり，（所有者が目的物の管理権を制限され）管理人によって管理されたりする。そして，そこから生ずる換価金や収益金は，抵当権者に優先的に配当される。したがって，抵当権の設定によって，目的物の所有者は，債務不履行の場合に所有権を失うか，物の管理収益権能を制限されることになる。

4　占　有　権　　以上に述べた 9 種類の物権は，物の何らかの価値を支配する権利である。それに対して，**占有権**は，ある人が物を支配しているという「状態」を保護するものである。

たとえば，A が，B 所有の甲土地を B に無断で占有していたとする。この場合に，C が A の承諾なしに甲土地を占拠したならば，A は，C に対し，甲土地の明渡しや損害の賠償を求めることができる（200 条 1 項）。また，A が甲土地の占有を 20 年間（162 条 1 項）または 10 年間（162 条 2 項）継続したならば，A は，時効によって甲土地の所有権を取得することができる。これらの場合において，A は，適法な権原に基づいて甲土地を占有しているわけではない。そうであるにもかかわらず，法は，A による甲土地の事実的支配に対して保護を与えるのである。法が占有を根拠に占有者を保護する例は，このほかにも存在している。そういった占有を根拠に占有者に与えられる法的保護の総体を指して，占有権と呼ばれている。

3　物権の客体──物

1　物権の客体たる物の要件

物権は，一部の例外（一般先取特権，権利質権，地上権等を目的とする抵当権など）を除いて，物を目的（客体）として成立する。

1　有　体　性

物とは，有体物をいう（85 条）。したがって，物権の客体は，原則として有体物ということになる。

物権は，権利者に客体の排他的支配を認める権利である。そのため，物権の客体は，排他的支配が可能であり，かつ，排他的支配を承認してよいものに限られることになる。そして，民法制定の当時には，所有権を前提にして，人が排他的支配を及ぼせるのは有体物だけであると考えられた。そのため，民法では，物権の客体が原則として有体物に限られている。

2　排他的支配の可能性と許容性

もっとも，有体物であることは，排他的支配が可能であることの条件の一つにすぎない。深海底や宇宙など，人の力が及ばないところにある有体物は支配可能

とはいえない。

　また，大気や海洋など，公共用物として扱うことが適当である有体物は，人の支配が及びうる場合であっても，そのままの状態では原則として物権の客体にならない（海について，最判昭和61・12・16民集40巻7号1236頁。この判決は，過去に国が一定の範囲を区画して私人の所有に帰属させたことがある場合や，自然現象による海没地が，人による支配利用が可能であり，かつ，他の海面と区別して認識することが可能である場合は例外であるとしている）。

❸　独立性と単一性（一物一権主義）

　1　意　義　つぎに，排他性という物権の特質から，取引安全のために，そのように強力な権利が及ぶ範囲を明確にしておくことが要請される。そこで，「物権の客体は，独立した1個の物でなければならない」とされている。この考えを，**一物一権主義**という。

　物権の客体は，独立の物でなければならず（**独立性の要件**），物の一部の上に物権は成立しない。たとえば，建物は，コンクリートや木材，ガラスなど，それ自体が有体物であった物から構成されている。しかしながら，それらの物は，建物を構成するに至ったことにより社会通念上独立性を失い，建物の一部になったと認められる。そのため，それらの物は，物権の客体にならない（建物だけが，独立の物として物権の客体になる）。

　つぎに，複数の独立の物にまとめて1個の物権を成立させることも，原則として認められていない（**単一性の要件**）。

　2　例　外　ただし，以上に述べたことに対しては，判断が微妙になる場合や例外も数多くある。

　(1)　独立性の要件に対する例外　独立性の要件に対しては，代表的なものとして，次の例外がある。

　土地は，ひと連なりのものであるが，便宜上，登記簿において「筆」という単位に，人為的に区画されている。そこで，土地については，1筆の土地が1個の所有権の対象とされている。しかしながら，これは便宜に基づく人為的な区画にすぎないため，1筆の土地の一部に所有権が成立することも認められている。越境建築によって他人の土地の一部を占有している者に，その土地部分について時効による所有権取得が認められるのは，その例である。

　建物についても，マンションなどで，1棟の建物の一部分に区分所有権とい

う独立の所有権が認められることがある。

　(2)　単一性の要件に対する例外　　単一性の要件も，必ずしも貫かれてはいない。

　たとえば，特定の倉庫内にある商品を一括して債権担保のために譲渡することが，判例上認められている（最判昭和 54・2・15 民集 33 巻 1 号 51 頁，最判昭和 62・11・10 民集 41 巻 8 号 1559 頁〔百選 I 96 事件〕）。判例は，この場合には，在庫商品という 1 個の「**集合物**」に担保目的の所有権（譲渡担保権）が成立すると構成している。この構成は，単一性の要件と整合させようとする試みである。すなわち，倉庫内の商品は，それを個別に売却することに困難はないが，個別に担保の客体とすることは難しい。個々の商品は，その価値が高くないことも珍しくない上に，いつ処分されるか分からないからである。しかしながら，在庫商品全部というように一括りにすれば，全体としてかなり高価になり，また，一定水準の在庫量が通時的に確保されているならば，全体としての価値が維持されるため，担保の客体とすることに適するようになる。そこで，担保目的の場合には個々の商品の集合を経済的に一体のもの（単一のもの）とみて，これを目的とする担保の設定が認められている。しかしながら，物理的には，倉庫内の商品のそれぞれが独立の 1 個の物であって，在庫商品という 1 個の物が存在するわけではない。したがって，単一性の要件からの逸脱であることは否めない。

2 物の代表的分類

　民法では，第 1 編総則のなかに，物の分類に関する規定が置かれている。この分類は物権に関してとくに意味をもつので，ここで簡単に触れる。具体的には，不動産と動産の区別，主物と従物の区別，元物と果実の区別である。

◼ 不動産と動産

　1　**不動産とは**　　土地とその定着物が，**不動産**とされている（86 条 1 項）。
　土地の定着物とは，土地に固定されており容易に移動させることができないもので，取引観念上も土地に継続的に固定された状態で利用されると認められるものをいう。建物，樹木，塀，石垣，庭石や灯籠などが，定着物になりうる。ただし，定着物とされるかどうかは，付着の程度次第である。

定着物は，その付着する土地と一体をなすものと扱われる（独立の物とはされない，したがって，独立して権利の客体にならない）ことが原則である。ただし，これには，次の例外がある。

第一に，建物は，土地と別個独立の不動産とされている。民法にこの旨を定める規定はないが，不動産登記法は，このことを前提にして編成されている。建物を土地と別個の不動産とし，それぞれが独立して物権の客体になる（たとえば，土地と建物で所有者が異なってもよい）とする法制は，外国にもあまり例のないものである。そして，このことが，わが国において不動産に関して複雑な問題を生ずる原因にもなっている。

第二に，土地に生育する樹木も，土地と別個の不動産と認められることがある。すなわち，樹木の集団（**立木**という）は，立木法の定める登記がされると，地盤から独立した不動産になる。また，この登記がない場合であっても，立木を土地と別個に所有権移転の対象とすることが認められている（たとえば，大判大正5・3・11民録22輯739頁）。この所有権移転は，明認方法という特殊な公示方法が施されると第三者に対抗することもできる（たとえば，大判大正9・2・19民録26輯142頁）。さらに，個々の樹木についても，取引上の必要がある場合には立木と同様に扱われるものとされている（大判大正6・11・10民録23輯1955頁参照）。

2　動産とは　　不動産以外の物はすべて，**動産**とされる（86条2項）。

もっとも，動産のなかにも，自動車や飛行機，船舶など，登記や登録の制度が用意されているものがある。それらの物は，その登記や登録がされると，不動産とほぼ同様の法的扱いを受けることがある。

| 発展学習 | 平成29年民法改正による無記名債権の扱いの変更 |

平成29年改正前民法86条3項は，無記名債権（証券が発行されているが，債権者は特定されておらず，証券の正当な所持人をもって債権者とするものとされる債権。乗車券，商品券，一般的な劇場入場券などがその例）を動産とみなすとしていた。もっとも，この規定は削除され，新たに520条の20が設けられて，無記名証券には記名式所持人払証券（債権者を指名する記載がされている証券であって，その所持人に弁済すべき旨が付記されているもの。たとえば，受取人を「Aまたは所持人」と指定して振り出された小切手）に関する規定が準用されることになった。これによって，たとえば，以下の点が変わった。

譲渡の効力は，改正前は，当事者の合意のみによって生じた（176条）。これに対し，改正法によって，証券を交付しなければ生じないことになった（520条の13の準用）。

また，権利を取得したと信じた者の保護について，改正前は，動産の即時取得に関する192条が適用された。これに対し，現在では，記名式所持人払証券の善意取得に関する520条の15が準用される（たとえば，権利取得が妨げられる要件が，権利取得行為者の悪意または過失から，悪意または重大な過失に変わった）。

さらに，無記名債権を目的とする質権は，改正前は動産質権であった。これに対し，現在では，権利質権の一つとなる（記名式所持人払証券に関する520条の17が準用されるため，同条が準用する520条の13から520条の16までの規定が準用される）。

　3　**区別の意味**　　民法は，不動産と動産について，両者の性質の違いに応じて，多くの異なった規律を設けている。その主なものとして，次のものがある（それぞれについて詳しくは，後述するところを参照）。

	不　動　産	動　産
①物権変動の原則的公示方法と対抗要件	登記（177条）	引渡し（＝占有の移転，178条）
②公信の原則の採否と，無権利者からの譲受人の保護	登記に公信力なし。登記名義人を権利者であると過失なく信じて権利取得行為をしても，その権利を取得することができない。94条2項類推適用法理が，この者の保護に役立つ	占有に公信力が認められている。そのため，占有者を権利者であると無過失で信じて権利を譲り受けた者は，その権利を取得する（192条）
③成立する物権	物権編に規定のあるすべての物権	用益物権や抵当権は成立しない
④所有者がない物の扱い	国庫に帰属する（239条2項）	所有者のない物（無主物）として，無主物先占（239条1項）の対象になる

② 主物と従物

　1　**意　　義**　　87条は，主物と従物の区別について定めている。

　2個の物の間に，経済的にみて一方が他方の効用を補う関係がある場合に，効用を補われているほうを**主物**，補っているほうを**従物**という。

　2個のもの（甲と乙）は，次の要件が充たされるときに，一方（甲）が主物，他方（乙）が従物となる。すなわち，①甲と乙に，互いに物として独立性が認められること，②甲と乙が接着しているなど，乙が甲に付属していると認められる場所的関係にあること，③乙が甲の効用を継続的に高めていること，④甲と乙が同一の所有者に属すること。たとえば，絵画と額縁，建物と居室内に設置されたエアコンは，前者が主物，後者が従物の関係にあることが多い。

　2　**区別の意味**　　2個の物が主物と従物の関係にある場合には，従物は主物の処分に従う（87条2項）。たとえば，主物が譲渡されると，従物も一緒に譲渡

されることになる。主物の処分は，従物によって効用が高められた状態のままで
されることが通常であると考えられるからである。したがって，87条2項は，
当事者の合理的意思の推測に基づく任意規定である。

❸　元物と果実

1　意　義　88条と89条は，元物と果実の区別について定めている。
ある物から生ずる経済的利益を**果実**，果実を生ずる元になる物を**元物**という。
果実は，天然果実と法定果実に区別される。

元物の経済的用途に従って収取される産出物を，**天然果実**という（88条1項）。
木の実や動物の子が，その例である。

元物を他人に使用させた対価として収受される金銭その他の物を，**法定果実**と
いう（88条2項）。物の賃料が，その例である。

2　区別の意味　元物と果実，天然果実と法定果実の区別は，生じた果実が
誰に帰属するかという点で意味をもつ。

天然果実は，元物から分離する時にそれを収取する権利を有する者に帰属する
（89条1項）。収取する権利を有する者の代表例は，元物の所有者である。たとえ
ば，雌犬が子を宿した状態でAからBに売却された場合には，別段の合意がな
ければ，後に生まれた子犬は，出生時における母犬の所有者であるBに帰属す
る。

法定果実は，これを収取する権利の存続期間に応じて，日割り計算によって分
けられる（89条2項）。たとえば，A所有の建物が賃料月額15万円で賃貸されて
いたところ，この建物が4月11日からBの所有となった場合，4月分の賃料に
ついては，Aが5万円を，Bが10万円を取得する（賃借人は，所定の賃料支払日に，
その時点での賃貸人に賃料全額をまとめて支払えばよい。そのうえで，AB間で，別段の
合意がなければ前記の基準によって清算が行われることになる）。

4　物権の一般的効力

物権は，排他性の認められる権利である。この排他性から，物権に属する権利
に広く，物権的請求権と優先的効力が認められる。

1 物権的請求権

　物権は，権利者が物を排他的に支配する権利である。他人がこの支配を何らかの方法で妨げると，それは，物権の侵害にあたる。物権者がこの侵害をやめさせることができない（せいぜいのところ，損害賠償請求しかできない）としたら，物の排他的支配という物権の内容が実現されないことになる。そこで，物権者に，物の支配を回復するための手段が認められている。これが，**物権的請求権**である（物権的請求権について詳しくは第6章で扱う）。

　物権的請求権には，一般に，返還請求権，妨害排除請求権，妨害予防請求権の3種があるとされている。

　返還請求権は，物の占有を奪われる形で物権が侵害された場合に，その物（占有）を返せと求める権利である。たとえば，A所有の動産甲をBがAのもとから勝手に持ち去った場合や，A所有の乙土地をCが無断占拠している場合などに問題になる。

　妨害排除請求権は，占有侵奪以外の方法で目的物の支配が妨げられている場合に，妨害をやめるよう求める権利である。たとえば，A所有の甲土地上にB所有の自転車乙が無断放置されている場合や，A所有の甲土地についてC名義の所有権の登記がされている場合などに問題になる。

　妨害予防請求権は，妨害が現に生じているわけではないけれども妨害発生のおそれが大きい場合に，妨害を生じさせないよう予防措置を求める権利である。たとえば，A所有の甲土地の上に，隣接地にあるB所有の乙建物が倒壊しかけている場合に問題になる。

　以上の物権的請求権は，すべての物権につき例外なく認められるわけではない。たとえば，留置権や動産質権，抵当権や先取特権については，それらに基づく返還請求権は認められない。前二者については，目的物の占有喪失によって，留置権は消滅し（302条本文），質権は第三者に対抗することができなくなる（352条）からである（ただし，占有回収の訴え〔⇒p.318の**3**〕は，可能である）。後二者については，権利の内容に目的物の占有権能が含まれていないからである（ただし，抵当権者は，妨害排除請求権を有しており，一定の場合にはこれを行使して，抵当不動産を直接自己に明け渡すよう求めることができる〔最判平成17・3・10民集59巻2号356頁（百選Ⅰ86事件）。また，最大判平成11・11・24民集53巻8号1899頁も参照〕）。

_2_ 優先的効力

物権には排他性がある。そのため，物権は，競合する他の権利を排除し，他の権利に優先することになる。これを，**物権の優先的効力**と呼ぶ。

物権の優先的効力は，物権相互の間での優先的効力と，債権に対する優先的効力に分かれる。

1 物権相互間での優先的効力

1 意 義

> ### _Case 1_
> Ｘが，甲土地を所有していた。
> ① Ｘは，甲土地の売買を，Ａとの間でも，Ｂとの間でもした。
> ② Ｘは，Ｃとの間で，建物所有を目的とする地上権を甲土地に設定する契約をした。また，Ｘは，Ｄとの間で，甲土地の売買をした。
> ③ Ｘは，甲土地に抵当権を設定する契約を，Ｅとの間でも，Ｆとの間でもした。

物権は，物の価値を排他的に支配することをその内容とする。そのため，同一物に，内容において相容れない複数の物権が同時に成立することは認められない。

たとえば，_Case 1_ ①では，ＸＡ間の売買とＸＢ間の売買は，ともに有効に成立しうる（一方の締結が，他方の無効原因になるわけではない）。しかしながら，甲土地の所有権を取得することができるのは，ＡかＢのいずれか一方だけである。一方に所有権が認められると，その所有権が，競合する他の所有権を排除するからである。

Case 1 ②では，Ｃの地上権とＤの自由な所有権は両立しない。Ｄに自由な所有権が認められるならば，その所有権がＣの甲土地の使用収益権能を排除することになり，Ｃに地上権が認められるならば，その地上権がＤの甲土地の使用収益権能を制限するからである。

これらに対して，_Case 1_ ③では，事情が異なる。抵当権のように物の価値から債権の優先弁済を受ける物権においては，その内容である優先弁済的効力は，権利者に債権の優先回収さえ保障すれば完全に実現される。たとえば，_Case 1_ ③において，Ｅの抵当権の取得が優先されるべきものであるとしても，Ｅの抵当権に劣後する他者の権利は成立しないとする必要はない。Ｅが他の債権者に優先

して債権を回収することができるならば，Ｅの抵当権の内容たる優先弁済的効力は完全に実現されるからである。Ｘが甲土地の処分権能を有していても，あるいは，Ｆも同じく甲土地に抵当権を取得していても，このことに変わりはない。そこで，優先弁済的効力のある担保物権（抵当権のほか，先取特権や質権）は，同一物の上に複数が同時に存在することも認められている。ただし，それらの担保物権相互の間では，優先弁済的効力の優先順位が定められることになる（上位者から優先的に配当を受ける。もっとも，複数の担保物権が同一順位とされることもある〔332 条，334 条などを参照〕。その場合，同一順位の者に，債権額の割合に応じて配当される）。

2　優先的効力の実現　　　物権の優先的効力は，物権に排他性があることの帰結であるが，次のようにして認められる（詳しくは，第 2 章で扱う）。

(1) 原　　則　　　物権には排他性があるから，物権を取得した者は，その物権と競合する限りで，原則として他者の権利を否定することができる。

> この原則によると，たとえば，(*Case 1*) では，特段の合意がない限り契約時に物権は移転する（設定される）という考え方（⇒ p. 42 の **1** 参照）によると，①では，ＸＡ間の売買の成立が先ならば，Ａが所有者になる。②では，ＸＣ間の地上権設定契約の成立が先ならば，Ｃが地上権を取得し，Ｄはその制限つきの所有権を取得することになる。ＸＤ間の売買の成立が先ならば，Ｃは地上権を取得することができない。③では，ＸＥ間の契約の成立が先ならば，Ｅが第 1 順位の抵当権を取得する。Ｆは，第 2 順位の抵当権を取得することになる。

(2) 原則の修正　　　しかしながら，この原則にはきわめて大きな修正がある。

(a) 公示の原則による修正　　　まず，物権変動は，公示がなければ第三者に対抗することができないとされることが多い（177 条，178 条）。

物権の排他性を第三者がその物権の存在を知りえない（あるいは，知ることが難しい）状況においても認めると，第三者に不測の不利益を生じ，取引安全を害することになりかねない。そこで，物権の変動の多く（たとえば，所有権，地上権，抵当権の取得。詳しくは，p. 27 以下参照）は，法の定める方法（原則として，不動産物権変動については登記，動産物権の譲渡については引渡し）によって公示しなければ，第三者に対抗することができないものとされている。これを，**公示の原則**という。

これによると，時間的に先に生じた物権変動であっても，公示方法が備っていなければ，それを第三者に対抗することができない。したがって，優先

的効力も認められない。

> (*Case 1*) の各事例においては，次のようになる。
> ①において，ＸＡ間の売買が先に成立していても，Ａへの所有権移転登記がされていなければ，Ａは，Ｂに対して所有権取得を主張することができない（ただし，Ｂが，177条の「第三者」〔⇒ p. 64 の **3**〕に該当しない場合は別である。この理は，②のＣＤ間，③のＥＦ間にも妥当する）。Ａが登記を備える前に，ＸＢ間で売買がされ，その売買に基づいてＢへの所有権移転登記がされたならば，Ｂの所有権取得が認められ，これと両立しえないＡの所有権取得は認められないことになる。
> ②においてＣまたはＤに認められる権利も，登記の順によって変わってくる。契約成立の先後にかかわらず，Ｃ名義の地上権設定登記がＤへの所有権移転登記よりも先にされたならば，Ｃは，地上権の取得をＤ（第三者に該当する）に対抗することができ，Ｄの所有権は，この地上権の負担つきのものとなる。Ｃ名義の地上権設定登記がされないうちにＤへの所有権移転登記がされたならば，Ｄは，Ｃの地上権を否定することができ，その否定の結果として，Ｃの地上権による制約を受けない所有権を取得することになる。
> ③におけるＥとＦの抵当権の順位も，契約成立の先後にかかわらず，登記の先後によって決まる（373条がこのことを明定している）。

　(b) **公信の原則による修正（動産物権の場合）**　　つぎに，物権の客体が動産の場合には，善意無過失の動産物権譲受人がとくに保護されている（192条）。

Case 2

　Ｘは，自転車甲をＹに売却していったん引き渡したが，その後，Ｙから甲を借り，甲を再び占有していた。Ｚは，Ｘを甲の所有者であると無過失で信じて，Ｘとの間で甲の売買契約を結び，かつ，それに基づいて甲の引渡しを現実に受けた。

　この場合には，前述のことからすれば，Ｙは，Ｘから甲を買い，引渡しも受けている（公示方法を備えている）から，第三者Ｚに対しても甲の所有権取得を主張することができるはずである。その結果として，Ｚは，Ｘとの売買により甲の所有権を取得することができないはずである。ところが，動産については，民法が，日常きわめて頻繁に行われる動産取引の安全を確保するために，無権利者をその占有から権利者と過失なく信じて物権（所有権や質権）を譲り受けた者に，その権利の取得を認めている（192条）。これによって，(*Case 2*) においては，Ｚによる甲の所有権取得が認められる。そして，

21

その反射的結果として，Ｙは，甲の所有権を失うことになる。

(c) **法律による優先順位の決定**　　さらに，法律が，物権相互間の優先関係をとくに定めることもある。

担保物権の一つである先取特権は，法律が，政策的考慮に基づいてある種の債権者に債権回収における優先権を認めるものである。そのため，競合する他の担保物権がある場合の優先順位についても，法律が，政策的観点から特別の規定を置いている（329条〜332条，334条，339条等）。

② 債権に対する優先的効力

物権の優先的効力は，内容的に競合する債権との関係でも認められる。

Case 3

Ａは，Ｂから動産甲を賃借していた。その後に，Ｂは，甲をＣに譲渡し，その事実をＡに通知した。Ｃが，Ａに対して甲の返還を請求した。

Ａは，Ｂとの賃貸借契約に基づいて（Ｂに対する賃借権に基づいて）甲を使用収益していた。ところが，その後にＣが甲の所有権を取得し，甲を使用収益する権利を得た。そこで，Ｃは，所有権に基づいて，Ａに，甲の返還を求めた。この場合に，Ａは，甲を占有する適法な権原を有するならば，この請求を免れることができる。そこで，時間的にＣの所有権取得に先行して取得されたＡの賃借権が，甲の占有をＣとの間で正当化する権原になるかが問題になる。

賃借権は，債権の一種である。債権者は，債務者に対して一定の行為をすることを請求することができる。それに対し，債務者以外の者に対しては，その行為をすることを求めることができない。*Case 3* において甲の所有権を取得したＣは，Ａに対する債務者ではない。したがって，Ａは，Ｃに対して，甲を使用収益させることを求める権利を有しない。それに対し，Ｃの取得した所有権は，物権であり，（公示方法も備えていれば）第三者に対しても主張することができる。Ｃは，所有権の円満な行使を妨げないことをＡに求めることができ，したがって，Ａに甲の返還を請求することができる。

不動産賃借権の特別性

Case 3 は，「売買は賃貸借を破る」といわれる例の一つである。ただし，*Case 3* と異なり，賃貸借の目的物が不動産である場合には，賃借人保護のための大きな修正がある。たとえば次の場合には，不動産賃借権は不動産の譲受人にも対抗することができる。第一に，不動産賃借権が登記されている場合（605条），第二に，建物所有を目的とする土地賃借権について，借地上の建物に土地賃借人名義の所有権の登記がされている場合

（借地借家 10 条），第三に，建物賃借権について，賃借人がその建物の引渡しを受けている場合（借地借家 31 条 1 項）である。

> ## Case 4
> 　A が B に 1000 万円を貸した。その後に，C も B に 1000 万円を貸した。C は，この債権の担保として，B の所有する甲土地に抵当権の設定を受けた。B は，履行期が経過したにもかかわらず，A にも C にも返済することができなかった。B には，甲土地のほかに，これといった財産がなかった。

　債権者は，債務者が債務を履行しない場合には，債務者の財産に強制執行をかけて債権回収を図ることができる。その際，各債権者は，債権額の割合に応じて配当を受けることになる（債権者平等の原則）。ところが，債権者のなかに抵当権の設定を受けた者がある場合には，事情が異なってくる。抵当権は，その目的物の価値に関する限り，抵当権者に，無担保の債権者（一般債権者）に優先して債権を回収する地位を認めるものである。そのため，抵当権の目的物に関しては，抵当権者の債権回収が優先されることになる。

> 　(Case 4)では，甲土地の価値からの債権回収に関する限り，C が A に優先する。C が抵当権に基づいて甲土地の価値から債権の優先的回収を実現する方法はいくつかあるが，たとえば C が抵当権の実行として甲土地の競売手続をとった場合，A は，C が債権全額を回収してもなお残余があるときにのみ，他の一般債権者とともに債権額の割合に応じて配当を受けられるにとどまる。

第2章

物権の変動

1 序　　論

1 物権変動の意義

　権利は，社会において発生，変更，消滅を繰り返す。この権利の発生，変更，消滅を総称して，権利変動という。物権も権利の一種であるから，発生，変更，消滅が起こる。たとえば，建物の完成によりその建物の所有権が生まれる。その建物に増築が施されたとすると，建物所有権の内容が変わる。建物が焼失すると，建物所有権は消滅する。こういった物権の発生，変更，消滅を総称して，**物権変動**という。

　物権の発生，変更，消滅は，権利に生ずる変化に焦点をあてた表現である。同じ事象を権利主体に生ずる変化に焦点をあてる場合には，物権の取得，変更，喪失と表現される。

2 各種の物権変動とその原因

1 物権の取得とその原因

　物権の取得には，承継取得と原始取得がある。

1 承継取得とその原因

　1　意　　義　　承継取得とは，他人（前主）が有する物権に基づく物権の取得をいう。この場合には，前主の物権に付着している負担や瑕疵も，物権とともに承継されることになる。

　承継取得は，移転的承継と設定的承継に分けられる。

　2　移転的承継とその原因　　移転的承継とは，物権が前主から後主へとそのまま移ることをいう。これは，たとえば，売買や贈与のような権利全体を移転する法律行為や，相続によって生ずる。

　移転的承継のうち，人の意思に基づく場合を**譲渡**という。

27

3　設定的承継とその原因　　設定的承継とは，前主の物権の内容の一部を後主が取得することをいう。地上権や抵当権の設定は，その例である。その最も重要な発生原因は，法律行為（たとえば，地上権設定契約，抵当権設定契約）である。

２　原始取得とその原因

原始取得とは，前主の権利に依存しない物権の取得をいう。この場合には，取得された物権と両立しえない権利は，原始取得を認める趣旨に照らして必要とされる限りにおいて，反射的に消滅することになる。

消滅する他の権利がもともと存在しない原始取得の原因として，無主物先占（239条1項），建物の新築，水面の埋立てなどがある。

他の権利の反射的消滅の有無が問題になりうる原始取得の原因として，取得時効（162条），即時取得（192条），遺失物拾得（240条），埋蔵物発見（241条），添付（242条～246条）などがある。

2 物権の変更とその原因

物権の変更とは，物権の同一性が失われない限度で物権の客体や内容が変わることをいう。建物の増築や地上権の存続期間の延長，抵当権の順位の変更などがその例である。

3 物権の喪失とその原因

物権の喪失は，目的物の滅失，物権の他人への移転，放棄，他人による所有権の原始取得，所有権以外の物権の時効消滅，混同などを原因として生ずる。以下では，放棄と混同につき，簡単に触れる。

１　放棄による物権の喪失

放棄は，権利の喪失を目的とする単独行為である。

放棄には，相手方がない場合とある場合がある。所有権の放棄は前者の例であり，地上権の放棄は後者の例である（土地所有者に対して行う）。

権利者は権利を処分する自由を有するから放棄も許されうる，と説かれることがある。そうであっても，権利の放棄は権利行使の一種であるから，濫用となる場合は効力が認められず，あるいは，信義則上効力の主張が認められないことがある。放棄（または，その主張）によって他人の権利が害される場合は，その一例

である（たとえば，Ａの所有する自転車甲が，Ｂの所有地に，ＣによってＢに無断で放置された場合，Ａは，Ｂによる甲の引取りの請求を，甲の所有権放棄を理由として拒むことができない。また，268条1項ただし書や398条も参照）。

所有権の放棄の自由

　所有権については，所有者にそもそも放棄の自由があるか（206条にいう「処分」に放棄が含まれるか）が，問題になる。

　所有権の放棄が認められた場合，動産は無主物（239条1項参照）となり，不動産は国庫に帰属する（同条2項参照）。しかしながら，たとえば，土地や建物の所有者が，その所有に伴う負担（固定資産税，管理の手間と費用など）や責任を免れるために所有権放棄の意思表示をした場合に，意思表示の効果が当然に認められ，その土地や建物は国庫に帰属することとなり，所有に伴う負担や責任を国が負うとすることは適当でない。これを認めると，所有者に，自己の利益になる間は所有の利益を享受しながら，不都合になったときは国庫の不利益において所有による負担等を免れることを，許すことになりかねないからである。動産についても，本文に述べた場合のほか，たとえば，建物のなかにある動産について，建物とともに所有権放棄の意思表示がされた場合には，放棄の効力を認めることは適当でない。これを認めると，他人の権利が当然に害されることはないものの，その動産の管理または最終的な処分の責任を負う者がなくなり，国や自治体などの負担に事実上なると考えられるからである。

　そうであるとすれば，所有権の放棄は，物の管理や最終処分など所有に伴う負担が他人によって引き受けられることなく残る場合には，そもそもすることができないと考えることが適切であり，そうでないとしても，権利の濫用として効力を認められないか，または，信義則上，放棄の効力を主張することができないというべきである。

　このように解した場合，動産については，一般に，ゴミとしての回収や廃棄物としての処理の仕組みがあり，その仕組みに従うことで，所有権を有効に放棄することができる。その仕組みによらずに放棄の意思をもって現実の占有を止めても，所有権の放棄にならないか，放棄の効果を主張することができない。もっとも，その動産の占有を所有の意思をもって取得した者があるときは，239条1項により，前の所有者の放棄による所有権の喪失と先占者の所有権の取得が認められる。

　建物も，解体の手続が定められており，これに則ることにより，建物の状態のままではない（法的には，建物の滅失が建物所有権喪失の原因である）が，実質的に所有権を有効に放棄することができる。

　これらに対し，土地については，所有者がその一存で所有から解放される方法は，これまで存在しなかった。ただ，望まない所有を継続させることは，土地の管理不全化と所有者不明化の原因になりうることが容易に予想される。管理不全土地，所有者不明土地となり社会に諸々の不都合が生じることのないようにするためには，所有者の一存で土地所有権を手放すことができるようにする必要がある。そこで，相続等により取得した土地所有権の国庫への帰属に関する法律（令和3年法律第25号。以下，「**相続土地国庫帰属法**」という）が制定され（令和3年4月21日成立，同月28日公布，令和5年4月27日施行），所有者が一定の要件の下で土地を手放して国庫に帰属させることができる制度（相続土地国庫帰属制度）が設けられた。

　相続土地国庫帰属制度は，後述（⇒次の[発展学習]）のように，所有者の申請を法務大臣が承認したときに土地の国庫帰属を認めるものである。これは，所有権の放棄により土

地が無主のものとなり，国庫に帰属することを否定する趣旨を含むと解するのが自然である。また，同制度では，建物のある状態では土地の国庫帰属が認められないこととされた。これは，建物の所有権の放棄を認めることは適当でないこと，建物は取壊しにより所有権を消滅させることができることを理由とする。したがって，建物についても，放棄による所有権の喪失（それによる建物の無主化と国庫帰属）は想定されていないことになる。

 相続土地国庫帰属制度

　望まない土地の所有からの解放が，土地の管理不全化や所有者不明化による社会的損失の発生または拡大の回避の点からも必要であることは，上に述べたとおりである。ただ，その解放を安易に認めると，所有者が土地を利益になる間は所有し，負担が上回るようになると手放すことや，手放すことを決めた後に管理を疎かにすることなど，モラルハザードを誘発するおそれがある。また，手放された土地の帰属先は国庫しか考えられないため，国庫の負担が著しく増大することになりかねない。そこで，相続土地国庫帰属制度では，これらの事情を考慮して，土地の国庫帰属を一定の要件の下で認めることとされている。

　相続土地国庫帰属制度は，申請権者が土地の国庫帰属の承認を法務大臣に申請した場合に，所定の事由がないときは法務大臣が申請を承認し，申請者が定められた負担金を納付することにより，その土地の所有権が国庫に帰属することとする制度である。

　申請権者は，後に述べる例外を除き，相続により土地またはその持分権を取得した者，または，遺贈により土地またはその持分権を取得した者であって遺贈者の相続人であるものである（相続土地国庫帰属法〔以下，この 発展学習 において「法」として引用する〕2条1項）。これらの者は，自由な意思によって土地またはその持分権を取得したとはいえない面がある（相続や遺贈の放棄は可能であるものの，特定の土地の所有を免れるために相続放棄をすべきであるとは言いがたい。また，受遺者が相続人である場合，遺贈の放棄をしても，土地またはその持分権は相続財産に属することになり，その取得を免れない）ことから，望まない土地の所有による負担から解放される機会を与えることとされた。

　土地が共有に属する場合には，共有者全員が共同して国庫帰属の申請をしなければならない（法2条2項前段）。これは，共有によるさまざまな負担が国に生じる事態を避けるためである。

　共有者全員の申請が必要となると，共有者のなかに売買など相続または遺贈以外の原因により持分権を取得した者がある場合の扱いが問題になる。これについては，他の原因で持分権を取得した者も，上記の申請権者と共同してする場合には，その持分権の国庫帰属の申請をすることができるとされている（法2条2項後段）。相続等によりやむを得ず土地の持分権を取得した者を負担から解放することと，国を共有関係に巻き込まないこととを両立させるためである。

　土地の国庫帰属は，申請権者が申請すれば当然に認められるというものではない。所有者のモラルハザードと国庫の負担増大を防ぐ趣旨から，地上建物の存在や土壌汚染など一定の事由（法2条3項1号～5号）があるときは申請が却下され（法4条1項2号），崖や有体物の存在など一定の事由により土地の通常の管理または処分に過分の費用または労力を要するとき（法5条1項1号～5号）は，不承認となる（同項柱書参照）。却下事由と不承認事由は，いずれも，土地の通常の管理または処分に過分の費用または労力を要することになるものである。そのうえで，前者については，当該の事由があれば当然に申請が却下される。それに対し，後者については，崖や有体物の存在などの事由の

ために過分の費用または労力を要することになるか否かが個別に判断され，承認または不承認が決定される。

申請者は，国庫帰属の承認があったときは所定の額の負担金を納付しなければならず（法10条1項），この負担金の納付がされた時に，申請にかかる土地の所有権は国庫に帰属する（法11条1項）。これも，所有者のモラルハザード防止と国庫の負担軽減の趣旨によるものである。なお，負担金の額の目安は，令和3年の時点で，粗放的な管理で足りる原野では20万円程度，市街地にある200m^{2}の宅地で80万円程度とされている。

② 混　同

1　**混同による物権の消滅**　　混同とは，二つの法律上の地位が同一人に帰属した場合において，双方をともに存続させておく意味がないときに，一方が他方に吸収されて消滅することをいう（混同による消滅は，物権に特有のものではなく，債権についても生ずる〔520条〕）。

民法では，物権の混同について，二つの場合が定められている。

(1) 所有権と他の物権の混同　　第一に，同一物について所有権と他の物権が同一人に帰属した場合である。

> **Case 5**
> Aは，地上権の設定を受けていた甲土地を，その所有者Bから買い取った。

この場合には，「他の物権」（*Case 5* では地上権）が消滅する（179条1項本文）。*Case 5* でいえば，Aは，所有権の取得によって，甲土地の全面的支配権を有するに至る。そのため，Aにとって，一定目的での土地使用権にすぎない地上権を残しておく意味がないからである。

(2) 所有権以外の物権とそれを目的とする他の権利の混同　　第二に，所有権以外の物権とその物権を目的とする他の権利が同一人に帰属した場合である。

> **Case 6**
> Aは，甲土地の地上権者Bから，その地上権を目的とする抵当権の設定を受けていた。その後，Aが，その地上権をBから譲り受けた。

この場合には，「他の権利」（*Case 6* では抵当権）が消滅する（179条2項前段）。*Case 6* でいえば，抵当権の目的である地上権がA自身に帰属した以上，Aにとって，抵当権は債権担保の意味を失ったからである。

2　**例　外**　　混同による物権の消滅は，その物権を存続させる意味がなく

なったことを理由とする。そこで，物権を存続させる意味があるときは，例外が認められる。

(1) *所有権と他の物権の同一人帰属の場合*　　所有権と他の物権が同一人に帰属した場合において，目的物または他の物権が第三者の権利の目的となっているときは，混同による他の物権の消滅は生じない（179条1項ただし書）。

(a) *目的物が第三者の権利の目的になっているときの例外*

> ### Case 7
> Case 5 において，A名義の地上権設定登記がされた後，BからAに甲土地が譲渡される前に，CがBから甲土地に抵当権の設定を受けていた。

この場合には，Aは，もともとCの抵当権に優先する地上権を有していた。Cの抵当権が実行されて，他人が甲土地の所有権を取得したとしても，Aは，地上権を失わず，甲土地を使用することができる地位にあったのである。ところが，Aが甲土地を取得したことにより地上権を消滅させてしまうと，抵当権の実行により他人が甲土地の所有権を取得したならば，Aは，甲土地の所有権を失うだけでなく，それを使用することもできなくなる。このような事態を考えると，この場合には，Aのために地上権を存続させる意味がある。そこで，例外が認められている。

(b) *他の物権が第三者の権利の目的になっているときの例外*

> ### Case 8
> Case 5 において，Cが，Aの地上権を目的とする抵当権の設定を受けていた。

この場合に混同によって地上権を消滅させると，Cが，目的の消滅を理由として抵当権を失うことになる。これを避けるために，この場合も地上権の存続が認められる。

(2) *所有権以外の物権とそれを目的とする他の権利の同一人帰属の場合*

所有権以外の物権と他の権利が同一人に帰属した場合において，いずれかの権利が第三者の権利の目的となっているときも，混同による他の権利の消滅は生じない（179条2項後段）。

(a) 混同後も存続すべき物権が第三者の権利の目的であるときの例外

Case 9
Case 6 において，Ａがから地上権の譲渡を受ける前に，Ｃもその地上権を目的とする抵当権を取得していた。

　この場合には，Ａは，もともとＣの抵当権に優先する抵当権を有している。被担保債権の不履行があって抵当権が実行されたならば，Ａは，Ｃに優先して配当を受ける地位にあったのである。ところが，Ａの地上権取得によってＡの抵当権を消滅させると，その後にＣが抵当権を実行したならば，Ａは，甲土地の地上権を失うだけでなく，優先配当も受けられなくなる。このような事態を考えると，この場合にはＡのために抵当権を存続させる意味がある。そこで，例外が認められている。

(b) 混同により消滅すべき権利が第三者の権利の目的であるときの例外

Case 10
Case 6 において，Ｃのために，Ａの抵当権を目的とする転抵当権が設定されていた。

 抵当権も財産的価値のある権利である。そこで，抵当権者は，他人の債権の担保として抵当権を提供することができる（376条1項）。この抵当権を目的として設定される担保権を，転抵当権という。

　この場合に混同によってＡの抵当権を消滅させると，Ｃが，目的の消滅を理由として転抵当権を失うことになる。これを避けるために，この場合もＡの抵当権の存続が認められる。

3　占有権についての例外　以上に述べたことを定める179条1項と2項は，占有権には適用されない（同条3項）。混同による権利の消滅は，二つの法律上の地位を併存させることが無意味であることを理由に認められる。ところが，占有権は，占有取得の原因のいかんを問わずに占有者に与えられる法的保護の総体をいう。これは，占有権には他のすべての権利から独立した存在意味が常に認められるということである。したがって，占有権については混同による消滅はおよそ考えられず，179条1項および2項の適用が排除されている。

3 物権変動論の意義と大枠

1 物権変動論の意義

　物権の変動については，どのようにして生ずるか，その主張はどのような場合にどのような範囲で認められるかに関して，特別の議論がある。この議論は，一般に，**物権変動論**と呼ばれている。

　物権変動は，権利変動の一種である。そして，権利変動一般については，その主な原因が民法総則のなかで扱われている。法律行為と時効がそれである。そうであるのに，物権変動についてことさらに論じられるのはなぜか。

　権利変動一般については，一部の例外（93条2項，94条2項，95条4項，96条3項など）を除いて，権利変動の当事者の関係に焦点があてられている。ある権利変動によって第三者または取引社会が影響を受けないのであれば，権利変動の発生原因や生じた権利変動の主張に関して，当事者の私的自治や利益，公平を考慮するだけでよい。しかしながら，その権利変動によって第三者または取引社会が影響を受けるのであれば，第三者の利益や取引社会の安全の確保についても積極的に考慮する必要がある。物権は排他性のある権利であるため，物権変動があると，第三者や取引社会全般に当然に影響が及ぶ。そのため，物権の変動はどのようにして生ずるものとするか（権利変動一般と同様としてよいか〔たとえば，当事者の合意のみによって成立する法律行為によって物権変動を認めてよいか〕，それとも特殊な要件を必要とするべきか），生じた物権変動をどういった場合に第三者（対世的）に主張することができるものとするか（物権変動があれば当然にその事実を主張することができるものとしてよいか，それとも主張のために一定の要件を課すべきか，一定の要件を課すならば，どのような要件とするべきか）が，論じられている。

> 発展
> 学習
>
> **「債権譲渡論」について**
> 　このような，いわば「権利変動各論」は，物権に特有のものではない。債権についても，債権が譲渡されると債務者その他の第三者が大きな影響を受ける。そのため，債権譲渡の効力は，どのような場合に，債務者その他の第三者にも主張することができるものとすればよいかという，「債権譲渡論」が存在している。

2 物権変動論の大枠

　以上に述べたところから，物権変動論においては，当事者固有の事情（当事者

の私的自治や利益，当事者間の公平）の尊重と第三者の利益や取引安全の保護の要請をどのようにして調和させるかが，最も重要になる。

❶　物権変動の発生

　物権変動の発生について，権利変動一般の場合と別異に考えるべきかどうかが問題になる。この点について，民法では，変動原因が法律行為である場合に，物権変動も，他の権利変動一般と同じく，当事者の意思表示（合意）のみによって生ずることが原則とされている（176条。ただし，344条などの例外もある）。

　物権は排他性のある強い権利であるため，物権変動を生ずる法律行為の成立に特殊な要件，たとえば，第三者が変動の事実を知りうるよう配慮するための要件を，一般的に設けることも考えられないではない。しかしながら，わが国では，原則として，そのような特殊な要件は設けられていない。これは，当事者の私的自治を重視したものということができる。

　物権変動は，確かに，第三者や取引社会に影響を及ぼす。しかしながら，第三者や取引社会の保護を別の方法で適切に図ることができるならば，法律関係の形成を人びとの自由な意思に広くゆだねるという原則を曲げる必要はない。

❷　物権変動の第三者に対する主張

　このように，物権の変動は，契約など当事者間の内部的事実に基づいて生ずることが認められている。ところが，第三者は，そういった事実を容易に知りうるものではない。そのため，物権変動があっても，それが外形的に認識可能になっていなければ，第三者は，権利関係に変化がないものとして行動するしかないことが通常である。また，第三者に物権変動の有無を実際に確かめてから行動するよう求めると，取引の著しい停滞を招くことになりかねない。そこで，物権変動の事実を外形的に認識可能にすること，外形的に認識されない隠れたままの物権変動によって第三者が害されないようにすることが求められる。

　民法は，この要請に，次のようにして応えている。

　1　不動産物権の変動について　　不動産については，物権変動を公示する方法として**不動産登記制度**が公的に用意されており，不動産物権の変動は，その**登記**がされていなければ，第三者に対抗することができないものとされている（177条）。たとえば，土地の所有権は，売買によって取得することができる。その際，登記名義の移転を受ける必要はない。しかしながら，買主が，その土地を

売主から借りて占有している第三者に対して，所有権に基づいて明渡しを求めたとしても，その第三者は，登記がされるまで買主の所有権取得を認めないとして，明渡しを拒むことができる。こうすることによって，第三者が未登記の隠れた物権変動によって害されることがなくなること，物権変動の登記を促進し，登記の信頼性を高めることが狙われている。

　もっとも，登記の信頼性を高めるといっても，不動産をめぐる法律関係を登記のみに基づいて一律に処理することまで狙われているわけではない。第三者は，登記に現れていない物権変動を存在しないものと扱うことができる。しかしながら，物権変動の登記がある場合にはその物権変動が実際に存在すると考えてよい，とはされていない。たとえば，ある不動産についてＢが所有権を取得した旨の登記が存在するものの，Ｂが所有権を取得した事実がない場合には，Ａがその登記からＢを所有者であると無過失で信じてその不動産を買い受けても，Ａは，その所有権を取得することができない。そうなると，不動産取引に入ろうとする者は，自己の利益を守るために，登記だけを頼りにするのではなく，現実の権利状態について調べることが必要になる。これは，取引の円滑を阻害する要因になりうる。しかしながら，不動産物権は，権利者にとって非常に重要なものであることが多く，これを権利者から簡単に奪うことは適当でない。また，不動産取引は，一般に，動産取引ほど頻繁にされるわけでも，短時間のうちに処理されるものでもない。そこで，取引にあたって権利関係をある程度は調べるよう求める結果になるとしても，不当とはいえない。

　2　動産物権の変動について　　動産については，一部の例外（p. 131 の **_1_**，p. 136 の 発展学習 参照）を除き，物権変動を公示させるための公的制度は用意されていない。動産の性質（同種の物が非常に数多く存在し，容易に動かすこともでき，特定が難しいこと。あまり高価でない物も多いこと等）から，費用対効果の点でそのような制度を整備することが得策とはいえないからである。そこで，動産については，ある者が自己のためにする意思をもって物を所持しているという状態（**占有**）をもって，物権の変動や存在を公示する方法とされている。たとえば，動産の譲渡は，**引渡し**，すなわち占有の移転がなければ，第三者に対抗することができない（178 条）。動産質権は，質権者への引渡しがなければ成立せず（344 条），また，動産質権者は，占有を失うと，質権を第三者に対抗することができない（352 条）。

　動産（所有権）の譲渡の対抗要件が売買など譲渡行為に基づく目的物の引渡しとされているのは，引渡しによって動産の譲渡が公示されるという前提に基づく。

もっとも，その公示力は大きくない。譲渡人から譲受人に物が現実に引き渡されたとしても，譲渡人がその動産を占有していたことを知らない者にとっては，譲渡の事実は明らかにならない。また，動産譲渡の対抗要件となる引渡しは，譲渡の前から当該動産を現実に占有する他人にその占有を継続させたままですることもできる（183条および184条。p. 134の4および5を参照）。この場合，現実の占有者は譲渡の前後を通じて変わらず，譲渡があったことを示す外形的事実が現れるわけではない。ただ，いずれの場合も，動産の現実の占有者がその動産にかかる権利関係を認識していれば，その占有者への照会を通じて権利関係が明らかになりうる。そこで，占有者に譲渡の事実を認識させることになる方法での占有の移転には一定の公示作用が認められるとして，引渡しが動産譲渡の対抗要件とされている。

　そうであるとしても，占有者は，照会に回答する義務を負うわけではない。また，正しく回答するとも限らない。したがって，引渡しを通じた物権変動の公示は，不安定なものであり，第三者の利益や取引社会の安全を十分に守ることができないといわざるをえない。そのため，引渡しを受けて動産の取得を第三者に対抗することができるようになった者は，以後，他の者がその動産を現実に占有していてもその所有権を第三者に対して常に主張することができるものとすると，動産取引に入ろうとする者は，不利益を避けるため，所有者が誰かを正確に知るべく綿密な調査をすることが必要になりかねない。これでは，動産取引の多くは日常極めて頻繁に，かつ，短時間のうちに行われることから，取引社会に著しい停滞をもたらすおそれがある。そこで，動産取引においては，占有に対する信頼が強く保護されている。すなわち，動産を占有する者を所有者であると過失なく信じてその者との間で取引をし，その取引に基づいて占有を開始した者に，動産物権（所有権や質権）の取得を認める制度（**即時取得制度**）が設けられている（192条）。

法律行為を原因とする物権の変動

1 民法 176 条の意義

1 物権変動に関する意思主義の採用

　176 条は,「物権の設定及び移転は, 当事者の意思表示のみによって, その効力を生ずる」と定めている。民法は, 法律行為を原因とする権利変動一般につき, かなり徹底して, 当事者の意思表示または合意のみにより権利が変動するとしている。176 条は, 物権変動も例外でないことを明らかにするものである。

　たとえば, 売買は, 売主から買主への所有権移転の原因になる。売買がされると, 代金の支払と目的物の引渡し, 目的物が不動産の場合には登記名義の移転が行われる。この際, 当事者が, 代金の支払と引換えに所有権を手放す, 取得する, と考えていることも多かろう。この感覚にあわせるならば, 売買 (有償契約) による所有権移転 (物権変動) は, 代金の支払 (対価の給付) がなければ起こらないとすることも考えられる。また, 物権には排他性があるため, 第三者の利益や取引安全が害されないように, 慎重を期すことも考えられる。その場合には, 公示方法が具備されなければ所有権は移転しないとするほうがよい, ともいえそうである。実際, 物権変動を生ずる法律行為の成立について, 意思表示のほかに一定の形式を伴うことが必要であるとする考え方 (形式主義) を採用している国もある (たとえば, ドイツ。物権変動を生ずる法律行為の成立には, 物権変動を目的とする合意に加えて, 不動産物権については登記, 動産物権については引渡しを必要とする)。これに対して, 176 条は, そういった考え方を採らないことを宣言したものである。このように, 法律行為に基づく物権変動に関して, 意思表示のみによる物権変動を認める考え方を,(物権変動に関する)**意思主義**という。

2 民法典による意思主義採用の理由

　176 条において意思主義が採用された理由は, 主として次の 2 点にある。

　第一に, 民法制定の当時はフランス民法の影響が強かったが, そのフランス民

法が意思主義を採用していたことである。

　第二に，形式主義はわが国の取引社会の実情にあわないとされたことである。公示方法を備えなければ物権変動そのものを認めないというドイツ流の形式主義には，紛争を予防して取引の安全を強固に保護することができるという利点がある。民法の起草者は，この利点を高く評価していた。しかしながら，形式主義によると，物権変動を生じさせるために面倒な手続が必要になる。これは不便であり，わが国の取引社会の実情にあわないとされた。

> **[発展学習]　意思主義の利点**
>
> 　意思主義には，形式主義に比べて，次の利点が認められる。
>
> 　第一に，形式主義は，取引安全の保護に役立つが，欠点もある。たとえば，AがBから甲建物を購入し，代金を支払い，甲建物の引渡しも受けたが，登記名義の移転はされていなかったとする。この場合において，甲建物がCの過失によって滅失または損傷したときに，形式主義によると，Aは，Cに対して，所有権に基づく法的主張をすることができない。Aは，所有権をまだ取得していないからである。これに対し，意思主義によるならば，Aに，所有権に基づく法的主張を認めることができる。
>
> 　第二に，わが国においては，法律効果の発生根拠として人の意思を尊重するという，私的自治の原則が妥当している。物権変動に関する意思主義は，この原則からの最も素直な帰結であるといえる。確かに，公示方法を伴わない物権変動によって第三者の利益や取引社会の安全が害されることは，避けられなければならない。しかしながら，この目的で形式主義を採用することは，私的自治に対する過大な制限になりかねない。私的自治を尊重しようとするならば，意思表示（合意）のみによる物権変動を認めたうえで，第三者が不当に害されないようにするための措置を講ずることが望ましい。

２　民法 176 条の「意思表示」の意義

1 債権行為と物権行為

　176 条は，意思表示（合意）のみによる物権変動を認めている。もっとも，ここにいう「意思表示」がどのような性質の意思表示であるかについては，考え方に対立がある。

　最終的に物権を変動させる原因になる法律行為には，2種類ある。

　一つは，物権変動の原因になりうるほか，当事者の間に債権債務を発生させる法律行為である。売買契約がその代表例である。売買契約は，目的物の所有権の移転を目指してされるものであり，実際，最終的に所有者の交代を生じさせる。ただ，当事者の間には，代金債権債務，目的物引渡債権債務なども生ずる。こういった法律行為（契約）を，**債権行為**（債権契約）という。

もう一つは，物権変動を生ずるだけで，当事者の間に債権債務を生じない法律行為である。抵当権設定契約がその代表例である。こういった法律行為（契約）を，**物権行為**（物権契約）という。

2 民法 176 条の「意思表示」の意義

1 二つの考え方──物権行為の独自性肯定説と否定説

物権行為の存在は，意思表示（合意）のなかに，物権の変動だけを目的とするもの（**物権的意思表示や物権的合意**）がありうることを示している。そうすると，売買において所有権移転の原因となる「意思表示」について，次の二つの考え方が成り立ちうる。

一つは，売買契約を成立させる合意は，当事者の間に債権債務関係を生ずるだけであり，所有権の移転は，それとは別の，所有権移転だけを目的とする意思表示（合意）によって起こるという考え方である。これは，物権行為と債権行為の区別を認めたうえで，物権変動には（債権行為とは別に）物権行為が必要であるとするものである。この考え方を，物権行為の独自性肯定説と呼ぶ。

もう一つは，「売る」「買う」という売買契約を成立させる意思表示（合意）によって，当事者の間に債権債務関係が生ずるほか，所有権の移転も起こるとする考え方である。これは，物権行為と債権行為の区別の意味を否定するか，区別は認めるが，「売る」「買う」という意思表示（売買の合意）のなかに物権行為と債権行為が当然に含まれているとするものである。この考え方を，物権行為の独自性否定説と呼ぶ。

2 物権行為の独自性の否定

一般的な見解は，物権行為の独自性を認めていない。物権と債権を峻別するパンデクテン体系の下では，権利の性質が異なることを理由に物権行為と債権行為を分けて考えることもできるが，法律に現れていない区別をあえて認めるべき必要性がない，というのがその理由である。

この必要性に関連して，独自性肯定説は，物権変動の時期について実践的主張をしようとするものである。たとえば売買は，「売る」「買う」という意思表示の合致によって成立する。ただ，それによって生ずるのは債権債務だけであり，所有権の移転には別個の物権的意思表示が必要である。この物権的意思表示は，異なる合意がされなければ，代金の支払や引渡し，登記名義の移転といった行為に

よってされる。この時点で所有権移転を生じさせることが当事者の通常の意思に合致する，というわけである。

　独自性肯定説の由来とその問題点

　　独自性肯定説は，当初は，この考えを採用するドイツ民法にならって提唱されたものである。ところが，わが国とドイツでは，物権変動原因に関する考え方の根本において，大きく異なるところがある。

　　ドイツでは，形式主義が採られ，物権は，登記や引渡しを伴ったその変動を目的とする意思表示（合意）によって変動するとされている。これによると，たとえば売買契約は，当事者間に代金支払と所有権移転に向けた債権債務を生ずるだけである。所有権移転のためには，必ず，売買契約とは別の物権行為が行われなければならない。このように，ドイツでは，形式主義が採用されているために物権行為の独自性が肯定されなければならないという事情がある。

　　それに対し，わが国では意思主義が採用されている。意思主義によると，物権の変動は，当事者の意思表示（合意）のみによって生ずる。この意思表示の法的性格を，物権変動に独自のものであるとする必然性はない。そのため，わが国で物権行為の独自性を肯定する見解は，本文に述べた理由を挙げている。

　　しかしながら，物権変動の時期は，物権行為の独自性を肯定するかどうかによって論理的に定まるものではない。たとえば，独自性否定説によっても，売買契約の締結のみによって所有権は移転しうるが，当事者が移転の時期について別段の合意をする（たとえば，代金完済時や引渡時とする）ことも認められる。他方で，独自性肯定説によっても，売買契約を成立させる意思表示と同時に（代金支払等がなくても）所有権移転を目的とする物権的意思表示（黙示でもよい）があると認定することは，排除されていない。したがって，原則的な物権変動時期を代金支払時等と解することの当否を措くとしても（⇒この点については，次の**3**を参照），物権変動時期の認定問題が物権行為の独自性の肯定を根拠づけることにはならない。

3　**物権変動の時期**

　物権行為の独自性肯定説は，広く支持を集めたとはいえない。しかしながら，この説には，**物権変動の時期**について考えるべき問題があることを意識させた点に大きな功績があった。すなわち，意思表示のみによって物権変動が生ずるとしても，とくに当事者の通常の意識に照らし，物権は（売買などその原因になる）債権契約の成立時点で変動するとしてよいかが問題になる。

1 原　　則

　この問題について，判例は，一般論としては一貫して，物権変動（たとえば，所有権移転）は（売買など）その原因となる法律行為の成立時に生ずることが原則であるとしている（大判大正 2・10・25 民録 19 輯 857 頁，最判昭和 33・6・20 民集 12

巻10号1585頁〔百選Ⅰ48事件〕など。以下，この考え方を，「契約時変動説」と呼ぶ）。

2 例　外

判例は，そのうえで，次の二つの場合を例外と認めている。

第一に，物権変動を生ずるのに支障がある場合である（たとえば，不特定物売買〔所有権移転の対象がどの物であるかが特定されなければ（他の物から識別することができるようにされなければ），買主に排他的支配を認めることができないため，所有権の移転を生じさせることができない〕，他人物売買〔売主は自己の有しない権利を移転することができない（ただし，移転の権限を与えられている場合は別である）〕，将来の物の売買〔現存しない権利の移転はありえない〕）。この場合には，その支障がなくなった時点（たとえば，不特定物売買においては，物が特定された時点〔最判昭和35・6・24民集14巻8号1528頁〕。他人物売買においては，売主が所有権を取得した時点〔大判大正8・7・5民録25輯1258頁，最判昭和40・11・19民集19巻8号2003頁〕や所有者が所有権移転に同意した時点。将来の物の売買においては，物が現存するに至った時点）で，物権変動が生ずるものとされている。

第二に，当事者が物権変動の時期を合意した場合である。この場合には，その合意で定められた時に（支障がなければ）物権変動が生ずる（最判昭和35・3・22民集14巻4号501頁，最判昭和38・5・31民集17巻4号588頁など）。

判例（契約時変動説）に対する批判

以上の判例に対しては，批判もある。

たとえば，有償契約においては対価的給付の同時履行関係を維持することが最も重要であるとして，売買においては原則として代金の支払があるまで所有権は移転しないと解するべきである，とする批判がある（代金未払のまま引渡しや登記名義の移転がされることもある。その場合には，特段の事情がない限り，それらの時点において所有権移転のための行為がされているとする見解がある）。あるいは，そもそも物権変動の時期をある一つの時点で確定することはできず，そうする意味もないとする批判もある。

ただし，最後の批判を除けば，物権変動の時期に関して当事者の間に合意があると認められる場合には，その合意によって物権変動の時期が定まるとすることは，各説において共通している。しかも，この合意は黙示のものでもよい。したがって，合意の認定の仕方次第で，実際の結果にほとんど違いが生じないこともある。

物権変動の時期と主張立証責任の所在

物権変動の時期に関する考え方の違いは，物権に基づく法的主張における主張立証責任の所在に違いを生ずる。

たとえば，Aの所有する甲建物についてAX間で売買契約が締結されたが，その後に，Yの放火により甲建物が焼失したとする。この場合において，XがYに対して所

有権侵害を理由に損害賠償を請求するためには，Xは，甲建物の所有権取得を主張立証しなければならない。

　契約時変動説によるならば，Xは，①Aに甲建物の所有権取得の原因があったことと，②XA間で甲建物の売買契約を締結したことを主張立証すればよい。契約時の所有権移転を否定する事由（たとえば，XA間における代金支払時に所有権が移転するものとする特約）の存在は，Yが，Xの所有権取得を否定するために主張立証すべきことになる。

　それに対して，所有権は代金支払等の時に移転することが原則であるとする見解によると，Xは，所有権取得を立証するために，上記①②に加えて，代金支払等の所有権移転を生じさせる事由か，契約時移転とする特約の存在を主張立証しなければならないことになる。

補論 **契約時変動説の利点**

　契約時変動説には，上記のように批判もあるが，次の利点が認められる。

　第一に，契約時変動説は，176条の文言を最も素直に解釈するものといえる。

　176条は，物権変動は意思表示のみによって「効力を生ずる」としている。この文言は，意思表示や法律行為に関しては，その成立と同時に効力を生ずることを表わすものである（たとえば，549条，555条，587条などを参照）。したがって，176条は，物権変動が意思表示のみによって成立し，かつ，「効力を生ずる」ことを定めているとみるのが素直である。

　第二に，契約時変動説は，法律行為の効力発生に関する一般原則に合致する。

　法律行為は，原則として成立時に直ちに効力を生ずるものとされている。これは，そうすることが当事者の通常の意思に合致すると考えられるからであり，また，法律行為に基づく法律関係の主張を容易にし，適当であると考えられるからである。たとえば契約において，成立時とは別の時点を原則的な効力発生時とするならば，契約上の権利を主張しようとする者は，契約締結の事実のほかに，効力発生時の合意についても主張立証しなければならなくなる。この主張立証は，容易でないこともありうる。これでは，契約を結んでも，それに基づく権利の主張が困難になりかねない。これは，人びとの通常の意識に合致するとはいえないであろう。また，これでは，契約の法律関係形成手段としての有用性が大きく損なわれることにもなりかねない。そこで，契約は成立と同時に効力を生ずることが原則であるとしておき，契約の効力を争う者に別段の合意を主張立証させることが適切であると考えられる。そして，この事情は，契約から生ずる効果が物権変動であっても変わりがないと思われる。

　契約時変動説に対しては，とくに売買を念頭において，当事者の通常の意識に反するのではないかという批判がある。しかしながら，一概にそのようにいうこともできない。売買は「売る」「買う」という意思表示の合致のみによって成立するが，この合意は，売買の法律効果を認めるのに相応しいものでなければならない。それに至る前の段階では，「売ろう」「買おう」というやり取りがあったとしても，売買の成立は認められない（せいぜいのところ，売買の成立に向けて，誠実に交渉を続けるべき関係が認められるだけである）。そして，不動産のような重要な財産の売買においては，そう簡単に，売買を成立させる合意があるとは認められないことが普通であろう。反対に，そのような合意があると認められるときには，契約の成立によってすでに所有権は移転したとすることも，当事者の意識に反するとはいえないと思われる。

3 不動産物権の変動

1 不動産物権変動の公示

1 物権変動の公示

1 物権変動の公示の必要性と方法

　物権変動は，契約や時効など当事者間の事実のみにより生ずる。もっとも，第三者が自己の関与しない事実を知ることは容易ではない。それにもかかわらず，当事者が物権変動の効果を第三者に対して当然に主張することができるとするならば，第三者に不測の不利益を生じ，ひいては取引社会の安全が著しく害されることになりかねない。そこで民法は，物権変動の事実を外形的に示す方法（**公示方法**）を定め，その方法を通して第三者の保護と取引安全を図っている。

　物権変動の公示方法は，物権の客体の種類によって異なっている。原則的な公示方法は，不動産物権変動については登記であり，動産物権譲渡については引渡し（占有の移転）である。

2 公示の原則と公信の原則

　物権変動の公示を通じた第三者の保護に関しては，次の二つの原則が区別されている。一つは，第三者は公示方法を備えていない物権変動を存在しないものと扱うことができる，とする原則である（これを，**公示の原則**という）。もう一つは，公示の外形がある場合に，第三者がその外形に対応する物権（変動）の存在を信じたときは，その信じた物権（変動）が存在するものと扱うことができる，とする原則である（これを，**公信の原則**という）。

　1　**公示の原則**　　公示方法を備えていないのに物権変動の効果が認められるとすると，第三者が，外形的に認識することのできない物権変動によって害され

るおそれがある。これでは公示制度を設けた意味がなくなる。そこで，公示の原則は，不動産物権変動と動産物権譲渡に共通して認められている（177条，178条）。

2　公信の原則　　物権の取引に入ろうとする者にとって，取引相手が権利を有することを確かめることは，困難である場合も珍しくない。そこで，公信の原則を採用すれば，取引をしようとする者は公示の外形の存否さえ確かめればよいことになり，取引が迅速かつ安全に行われるようになる。もっとも，その外形が真の権利関係と異なる場合には，権利者が権利を失うという不利益を被る。しかも，権利者が不実の外形の存在を知らないこともあるから，これでは，人びとが権利を突然失う危険にさらされることになり，好ましくない。したがって，公信の原則を採用するかどうかは，物権取引において，いわゆる静的安全と動的安全のいずれを，どのような場合に保護するかにかかることになる。

民法は，公信の原則を，動産取引について採用し，不動産取引には採用していない。

不動産は，一方で，生活や事業の基礎となる非常に重要な財産であり，代わりの物が容易にみつからないことも多い。そのため，権利の喪失によって権利者が深刻な不利益を被ることも多く，権利者から権利を容易に奪うべきではない。他方で，不動産取引の性質（不動産が通常はかなり高価であること，不動産は動産ほど頻繁に取引されるわけではないこと）とわが国の登記制度の現状（実際の権利関係〔実体的権利関係〕と異なる登記が権利者の不知のうちにされることを必ずしも防ぐことができないという実情〔⇒ p.51 の 4 参照〕）から，取引をしようとする者に，登記簿上の情報だけに頼らず権利関係を慎重に調べ，それでも万一の不利益をおそれるならば取引を見合わせるよう求めることも，不当とはいえない。こういったことから，不動産取引については，公信の原則は採用されていない（そうなると，登記を信じて取引をした者をどのようにして保護するかが問題になる。これに関する重要な法理が，**94 条 2 項類推適用法理**である）。

これに対し，動産は，一方で，不動産に比べて財産としての重要性が乏しく，代わりの物が比較的容易にみつかることも多い。したがって，権利喪失によって権利者が被る不利益は，不動産に比べれば随分小さい。他方で，動産は日常極めて頻繁に取引されるため，権利関係を慎重に調査し，不安が残るならば取引を見合わせるよう求めることは，取引の著しい停滞を招きかねず，適当でない。そこで，動産取引については，公信の原則が採用されている（192条）。

2 | 不動産物権変動の公示方法としての登記

1 不動産登記の意義

　不動産物権変動は，**不動産登記**（以下，単に「登記」ということが多い）によって
公示される。不動産登記とは，不動産の客観的状況と不動産上の権利関係を**不動
産登記簿**に記録することをいう。また，そのようにしてされた記録そのものを意
味することもある。

　登記事務は，国の機関（法務局や地方法務局など）がつかさどる。この機関を**登
記所**という（不登6条1項）。また，登記所で登記事務を取り扱う者を**登記官**とい
う（不登9条）。登記は，登記官が登記簿に登記記録として登記すべき事項（登記
事項。不登2条6号）を記録することによって行われる（不登11条）。

2 不動産登記簿

1 不動産登記簿とは

　不動産登記簿は，登記記録が記録される帳簿であり，磁気ディスクをもって調
製される（不登2条9号）。**登記記録**とは，表示に関する登記または権利に関する
登記について，1筆の土地または1個の建物ごとに作成される電磁的記録をいう
（不登2条5号）。

2 不動産登記簿の編成

　1　**物的編成主義**　　登記記録は，上述のとおり，1筆の土地または1個の建
物ごとに作成される。このように個々の不動産ごとに登記記録を作成する方式を，
物的編成主義という。

　2　**表題部と権利部**　　登記記録は，表題部と権利部に区分して作成される
（不登12条）。

　(1) 表題部　　表題部には，不動産の表示に関する登記（不登2条3号。以
下，「**表示登記**」という）が記録される（不登2条7号）。

　表示登記は，不動産の客観的状況を公示するためのものである。表示登記に
は，登記原因とその日付，登記の年月日，権利部に所有権の登記がない不動産
については所有者の氏名または名称および住所など（不登27条）のほか，土地
については，その所在する市区等，地番，地目，地積など（不登34条1項）が，

東京都特別区南都町1丁目101　　　　　　　　　　　全部事項証明書　　　　　　（建物）

表　題　部	（主である建物の表示）	調製	余　白		不動産番号	0000000000000

所在図番号	余　白		
所　　在	特別区南都町一丁目　101番地	余　白	
家屋番号	101番	余　白	

①　種　類	②　構　　造	③　床　面　積　m²	原因及びその日付〔登記の日付〕
居宅	木造かわらぶき2階建	1階　80　00 2階　70　00	令和1年5月1日新築 〔令和1年5月7日〕

表　題　部	（附属建物の表示）			

符　号	①種　類	②　構　造	③　床　面　積　m²	原因及びその日付〔登記の日付〕
1	物置	木造かわらぶき平屋建	30　00	〔令和1年5月7日〕

所　有　者	特別区南都町一丁目5番5号　法　務　五　郎

権　利　部　（甲区）	（所　有　権　に　関　す　る　事　項）		
順位番号	登　記　の　目　的	受付年月日・受付番号	権　利　者　そ　の　他　の　事　項
1	所有権保存	令和1年5月7日 第805号	所有者　特別区南都町一丁目5番5号 法　務　五　郎

権　利　部　（乙区）	（所　有　権　以　外　の　権　利　に　関　す　る　事項）		
順位番号	登　記　の　目　的	受付年月日・受付番号	権　利　者　そ　の　他　の　事　項
1	抵当権設定	令和1年5月7日 第807号	原因　令和1年5月7日金銭消費貸借同日設定 債権額　金4，000万円 利息　年2・60％（年365日日割計算） 損害金　年14・5％（年365日日割計算） 債務者　特別区南都町一丁目5番5号 法　務　五　郎 抵当権者　特別区北都町三丁目3番3号 株　式　会　社　南　北　銀　行 （取扱店　南都支店） 共同担保　目録(あ)第2340号

法務省ホームページ（http://www.moj.go.jp/content/001309855.pdf）より転載

建物については，その所在する市区等および土地の地番，家屋番号，建物の種類・構造・床面積など（不登44条1項）が，記録される。

　表示登記は，当事者の申請に基づいて行われることが原則であるが（不登16条1項参照），登記官が職権ですることもできる（不登28条）。

　*(2) **権利部**　権利部には，不動産の権利に関する登記（不登2条4号。以下，「権利登記」という）が記録される（不登2条8号）。

　権利部に登記される権利は，所有権，地上権，永小作権，地役権，先取特権，

質権，抵当権，賃借権，配偶者居住権および採石権である（不登3条）。

　建物を新築した場合などに，不動産について最初に行われる所有権の登記を，(所有権) **保存登記**という（所有権以外の保存登記〔例：先取特権の保存登記〕もある。また，土地の場合は，新たに造成された土地についての登記でない限り，1番目の登記は分筆の登記や移転登記などであり，保存登記ではない）。保存登記がされた後に，所有権の移転や制限物権の設定についての登記がされる。

　同一の不動産について2以上の登記の申請があった場合には，登記官は，それらの登記を受付番号の順序に従ってする（不登20条。複数の申請の前後が明らかでないときは，同時にされたものとみなされ〔不登19条2項〕，同一の受付番号が付される〔同条3項〕）。そして，登記された権利の順位は，原則として，登記の順序によることになる（不登4条1項）。

3 登記の種類

不動産登記には，いろいろな種類のものがある。以下に，その主なものを挙げる。

■ 登記の内容による分類

　登記は，記録される内容に応じて，**記入登記**，**変更の登記**（以下，「変更登記」），**更正の登記**（以下，「更正登記」），**抹消登記**，**回復登記**に分けられる。

	意　　義	例
記入登記	新たに生じた登記原因に基づいて，ある事項を新たに登記簿に記録する登記	所有権の保存や移転，抵当権等の制限物権の設定の登記
変更登記	実体関係と登記に不一致が生じたときに，既存の登記の一部変更を目的としてされる登記	登記名義人の氏名や住所が変わった場合における，その変更の登記
更正登記	既存の登記が錯誤または遺漏のために実体関係と原始的に不一致であった場合に，この不一致を解消するために行われる変更の登記	登記名義人の住所に誤記があった場合に，これを正しく変更する登記
抹消登記	登記に対応する実体関係が存在しなくなった場合に，既存の登記を抹消するために行われる登記	被担保債権の弁済によって抵当権が消滅した場合に，設定登記を抹消する登記
回復登記	一度存在した登記が消滅した場合に，その回復を目的としてされる登記	抵当権が消滅していないのに，設定登記が抹消された場合に，これを回復する登記

❷ 登記の形式による分類

登記の記録方法の観点から，主登記と付記登記の区別がある。

付記登記とは，すでにされている権利登記を前提として，その権利登記と一体のものとして公示される権利登記をいう（不登4条2項参照）。

主登記とは，付記登記の対象になる既存の権利登記をいう（不登4条2項）。

付記登記は，主登記の順位や効力を維持させる必要がある場合に用いられる。たとえば，抵当権が譲渡された場合には，その譲渡の登記は，譲渡された抵当権の設定登記に対する付記登記によって行われる。そして，この付記登記によって，譲渡後も抵当権の順位が維持されることになる。

❸ 登記の効力による分類

権利登記は，その効力によって本登記と仮登記に分けられる。

本登記とは，登記の本来の効力である物権変動の対抗力を生じさせる登記をいう。これは，物権が変動し，登記手続に際して必要となる要件が充たされた場合に行われる。単に登記という場合にはこれを指す。

仮登記（不登105条以下）とは，将来行われるかもしれない本登記の順位を保全するためにあらかじめ行われる登記である。

登記の効力に関する諸問題については，別に取り上げる（⇒ p. 118の❶）。

4 登記の手続

❶ 当事者共同申請主義

1 当事者共同申請主義とは　　不動産登記は，原則として，当事者の申請を受けて行われる（不登16条1項）。これを，**当事者申請主義**という。そして，権利登記の申請は，原則として，登記権利者と登記義務者が共同してしなければならない（不登60条）。これを，**共同申請主義**という。この当事者申請主義と共同申請主義を併せて，**当事者共同申請主義**という。

2 登記権利者と登記義務者　　**登記権利者**とは，権利登記によって，登記上，直接に利益を受ける者をいう（不登2条12号）。A所有の甲土地にBのために抵当権が設定される場合でいえば，Bがこれにあたる。Bは，登記上，自己名義の抵当権設定の記録がされるという利益を直接に受けるからである。

登記義務者とは，権利登記によって，登記上，直接に不利益を受ける登記名義人をいう（不登2条13号）。先の例では，Aがこれにあたる。Aは，登記上，自

己の所有権を制限する抵当権の設定の記録がされるという不利益を直接に受けるからである。

3　当事者申請主義が採られている理由　当事者申請主義が採られているのは，次の理由による。

登記制度は，公的に用意されたものであるが，不動産上の権利を私的に保護することを主たる目的としている。この保護を受けるかどうかは，当事者の自治にゆだねることが適当である。そこで，登記の申請について公的な義務を広く課すことや（ただし，不登76条の2，76条の5，164条等）職権によること（ただし，不登67条2項，71条4項，76条の6等）は見合わせられ，当事者の申請によるものとされた。

4　共同申請主義が採られている理由　共同申請主義が採られているのは，実体的権利関係に合致した登記がされることを担保するためである。

登記手続をするかどうかは，上記のように，当事者の自治にゆだねられている。しかしながら，登記は，社会一般の利益のために設けられた制度であるから，登記をする以上は正しい登記がされるようにする必要がある。ところが，わが国では，種々の事情から，登記官に，申請された登記が実体的権利関係に合致するかどうかを調べる権限が与えられていない。登記官は，登記の申請が手続上必要な要件を充たしているかどうかを，申請の際に提出される書類や情報とそれに関連する登記簿を資料として，調べることができるだけである（これを，**形式審査主義**という）。これでは，実体的権利関係に合致した登記を確保するという要請に，十分に応えることができない。共同申請主義は，この欠陥を補うために採用されたものである。すなわち，とくに登記義務者は，登記上で直接に不利益を受けることになるから，普通，実際の権利関係と異なる登記を申請しようとはしないはずである。したがって，この者を登記申請に加わらせることで，実体的権利関係に合致する登記申請を期待することができると考えられる。

❷　登記請求権と登記引取請求権

共同申請主義を採用すると，当事者の一方が登記申請に協力しない場合にどうすればよいか，という問題が生ずる。登記義務者が協力しない場合が典型例であるが，登記権利者が申請しようとしないこともある。

1　登記請求権　登記義務者が登記申請に協力しない場合には，登記権利者は，その協力を求めることができる。これを，**登記請求権**という。

判例によると，登記請求権は次の場合に認められる。

第一に，権利変動があったのに，その登記がされていない場合である（大判大正 5・4・1 民録 22 輯 674 頁ほか）。ＡＢ間でＢが所有する土地の売買が行われた（また，Ａが代金を支払った）のに，Ｂが所有権移転登記手続に協力しないときがその例である。この場合には，Ａは，所有権に基づいて登記手続の申請をＢに求めることができる（Ａは，売買契約上の登記請求権の行使として，登記手続の申請をＢに求めることもできる）。

第二に，実際の権利状態と登記簿上に示されている権利状態が一致していない場合である（大判大正 7・5・13 民録 24 輯 957 頁ほか）。Ａの所有地について，Ｃが売買契約書を偽造するなどして，Ａに無断でＣへの所有権移転登記がされているときがその例である。この場合には，Ａは，所有権に基づいてその登記の抹消登記手続の申請をＣに求めることができる。

第三に，当事者間に登記をする旨の特約がある場合である（大判大正 10・4・12 民録 27 輯 703 頁ほか）。たとえば，ＡＤ間でＤが所有する土地の賃貸借契約が締結された場合，Ａは，Ｄに対し，賃借権の登記（605 条）の手続の申請を請求する権利を当然には有しない。しかしながら，ＡＤ間でその登記をする旨が合意されたときは，Ａは，Ｄに対し，賃借権設定登記手続の申請を求めることができる。

2　登記引取請求権　登記権利者が登記申請に応じないこともある。その場合，登記義務者が不利益を被るおそれがある。たとえば，ＡがＢに甲建物を売却して引渡しを済ませても，登記名義がＡのままである場合には，Ａは，甲建物の固定資産税を負担させられるおそれがある。また，甲建物がＣ所有の乙土地上に権原なく存在する状態にある場合，Ａは，Ｃから甲建物の収去および乙土地の明渡しの請求を受けることがありうる（⇒ p. 328 の**2**参照）。こういったことから，登記義務者も，登記権利者に対して登記申請に協力するよう求めることができるとされている（最判昭和 36・11・24 民集 15 巻 10 号 2573 頁）。これを，**登記引取請求権**という。

2 民法177条の効果

> ## Case 11
> 　Ａは，Ｂとの間でＢ所有の甲土地につき売買契約を締結し，代金を支払った。
> ①　所有権移転登記はされていなかった。金策に迫られたＢが，登記名義が自己に
> あることを利用してＣとも甲土地の売買契約を結び，代金支払と引換えにＣへの所
> 有権移転登記がされた。Ａは，この登記の抹消を求めたいと考えている。
> ②　Ａは，Ｂとの売買契約締結の当時，ＤがＢから甲土地に地上権の設定を受けて
> いることを知っていた。もっとも，その地上権の設定登記はされていなかった。Ａ
> は，Ｄに甲土地の明渡しを求めたいと考えている。
>
> 　①②のいずれにおいても，Ａは，甲土地の所有権が自己に属することを根拠
> として請求することになる。ＡはＢとの売買により甲土地の所有権を取得して
> いるから，問題となるのは，Ａが，この所有権取得をＣやＤに対して主張する
> ことができるかどうかである。

　177条は，不動産物権の変動（得喪および変更）は登記をしなければ「第三者に
対抗することができない」と定めている。

　「対抗することができない」とは，一般に，ある法律事実や法律効果が発生し
ていても，その事実や効果を他人に対して積極的に主張することができないこと
をいう。これによると，177条は，不動産物権の変動が有効に存在することを前
提として，その場合であっても，登記を備えなければ，「第三者」に該当する者
に対して物権変動の事実や効果を主張することができない旨を定めていることに
なる（ここにいう登記とは，権利登記のことであり，表示登記はこれにあたらない。表示
登記は，不動産の物理的状況や同一性を示すだけで，不動産について存在する権利を示す
ものではないからである）。具体的には，第三者が，物権変動に基づく法的主張を
受けた場合に，登記が具備されるまで物権変動を認めないとして，その法的主張
を斥けることができることになる。

> 　*Case 11* ①②の場合には，ＣまたはＤが「第三者」と認められるならば（⇒こ
> れについては，p.64 の **3** 参照），Ａは，甲土地の所有権移転登記を備えない限り，甲
> 土地の所有権取得をＣまたはＤに対して主張することができない。
> 　①において，ＡがＣへの所有権移転登記の抹消登記手続を訴求したとしても，
> Ｃは，ＡがＢとの売買を原因とする所有権移転登記を備えるまでＡの所有権取得

を認めないと争うことができる。しかも，ここでは C がすでに所有権移転登記を備えているため，A がこれを備えることは，事実上不可能である。そのため，A の請求が認められる余地はない（それにとどまらず，A は，C が所有権移転登記を備えたことにより，甲土地の所有権を失う。この点については，下の 発展学習 と p. 56 の 補論 を参照）。

②では，地上権の設定を受けた D も，その登記を得ていない。したがって，D も，地上権の取得を A に対抗することができない。そのため，A と D がともに登記を備えない間は，A は D の地上権取得の主張を，D は A の所有権取得の主張を，それぞれ排斥することができる。この場合には，A は，D への地上権設定登記がされないうちに所有権移転登記を得れば，その時以後，D に対し甲土地の明渡しを求めることができるようになる。反対に，A への所有権移転登記より先に D への地上権設定登記がされれば，D の地上権が存続する間，A の明渡請求が認められる余地はなくなる。

「対抗することができない」とは，あくまで，物権変動を第三者に対して主張することができないものとするだけである。物権変動そのものがなかったとされるわけではない。そのため，第三者のほうから，登記が具備されていない物権変動を認めることはできる。また，「第三者」に該当しない者には，登記がなくても物権変動を対抗することができる。

たとえば，(Case 11)②において，A への所有権移転登記が D への地上権設定登記がされないうちにされた場合に，A は，（甲土地の明渡しではなく）地代の支払を望むときは，D の地上権取得を認めて，その支払を求めることができる。

 二重売買における所有権の移転とその対抗

177 条の適用が問題となる典型例は，(Case 11)①のように，同一不動産（甲土地）が同一前主（B）から複数の者（A と C）に二重または多重に売買される事例である。この場合において，第一買主 A が未登記の間に，C が甲土地を買い受けて登記も備えたときは，原則として，C が甲土地の所有者になり，A は無権利になる。この結論に異論は存在しない。

ところが，この事例について，次のような理論的疑問が唱えられてきた。すなわち，B は，A に甲土地を売却した時点で無権利者になっている。C は，この B の特定承継人であるから，同じく無権利者となるはずである。そうすると，たとえ C が登記を備えても，それは実体的権利関係に合致しない登記であるから，A は，所有権に基づいて登記の抹消を求めることができるはずである。このように考えると，二重売買の場合に 177 条を適用する余地がなくなるのではないか，という疑問である。

これは，176 条（さらに広く物権変動原因規範）と 177 条の関係をどのように理解するか，という問題である。これについては，次のような見解がある。

(1) 不確定物権変動説

177条があるために，物権変動は，その登記がされてはじめて完全になる，登記がなければ不完全にしか効力を生じない，とする見解である。これによると，AB間の譲渡は登記がされなければ不完全であり，Bは，完全な無権利者にならない。そのため，BからCへの第二譲渡も可能であると説明される。最高裁判決にも，この旨を述べるものがある（最判昭和33・10・14民集12巻14号3111頁）。

この見解に対しては，次の批判がある。

第一に，Aへの譲渡後にBがなお有する所有権（物権）の内容が明らかでない。通常の所有権であるならば，一つの物について複数の所有権が存在することになり，一物一権主義に反する。通常の所有権と内容が異なるならば，物権法定主義に反する。

第二に，登記を備えなければ物権変動の効力が完全にならないとすることは，176条の定める意思主義に反する。

(2) 第三者主張説

物権変動は登記がなくても完全に効力を生ずるが，第三者が一定の事実を主張すると，その第三者との関係では効力がなかったことになり，その結果として，第三者の物権取得が可能になるとする見解である。ここにいう一定の主張については，登記不存在の積極的主張または否認権の行使であるとするものと（否認権説），未登記の物権変動と反対または両立しない事実の主張（たとえば，売買契約締結の事実）であるとするもの（反対事実主張説）に分かれる。

これらの見解に対しては，Cの否認や反対事実の主張以前はBは無権利とされるから，CによるBからの物権取得を説明することができない，ともに未登記のAとCが否認しあった場合の権利関係が不明である，との批判がある。否認権説には，CがAB間の物権変動を知らなかった場合に，Cの物権取得の説明に窮するとの批判もある。

(3) 公信力説

(1)と(2)は，いずれも，CがBから甲土地の所有権を承継取得すると構成するものである。しかしながら，そのように構成しようとすると，Aへの売却により無権利となったはずのBからの承継取得を根拠づけることに腐心しなければならなくなる。そこで，Cは，無権利のBとの売買であるにもかかわらず，甲土地の所有権を取得することができるという構成が唱えられている。すなわち，AB間の売買によってAが所有者になり，Bは無権利者になる。そのため，Cは，無権利者からの買主となる。しかしながら，このような場合にCが全く保護されないとすると，不動産取引の安全が著しく害される。そこで，CがB名義の登記を真実に合致するものと（無過失で）信じていた場合には，登記への信頼の保護を理由として，177条により，Cの所有権取得が認められるとする見解である。これは登記に公信力を認めるものであるが，それは決して無限定ではない。一般に，真の権利者に登記懈怠の非難が可能であるときに，登記を無過失で信じた第三者を保護しようとされている。

この見解によると，物権変動に関する意思主義を貫徹しつつ，Cの所有権取得を根拠づけることができる。しかしながら，この見解に対しては，不動産登記に公信力がないという，わが国の不動産登記制度の大前提に矛盾するという批判がある。

(4) 法定制度説

(1)～(3)の各説は，両立しえない物権について，その帰属先または帰属の状態を説明しようと努めるものである。ただ，そのために，民法典の前提と整合しない結果になっている（物権法定主義や意思主義と整合せず，または，不動産登記に公信力を認めることになる）。そうであれば，二重譲渡の場合に権利の帰属先または帰属の状態を示そうとする

ことにこだわらなければよいではないか，という見解が主張されても不思議ではない。このような基礎に立つものに二つの見解がある。

　一つは，次のような見解である。176条は意思表示のみによる物権変動を定めているが，その物権変動は，177条が存在することによって制約を受ける。すなわち，177条が設けられていることから，民法がCの権利取得が認められうることを前提としていることは明らかであり，それ以上の説明は不要である，という見解である。

　この見解に対しては，理論放棄であるという批判がされている。

(5) 規範構造説

　もう一つは，ここでの問題を物権変動の原因（権原）の優劣決定の問題と捉えようとする見解である。物権変動には必ず原因（権原）がある。そこで，相容れない物権の帰属をめぐる争いは，権原の優劣により決定されるとみることもできる。民法には，この権原の優劣決定規範が数多く用意されている。176条は，その一つであり，意思表示が物権変動の原因になることを定めるとともに，意思表示，たとえば売買により所有権が移転し売主（B）は無権利となるため，その後に同一不動産につきBと売買をした者（C）が第一売買の買主（A）に敗れることも定めている。ただ，この結果を常に認めると，第三者が不測の不利益を被り，取引安全が害されるおそれがある。そこで，177条が定められ，競合する変動原因の出現が認められるとともに，権原の競合が実際に生じた場合には，その優劣は，登記の先後により決まることになった。権原の競合が実際に生ずるかどうかは，変動原因規範の解釈を経て決まるとされており，物権の帰属をめぐる争いが一見あっても，ある権原による物権変動の優先が177条の適用以前に認められることもある（たとえば，かりに民法は取消しの遡及効を他の権利変動を排除して認める立場であると解釈されるならば，売買の取消しによる所有権の回復は，権原の性質上，その取消前にされた売買による所有権移転に優先し，この場合に177条は適用されないことになる）。ただ，売買による所有権移転については，他の権原に対するその優先を確定する趣旨が176条において認められないため，177条により，登記の有無（先後）によって優劣が決まるとされる。

　物権変動を保護すべき程度は権原の性質や権原相互の関係により異なりうるとする考えは，傾聴に値する。ただ，権原の対抗という問題の捉え方は，「物権の得喪及び変更」の対抗（177条参照）とする民法の立場とは異なるものである。

(6) 登記法定証拠説

　以上のほか，物権変動の優先順位は時間的前後関係によって決まるが，177条は，裁判所がその前後関係を認定する際に登記が法定証拠になることを定めているとする見解もある。

　これによると，AもCも登記を得ていない（法定証拠がない）場合には，先に買い受けたAがCに優先することになる。これは，二重売買における未登記の第二買主も177条の第三者に該当するという判例（大判昭和9・5・1民集13巻734頁）に反する。

| 補論 | **二重売買における所有権の移転とその対抗について** |

　176条は，意思表示のみによる物権変動を認めている。したがって，素直にみれば，Bが所有する甲土地につきAB間で売買契約が成立すれば，それにより，Aが甲土地の所有権を取得し，Bは甲土地の所有権を失うことになる。もっとも，177条は，意思表示を原因とするものを除外することなく，未登記の物権変動は第三者に対抗することができない，したがって，第三者は，未登記の物権変動を存在しないものと扱うことができるとしている。これは，未登記の物権変動（隠れた物権変動）によって第三者と取

引社会が害されることを防ぐためである。すなわち，民法は，物権変動の効果は意思表示によって完全に生ずるが（176条），登記がなければ「第三者」に対抗することができない（177条）という制限つきである，としているのである。このように，完全に発生した法律効果を一定の者に対して主張することができないものとする構成は，民法上，ほかにもみられる。たとえば，意思表示は，意思の不存在や瑕疵ある意思表示の場合に無効（取消しによる無効を含む）となることがあるが，その無効は「（善意または善意無過失の）第三者」に対抗することができないとされることがある（93条2項，94条2項，95条4項，96条3項等）。

このような説明に対しては，物権には排他性があるとの批判がされるかもしれない。しかしながら，民法は，意思表示の無効も，本来は対世的効力のあるものとして構成している。また，177条は，まさに物権の排他性の主張を封ずるために用意された規定であるから，そのような批判は，177条の存在意義を否定するものである。

そうするとつぎに，二重売買における第二買主Cが，177条の「第三者」に該当するかを考えるべきことになる。そして，Cの第三者性は，CがBから「物権を取得した」といわずとも，肯定することができるはずである。Cは，Aから所有権取得を対抗されるならば，Bとの売買によって所有権を取得しえないが，登記具備までAの所有権取得を否定することができるならば，Bとの売買によって所有権を取得する可能性が残る立場にある。そうであれば，Cは，AによるBからの所有権取得の主張が認められると，隠れた物権変動によって害されるということができる。このような事態の発生を防ぐことが177条の趣旨であるから，Cは，177条の第三者に該当する。

Cが177条の第三者に該当するならば，Cは，未登記のAの所有権取得を否定することができ，それによって結果的に，Bとの売買の効果として所有権取得を主張することができることになる（Bがもと甲の所有権を有していたことと，BC間での甲の売買契約の成立が主張立証された場合に，BC間の売買契約の成立に先行するAB間の売買契約の成立が主張立証されても，Cは，Aの所有権取得を否定することができるため，Cの所有権取得が認められる）。もっとも，Cのこの「所有権取得」も，登記がなければ第三者に対抗することができない。そして，Aは，この第三者に該当する。Aは，Cの所有権取得の対抗を受けると所有権を失うことになるからである。

この場合に，Aが登記を備えたならば，Aは，Bとの売買による甲土地の所有権取得を，Cを含むすべての者に対して主張することができるようになる。そのため，Cは，無権利のBからの買受人であったことになる。反対に，Cが登記を備えたならば，Cが，Aを含むすべての者に対して甲土地の所有権取得を主張することができることが確定する。そうである以上，甲土地につき，Cの承認しない権利をAに認めることはできない。そのため，Aは，Bから取得したはずの甲土地の所有権を失ったものと扱われる。

以上のように説明する場合には，AとCのいずれもが，所有権に基づく法的主張をすることができる場合がでてくる。たとえば，現在の判例を前提とするならば，両者未登記の間の不法行為者に対する所有権に基づく損害賠償請求の場合がそうである。この場合を捉えて，Aの所有権とCの所有権が併存することになり，一物一権主義に反するとの批判がされるかもしれない。確かに，この場合には，Aも，Cも，所有権の効果を主張しうる状態にある。しかしながら，かりにこれを所有権の併存と捉えるとしても，その状態は，民法に177条が定められ，そこでの第三者に不法行為者が含まれないと現在では解されていることの結果である，ということができる。

3 民法177条の要件

1 民法177条の文言から明らかになる要件

177条は，「不動産に関する物権の得喪及び変更」（以下，「不動産物権変動」または単に「物権変動」ということが多い）は，登記をしなければ，「第三者」に対抗することができないと定めている。したがって，この規定が適用されるのは，不動産に関する物権変動が存在する場合において，第三者が登場したとき，ということになる。そうすると，177条の適用の有無を判断するためには，不動産物権変動の存否と，第三者の意義を明らかにすればよいことになるはずである。

このうち，不動産物権変動の存否は，変動原因の存否によって定まる。

第三者とは，一般には，当事者およびその包括承継人以外の者をいう。もっとも，個別の規定において，第三者の意義がさらに限定されることも珍しくない（たとえば，93条2項，94条2項，95条4項，96条3項）。177条においても，第三者の意義が問題とされている。

2 民法起草者の立場

民法の起草者は，不動産物権変動はすべて，一般的意味における第三者に対して，登記をしなければ対抗することができないものとするとしていた。

起草者は，物権の変動に関する形式主義について，論理的一貫性のほか，第三者の保護と取引安全の確保において優れた点があると認めていた。しかしながら，登記の慣行が定着していない当時のわが国において形式主義を採用することには無理があること，第三者の保護と取引安全さえ何らかの方法で確保することができるならば，当事者間では意思表示だけで物権の変動を認めることが人びとの自由な意思の尊重という考え方にかなうことから，意思主義を採用した。意思主義の採用は，それによって第三者の立場と取引社会を不安定にしないことが前提とされていたのである。そこで，起草者は，意思主義を採りつつも，不動産に関する権利をめぐる紛争を登記の有無という客観的基準によってできる限り一律に処

理することで，取引安全の保護に配慮するとともに，登記慣行の定着を図ることが必要であるとした。そのためには，物権変動があったのに登記をしていない者に，大きな不利益を課すことがよいとされた。

3 変動原因制限説と第三者制限説

ところが，民法制定後まもなく，次の2点において，起草者と異なる考えが主張されるようになった。

第一に，不動産物権変動のうちある種の原因に基づくものは，登記をしなくても第三者に対抗することができるとすべきではないか（177条の適用がある物権変動原因は，限定されるべきではないか）。

第二に，177条の「第三者」は，一般的意味における第三者よりも限定的に理解すべきではないか。

1 変動原因制限説

177条は，意思表示による物権変動について定める176条の次に配置されている。そのため，177条は，意思表示による物権変動のみを対象とする規定であるとみる余地もある（大判明治38・12・11民録11輯1736頁）。

また，物権変動の原因によっては，当事者が物権変動の事実を知らないことがありうる。たとえば，ある者が他人の土地を自己の所有に属すると信じて占有し続けて取得時効が完成した場合や，相続人や受遺者が被相続人（遺言者）の死亡を知らないうちに相続や遺贈により不動産物権を取得している場合である。これらの場合，所有権を取得した者がその登記を備えることは，その取得を知るまでの間は，実際上不可能である。そうであるのに，このような場合にも登記をしなければ所有権取得（物権変動）の効果を主張することができないとすると，帰責事由のない者に所有権の喪失という重大な不利益を課すことになりうる。

さらに，ある種の原因による物権変動については，その物権変動を法がとくに優遇すべきであると考える余地もある。たとえば，時効による所有権取得は，長期占有という事実状態を保護するために認められる。そうであるならば，その事実状態が継続している限り，登記の存否にかかわらず，占有者による所有権取得の対外的主張が認められるべきであると考えることもできそうである。

こういったさまざまな考慮から，不動産物権変動について，原因を問わずに一律に177条の適用があるとすることは不適当ではないか，とする見解がある。こ

のように，177条が適用される物権変動には制限があるとする見解を，**変動原因制限説**と呼ぶ。これに対し，177条はすべての物権変動に適用があるとする見解を，**変動原因無制限説**と呼ぶ。

② 第三者制限説

　177条の「第三者」が当事者およびその包括承継人以外の者を意味するならば，たとえば不法行為者も，ここに含まれることになる。

Case 12

　A が，B の所有する未登記の甲建物を，B から買い受けた。甲建物は，未登記のうちに C の放火によって焼失した。A が，C に対し，所有権侵害を理由として損害賠償を請求した。

> 問題の所在　A は，この請求を根拠づけるために，甲建物の所有権を有することを主張立証しなければならない。そのためには，① B が甲建物を所有していたこと（B の所有権取得原因），② B との間で甲建物について売買契約を結んだことを，主張立証すればよい。これに対して，C は，甲建物についての所有権移転の当事者ではないから，B の相続人でない限り，一般的意味における第三者に該当する。そうすると，民法起草者の見解によるならば，C は，A と B のいずれに対しても，甲建物の所有権取得について登記を備えるまで，その所有権取得を認めないと争うことができる。そして，この例では，甲建物はすでに焼失しているから，B または A が登記を備えることはありえない。したがって，A の C に対する請求は認められないことになる。それどころか，未登記の建物が不法行為によって滅失した場合，不法行為者は，所有権侵害を理由とする損害賠償請求に応じる必要がおよそないことになる。それでよいか，問題になる。

　民法の起草者は，不法行為者も177条の第三者に該当するとしていた。登記慣行の定着を図るための登記促進策として，そのようにすることが適当であると考えたのである。しかしながら，その意図は理解することができるものの，不法行為者に対してすら物権変動を主張することができないとして，結果的に不法行為者を利することは不合理である。また，第三者に該当する者を限定しすぎるのでなければ，取引安全の保護も，登記促進も，ともに図ることができるはずである。そこで，法政策的考慮から，第三者を限定的に捉える見解が現れた。この見解を，**第三者制限説**と呼ぶ。それに対し，起草者のように第三者を一般的意味どおりに解する見解を，**第三者無制限説**と呼ぶ。

4 判例と学説の現状

◼1 判例の現状

判例は，次のような立場である。

177条は，すべての不動産物権変動に適用される（大連判明治41・12・15民録14輯1301頁〔百選Ⅰ50事件〕）。すなわち，変動原因については無制限説が採られている。

177条の第三者とは，当事者およびその包括承継人以外の者であって，「登記欠缺（登記の不存在）を主張する正当の利益を有する者」をいう（大連判明治41・12・15民録14輯1276頁）。すなわち，第三者については制限説が採用されている。

判例によっても，ある種の原因による物権変動（たとえば，建物の新築による所有権取得や，法定相続分に応じた物権取得）については，第三者に該当する者が現れることがないため，177条が適用されることはない。この結果だけをみれば，登記の不存在のゆえにその主張が制限されることのない物権変動があることになる。しかしながら，それは，あくまで第三者制限説の結果である。

◼2 学説の現状

以上の判例に対する学説の反応は，多岐に分かれている。判例を支持するものも多いが，変動原因と第三者のいずれについても，制限説を妥当とするものがある。また，変動原因を制限し，第三者については無制限説が妥当であるとするものもある（制限の仕方は全くさまざまである）。

2 「物権の得喪及び変更」（登記を要する物権変動総論）

1 民法177条適用の前提としての「物権の得喪及び変更」

177条の適用があるのは，不動産に関する物権の得喪または変更が主張されるときである。

物権変動は，その原因があるときに生ずる（たとえば，売買契約の成立によって買主は所有権を取得し，売主は所有権を失う。地上権の存続期間を更新する契約が結ばれれば，地上権の内容が変更される）。したがって，177条の適用が問題になるのは，物権変動の原因が有効に存在しているとき，ということになる。

物権変動が民法 177 条の要件であることの意味
　不動産に関する物権の変動は，それがなければ 177 条は適用されないという意味では，
177 条の要件である。しかしながら，不動産に関する物権の変動の存在を，177 条によ
ってその効果を認めないと争う者が主張立証することになるのではない。第三者は，物
権変動の効果が主張されたのを受けて，登記を備えるまでその物権変動を認めないと争
うことになる。

2 物権変動の原因による制限の要否

　不動産物権変動がある場合であっても，すでに触れたように，その原因のいか
んによっては 177 条の適用対象外として，登記がなくても物権変動の対抗を認め
るべき場合はないかが論じられている。

　民法の起草者は，不動産物権変動はすべて，登記をしなければ第三者に対抗す
ることができないものとしていた。

　判例も，若干の変遷はあったものの，変動原因無制限説を採用している。判例
によれば，意思表示による物権変動（契約による物権変動のほか，遺贈による物権変
動〔大判昭和 8・12・6 新聞 3666 号 10 頁，最判昭和 39・3・6 民集 18 巻 3 号 437 頁
（百選Ⅲ 80 事件）〕，取消しや解除による当初の物権変動の遡及的消滅〔⇒ p. 84 の **1**，p.
91 の **2** 参照〕を含む）のほか，競売による物権変動（大判大正 8・6・23 民録 25 輯
1090 頁），公用徴収による物権変動（大判明治 38・4・24 民録 11 輯 564 頁参照），相
続による物権変動（⇒ p. 94 の **3**），会社合併による物権変動（大判昭和 7・4・26
新聞 3410 号 14 頁参照），取得時効による物権変動（⇒ p. 108 の **4**）なども，登記が
なければ第三者に対抗することができない。

　その理由は，次の 3 点である。

　第一に，177 条が 176 条の次に配置されているからといって，177 条は，176
条を前提とし，意思表示による物権変動のみに関する規定であると解する理由は
ないことである。176 条は，物権変動の当事者間での変動原因に関する規定であ
るのに対し，177 条は，物権変動の対第三者効に関する規定であり，両条は規定
の対象を異にするから，両条を関連づける必要はない。

　第二に，177 条は，同一の不動産に関して正当な権利や利益を有する第三者に，
登記により物権変動の事実を知らせることで不測の損害を被らせないようにする
という，第三者保護の規定である。物権変動がどのような原因によって生じたか
は，第三者の関知するところではないため，第三者保護の観点からは，変動原因
を考慮することは適当でない。

第三に，物権変動の当事者に登記可能性があり，登記するよう求めることも可能であったならば，それをしなかった当事者には，物権変動原因のいかんにかかわらず，**登記懈怠の帰責性**を認めることができる。そして，この帰責性ゆえに，その者に不利益を引き受けさせることができる（以上につき，とくに，大連判明治41・12・15民録14輯1301頁〔百選Ⅰ50事件〕参照）。

　学説においても変動原因無制限説が多数説と考えられるが，変動原因制限説も有力である。

　変動原因に関する無制限説と制限説の対立は，物権をめぐるどのような紛争が177条の適用（登記の有無または先後）によって処理されるべきかという，さらに大きな問題に関する対立の一側面にすぎない。そして，177条の適用によって紛争が処理されるためには，「第三者」に該当する者が登場する必要もある。そのため，物権変動原因に関する見解の相違が，「第三者」概念の理解の仕方しだいで，177条の適用または不適用に関する結論の違いとなって現れないこともある。したがって，変動原因だけを取り上げて制限の要否を抽象的に論じても，あまり意味がない。そこで，第三者論を整理したうえで，とくに論じられているいくつかの問題類型にそくして，変動原因の制限の要否に再度触れることにする（⇒ p. 84の **4** ）。

学説における変動原因制限説

　変動原因制限説において，その対抗に登記を要する物権変動をどのように制限するかについては，見解が多岐に分かれている。

　第一に，意思表示による物権変動についてのみ登記を要するとする見解がある。もっとも，これによると，登記なしに対抗することができる物権変動が相当広範に認められることになり，公示の原則が無意味になりかねない。

　第二に，177条は，現存する当事者間の権利関係に基因する物権変動についてのみ適用されるとする見解がある。具体的には，相続による物権変動と原始取得の場合には当事者を観念することができず，したがって第三者を観念する余地もないとして，177条は適用されないとするものである。もっとも，原始取得の場合に反射的結果として権利を失う者があるときは，権利を取得する者とその反射的結果として権利を喪失する者を当事者とみることも可能である。また，この理屈による場合には，物権変動原因の制限とせずに，177条の第三者の要件を充たす者がいないために177条が適用されることはないと説明することでも，支障はないはずである。

　第三に，既存の権利に基づく物権変動は登記がなければ対抗することができないが，新たに生じた不動産について原始的に取得された所有権（例：新築建物について最初に取得される所有権）は，登記がなくても対抗することができるとする見解がある。この場合には，不動産物権の取引またはそれに準ずる得喪変更のないことが，その理由である。もっとも，177条の適用を取引またはそれに類似する原因による不動産物権変動に限るべき理由は，明らかでない。

第四に,「**対抗問題**」を生ずる物権変動についてのみ,その対抗に登記を要するとする見解がある(以下,「**対抗問題限定説**」)。「対抗問題」とは,同一物について相容れない物権を有する者が複数ある場合に,その物権相互の優劣を決する問題(「両立しえない物権相互間の優先的効力の問題」)をいう。二重譲渡における二つの所有権の優劣関係決定問題が,その典型例である。もっとも,対抗問題を生ずる典型例とされる二重譲渡の場合には,物権変動の意思主義を前提にする限り,所有権を有する者が複数あるという事態は,177条を適用して(先行する所有権取得について,177条があるために登記がされていないことを理由に完全な効力を認めないとして)はじめて認められるものである。そのため,対抗問題限定説には,177条の適用の結果として認められる事態を177条の適用要件にするという,論理転倒を起こしているとの批判がある。

3 「第 三 者」

1 序 論

177条は,登記が具備されるまで物権変動を認めないと争うことを,「第三者」に認めることになる。

第三者とは,一般的には,当事者およびその包括承継人以外の者を指す。

物権変動における当事者とは,ある原因によって物権を取得し,喪失し,または物権の内容に変更を受ける者をいう。たとえば,売買の場合には,売主と買主が当事者である。所有権の取得時効の場合には,時効によって所有権を取得する者とその反射的効果として所有権を失う者が当事者である。

民法の起草者は,177条の「第三者」とはこの一般的意味のとおりであるとしていたが,現在では第三者制限説が一般化しており,焦点は,第三者をどのように限定するかに移っている。

判例によると,**177条の第三者**とは,当事者およびその包括承継人以外の者であって,「**不動産に関する物権の得喪変更の登記の欠缺(不存在)を主張する正当な利益を有する者**」をいう。そのうえで,ここにいう「正当な利益を有する」かどうかについては,客観的要件によってまず画され,さらに主観的要件による絞りがかけられている(大連判明治41・12・15民録14輯1276頁)。すなわち,177条の第三者とされるためには,まず,不動産に関する物権の得喪および変更について保護に値する利害関係,目的物につき一定の法的地位または権利を有する者でなければならない(客観的要件)。ただし,この地位または権利を有する者であっても,主観的態様などその者に固有の事情(主観的要件)次第で,他人の登記の不存在を主張する利益の正当性が失われ,第三者に該当しないとされることがある。

2 客観的要件による限定

　判例によると，177 条の第三者は，目的物につき一定の法的地位または権利を有する者に限られる。

　このように限定する理由として，次の二つが挙げられている。

　第一に，「対抗」という問題は，利害相反するときにはじめて生ずるものである。そのため，当該物権変動について利害関係を有しない者（無権利者が，その典型）は，第三者に該当しない。

　第二に，177 条の趣旨は，物権変動の公示を通して，同一不動産に関して正当な権利または利益を有する者に不測の損害を被らせないようにすることにある。この趣旨に照らせば，利害関係を有する者であっても保護の必要性に乏しい者（不法行為者が，その典型）は，第三者に該当しない。

　問題は，目的物に対してどのような法的地位または権利を有する者が「登記の不存在を主張する正当な利益を有する」といえるのか，である。これについて，一義的な判断基準を立てることは容易ではない。そのため，ある種の地位を有する者を第三者に該当すると認めてよいかどうかについて，個別に検討されることが一般的である。以下では，その代表的なものをみていく。

 学説における代表的な見解
　学説では，177 条の第三者とされるための客観的要件に関する一般的判断基準を提示しようと模索されてきた。有力な見解として，次の二つの見解がある。
　(1) 対抗問題限定説
　第一に，第三者とは同一不動産につき両立しえない物権を取得した者およびそれに類する者をいう，とする見解である。これは，177 条は同一不動産に関する両立しえない物権取得者相互の間の優劣を決定する規定である，とする理解に基づいている。
　(2) 取引関係説
　第二に，177 条の第三者は当該不動産に関して有効な取引関係に立つ者に限られる，とする見解である。これは，登記制度の趣旨は取引安全の保護を図ることにあるとして，第三者の範囲をこの趣旨の実現に必要な限度にとどめるものである。

■1■ 物権取得者

　物権変動の効果が主張される不動産について他に物権を取得した者（物権取得者）は，原則として，第三者に該当する（たとえば，大判明治 36・6・15 民録 9 輯 734 頁）。二重譲渡の場合における譲受人（相互）が，その典型例である。なお，判例によると，二重売買における第二買主は，未登記であってもここにいう第三

者に該当する（大判昭和 9・5・1 民集 13 巻 734 頁）。

　177 条は，未登記の物権変動の主張によって第三者の利益が害されることを防ぐための規定であるところ，物権取得者は，他人による同一不動産についての物権変動の主張が認められると，当該不動産についての物権（または，他に優先する物権）を失うことになる。したがって，物権取得者は，177 条が保護しようとした第三者にまさに該当する。

発展学習 **対抗問題限定説または取引関係説による場合**

　　対抗問題限定説による場合にも，物権取得者は第三者に該当する。この者は，物権変動の効果を主張する者と両立しえない物支配を争う関係に立つからである。

　　取引関係説による場合には，物権取得者は，物権を取引によって取得したのであれば，第三者に該当する。

補論 **物権「取得」の必要性について**

　　この類型は，先に述べたこと（⇒ p.56 の 補論 ）に照らしていえば，厳密に「物権取得」者と認められる必要はない。物権取得の原因があり，他人の物権変動の主張が認められると物権取得の効果を主張することができなくなり，他人の物権変動の主張を否定すれば物権取得の効果を主張する可能性が残る者（たとえば，係争不動産について，同一前主との間で買主として売買契約を結んだ者，同一前主から抵当権の設定を受ける契約を結んだ者）であればよい。これによると，この者が第三者とされるのは，他から物権変動の効果を主張されると物権を失うからではなく，物権取得の効果を主張する可能性を失う地位にあるからである。

　　未登記の第二買主の第三者性を認める本文に述べた判例や，特定の不動産について物権を取得させることを求める債権のみを有する者（特定債権者）の第三者性を認める判例（最判昭和 28・9・18 民集 7 巻 9 号 954 頁）は，（それらの者による物権取得の有無を直接問題とすることなく）それらの者も登記の不存在をもって争うことができなければ物権取得の効果を主張する可能性を失う地位にあるという理由によって，正当化することができる。

2 債 権 者

1 不動産賃借人

> **Case 13**
>
> 　A は，甲土地とその地上建物（乙建物）を所有する B から，乙建物を買い受けるとともに，甲土地を期間 30 年，賃料月額 5 万円の条件で借り受けた。その後，B が甲土地を C に売り渡したが，所有権移転登記は未了だった。
> ①　A は，甲土地についての賃借権の登記（605 条）も，乙建物の所有権移転登記も得ていなかった。C が，甲土地の所有権に基づいて，乙建物を収去して甲土地を明け渡すことを A に求めた。

② ＢＣ間の甲土地の売買の前に，乙建物についてＢからＡへの所有権移転登記がされていた。Ｃは，甲土地を買い受けた後に，甲土地の所有権取得によって自己が賃貸人になったとして，以後，賃料を自己に対して支払うことをＡに求めた。Ａがこれに応じなかったので，Ｃは，賃貸借契約の解除の意思表示をし，乙建物の収去と甲土地の明渡しをＡに求めた。

前提知識　賃借権は債権の一種である。したがって，賃借人は，賃貸人に対してのみ賃借権を行使することができるのが原則である。これによると，賃借物の所有権が譲渡されると，賃借人は，譲受人に対して賃借権を行使することができず，たとえば譲受人からの返還請求に応じなければならない（「売買は賃貸借を破る」）。しかしながら，不動産賃借権については，権利としての重要性と物権たる地上権等との機能的類似性に鑑みて，その保護が強化されている（「不動産賃借権の物権化」現象と呼ばれている）。たとえば，不動産賃借権は，これを登記することによって，その不動産の取得者を含む第三者に対抗することができる（605 条）。また，土地賃借権が建物所有を目的とするものである場合には，賃借権の登記がなくても，賃借人が賃借地の上に自己所有名義（最大判昭和 41・4・27 民集 20 巻 4 号 870 頁〔百選Ⅱ 51 事件〕ほか参照）で登記された建物を所有しているときもまた，第三者に対抗することができる（借地借家 10 条 1 項）。

問題の所在　①では，Ａが賃借権を第三者に対抗することができる状況にない段階で，Ｃが，Ｂとの売買により甲土地の所有権を取得したとして，所有権に基づく返還請求をしている。これに対して，賃借人Ａが，Ｃの登記の不存在を理由にＣの所有権取得を認めないと争うことができるかが問題になる。

②では，Ａが賃借権を第三者に対抗することができるようになってから，Ｃが甲土地の所有権を取得している。このような場合には，原則として，賃貸借関係は，甲土地の所有権移転に伴ってＣとＡの間に当然に移転する（605 条の 2 第 1 項）。すなわち，Ｃが，甲土地の所有権取得により当然に賃貸人の地位をＢから承継し，Ｂは，賃貸借の関係から退く。しかも，この地位の承継をＡに通知する必要はない（大判昭和 3・10・12 新聞 2921 号 9 頁，最判昭和 33・9・18 民集 12 巻 13 号 2040 頁参照）。そこでＣは，甲土地の所有権を取得したことにより賃貸人の地位を取得したとして，Ａに賃料の支払を求め，Ａがこれに応じなかったことを理由に賃貸借契約の解除の意思表示をしている。ここでは，Ａが，Ｃが移転登記を備えるまで（甲土地の所有権取得により）賃貸人の地位を取得したことを認めないと争うことができるかが問題になる。

②は，現在では賃貸借に関する規定（605 条の 2 第 3 項）の適用の問題として処理される。ただ，この規定は，177 条の適用に関する判例を踏まえて設けられたものである。そこで，177 条の規定内容の理解を深めることに資することから，ここで取り上げる。

賃借人が 177 条の第三者に該当するかどうかは，伝統的に，不動産の譲受人が賃借権を認めず明渡しを求める場合と（*Case 13* ①），賃貸借関係の承継を主張して（したがって，賃借権を認めて）賃貸人としての権利を行使する場合（*Case 13* ②）を分けて論じられてきた。前者では同一不動産の支配をめぐる争い（という

177 条が典型的に想定するとされる事態）が問題となるのに対し，後者ではそのような争いが生じていないために，177 条の適用に関して同じように扱えない面があるとも考えられるからである。

(1) 明渡請求の場合　　判例上，不動産の譲受人から所有権に基づいて明渡しを求められた賃借人は，177 条の第三者に該当するとされてきた（大判昭和 6・3・31 新聞 3261 号 16 頁。また，大連判明治 41・12・15 民録 14 輯 1276 頁も，第三者に該当する者の例として賃借人を挙げている）。これは，学説において，不動産賃借権は物権化しているため，不動産賃借人は物権取得者（とくに地上権者）類似の地位にあるからであると説明されることがある。

Case 13 ①の場合には，Ａは，Ｃが登記を備えるまでＣの所有権取得を認めないと争うことができる（177 条）。したがって，Ｃの請求は認められない。

【発展学習】　**対抗問題限定説または取引関係説による場合**
　　対抗問題限定説による場合も，不動産賃借権の物権化を前提とするならば，賃借人は第三者に該当する。同一不動産をめぐる物支配が争われているとみうるからである。
　　取引関係説による場合も，ここでの賃借人は第三者に該当する。賃借人は，賃貸借契約という取引によって不動産に利害関係を有するに至っているからである。

【補論】　**明渡請求を受けた賃借人の第三者性の根拠，使用借主の第三者性**
　　明渡しを請求された賃借人は，登記の不存在を主張して争うことができなければ，不動産を占有使用することができなくなる（賃貸人に対する賃借権をもって占有使用を継続することができなくなる）。それに対し，登記の不存在を主張して争うことができれば，その占有使用を維持することができる。すなわち，この場合の賃借人は，登記の不存在を主張することによって，その不動産を正当に占有使用することができるという法的地位を保全することができる立場にある。したがって，賃借人は，登記の不存在を主張する正当な利益を有するとみることができる。この際，「不動産賃借権の物権化」に意味は認められない。不動産賃借権の物権化は対抗力を備えた賃借権についてのみ語ることができるものであることをさて措くとしても，上に述べたことは，債権たる賃借権についても妥当するからである。
　　動産物権譲渡に関する 178 条における「第三者」について，判例は，動産賃借人は第三者に該当するが，動産受寄者は第三者に該当しないとしている（⇒ p. 143 の **2**）。この違いの理由は，賃借人と受寄者の目的物に対する法的地位（その有する権利の内容）の違いに求めることができる。すなわち，賃借人は，所有者が替わらなければ契約期間中は当該の物の占有使用を継続することができる地位を，法によって（ある程度）保障されている（賃借人に債務不履行がある場合は，もちろん別論である）。それに対し，受寄者は，寄託契約の当事者としての地位を有するが，預かった物の使用権を有せず（658条 1 項），寄託者からいつでも返還請求を受ける立場にあるから（662 条 1 項），占有継続の利益も法的に保障されていない。つまり，当該の物について，保護されるべき権利または利益を何ら有しない。

これらと統一的に説明しようとするならば，上に述べたとおり，不動産賃借人については，当該不動産を正当に占有使用することができる法的地位を有することを，第三者性の根拠とすることができると考えられる。

　なお，不動産賃借人の保護の根拠をこのように捉えるならば，使用借主も，所有権に基づく明渡請求について，177条の第三者に該当すると考えられる。使用借主も，目的不動産を占有使用する地位を（賃借人ほど強くはないが）法的に保障されている（597条参照）からである。

(2) 賃料支払請求等の場合　*Case 13* ②のように，賃貸借の目的不動産

の譲受人が賃貸借関係を承継したとして（したがって，賃借権を認めて）賃貸人の権利を行使するときも，賃借人は，譲受人の登記の不存在をもって争うことができる。605条の2第3項または605条の3後段が，目的不動産の譲渡による賃貸人の地位の移転は，その不動産につき所有権移転登記をしなければ，賃借人に対抗することができないとしているからである。なお，賃貸借の目的不動産を賃貸人が他に譲渡した場合において，賃借権が対抗要件を備えていたときは，原則として，賃貸人の地位が譲受人に当然に移転する（605条の2第1項。例外は，同条2項前段）。605条の2第3項は，このときについての規定である。賃借権が対抗要件を備えていないときも，譲渡人と譲受人は，合意により賃貸人の地位を譲受人に移転することができ，移転のために賃借人の承諾を要しない（605条の3前段）。605条の3後段は，このときについての規定である（これらの規定は，平成29年民法改正により，それ以前に確立していた判例法理を明文化したものである。すなわち，605条の2第1項にあたるものとして大判大正10・5・30民録27輯1013頁など，同第3項にあたるものとして最判昭和49・3・19民集28巻2号325頁〔百選Ⅱ52事件〕など，605条の3前段にあたるものとして最判昭和46・4・23民集25巻3号388頁〔百選Ⅱ34事件〕があった）。

> (*Case 13*) ②の場合，Aは，Cが登記を備えるまでCを賃貸人と認めないと争うことができる（605条の2第3項）。Aがそのように争えば，Cの請求は認められない。

　605条の2第1項または605条の3前段の規定による賃貸人の地位の移転は，譲受人による目的不動産の所有権取得の効果の一つである。ところで，前掲最判昭和49・3・19は，譲受人が賃借権を争わずに賃貸人の権利を行使する場合においても，賃借人は，目的不動産の「得喪につき利害関係を有する第三者である」としていた。これによると，目的不動産の譲受人は，登記を備えなければそ

の不動産の取得を賃借人に対抗することができないため，賃貸人の地位の取得を対抗することができないこととなる。605条の2第3項と605条の3後段の規定は，このように理解することができる。

 発展学習　**不動産の譲受人による賃貸人としての権利の行使と賃借人の第三者性**

　　譲受人が賃借権を争わずに賃貸人の権利を行使する場合に，前掲最判昭和49・3・19のように，賃借人が177条の「第三者」に該当するとされたのは，なぜか。すなわち，177条の第三者とは「登記の不存在を主張する正当な利益を有する者」をいうが，この場合の賃借人は，どのような利益を有するか。

　　この点については，目的不動産が二重に譲渡され，いずれも登記未了の場合に生ずる権利関係の錯綜から保護される利益（賃借人は，賃料の支払先を確知する利益を有し，この利益は保護に値する）とするものがあった（大判昭和8・5・9民集12巻1123頁）。

　　もっとも，学説では，次のように批判して，この場合の賃借人の第三者性を否定する見解も有力であった（この批判説によると，605条の2第3項と605条の3後段の規定は，177条の適用によっては認められない法律関係を創設したものと理解されることになる）。

　　まず，譲受人が賃借人の賃借権を認めている場合，両者の間に同一物の支配をめぐる争いはないから，177条が本来予定する問題とは異なる。

　　また，賃料債務の履行相手を知ることに関する利益をもって，賃借人の177条の第三者該当性を根拠づけるものとすることについても，第一に，履行相手を見誤る危険から賃借人を保護する必要があるとしても，供託の制度（494条）や受領権者としての外観を有する者に対する弁済の法理（478条）によって，賃借人を保護することができる。第二に，この場合は賃料債権が譲渡されたとみることもできるから，履行相手を知ることについての賃借人の保護は，債権譲渡の法理（467条1項）によって図ることが適切である。第三に，履行相手の判断に困るという問題は，建物を滅失または損傷させた者のような不法行為者にも起こることである。ところが，不法行為者が177条の第三者に該当しないことは一致して認められている（⇒ p.73の1）。そうであれば，履行相手の判断に困るという事情は，賃借人の第三者性を肯定する論拠にならない。

補論　**同前**

　　しかしながら，上に挙げた学説の批判は，決定的なものとはいえない。

　　ここでの問題は177条が本来予定するものではないとする批判は，177条の判例法理に対する外在的批判にすぎず，それ自体が正しいともいえない。この批判は，対抗問題限定説と発想を同じくする。しかしながら，判例は，177条をそのように理解するものではない。また，同一物の支配が争われる場合が177条の典型的な適用事例としても，それ以外の関係への同条の適用が否定されるべき理由は明らかでない。177条はすべての第三者との関係で適用されるものとして設けられた規定であり，第三者制限説を採るとしても，その制限のあり方には様々な考えがありうる。その際，強い効力が認められるという物権の特性から，物権変動の効果は登記をしなければ第三者に対抗することができないという原則を重視するならば，物権変動の効果の主張により不利益を受けうる者が広く保護されても差し支えないはずである。また，登記をしなくても物権変動を対抗することができる第三者の範囲を狭めることは，人びとがすべき登記の申請をせず，登記が権利関係を正しく記録していない不十分なものとなる原因にもなりうる。

　　債務の履行相手を知ることにつき賃借人が有する利益に関する批判については，次の

ことを指摘することができる。

　そもそも債務の履行相手を確知する利益が「登記の不存在を主張する正当な利益」に該当するかどうかが疑わしいこと（⇒ p. 74 の 補論 ）をさて措くとすれば，賃借人のこの利益の保護は，確かに上述の第一または第二の方法でも図ることができる。しかしながら，登記を基準にするほうがより確実である。また，賃借人と不法行為者は，債権者に対して弁済すべき地位にある点では同じでも，一方は適法原因に基づく債務者であるのに対し，他方は違法原因に基づく債務者である。この違いゆえに，履行相手を知る利益を保護すべき程度に違いが認められてもよい。

　上述の第一から第三までの批判は，いずれも，ここでの問題を賃貸借契約から生ずる債権債務関係をめぐる問題とみている。しかしながら，ここでは，目的物の所有権移転の効果の一つとして賃貸人の地位が移転するのであり，賃貸人の地位に基づく権利の行使は，本文にも述べたとおり，所有権取得の効果の主張にほかならない。したがって，問題を単に債権譲渡の場合と同視したり，債権の行使とそれに対する債務者たる賃借人の保護という観点で捉えたりすることは，適切でない。

　譲受人による賃貸人としての権利の行使は，それが契約解除権の行使である場合はもちろん，賃料請求の場合も，究極的には，賃借人から目的不動産の占有使用を奪うことにつながりうるものである。目的不動産を賃貸借に基づいて占有使用する権利は，177条による保護に値する利益と考えられるから（⇒ p. 68 の 補論 参照），賃料請求等についても，賃借人は，登記の不存在を主張する正当な利益を有するということができる。

2　一般債権者と差押債権者

Case 14
　A は，B に対して 500 万円の債権を有していた。B は，所有する甲土地を C に売却したが，所有権移転登記は未了だった。

Case 15
　 Case 14 において，その後に，A が甲土地を差し押さえた。C が，甲土地は自己の所有に属するとして第三者異議の訴え（民執 38 条）を起こした。

---

　(1)　一般債権者　　一般債権者（ Case 14 の A）は，177 条の第三者に該当しない。というより，一般債権者が，一般債権者のままで（つまり，差押えや仮差押え，仮処分，配当要求などをしていないのに）他人の不動産物権の存否を争う事態は考えられない。

発展
学習
　　一般債権者の第三者性を認める見解について
　　　取引関係説のなかには，一般債権者も，取引により債権を取得した場合には 177 条の第三者に該当すると認めるものがある。もっとも，そこでは，差押債権者や配当加入債権者が 177 条の第三者に該当するとされていることを前提に，一般債権者が差押えや配当加入をしても，その債権の効力が強くなるわけではないから，理論的には，一般債権者も第三者に該当すると考えるべきであるとされている。したがって，この見解も，一般債権者が，そのままで，177 条の第三者に該当する事態を想定したものではない。

*(2) **差押債権者*** 　これに対して，*Case 15* のＡのように差押えをした場合には，債権者も，不動産物権変動の有無について利害関係を有することになる。差押えの対象となる財産は，債務者に帰属するものだけである。そのため，差し押さえられた不動産が債務者以外の者の所有に属する場合には，その所有者は，第三者異議の訴えによって差押えを排除することができる。これが認められると，差押えは空振りに終わり，債権者は，そこから配当を受けることができなくなるからである。

　判例は，差押債権者は 177 条の第三者に該当するとしている（大判明治 38・5・10 民録 11 輯 647 頁，大連判明治 41・12・15 民録 14 輯 1276 頁，最判昭和 39・3・6 民集 18 巻 3 号 437 頁〔百選Ⅲ 80 事件〕。また，仮差押債権者〔大判昭和 9・5・11 新聞 3702 号 11 頁。最判昭和 46・1・26 民集 25 巻 1 号 90 頁〔百選Ⅲ 78 事件〕も参照〕や仮処分債権者〔大判昭和 17・2・6 法学 11 巻 9 号 980 頁，最判昭和 30・10・25 民集 9 巻 11 号 1678 頁〕も同様である）。もっとも，そのように解すべき理由は明らかでない。この理由について，学説では，次のように説明するものが多い。すなわち，債権者は，もともと，債務者の財産一般に対して，債務不履行の場合に強制的な債権回収の原資とすることができるという意味で，潜在的な支配権能を有する。差押え等がされると，この支配権能が特定の財産について具体化される。したがって，差押債権者は，差押対象財産について物権者に類似する地位にあり，177 条の第三者と認めることができる。

> *Case 15* では，Ｃが，Ｂとの売買により甲土地の所有権を取得したとして第三者異議の訴えを提起しても，Ａは，Ｃが登記を備えるまでその所有権取得を認めないと争うことができる。

発展学習　**対抗問題限定説または取引関係説による場合**
　対抗問題限定説によっても，差押債権者は，177 条の第三者に該当すると解しうる。本文に述べたように，差押債権者は，所有者と同一不動産の支配を争う関係にあるとみることができるからである。
　取引関係説によっても，差押債権者は，取引により取得した債権で差し押さえたときには，177 条の第三者に該当する（⇒直前の **発展学習** 参照）。

発展学習　**差押債権者の第三者性を否定する見解**
　差押債権者の第三者性を否定する見解もある。その見解の基礎には，無担保の一般債権者を強く保護することは適切でないという政策判断がある。一般債権者は，もともと，債務者が現に有する財産から債権を回収する地位を有するだけであり，差押財産に優先権を有するわけではない。そして，債権者は，差押えによって処分禁止効を生じさせ，

債権回収の原資とすることを確定するにあたって、対価を負担するわけではない。したがって、差押債権者の地位は、一般債権者以上の保護に値するものとはいえず、差押債権者の第三者性を認めることは適当でない、というのである。

結局、従来の学説における対立点は、一般債権者の地位をどの程度の保護に値するものとみるかにある。差押債権者の第三者性を肯定する見解は、一般債権者も潜在的には177条による保護に値するが、一般債権者のままではその保護の必要性が問題になることはないとするものである。それに対し、第三者性を否定する見解の基礎には、一般債権者は177条による保護に値しないとの考えがある。

補論　**差押債権者の第三者性の根拠**

差押債権者は、登記の不存在を主張して争うことができなければ、当該不動産の換価金からの配当を受けられない。すなわち、その不動産に関して有する権利を実現することができない。それに対して、登記の不存在を主張して争うことができるならば、その不動産の強制執行手続が継続され、それによって自己の権利（の一部）が実現される可能性が残る。すなわち、差押債権者は、登記の不存在の主張によって、当該の不動産に関する権利を保全しうる立場にある。そのため、登記の不存在を主張する正当な利益を有するということができる。

問題は、差押えをした債権者が実質的にどの程度の保護に値するかである。

一般債権者も、強制執行によって債権回収を図る地位を法によって認められている。強制執行が何時されるかにより回収することができる債権額に多寡が生じうるが、一般債権者は、強制執行開始のための手続をとるかどうかを、債務者の財産状態を勘案して判断することが通常であろう。そうであれば、ある不動産が債務者の所有にとどまっているかを知ることにつき、一般債権者も、実質的な利害関係を有しているとみることができる。したがって、差押債権者は、実質的にも、差押不動産について177条の第三者と認めるに足る利害関係を有すると考えられる。

３　無権利者

当該不動産に何の権利も有しない者は、177条の第三者に該当しない。

1　不法行為者，不法占有者　その代表例は、他人の不動産に対する不法行為者である（大連判明治41・12・15民録14輯1276頁，大判昭和12・5・20法学6巻1213頁ほか）。たとえば、他人の建物を故意または過失によって損壊した者は、未登記の所有者から所有権侵害を理由とする損害賠償請求を受けた場合に、登記の不存在を主張して争うことができない。

不法占有者（正当な権原によらずに占有する者）も、177条の第三者に該当しない（大判大正9・4・19民録26輯542頁，最判昭和25・12・19民集4巻12号660頁〔百選Ⅰ56事件〕）。たとえば、所有者が所有権に基づいて不動産の明渡しを求めた場合に、不法占有者は、登記の不存在を主張して争うことができない。

不法占有者が177条の第三者に該当しないということは、占有者であるというだけでは登記の不存在を主張する正当な利益を有するとは認められないことを示

している。民法によると，占有者は「占有権」を有するが，「占有権」は，占有者に現在の占有を不当に妨げられない地位を保障するだけであり，他人の正当な権利主張を退けて占有を継続する地位まで保障するものではないからである。

補論　**不法行為者，不法占有者の非第三者性の根拠**
　　不法行為者も，損害賠償債務の履行相手を確知する利益を有する。しかしながら，債務の履行相手を確知する利益が登記の不存在を主張する正当な利益に該当するかは，疑わしい。そもそもその利益は，物権変動の主張がされる不動産についてのものではない。その点をさて措くとしても，債務者は，登記の不存在を主張して争うことによって請求者との関係で債務の履行を免れたとしても，債務の履行そのものを免れる地位にあるわけではなく，また，二重弁済の危険からの保護は，受領権者の外観を有する者に対する弁済の法理など，別の法理にゆだねればよいからである。かりに債務の履行相手を確知する利益が登記の不存在を主張する正当な利益に該当しうるとしても，不法行為者については，その債務は違法原因に基づくために，強い保護に値しない。そのため，不法行為者は，177条の第三者に該当しないものとされる。
　　不法占有者も，登記の不存在を主張して争うことによって請求者に対する明渡しを免れたとしても，本文に述べたとおり，それによって占有の継続を法的に承認されることとなる地位を有するわけではない。そのため，不法占有者には登記の不存在を主張する正当な利益を認めることができない。

2　実質的無権利者とその承継人　　「同一の不動産に関し正当の権原によらずして権利を主張する者」（以下，「実質的無権利者」または単に「無権利者」という）も，第三者に該当しない（大連判明治41・12・15民録14輯1276頁）。
　　具体的には，無効登記の名義人であって実体的権利を有しない者（大判昭和5・3・31新聞3112号13頁，大判昭和10・11・29民集14巻2007頁）とその承継人（大判明治32・6・7民録5輯6巻17頁，最判昭和24・9・27民集3巻10号424頁ほか），表見相続人とその承継人（大判大正3・12・1民録20輯1019頁），無効な法律行為に基づく譲受人（大判昭和5・4・17新聞3121号11頁）とその承継人（最判昭和34・2・12民集13巻2号91頁）などがある（ただし，判例によれば，意思表示または法律行為の取消しによる無効や契約解除〔いわゆる直接効果説によるとき〕の場合は，ここに含まれない。この点については，p. 84の **1** およびp. 91の **2** 参照）。

　　対抗問題限定説または取引関係説による場合
　　対抗問題限定説によっても，無権利者は，177条の第三者に該当しない。無権利者は，同一不動産の支配を権利者と争う立場にないからである。
　　取引関係説によっても同様である。無権利者は，当該不動産について有効な取引関係に立つ者ではないからである。

（実質的）無権利者の非第三者性の根拠

　　無効な登記の名義人や，表見相続人，無効な法律行為に基づく譲受人は，登記の不存在を主張して争うことで物権変動の効力が否定されたとしても，それによって，その不動産について何らかの権利を有すると認められることにならない。また，登記の不存在を主張して争うことができないことによって，何らかの権利を失うわけでも，不利益を受けるわけでもない。つまり，これらの者の当該不動産に対する法的地位は，物権変動の効力が否定されたとしても，それが肯定される場合と変わりがない。したがって，登記の不存在を主張する正当な利益を有するとはいえない。

　　それらの者の承継人についても同様である。登記の不存在を主張して争うことによって物権変動の効力が否定されたとしても，前主が無権利であることに変わりはない。そのため，これらの者も，177 条の第三者に該当しない。

4　輾転譲渡の前々主

　甲不動産が A から B，B から C へと輾転譲渡された場合において，A は，C の所有権取得について，177 条の第三者に該当しない（最判昭和 39・2・13 判タ 160 号 71 頁，最判昭和 43・11・19 民集 22 巻 12 号 2692 頁。なお，大判昭和 12・12・21 法学 7 巻 532 頁は，A B 間の譲渡につき，C は，177 条の第三者に該当しないとする。もっとも，これは，C が立木譲渡に関して明認方法の不存在を理由に B の所有権を否定しようとした事案のようであるが，C がそのような主張をした理由は不明である）。

対抗問題限定説または取引関係説による場合

　　対抗問題限定説によっても，A は，第三者に該当しない。A は，甲不動産の所有権を C と相争う地位にないからである。

　　取引関係説によっても，A は，第三者に該当しない。A は，取引によって甲不動産の所有権を手放したのであって，甲不動産について権利または法的地位を有することとなる取引を有効に行った者ではないからである。

輾転譲渡の前々主の非第三者性の根拠

　　A は，B から C への所有権移転が登記の不存在のゆえに認められなくても，それによって，甲不動産について権利を取得し，または維持しうる立場にない。また，登記の不存在を主張して争うことができないとしても，それによって，甲不動産について何らかの権利を失うわけでも，不利益を受けるわけでもない。したがって，A は，C の所有権取得について登記の不存在を主張する正当な利益を有しない。

3 主観的要件による限定

　177 条には，第三者の主観的要件に関する文言はない。民法の起草者が，第三者無制限説に立ち，第三者の主観的態様（善意か，悪意か）についても，これを問題としない立場（以下，「善意悪意不問説」）を採っていたからである。また，不動

産登記法 5 条は，詐欺または強迫によって登記申請を妨げた第三者や，他人のために登記を申請する義務のある第三者は，その登記の不存在を主張することができないとしている。この規定も，177 条が第三者の主観的態様を問わないことを前提に，その不都合を避けるために設けられたものである。

　しかしながら，古くから，善意悪意不問説は妥当でない結果を生ずることがあると批判されてきた。現在では，**2** において述べた客観的要件を充たす者であっても，その主観的態様などその者に固有の事情（以下，「主観的事情」）次第で，例外的に 177 条の第三者から排除されることがあるとされ，問題の焦点は，第三者からの例外的排除の事由となる主観的事情は何かに移っている。

1 不動産登記法 5 条に該当する者

　2 において述べた民法 177 条の客観的要件を充たす者であっても，「詐欺又は強迫によって登記の申請を妨げた」もの（不登 5 条 1 項）と「他人のために登記を申請する義務を負う」もの（同条 2 項本文）は，その登記の不存在を主張することができない。

　他人のために登記を申請する義務を負う者とは，登記権利者または登記義務者に代わって登記を申請する義務のある者をいう。登記権利者または登記義務者の親権者，後見人，受任者，遺言執行者，登記権利者が法人である場合の代表者などがこれにあたる。

　他人のために登記を申請する義務を負う者については，その主観的態様は問われない。たとえば，A が B から甲土地を取得したが，所有権移転登記が未了の間に C が A の後見人に就任した場合において，C が A への譲渡の事実を知らずに B から甲土地を買い受けたときも，C は，A の登記の不存在を主張することができない。C は，後見人に就任した時点で A への所有権移転登記の申請をする義務を負い，A に対して自己の利益を優先させることが法的に許されない立場になっているところ，C が AB 間の売買を知らなかったことは，これを変えるものではないからである。ただし，BC 間の売買が AB 間の売買より先に行われていた場合には，C は，A の登記の不存在を主張することができる（不登 5 条 2 項ただし書）。この場合には，C は，後見人就任以前に第三者たる地位を取得しており，上述の C による登記の不存在の主張を封ずる理由があてはまらないからである。

❷ 背信的悪意者

1 背信的悪意者排除の法理

(1) 背信的悪意者排除の法理とは　　判例によると，実体法上物権変動があった事実を知る者であって，かつ，その物権変動について登記の不存在を主張することが信義に反すると認められる事情のある第三者は，登記の不存在を主張する正当な利益を有しない（最判昭和 31・4・24 民集 10 巻 4 号 417 頁，最判昭和 40・12・21 民集 19 巻 9 号 2221 頁ほか）。こういった第三者は，**背信的悪意者**と呼ばれている（以下においては，この考え方を「背信的悪意者排除の法理」と呼ぶ）。

背信的悪意者排除の法理については，とくに次の点に留意する必要がある。

第一に，この法理は，第三者の主観的事情について，起草者のような無制限説を採らないことを明らかにするものである。

第二に，しかしながら，先行する物権変動について悪意であるというだけで，第三者性が否定されるわけではない。これは，善意悪意不問説が原則として維持されていることを示している。

第三に，そのうえで，取引上の信義則に反するような者だけが，例外的に排除される。

第四に，この排除の理由は，第三者たる客観的地位を有しない者と同様に，背信的悪意者が登記の不存在を主張する正当な利益を有しないことにある。

*(2) **善意悪意不問原則の論拠**としての**自由競争論***　　背信的悪意者排除の法理は，177 条において第三者の善意悪意を問わないとする原則を維持するものである。ここでは，悪意の第三者も保護される理由が問題になる。

民法の起草者は，登記の有無による紛争の画一的処理を通じた取引安全の確保と登記慣行の定着を狙って，第三者の主観的事情を問わないものとしていた。これに対して，取引安全の保護を目的とするのであれば，登記を信頼した者を保護することで十分であるとする批判がされた。

この批判を受けて，善意悪意不問原則の論拠として学説上指摘されるようになったのが，**自由競争論**である。すなわち，自由競争が認められる社会においては，物の取得をめぐって他人と競争し，他人より有利な条件を提示するなどして物を取得することも許される。これは，他人が物権を取得した場合も同じである。物権を取得した者は，登記を得て自己の権利を保全すべきであるのにそれを怠っているのであれば，他の競争者に敗れて権利を失っても仕方がない，という考え方である。

(3) 自由競争論の限界──善意悪意不問原則の限界　もっとも，自由競争は，無制限に認められるものではない。そのため，自由競争論を前提とするにしても，自由競争の枠外にあると考えられる者は，善意悪意不問原則の例外として，177条の第三者にあたらないとされるべきことになる。

たとえば，自由競争論を前提にしたとしても，前述の不登5条に該当する者は，177条の第三者に該当しない。詐欺または強迫によって他人の登記申請を妨げた者（不登5条1項）は，不公正な手段を用いた妨害者であって，自由競争者とはいえないからである。また，他人のために登記申請をする義務を負う者（不登5条2項本文）は，先行する物権変動の関係者であり競争者の地位に身を置くこと自体が許されないという意味で，自由競争の枠外にあるからである。

そうすると，つぎに問題となるのが，これらの者のほかに自由競争の枠外にあると考えられる者はないのか，である。背信的悪意者排除の法理は，この問いに対する一つの解答である。すなわち，単なる悪意者は，なお自由競争の枠内にあると認められるが，取引上の信義に反する悪意者は，自由競争の限界を超えており，他人の登記の不存在を主張することを許されない。

2　第三者の背信性を基礎づける方向に働く事情　判例によると，取引上の信義に反するという評価（背信性）を根拠づける方向に働く事情として，以下のようなものがある。なお，以下の説明においては，次の単純な場合を例にとる。

Case 16

Aが，B所有の甲土地について，Bとの間で売買契約を締結した。その後にBは，Cとの間でも甲土地につき売買契約を締結した。

---

(1) 実質的当事者性　第一に，第三者が実質的に当事者と同視される地位にあるという事情である。

たとえば，*Case 16* において，CがBの近親者である場合や（東京地判昭和30・12・27下民集6巻12号2801頁），Bが法人であり，Cがその代表者である場合（東京地判昭和40・11・16判タ185号145頁）がこれにあたる。これらの場合におけるCは，第一売買の関係者として，競争者の地位に身を置くことが許されないとされうるからである。

(2) 不動産登記法5条に準ずる事情　第二に，第三者が不登5条の該当者に準ずる者とみられる事情である。

たとえば，_Case 16_ において，Ｃが，Ｂによる A への登記妨害に協力していたときや（最判昭和 44・4・25 民集 23 巻 4 号 904 頁），ＡＢ間の売買をめぐる紛争の和解を仲介していたときである（最判昭和 43・11・15 民集 22 巻 12 号 2671 頁）。Ｃは，前者の場合には，不公正な妨害者であって自由競争者とはいえず（不登 5 条 1 項該当者に準ずる者である），後者の場合には，ＡＢ間の売買の関係者であって，Ａと競争する地位に身を置くことが許されない（不登 5 条 2 項該当者に準ずる者である）とされうる。

　(3)　不当に利益をあげようとする意図，他人の利益を害そうとする意図　　第三に，第三者が不当に利益をあげる目的や，他人の利益を害する目的で不動産物権を取得しようとすることである。

　たとえば，_Case 16_ において，ＡＢ間の売買とＡへの所有権移転登記の未了を知ったＣが，Ａに以前から抱いていた恨みを晴らすためにＡから所有権を奪うことを狙って（最判昭和 36・4・27 民集 15 巻 4 号 901 頁参照〔ただし，ＢＣ間の売買を公序良俗違反を理由として無効としたもの〕），あるいは，すでに甲土地を長期間占有していたＡに高値で買い取らせることを狙って（最判昭和 43・8・2 民集 22 巻 8 号 1571 頁〔百選Ｉ 57 事件〕），Ｂから甲土地をきわめて低廉な価格で購入して所有権移転登記も得た場合が，その例である。これらの場合，Ｃは，不公正な妨害者と評価されうるからである。

　(4)　矛盾的態度　　第四に，第三者が第一譲受人の権利取得を前提とする法的行為をしながら，後にそれと矛盾する主張をすることである。

　たとえば，Ｂ所有名義の甲土地について，Ｃ（国）が，甲土地はＡに属するとして，Ａから固定資産税を徴収していたのに，その後に一転して，甲土地はＢの所有に属するとして，Ｂに対する滞納処分により甲土地を差し押さえて，公売処分に付したような場合である（最判昭和 35・3・31 民集 14 巻 4 号 663 頁）。Ｃは，Ａの権利を認めて法的意味のある行為をした時点で，Ａと競争することができる地位を失ったと考えうるからである。

3　背信的悪意者からの転得者について

　(1)　背信的悪意者とされることの法的意味　　177 条の第三者たる客観的地位を有する者は，本来，登記の不存在を主張して（登記具備まで物権変動を認めないと）争うことができる。ところが，第三者は，背信的悪意であるとされると，自らが 177 条の第三者に該当することを主張することができない。そのために，登記の不存在を主張して争うことができなくなる（最判平成 8・10・29 民

集 50 巻 9 号 2506 頁〔百選 I 58 事件〕)。

(2) 背信的悪意者からの転得者 　第三者が背信的悪意者であるとされることの法的意味を上述のように解することは，次のような場合に意味をもつ。

Case 17

　A が，B 所有の甲土地を B から 2000 万円で購入した。甲土地は A に引き渡され，A が資材置場として利用していたが，A への所有権移転登記は未了であった。AB 間の売買から 7 年後に，それまでの事情を知る C が，転売利益の取得を狙って甲土地を B から 100 万円で購入し，所有権移転登記を得た。その後まもなく，C が，D に 2000 万円で甲土地を売り，D への所有権移転登記がされた。A が，甲土地は自己の所有に属するとして，D に対して所有権移転登記手続を求めた（A が CD 間の所有権移転登記の抹消登記手続ではなく，D から A への所有権移転登記手続を求めることについては，p. 128 のを参照）。

 　C は，A による甲土地の所有権取得と利用の事実を知りながら，A への所有権移転登記の未了につけこんで，不当な利益をあげようとしている。そのため，C は，背信的悪意者と認められる可能性がある。そのように認められる場合，A が，C に登記名義がある間に所有権移転登記手続を C に求めていたならば，その請求は認められた。そのため，ここでは，A が権利者であって，C は無権利者である，D は無権利の C からの譲受人にすぎない，と考えることもできそうである。このように考えるならば，A の請求が認められることになる（⇒ p. 74 の 2 参照）。ところが，ここで，背信的悪意者の法的意味に関する上述の理解が意味をもってくる。

---

　(1) で述べたように，背信的悪意者は，その主観的悪性ゆえに，第三者であると主張することを，信義則上，封じられる。第三者たる客観的地位まで失うのではない。そのため，この者からの転得者も，第三者たる客観的地位を有すると認められ，登記の不存在を主張して争うことができる立場にある。

　その上で，登記の不存在を主張することができないこととなる主観的事情の有無が，転得者自身について問題となる。背信的悪意者からの転得者であるという属性ゆえに，転得者は当然に背信的悪意者となる，とすることも考えられる。しかしながら，それでは，背信的悪意者を無権利と評価するのと同じことになる。そのため，転得者自身の主観的事情が個別に判断されるべきことになる（前掲最判平成 8・10・29）。

> *Case 17* においてＡの請求が認められるかどうかは，Ｄ自身の主観的事情次第である。Ｄは，Ａの所有権取得の主張が認められれば甲土地を取得することができず，Ａのその主張が認められなければ甲土地を取得する可能性が残るから，原則として，Ａの登記の不存在を主張することができ，Ａの請求は認められない。しかしながら，Ｄ自身に背信的悪意と認められる事情があるならば，Ｄは，Ａの登記の不存在を主張することができず，Ａの請求が認められる。

補論 **民法 177 条の趣旨理解と背信的悪意者からの転得者の第三者性**

　この問題は，177 条をどのような規定と理解するかにより，考え方が異なってくる。

　177 条を物権取得やその原因が競合する場合の優劣決定規範と解するならば，*Case 17* では，Ｄが甲土地の所有権を取得したと認めてよいかどうか，あるいは，ＡとＤの間で甲土地について物権取得原因の競合が認められるかどうかを考えるべきことになる。ここでは，背信的悪意者Ｃの登場によって，Ａの所有権取得の優先，またはＡＢ間の売買の優先が決まるか否かが判断されることになる。そして，Ａの所有権取得の優先またはＡＢ間の売買の優先が認められるべきであるとする場合には，Ｄは，Ａに劣後するＣの特定承継人にすぎないとして，Ａに劣後することになる。

　これに対して，177 条は物権変動の効果を主張するための要件に関わる規定にすぎない，物権取得やその原因の優劣決定とは直接の関係がないとみるならば，Ｄ自身が第三者にあたるか否かを判断するだけでよい。上述のように，Ｄは，Ａの登記の不存在を主張して争うことによりＢからＡへの所有権移転を否定することができれば，自らが甲土地の所有権を取得する可能性を有する。ＢＣ間の売買は，それ自体としては有効であり，ＣＤ間の売買も同様だからである。したがって，Ｄは，177 条の第三者としての客観的地位を有する。そうすると，残る問題は，Ｄ自身に，例外的に第三者たる地位を否定されるような主観的事情があるかどうかということになる。

4　背信的悪意者排除の法理の妥当性　　背信的悪意者排除の法理に対しては，学説上，批判も強い。

　この法理は，善意悪意不問説を原則として維持するものである。そして，その維持は，自由競争論によって基礎づけられている。ところが，自由競争論は，一見明快なようで，実は相当あいまいなものである。

　自由競争論は，第一買主Ａと第二買主Ｃを物権取得（を目指す）者として対等に扱い，対等な者どうしであるから自由競争を語ることができ，登記を得たほうを競争における勝者と認める，とするものである。確かに，ＡとＣが，ともにＢの所有する甲土地の入手を欲する場合に，その入手を目指して互いに手を尽くすことは，自由競争の範囲内にあると多くの人が認めるだろう。しかしながら，Ｃが，ＡＢ間の売買契約締結の事実を知っている，それどころかＡが代金を支払った事実や甲土地の引渡しを受けた事実を知っている場合にも，甲土地の取得をめぐってＡと自由に競争することができるとすることについて，見解が一致

するとは思われない。この場合には，CをAの契約上の地位または所有権を侵害する者であると評価することも，十分可能である。自由競争論は，そのように評価しないという結果を述べるだけで，その理由を説明するものではない。

> **発展学習** **判例における背信的悪意者排除の法理の実相**
>
> 善意悪意不問説と，それを原則として維持する背信的悪意者排除の法理は，十分な論拠がないままに結論を決めているだけであるということができる。しかも，判例上，背信的悪意者排除の法理は，名目的には確立しているが，実質には流動的な面もある。
>
> 177条の第三者性の判断に関して判例が採用している第一準則は，「登記の不存在を主張する正当な利益を有しない者は，177条の第三者に該当しない」ということである。背信的悪意者の排除は，この準則の具体例の一つにすぎない。
>
> そして，この準則に含めて理解することができるものは，ほかにもある。他人に代わって登記を申請する義務を負う者は第三者にあたらないとする不登5条2項本文は，その代表例である。この者は，先行する物権変動を知らなかったとしても，登記の不存在を主張して争うことができない。主観的態様が非難されるべきものでなくても，その立場上，そのようにされる。また，判例上，不登5条2項本文に準ずる事情が，第三者の背信性を根拠づける事情として考慮されている。これらは，第三者が，その主観的態様が強い非難を受けるものでなくても，他の事情とあいまって，177条による保護を受けるに値する「正当な利益」を有しないものとされうることを示している。
>
> また，最高裁判決のなかには，善意者であっても177条の第三者から除外されうるとしたものもある（最判平成10・2・13民集52巻1号65頁〔百選I 59事件〕）。これは，次のような事案に関するものである。すなわち，Bが，所有する土地を甲土地と乙土地に分筆し，甲土地をAに売却した。AとBは，甲土地が公道に面していなかったため，乙土地の一部に，黙示的に，Aの通行地役権を設定した。その後，Cが，乙土地をBから譲り受けた。Cは，Aの通行地役権を認めず，通行を妨害した。Aが，Cに対し，通行地役権の確認と通行妨害の禁止，地役権設定登記等を求めた。
>
> 最高裁は，①乙土地の一部が通路として利用されていることが，物理的状況から客観的に明らかであること，②Cがそのことを知っていたか，知ることができたことという二つの要件が備わる場合には，Cは，通行地役権の設定を知らなかったときであっても，原則としてAの登記の不存在を主張する正当な利益を有する第三者にあたらないとした。その理由は，①と②が充たされる場合には，通行地役権の負担は適当な調査によって容易に知ることができるため，かりにCが通行権の負担を知らなかったとしても，Cが登記の不存在を主張することは，信義に反することにある。なお，最判平成25・2・26民集67巻2号297頁は，承役地に設定された抵当権の実行として担保不動産競売がされた場合に関して，抵当権者につきこれと同様の判断をしている。
>
> さらに，最判平成18・1・17民集60巻1号27頁〔百選I 54事件〕は，時効による所有権取得の対抗について，占有が相当長期間継続していることを知っていた第三者は，取得時効の完成（すなわち，他人の所有権取得）を知らなかったとしても悪意者と認めることができ，背信性が認められるならば，他人の登記の不存在を主張することができない旨を示唆している。これは，第三者の悪意を緩やかに認定するものであるが，悪意の認定が緩和されるのであれば，背信性が緩やかに認定されること（たとえば，他人の長期占有を知りながら，何らの確認もせずに前主の権利を信じていた場合には，原則として背信性を肯定すること）も，十分ありうるだろう。

これらの判決は，確かに，特殊な事案に関するものである。すなわち，通行地役権については，前掲最判平成10・2・13にそくしていえば，乙土地を実際に見るだけで，乙土地の一部を他人が通行のために使用していることが明らかになる蓋然性が高い。また，通行地役権の負担は，承役地の所有者（C）にとってそれほど重大なものとはいえないことが多いのに対し（とくに前掲最判平成10・2・13の事案では，Cは，Aの通行地役権を否定しても，隣地通行権の負担は受けるはずである〔判例によるならば，この隣地通行権は無償であり，かつ，その対抗には登記を必要としないと考えられる。この点については，p.176の(2)を参照〕)，通行地役権が認められなければ，Aは，重大な不利益を被ることがありうる（隣地通行権の内容は，甲土地の利用上の必要性と乙土地の負担の程度によって定められるため，Aは，それまでの形態で利用を続けることができなくなる可能性がある）。取得時効に関する判決においては，長期間継続した事実状態（占有）を占有者に本権を認めることにより保護するという取得時効制度の趣旨からして，時効により権利を取得した者は，権利を譲り受けただけの者よりも厚く保護されてよいとも考えられること，そうであるのに，第三者の悪意の対象を他人による権利取得に限ると，時効による権利取得の事実を第三者が知ることは承継取得に比べて難しいため，かえって譲渡の場合よりも第三者が厚く保護され，時効取得者の保護が薄くなるおそれがあるという事情を指摘することができる。

　しかしながら，これらの判決は，177条の第三者の主観的要件一般に影響を及ぼす可能性を含んでいるとみることもできる。というのは，上記の諸判決は，単純に第三者の主観的事情（第三者は善意か悪意か，悪意としてどのような意図や目的で第三者となるに至ったか）のみから登記の不存在を主張する正当な理由の存否を判断するのではなく，物権変動の効果を主張する者と第三者の間に存する具体的な利益状況に照らして，第三者による登記の不存在の主張が信義に反しないかどうかを判断するという態度をとっているからである。上記の諸判決において，この判断は，通行地役権や取得時効の場合に存する類型的事情に照らした判断として行われているが，これをもう一歩進めれば，たとえば売買による不動産所有権取得の対抗の可否についても，第三者の主観的事情のみを考慮するのではなく，取得者側の事情（たとえば，代金支払の状況，取得者への引渡しの有無，取得者による不動産利用の状況など）と第三者によるその事情の認識またはその可能性の程度を勘案して，第三者による登記の不存在の主張の許否が判断されることになりうるとも考えられるからである。

民法177条における主張立証責任

　177条は，典型的には，Aの主張する不動産物権変動の効果を，Cが登記の不存在を主張して争うという形で問題になる。この場合には，前に述べたように（⇒p.62の発展学習），177条の適用が問題となる前提として，Aが（甲土地を所有するBとの甲土地の売買など）不動産物権の変動原因の存在をすでに主張立証していることになる。それを受けて，Cは，（BC間の甲土地の売買など）自己が177条の第三者たる客観的地位を有することを主張立証したうえで，一般的な見解に従うならば，Aが登記を備えるまでAの主張する物権変動を認めないと主張して，争うことができる。これを受けて，Aは，登記の具備を主張立証するか，Cの主観的事情の主張立証によりCが177条の第三者に該当しないことを根拠づけることによって，争うことができる。

177 条は，不動産物権変動があった場合に適用される。ところが，いくつかの場合において，不動産物権の変動があるとみてよいか，ある種の原因による不動産物権変動について同条の適用がない（登記がなくても不動産物権変動を第三者に対抗することができる）とすべきかについて，議論がある。以下では，その代表的な問題を取り上げる。

1 取消しと登記

はじめに取り上げるのは，「取消しと登記」と呼ばれる問題である。

法律行為は，取消し（法律行為の取消し〔たとえば 9 条本文〕のほか，意思表示の取消し〔たとえば 95 条 1 項，96 条 1 項〕を含む。以下，同じ）によって遡及的に無効になる（121 条）。その法律行為が物権変動の原因となるものであったときは，取消しによって，有効に生じていた物権変動が生じなかったものとされる。この物権変動が生じなかったものとされるという効果（物権変動の遡及的消滅）を第三者に対して主張するために，登記は必要か。これが，ここでの問題である。

> *Case 18*
> 　A が甲建物を築造し，保存登記がされた。その後，A が甲建物を B に売却し，B への所有権移転登記がされた。B は，甲建物を C に転売した。A が，B との売買契約またはその意思表示を（(i) B の詐欺，(ii) B の強迫，(iii) A の制限行為能力違反を理由として）取り消し，甲建物の所有権の確認を求める訴えを，C を相手に起こした。
> ①　B C 間の売買契約は，A による取消しの前に締結されていた。
> ②　B C 間の売買契約は，A による取消しの後に締結されていた。

1 判 例 法 理

この問題について，判例は，次のような立場である。

物権変動の取消しによる遡及的消滅は，取消前に利害関係に入った第三者との関係では，その対抗に登記を要しない（大判昭和 4・2・20 民集 8 巻 59 頁）。ただし，詐欺による意思表示の取消し（以下，「詐欺取消し」ということがある）については，96 条 3 項により，善意無過失の第三者に取消しそのものを対抗することができない（大判昭和 17・9・30 民集 21 巻 911 頁〔百選 I 51 事件〕参照。なお，第三

者は，96条3項の保護を受けるために登記を備えている必要はないとするのが判例である〔最判昭和49・9・26民集28巻6号1213頁（百選Ⅰ23事件）〕。また，錯誤による意思表示の取消し〔95条1項〕の場合も，同様になると考えられる〔⇒p.91の 発展学習 参照〕。以下では，もっぱら詐欺取消しの場合について述べる）。

それに対し，取消後に利害関係に入った第三者との関係では，物権変動の取消しによる遡及的消滅も，それを第三者に対抗するために登記が必要である（前掲大判昭和17・9・30）。

> 判例法理に従うならば，*Case 18* は，次のようになる。
> *Case 18* ①では，(ii)と(iii)の場合には，Ａの取消しによって，ＡＢ間の売買によるＡからＢへの甲建物の所有権移転が遡及的に消滅する。Ａは，この遡及的消滅をＣに対抗するために登記を要しない。したがって，Ａの請求が認められる。
> (i)の場合には，Ａの意思表示が詐欺によるものであることについてのＣの主観的態様によって異なる。Ｃが善意無過失と認められるときは，Ａは取消しをＣに対抗することができないため（96条3項），Ａの請求は認められない。Ｃが善意無過失と認められないときは，Ａの請求が認められる。
> *Case 18* ②では，ＡによるＢへの甲建物の所有権移転の遡及的消滅の主張に対し，Ｃは，177条により，登記の不存在を主張して争うことができる。したがって，Ａの請求は原則として認められない（ただし，Ｃの主観的事情による例外がある）。

2 判例法理に反対する見解

1 判例法理に対する批判

以上の判例法理に対しては，批判もある。

第一に，第三者の登場時期が取消しの前か後かによって，取消しの効果の理解に矛盾ないし不整合がある，という批判がある。判例法理においては，取消しによって，取消前の第三者との関係では当初の物権変動が遡及的に無効になるとされるのに，取消後の第三者との関係では取消者に物権が復帰するかのように扱われている，という批判である。

第二に，不当な具体的結果を生ずることになりかねないという批判がある。判例法理によると，取り消せるのに取り消さない者は，詐欺取消しの場合を除き，善意無過失の第三者にも，物権の取消しによる回復を登記なしに対抗することができる。ところが，いち早く取り消した者は，登記がなければ，悪意の第三者にすら物権の回復を対抗することができない。これは不都合だ，という批判である。

このうちの第一の批判を前提とするならば，問題を克服するためには，第三者の登場時期のいかんにかかわらず，取消しの効果の理解を一貫させる必要がある。

そこで，学説では，次のような見解が主張されている。

2　遡及的無効という考え方を徹底する見解（無権利説）　　第一に，取消しの結果として当初の物権変動がはじめから起こらなかったことになる，という理解を徹底させる見解である。*Case 18* でいえば，①②いずれの場合においても，AからBへの甲建物の所有権移転はそもそも起こらなかった，したがって，Bは全くの無権利者である，とするものである。そうすると，Aが主張する所有権は，新築を取得原因とするものであり，また，Cは，無権利のBからの譲受人となる。ただ，これでは，Bを甲建物の所有者であると（過失なく）信じたCが害されるおそれがある。そこで，この見解は，取消前の第三者Cは，詐欺取消しに関する96条3項のように第三者保護の規定があるときはその規定の適用によって，取消後のCは，94条2項の類推適用によって，それぞれ保護されうるものとしている。

94条2項の類推適用がどの時点から可能か（類推適用を根拠づけるAの帰責事由は何か）については，AがBとの売買契約またはその意思表示を取り消した時点からである（取り消したことによって登記の回復が可能になったのに，それを怠ったことがAの帰責事由である）とする見解が有力である。もっとも，これでは，取り消せるのに取り消さない者のほうが，いち早く取り消した者よりも有利に扱われることになり不当であるという，判例法理に対する第二の批判が同じように当てはまる。そこで，Aが取消原因を免れて追認可能となった時点から（取り消して登記を回復しようと思えばできたのに，それをしなかったことをAの帰責事由として）94条2項を類推適用することができるとする見解もある。

3　物権の復帰という考え方を徹底する見解（対抗要件説）　　第二に，第三者が取消しの前後のいずれに現れたかを問わず，復帰的物権変動が生ずるとする見解もある。*Case 18* でいえば，①②いずれの場合にも，いったんBに移った所有権が遡及効を伴ってAのもとに戻る，という理解を徹底させる見解である。この見解は，無効の擬制を定める121条は，取り消すことができる行為の当事者間の関係を律するため（とくに，原状回復関係の複雑化を避けるため）に設けられたものであり，第三者との関係に当然には及ばない，対抗問題としての処理（177条の適用による処理）を妥当とする事情がある場合には，121条による無効の擬制は177条によって制限される，という考えによって正当化される。

問題は，どのような場合に，対抗問題としての処理（177条の適用）を妥当とする事情があるとされるかである。これについては，取消しがされた場合とする見

解（α説）と，取消しをしようと思えばできる状態になったのに，これを怠って
いる場合とする見解（β説）がある。両者は，登記を備えることができるのにこ
れを怠った者は不利益を受けても仕方がないという 177 条の基礎にある考えに照
らして，177 条適用の前提はどのような場合に充たされるか，という観点から問
題を捉える点では共通している。そのうえで，α説は，取消しを原因とする登記
は取り消さなければすることができないから，取消しによってはじめて 177 条適
用の前提が備わるとする（したがって，取消前の第三者に対しては，177 条は適用され
ず，取消しによる復帰的物権変動を登記なしに対抗することができる）。それに対し，β
説は，取り消そうと思えば取り消せる状態になれば，取消しをすることによって
登記を回復することができるのであるから，取消しの原因となっていた状況の消
滅をもって 177 条適用の前提が備わったとみることができるとする。

| 補論 | **批判説に対する疑問と判例法理の捉え方** |

(1) 批判説に対する疑問

批判説の説くところには，次の疑問がある。

第一に，判例法理には，取消しの法律構成に矛盾ないし不整合があるか，である。判
例のとる結論は，第三者の登場時期のいかんにかかわらず，取消しによって当初の物権
変動の遡及的消滅（その結果として，物権の原状の遡及的回復）という物権変動が起こる
と解し，この効果を第三者に対抗するために登記を要するかどうかが問題とされている
とみることによって，正当化することができると思われるからである。この点について
は，後に改めて述べる（⇒(2)参照）。

第二に，無権利説についてはさらに，94 条 2 項を安易に類推適用するものであり，
登記に公信力がないとする立場に反することになるのではないか，という疑問がある。

94 条 2 項は，本来，意識的に虚偽の外形を作り出した者に，善意の第三者に対して
真実の法律関係を主張することを許さないとするものである。類推適用のためには，一
般に，当該の事態がある規定の直接適用事例と本質的に同一であると評価することがで
きることが必要であるから，94 条 2 項の類推適用には，真正権利者に虚偽の外形の意
識的作出と同程度の帰責性のあることが必要になる。実際，判例は，第三者の信じた虚
偽の外形が真正権利者の意思に基づいて存在を認められてきたといえるときにしか，94
条 2 項の類推適用（110 条と併せた類推適用，94 条 2 項と 110 条の法意の援用を含む）を認
めていない（真正権利者が虚偽の外形を自ら作出した場合として，最判昭和 29・8・20 民
集 8 巻 8 号 1505 頁，最判昭和 37・9・14 民集 16 巻 9 号 1935 頁ほか。他人作出の外形を真
正権利者が承認した場合として，最判昭和 45・4・16 民集 24 巻 4 号 266 頁，最判昭和 45・
9・22 民集 24 巻 10 号 1424 頁〔百選Ⅰ 20 事件〕。真正権利者が他人作出の外形を自己の意思
に基づく作出と同視すべきものとして引き受けなければならない場合として，最判平成 18・
2・23 民集 60 巻 2 号 546 頁〔百選Ⅰ 21 事件。94 条 2 項と 110 条を併せて類推適用したも
の〕，真正権利者が作出または承認した第一外形を基礎に他人が第二外形を作出し，これを第
三者が無過失で信じた場合として，最判昭和 43・10・17 民集 22 巻 10 号 2188 頁，最判昭和
45・6・2 民集 24 巻 6 号 465 頁ほか〔94 条 2 項と 110 条の法意を援用したもの〕）。

取消しの結果として虚偽のものになる登記は，もともと，取消者の意思に基づいてさ

れており，それが虚偽のものになるのも取消者による取消しの結果である。そのため，この虚偽の登記は，（制限行為能力者が行為能力を回復しない間に自ら取り消した場合を除いて）取消者自身が作出したものと評価することもできそうである。そのように評価するならば，取消後も残存する登記を信じた第三者が現れたときは，94条2項が類推適用されてもよい。ところが，無権利説は，一般に，このように考えるのではなく，取消者が登記を正そうと思えばできたのにそれを怠ったとして，94条2項の類推適用を認めようとしてきたと思われる。そうであるならば，これは，直接適用事例との本質的同一性が認められない場合にまで94条2項を類推適用しようとするものであり，94条2項の類推適用に関する判例法理に反する。また，わが国では，不動産登記に公信力を認めようとする見解においても，真正権利者に登記可能性がなかったときにまで，登記を無過失で信じた第三者を保護しようとするものはみられない。したがって，上記の一般的な無権利説は，実質的に登記に公信力を認めるのと同じことになる。

第三に，判例法理によると具体的に不当な結果を生じかねないとされる点も，必ずしもそのようにいうことはできない。

いち早く取り消した者が，取り消せるのにいつまでも取り消さない者よりも不利に扱われることは不当であるという点に関し，民法は，取り消すかどうかの判断を，取消権者の自由にゆだねている。そのため，取消権者は，取消可能であることを知ってから時間をかけてその判断をすることを，非難されるべきではない。それに対し，ひとたび取り消したならば，実体的権利関係に合致した登記の申請をすることができ，すべきでもあるから，これを怠れば不利益を受けても仕方がない。したがって，取消しの前後で登記の要否を区別することが不当であるとはいえない（ただし，制限行為能力者が行為能力を回復する前に自ら取り消した場合には，ただちに登記の申請をすることができ，すべきであったといえるかに疑問もある。そのため，この場合は別異に解する余地がある）。

取消前の第三者は，詐欺取消しの場合を除いて，善意無過失でも保護されないのに，取消後の第三者は，悪意でも保護されることになり不当である，という批判については，次の点を指摘することができる。

ここでは善意，悪意という同じ表現が使われていても，善意または悪意の対象が異なる（取消前の第三者については取消原因があることの知・不知であるのに対し，取消後の第三者については，前主が登記どおりの権利を有すると信じたかどうか，である）。したがって，善意（悪意）の第三者の保護の必要性（不要性）は，取消しの前後で必ずしも同じように判断することができない。そして，かりに取消者と買主の権利保護の必要性が，所有権を有する者という点で同じであることから同程度と解するならば，買主が登記をしなければ悪意の第三者に対して所有権を主張することができないのであれば，取消者が登記をしなければ悪意の第三者に所有権を主張することができないことは，むしろ当然である。

そこで問題になるのが，取消者と買主の権利保護の必要性を同程度とみてよいか，である。AがBの意思に基づいて所有権を取得する場合には，Bに働きかけてその所有権を取得する可能性がすべての人に認められているから，Aによる取得は，他人との（少なくとも潜在的な）競争関係のなかで実現されるものということができる。そのため，Cが，AB間での甲不動産の売買を知りながら，甲不動産の所有権取得をめぐってAと争うことは，ある程度まで許される。それに対し，Aが取消しによって所有権を回復する場合には，その回復は，Aの意思のみにより実現されるのであり，他人との（潜在的な）競争関係のなかで実現されるものではない。そのため，Cは，Aの取消しによる所有権の回復を知ったならば，この回復を妨げうる立場にないと解することもできる。

このように解するならば、177条の第三者に関して、一般的には善意悪意不問説をとるとしても、取消しの事実を知るCは、Aの登記の不存在を主張する正当な利益を有せず、177条の第三者に該当しないとすることができるのではないか。

(2) 判例法理の捉え方

「取消しと登記」の問題について、判例は次の立場を採っている。すなわち、取消しの結果としての不動産物権に基づく法的主張をするために、取消後の第三者との関係では、登記が必要である。取消前の第三者との関係では、登記を要しない。ただし、詐欺取消しの場合には、詐欺による意思表示につき善意無過失の第三者（96条3項の第三者）には、取消し自体を対抗することができない。

この立場は、(1)でも触れたように、第三者の登場時期のいかんにかかわらず、取消しによって当初の物権変動の遡及的消滅という物権変動が起こると解し、これを第三者に対抗するために登記を要するかを考えることによって、正当化することができると思われる。このことを、 *Case 18* をもとに敷衍する。

Aは、取消原因がある場合には、取消しによってBとの売買を遡及的に無効にすることができ、このことは、売買の物権的効果についても妥当する。したがって、取消しにより、AからBへの甲建物の所有権移転は遡及的に消滅し、Aは、甲建物の所有権の確認を求めたり、所有権に基づく具体的請求をしたりすることができる。

所有権移転の遡及的消滅という結果からみれば、甲建物の所有権は、はじめからBに移転していなかったことになり、取消しによってAB間で所有権の「得喪」が起こるわけではない。そうすると、この場合には、177条適用の前提がそもそも欠けていることになりそうである。しかしながら、現実には、甲建物の所有権は、売買によってAからBへといったん移っていたのであり、Aは、取消しによってその所有権を取り戻すことになる。ただ、この取戻しに遡及効が認められるために、甲建物の所有権ははじめからBに移転しなかったことになると、表現される。取消しによって（遡及効という特殊性を伴う）物権変動が起こるのであり、変動原因無制限説を前提とすれば、この物権変動にも177条が適用される。

Aが取消しによる甲建物のBへの所有権移転の遡及的消滅を第三者に対抗するために登記を要するならば、次に問題となるのが、Bとの間で甲建物の売買をしたCは、第三者に該当するか、である。Cは、この消滅が認められると、Bとの売買によって甲建物の所有権を取得することができない。それに対し、この消滅が認められなければ、その所有権取得の可能性が残る。したがって、Cは、177条の第三者に該当し、Aは、登記がなければ甲建物のBへの所有権移転の遡及的消滅をCに対抗することができない。

もっとも、BC間の売買がAの取消しに時間的に先行している場合には、この原則を貫くことは適当でない。Aは、取消しをしなければ、登記名義を回復することができない。それに対し、Cは、Bとの間で甲建物の売買をすれば、登記名義の移転を受けることに支障がないのが普通である。そうすると、Aが取消前に現れたCに甲建物のBへの所有権移転の遡及的消滅を主張するために登記が必要であるとすると、Aは、通常、取り消しても甲建物の所有権を回復することができない。これでは、Aに取消しによる所有権の回復を許した意味がなくなる。したがって、この場合には、取消しに遡及効を認めて取消者に権利の回復を許した法の趣旨から、Aは、登記がなくてもBへの所有権移転の遡及的消滅をCに対抗することができるとしなければならない。この結論を、取消しの遡及効は取消前の第三者との関係でのみ（実質的に）認められると説明することは、もちろん可能である。しかしながら、次のように説明することもできる。すなわち、取消しには遡及効が一般的に認められるところ、取消前のCによるAの登

記の不存在の主張は，法によって認められたこの遡及効を無力化するものである。Bとの間で売買をしたにすぎないCは，法の定めを無力化する主張が正当化されるほどの利益を有するとはいえない。この意味で，取消前の第三者であるCは，Aの登記の不存在を主張する正当な利益を有するとはいえず，177条の第三者に該当しない。

ただし，詐欺を理由とする取消しは，善意無過失の第三者に対抗することができない（96条3項）。これにより，Cが96条3項にいう善意無過失の第三者であり，Aの取消しの主張が認められないときは，その対抗が問題となる物権変動が存在せず，177条の適用は問題にならない。

「取消しと登記」における主張立証関係

「取消しと登記」に関する判例法理に従う場合には，*Case 18* においてAC間では，次のように争われることになる。

Aは，甲建物の築造による所有権取得を主張立証して請求を根拠づけることができるものの，Cは，AB間での甲建物の売買契約によるAの甲建物の所有権喪失を理由に争うことができる。そこで，Aは，それらの事実に加えて，その売買契約またはその意思表示（以下，「契約」とのみ記す）の取消しを主張して請求を根拠づける。この場合，Cは，Aの取消原因が詐欺であるときは96条3項によって争うこともできるが，Aの取消原因が詐欺以外のときは177条によって争うしかない。ここで問題になるのが，Cが177条で争うために，何を主張立証すべきかである。

一つの考え方（*α*説）は，Cは，BC間での甲建物の売買契約の成立（Cが177条の第三者に該当することを根拠づける事実）を主張立証したうえで，Aが登記を備えるまで取消しによるAからBへの所有権移転の遡及的消滅を認めない旨を主張すればよい，とするものである。すなわち，Cは，AによるAB間の売買契約の取消しがBC間の売買契約の締結に先立つことの主張立証を要しない。Aが，BC間の売買契約がAの取消しに先立つことを主張立証しなければならない，とする見解である。

もう一つの考え方（*β*説）は，Cは，BC間での甲建物の売買契約の成立に加えて，AによるAB間の売買契約の取消しがそれに先立つことも主張立証したうえで，Aの登記具備までAからBへの所有権移転の遡及的消滅を認めない旨を，主張しなければならないとするものである。

*α*説と*β*説のいずれによる場合も，Aの取消原因が詐欺であるときは，Cは，96条3項によって争うこともできる。そのためには，Cは，BC間の売買契約がAB間の売買契約の取消しに先立つことと（これによって，Cが96条3項の第三者に該当することが根拠づけられる），Aの意思表示が詐欺によるものであることを知らなかったこと，そのことについて過失がなかったことを根拠づける事実を主張立証する必要がある。

したがって，*α*説と*β*説の違いは，とくに，Aによる取消しとBC間の売買契約の先後関係が不明であるときに現れることになる。*α*説によると，Cは，この場合も177条によって争うことができる。それに対し，*β*説によると，Cは，177条によっても，96条3項によっても，争うことができない（したがって，このままではCに不当な不利益を生ずることになりかねないため，これを避けるべく工夫する必要がある）。

*α*説と*β*説のいずれを是とするかは，取消しの物権的効果の主張をどのように理解するかによって，分かれる。

学説における判例批判がいうように（p.85の1），取消前のCとの関係では遡及効が認められてBは無権利者となるが，取消後のCとの関係ではBからAに所有権が復帰するのであれば，*β*説と考えることが自然である。

それに対して，直前の 補論 で述べたように解するならば，a説が妥当ということになる。すなわち，補論 で述べたことによれば，取消しの物権的効果（甲建物のAからBへの所有権移転の遡及的消滅）については，第三者が取消しの前後いずれにおいて現れたかにかかわらず，抽象的には177条の適用があると考えることができ，取消しの物権的効果は登記がなければ第三者に対抗することができない。したがって，Cの第三者該当性についての主張立証関係は，売買契約など他の原因による物権変動の場合と同様に考えてよい。そうすると，Cは，177条の第三者たる客観的要件の充足を主張立証すれば足り，それに対してAが，Cの第三者性を覆すC固有の主観的事情を主張立証することができる，ということになる（⇒ p.83 の 発展学習）。これによると，Case 18 のCは，甲建物についてBとの間で売買契約を締結したことを主張立証するだけでよい。これにより，Cが同一不動産の「物権取得者」（⇒ p.65 の ❶）であることが明らかになるからである。それに対して，BC間の売買契約の締結がAの取消しに先立つことは，（同一不動産の「物権取得者」たる）Cの第三者性を否定する（Cの背信的悪意などとならぶ）C固有の事情であり，Aが主張立証すべきこととなる。

発展学習 **意思無能力を理由とする法律行為の無効および錯誤による意思表示の取消しの場合**
　　表意者の意思無能力による法律行為の無効（3条の2）は，一般に，意思無能力者の側からしか主張することができないとされている。これによると，法律行為は，意思無能力者の側から無効の主張がされるまで事実上有効なものと扱われ，無効の主張により当初からの無効が認められることになる。これは，現象的には，制限行為能力違反を理由とする法律行為の取消しの場合に似ている。しかしながら，意思無能力を理由とする無効の場合には，制限行為能力違反を理由とする取消しの場合と異なり，177条が適用されることはない。取消しによる無効の場合には，一度生じた物権変動（Case 18 でいえば，甲建物の所有権のAからBへの移転）が，取消しという法律行為によって，遡及効を伴って消滅する。この遡及的消滅は，取消しという法律行為による物権変動であることから，第三者へのその対抗につき177条が適用される。それに対し，意思無能力による無効の場合には，物権変動は一度も生じておらず，意思無能力による無効の主張によって何らかの物権変動が起こるわけではない（Case 18 において，AB間の売買契約の当時にAが意思無能力であった場合，AからBへの甲建物の所有権移転がそもそも生じていない。意思無能力を理由とする売買契約の無効の主張は，そのことを主張するものでしかない）。つまり，177条の適用の前提となる物権変動がない。
　　平成29年民法改正前は，錯誤による意思表示についても同様の問題があった。もっとも，同改正により，錯誤による意思表示は，無効ではなく，取消可能とされ（95条1項），また，その取消しは，善意無過失の第三者に対抗することができないこととなった（同条4項）。したがって，錯誤による意思表示については，詐欺による意思表示の取消しについて述べたことが，（適用条文を適宜置き換えた上で）そのまま妥当する。

2 解除と登記

　　物権変動を生ずる契約が解除された場合にも，「取消しと登記」に似た問題が起こる。たとえば，Aが，Bに甲土地を売却したが，Bが代金を支払わないので，この売買契約を解除した。ところが，その解除の前か後に，BがCに甲土地を

譲渡していた，というような場合である。

　契約当事者の一方が意思表示によって契約関係を終了させることを，（契約の）**解除**という。解除には，他方当事者の債務不履行などの原因がある場合に法律の規定に基づいてされるとき（法定解除）と，当事者間の特約に基づいてされるとき（約定解除）がある（540条1項参照）。いずれにおいても，解除がされると，「各当事者は，その相手方を原状に復させる義務を負う。ただし，第三者の権利を害することはできない」（545条1項）。

　解除の効果をどのように理解するかについては対立があるが，判例は，545条1項本文は解除により契約が遡及的に効力を失うことを定め（大判明治44・10・10民録17輯563頁，最判昭和51・2・13民集30巻1号1頁〔百選Ⅱ40事件〕。直接効果説と呼ばれる），同項ただし書はその遡及効が第三者との関係で制限されることを定めるものであるとしている（大判大正10・5・17民録27輯929頁参照）。そして，物権行為の独自性を否定し，解除の遡及効は解除された契約の物権上の効果にも及ぶとしている（たとえば，特定物贈与の解除によって，目的物の所有権は，当然に贈与者に帰属する〔大判大正8・4・7民録25輯558頁〕。特定物売買の解除によって，目的物の所有権は，遡及的に売主に復帰する〔前掲大判大正10・5・17，大判昭和11・5・11民集15巻808頁，最判昭和34・9・22民集13巻11号1451頁〕）。

　これによると，解除の効果は，詐欺取消しの効果とほぼ同じということができる（「第三者」の保護要件は異なる）。したがって，「解除と登記」の問題は，「詐欺取消しと登記」の問題と同じように考えることができる。すなわち，解除の効果として生ずる契約による物権変動の遡及的消滅は，177条により，登記がなければ解除後の第三者に対抗することができない（大判昭和14・7・7民集18巻748頁，最判昭和35・11・29民集14巻13号2869頁〔百選Ⅰ52事件〕。ただし，いずれも法定解除の場合について。約定解除については，後出の 発展学習 を参照）。解除前の第三者との関係には，545条1項ただし書の適用があり，解除者は，同ただし書の「第三者」に該当する者に解除の遡及効を対抗することができない（なお，545条1項ただし書の第三者とは，解除された契約の効果について解除前に新たに利害関係を有するに至った者であって，対抗要件を備えた者をいう〔前掲大判大正10・5・17（ただし，目的物が動産である場合について），最判昭和33・6・14民集12巻9号1449頁（ただし，合意解除に関する事案について）を参照〕）。解除前の第三者が545条1項ただし書の「第三者」に該当しない場合についての判例は，存在しない。この場合には，解除に遡及効を認める限り，解除の物権的効果は，登記がなくてもその者に対抗す

ることができると解される（そうしなければ，解除に遡及効を認めた意味がなくなる。その法律構成については，p.89の(2)参照）。

　学説では，この判例法理に対して，「取消しと登記」についてとほぼ同様の批判があるほか，そもそも，解除による契約の遡及的失効を否定する見解も有力である。これによると，解除を原因として（原状回復に向けた）物権変動が新たに生ずることになる。その場合，177条が当然に適用され，解除による物権変動は，登記がなければ第三者に（その登場時期が解除の前後いずれであっても）対抗することができない。

 約定解除と登記

　約定解除の場合に，法定解除の場合と同様に考えることは適当とはいえない。

　たとえば，AがBに甲土地を売却し，これをBがCに転売したが，その後にAがBとの売買契約を解除したとする。

　判例を前提とするならば，この解除が法定解除である場合には，Aは，Cが545条1項ただし書の第三者に該当するときは，甲土地の所有権の回復をCに対抗することができない。それに対し，Cが545条1項ただし書の第三者に該当しないときは，登記がなくても，甲土地の所有権の回復をCに対抗することができる（たとえば，甲土地の明渡しを求めることができる）と解される。これは，解除を原因とする登記は解除をしなければすることができないため，Aが解除前のCにも登記がなければ解除による所有権の回復を対抗することができないとすると，解除の遡及効を認めた意味がなくなることによって正当化される。

　ところが，約定解除の場合には，Aは，確かに解除を原因として甲土地の所有権を回復した旨の登記を解除前に得ることはできないが，約定解除権の留保をあらかじめ仮登記しておくことができる。

　この仮登記があるならば，Aは，仮登記を本登記に改めることによって，解除前に現れたCに対しても優先する（⇒ p.122の**2**）。つまり，AC間の関係は，仮登記の効力の問題として処理される（なお，この理は，CがAによる解除の後に現れた場合にも，同じように妥当する）。

　仮登記がない場合には，Aは，不動産物権変動に関する可能であり要請もされる公示（約定解除権の公示）を怠ったことになる。また，この場合に，Aが約定解除の物権的効果を解除前のCに対抗することができないとしても，約定解除に遡及効を認めた意味が失われるわけでもない。したがって，この場合には，Aは，約定解除による甲土地のAからBへの所有権移転の遡及的消滅を，解除後のCにはもちろん，解除前のCにも，登記がなければ対抗することができないと考えるべきである。

 合意解除と登記

　契約当事者は，合意によって，契約の効力をはじめから生じなかったものとすることができる（合意解除）。判例は，この場合も，法定解除の場合と同様に扱っている。すなわち，契約の合意解除によって，その契約により生じていた物権変動は遡及的に消滅するが，それを第三者に対抗するためには登記が必要である（大判明治42・10・22刑録15輯1433頁）。ただし，合意解除前の第三者が登記を備えている場合には，合意解除の

遡及効が制限され（545条1項ただし書の類推適用），177条の適用が問題になることはない（前掲最判昭和33・6・14，最判昭和58・7・5判時1089号41頁）。

　学説では，判例に対する異論が強い。合意解除は，売買等と同じように新たな契約であるため，これによって第三者の法的地位を覆しうるとすること自体が適当でないからである。このように考える場合には，第三者との関係では合意解除に遡及効は認められず，したがって，545条1項ただし書が類推適用されることもない。合意解除による物権変動は，登記がなければ第三者に対抗することができない（177条）。

3 相続と登記

1 問題の所在

　相続人が相続による不動産物権の取得を第三者に対抗するために登記を要するかも，177条の適用の問題として議論されてきた。平成30年民法改正により，相続による不動産物権の承継については899条の2第1項が適用されることになったが，同項の意味と適用のあり方を理解するためには，177条の下での議論を理解しておく必要がある。

　かつては生前相続も存在したが，現在では，相続は，被相続人の死亡によってのみ開始する（882条）。そのため，相続人の相続による物権取得と相容れない法的地位を，前主たる被相続人が相続開始後に他人に与えることはありえない。また，相続人は，被相続人の財産上の地位を包括承継するため（896条本文），相続開始の前に他人が被相続人との関係で取得していた法的地位を覆すことができない。では，相続人が相続による不動産物権の取得を第三者に対抗する事態は，どのような場合に起こるのか。これを，次の *Case 19* を用いて説明する。

Case 19

　Ｚが死亡した。Ｚは，死亡した当時，甲土地を所有していた。また，死亡当時，Ｚに配偶者はなく，子ＡとＢがいた。Ｚは遺言をしていなかった。

　Case 19 では，特段の事情がなければＡとＢがＺの相続人となり，相続分は各2分の1である（887条1項，900条4号本文）。そのため，まずはＡとＢが，甲土地を各2分の1の割合で共有する。その旨の登記をすることもできる（共同相続登記と呼ぶ。この登記は，各相続人が単独で申請することができる〔不登63条2項〕）。この場合に，ＡまたはＢが相続による不動産物権の取得を他人に対抗するために登記を要するかが問題となりうる事態として，たとえば，次のものがある。

　まず，実際には相続人でないのに相続人のようにみえる者（表見相続人）があ

り，この者が相続による不動産物権取得の登記を得ることがありうる。たとえば，*Case 19* において，BがZを殺害したために刑に処せられた場合である。この場合には，BはZの相続人でなかったことになり（891条柱書・1号），（Bの代襲者がなければ）Aが，甲土地を単独で相続することになる。ところが，Bが，その欠格事由が明らかになる前に，共同相続登記を経て，その持分権をCに譲渡することがありうる。この場合には，Aが，相続による甲土地の所有権取得をCに対抗するという事態が考えられる（この場合，表見相続人Bからの譲受人Cは，甲土地につき無権利であるため177条の第三者に該当せず，Aは，所有権取得を登記がなくても対抗することができる〔⇒ p. 74 の 2〕）。

また，実際にはAとBが各2分の1の割合で共同相続したのに，Bが，偽造文書を用いて単独所有名義の登記を得て，その後に甲土地をCに譲渡することもありうる。この場合には，Aが，相続による甲土地の持分権の取得をCに対抗するという事態が考えられる（⇒ p. 96 の **2**）。

つぎに，共同相続の場合，相続人は，相続開始時から，相続財産に属する財産を相続分の割合に応じて共有することになる（898条）。もっとも，これはいわば暫定的な状態である。相続財産に含まれる個々の財産について，相続人のうち誰がどのような内容の権利を取得するかは，遺産分割手続を経て確定する。共同相続人の協議による分割が基本となり（907条1項・2項），この協議は，相当自由にすることができる。たとえば，*Case 19* において，AとBは，遺産分割協議においてAが甲土地を単独で所有すると定めることができる。そして，遺産分割の効力は，相続開始時にさかのぼって生ずるものとされる（909条本文）。したがって，甲土地はZの死亡と同時にAの所有に属し，Bは，何らの権利も取得しなかったことになる。ところが，（分割前も含めて）その旨の登記がされる前に，Bが，共同相続登記を経て，自己の持分権を目的とする抵当権を，Cの債権を担保するために設定することがありうる。この場合には，Aが，（遺産分割の結果としての）相続による甲土地の所有権取得をCに対抗するという事態が考えられる（⇒ p. 97 の **3**）。

さらに，相続人は相続を放棄することができ，相続放棄をした者は，はじめから相続人にならなかったとみなされる（939条）。*Case 19* において，Bが相続放棄をしたならば，甲土地は，Aが単独で相続したことになる。ところが，その旨の登記がされる前に，甲土地につき，Bの債権者CがBに代位してした申請に基づいて，AとBの持分の割合を各2分の1とする相続登記がされ，その

後にCがBのその持分権を差し押さえることがありうる。この場合にも，Aが，（Bの相続放棄の結果としての）相続による甲土地の所有権取得をCに対抗する，という事態が考えられる（⇒p.99の **4**）。

　以上は，**Case 19** のように，被相続人の遺言がない場合についてである。これと異なり，被相続人が，遺言をしており，その遺言により，A，Bまたはそれ以外の者が，法定相続による場合と異なる権利を取得することがある。たとえば，Zの遺言において，Aの相続分を3分の2，Bの相続分を3分の1とするとされていた場合，甲土地をAに相続させるとされていた場合，甲土地をCに遺贈するとされていた場合などである。こういった場合において，甲土地につき，Bの債権者DがBに代位してした申請に基づいて，AとBの持分の割合を各2分の1とする相続登記がされ，その後にDがBのその持分権を差し押さえたときは，AまたはCが，Zの遺言に従った甲土地の所有権または持分権の取得をDに対抗するという事態が考えられる（⇒p.103の **5**）。

2 法定相続と登記

Case 20

　Zが遺言を残さずに死亡した。Zの相続人は，その子であるAとBである。Bが，相続財産中の甲土地を自己が単独で取得する旨の遺産分割協議書を偽造して，甲土地につき単独所有名義の登記を得た。その後，BがCとの間で甲土地をCに売り渡す契約を締結し，Cへの所有権移転登記がされた。Cが，Zの死亡後にBに無断で甲土地を資材置場として使用し始めていたAに対し，資材を撤去し甲土地を明け渡すよう求めた。

　Cの請求に対し，Aは，Zの相続により甲土地の共有持分権（持分の割合は2分の1〔887条1項，900条4号本文，898条〕）を（Bとともに）取得したことを主張して争うことになる。ただ，Aは，その取得について登記を備えていない。そのため，Aの反論が認められるためには，Aが，登記を備えていなくても甲土地の持分権の取得をBおよびCに対抗することができることが必要になる。

　平成30年民法改正前の（177条の適用に関する）判例によると，「相続財産に属する不動産につき単独所有権移転の登記をした共同相続人中のBならびにBから単独所有権移転の登記をうけた第三取得者Cに対し，他の共同相続人Aは自己の持分を登記なくして対抗」することができる（最判昭和38・2・22民集17巻1号235頁〔百選Ⅲ77事件〕）。

　これは，次の理由による。共同相続の場合，各相続人は，相続財産に属する不

動産について，相続分に応じた持分権を取得する。したがって，Bは，甲土地の共有者ではあるが，Aの持分権については無権利者である。そして，Cは，そのようなBの特定承継人である。したがって，Cも，Aの持分権に関しては無権利者であり，177条の第三者に該当しない。

　平成30年改正民法の下でも，（各）相続人は，法定相続分（または代襲相続分）に従った不動産物権の取得を，登記がなくてもすべての者に対抗することができる（899条の2第1項参照）。

③　遺産分割と登記

Case 21

　Zが遺言をせずに死亡した。Zの相続人は，その子であるAとBである。AとBは，遺産分割協議により，相続財産中の甲土地をAの単独所有とした。
①　遺産分割の前に，Bの申請により，ZからAおよびBへの相続を原因とする所有権移転登記（以下，「法定相続登記」という）がされた（AとBの持分の割合は各2分の1）。その後，Bがその持分権を目的とする抵当権をCの債権を担保するために設定し，その旨の登記がされた。Aは，Cに，この登記の抹消登記手続を求めたいと考えている。
②　遺産分割の後，甲土地についてAの単独所有名義の登記がされる前に，Cが，Bを債務者として仮差押決定を得た。Cがこの決定を原因としてBに代位して申請をし，AとBの持分の割合を各2分の1とする法定相続登記がされた。ついで，Bのその持分権につき，仮差押えの登記がされた。Aは，仮差押えを排除し（第三者異議の訴えを起こし），仮差押登記の抹消登記手続を求めたいと考えている。

前提
知識

　たとえば売買代金債権を有する者は，売買代金請求訴訟を起こし，これを認める確定判決を得たならば，その判決に基づいて強制執行の申立てをし，債務者の財産を差し押さえて債権の回収を図ることができる。ところが，確定判決が出るまでに時間を要することも珍しくない。そのような場合には，判決が出るまでの間に債務者が財産を処分したり，隠したりするおそれや，他の債権者が債務者の財産から債権を回収してしまうおそれがある。そこで，そのような事態を防ぎ，将来の強制執行を確実に行えるようにするために，債務者の財産の処分を制限する措置を講ずる処分が認められている。これを，仮差押えという。

　不動産仮差押えの執行方法には，仮差押えの登記をする方法と強制管理の方法があるが（民保47条1項），②では前者がされている。仮差押えの登記をするためには，仮差押えの対象となる不動産物権が登記されていなければならない。ところが，ここではBの共有持分権の登記がされていなかったので，Cが，仮差押決定を得て債権者代位権（423条1項本文）を行使して申請をすることで，まずは相続を原因とするAとBの共有名義の登記がされ，そのうえで仮差押えの執行として仮差押えの登記がされている。

遺産分割の場合には，相続開始と同時に生じた物権状態が遺産分割という新たな原因によって変更され，その変更には遡及効が認められるが，その遡及効は909条ただし書にいう「第三者」との関係では制限される，とみることができる。つまり，遺産分割によって生ずる物権上の効果については，（直接効果説による場合の）解除によって生ずる物権上の効果についてと同じように捉えることができる。そうであれば，「遺産分割と登記」の問題を「解除と登記」の問題と同様に扱うことが考えられる（適用される条文は当然異なる）。実際，最高裁も，平成30年改正前の民法の下で，結論においてそのような立場をとっていた（最判昭和46・1・26民集25巻1号90頁〔百選III 78事件〕）。すなわち，遺産分割後の第三者には，177条の適用により，登記がなければ遺産分割の物権上の効果を対抗することができない。分割前の第三者との関係では909条ただし書の適用があり，そこにいう「第三者」（相続開始後，遺産分割前に，遺産分割の目的物につき利害関係を有するに至った者）に該当する者に対しては，遺産分割の遡及効を主張することができない（分割前の第三者が909条ただし書の「第三者」に該当しない場合には，その者には登記がなくても遺産分割の物権的効果を対抗することができると解される。そうしなければ，遺産分割に遡及効が認められる意味が失われるからである）。

 発展学習 | **遺産分割の遡及効に関する留意点**
　遺産分割の遡及効に関して，次の諸点に留意する必要がある。
　第一に，分割前の「第三者」たるために登記を得たことが必要であるかどうかについて，判例はないが，学説では必要とする見解が一般的である。
　第二に，各共同相続人は，遺産分割の前であっても，共有不動産上の持分権を処分することができるとするのが判例（最判昭和38・2・22民集17巻1号235頁〔百選III 77事件〕）である。これによると，持分権が第三者に譲渡された場合には，その譲渡された部分は遺産分割の対象ではなくなる（最判昭和50・11・7民集29巻10号1525頁）。そうすると，かりに *Case 21* においてBが遺産分割前に持分権をCに譲渡しており，Cがその持分権の取得をAに対抗することができる場合には（この対抗につき，p. 207の 補論 参照），甲土地は，AとCの共有物ということになり，AB間での遺産分割の対象にならない（AとCの共有物分割〔⇒ p. 230 の **2**〕の対象になる）。そのため，AB間で有効に行われた遺産分割の効力のCへの対抗という問題は起こらない。
　第三に，前掲最判昭和46・1・26では，遺産分割の効力について，物権状態に新たな変更を生ずるかのような説明がされている（「不動産に対する相続人の共有持分の遺産分割による得喪変更については，民法177条の適用があり，分割により相続分と異なる権利を取得した相続人は，その旨の登記を経なければ，分割後に当該不動産につき権利を取得した第三者に対し，自己の権利の取得を対抗することができない」）。
　第四に，前掲最判昭和46・1・26における分割前の第三者との関係に関する説示は，傍論である。

平成 30 年改正民法の下では，遺産分割前の第三者との関係では従前と同じく 909 条ただし書が適用されるが，遺産分割後の第三者との関係では 899 条の 2 第 1 項が適用される。もっとも，177 条の適用による場合と結論が異なることになるわけではない。

> **Case 21** ①の C は，遺産分割前に分割の目的物である甲土地の持分権について B から抵当権の設定を受け（登記も備え）ているから，909 条ただし書にいう「第三者」に該当する。そのため，A は，909 条ただし書により，遺産分割の効果（甲土地の取得）を C に主張することができない。したがって，A の請求は認められない（この場合の C の抵当権の帰すうについては，p. 235 の 発展学習 (3)を参照）。
> ②の C は，遺産分割後に甲土地の持分権につき仮差押えをした債権者であるから，899 条の 2 第 1 項の「第三者」（これは，177 条の第三者と同じであると考えられる）に該当する。したがって，A が遺産分割の結果としての甲土地の所有権取得を C に対抗するためには，登記が必要である。A はこれを備えていないから，A の請求は認められない。

上記の立場に対して，平成 30 年民法改正の前に，第三者の登場時期が遺産分割の前後いずれであるかによって遺産分割の遡及効に関する理解が一貫していない，分割後の第三者が悪意でも保護されることは不当であるという，「（詐欺）取消しと登記」や「解除と登記」におけるのと同様の批判があった。もっとも，平成 30 年改正民法の下では，899 条の 2 第 1 項の文言（「遺産の分割によるものかどうかにかかわらず」）から，無権利説（⇒ p. 86 の 2）は成り立たない。

4 相続放棄と登記

1 判 例 法 理

> **Case 22**
> Z が死亡した。Z の相続人は当初 A と B であったが，B は，所定の手続を経て相続放棄をした。ところが，相続財産中の甲土地について，A 単独所有名義の登記がされる前に，C が，B を債務者として仮差押決定を得た。C がこの決定を原因として B に代位して登記手続の申請をし，A と B の持分の割合を各 2 分の 1 とする相続登記が行われた。ついで，B のその持分権につき，仮差押えの登記がされた。A は，仮差押えを排除し（第三者異議の訴えを起こし），仮差押登記の抹消登記手続を求めたいと考えている。

相続の効力は，被相続人の死亡によって当然に生ずる（896条本文参照）。しかしながら，それでは相続人の私的自治を無視し，相続人に不本意な結果を強制することになりかねない。そこで，相続人は，相続開始を知った時から原則として3か月以内に家庭裁判所に相続を放棄する旨の申述をすることにより，相続の放棄をすることができるものとされている（915条1項，938条）。相続放棄によって，放棄者は，はじめから相続人にならなかったものとみなされる（939条）。

相続放棄の遡及効については，第三者を保護するためにこれを制限する旨の規定が存在しない。判例も，相続放棄の「効力は絶対的で，何人に対しても，登記等なくしてその効力を生ずる」としている（最判昭和42・1・20民集21巻1号16頁〔百選III 79事件〕）。

平成30年民法改正によって相続放棄の効力の絶対性が変更されたと解すべき理由はない。そうであれば，899条の2第1項の「次条及び第901条の規定により算定した相続分」は，相続放棄により定まる相続分をいうことになる。

> *Case 22* では，Bの相続放棄によって，Aは，Zを単独で相続し，甲土地を取得する。Bは甲土地について無権利であり，Bに対する債権のためにAの所有する甲土地に対して仮差押えがされたことになるから，Aの異議は認められる。

発展学習 「相続放棄と登記」に関する判例と民法177条の物権変動原因無制限説

　上記の判例は，相続放棄によって遡及効のある物権変動が生ずる（放棄者の相続による権利取得が遡及的に失効する，他の相続人の取得分が遡及的に増大する）が，この物権変動は登記がなくても第三者に対抗することができるとするものである，とみることもできる。このようにみるならば，判例は，登記をしなくても第三者に対抗することができる物権変動を認めている（177条に関して変動原因制限説を採用していた）ことになる。

　しかしながら，次のようにみることも可能である。すなわち，相続放棄の効力は「絶対的」であり，放棄者は，はじめから相続人にならなかった。そのため，放棄者の権利を前提として権利取得行為をした者は，無権利者となる（なお，相続放棄の前に放棄者自身が相続財産に属する不動産を他に譲渡した場合は，ここでの問題にならない。そのようなことをした相続人は，単純承認したものとみなされ〔921条柱書・1号〕，相続放棄をすることができなくなるからである）。したがって，この場合には，177条の第三者に該当する者が現れる余地がない。そのため，相続放棄の効力は，結果的に「何人に対しても」登記等なくしてその効力を生ずることになる。

2　遺産分割の場合との違い

相続放棄の場合に関する上記の結論に対する異論は，あまりみられない。ただ，民法が同じく遡及効を定めている遺産分割の場合との処理の違いがどのようにして正当化されるかについて，議論がある。

遺産分割と登記の問題に関する最判昭和46・1・26民集25巻1号90頁（百

選Ⅲ78事件）は，相続放棄の場合と遺産分割の場合とで処理が異なる理由として，次の2点を挙げている。すなわち，①遺産分割の遡及効についてはそれを制限する規定が民法にあるが，相続放棄の遡及効についてはそのような規定がない。②第三者の出現可能性が，遺産分割の場合のほうが相続放棄の場合に比して大きいと考えられ，法的安定性の見地から遺産分割の場合に第三者保護を厚くする理由がある（これは，分割前・放棄前については，①の規定の有無にすでに現れている）。

　もっとも，学説では，①②のいずれも説得的でないとする批判も有力である（そして，その批判を前提として，平成30年民法改正前は，遺産分割の場合にも遡及効を貫いて，分割後の第三者との関係でも177条を適用すべきでないとする主張がされた）。すなわち，①に対しては，相続放棄の遡及効を制限する規定が設けられていないのは，921条1号本文が909条ただし書と同様の機能を果たしうるからであるとみることができ，遡及効を制限する規定の有無を過大視することは適当でないという批判がある。②に対しては，第三者出現の可能性の大小について一般的にはそのとおりであっても，それは，実際に第三者が現れた場合に，その第三者の保護に差異を設ける理由にならないという批判がある。

学説が挙げる正当化根拠

　学説では，遺産分割の場合と相続放棄の場合の処理の違いを正当化する理由として，次のようなものも挙げられている。すなわち，①相続放棄は，相続資格そのものを消滅させるのに対し，遺産分割は，贈与や交換の要素を含むとみうること，②相続放棄は，相続人に権利義務の強制的承継を免れさせるためにあるから，放棄者の意思を尊重すべきであること，③相続放棄については，遡及効を徹底させなければ，放棄者が相続債務を免れつつ相続財産から利益を得る結果になりうること（債権者による差押えが有効になる結果，その分だけ自己の債務を免れることになる。これは，放棄者の債権者からみれば，放棄者の債務を増やさずに責任財産だけを増大させることができる結果になる。また，放棄者以外の相続人からみれば，相続債務の負担割合は増大するのに，取得する財産は減少する結果になりうる〔放棄者からの不当利得返還を確実に受けられない場合〕），である。

　もっとも，①に対しては，相続放棄も放棄者の持分権の贈与とみることができる，という批判がある。また，②に対しては，ここでの問題は，他の相続人と第三者のいずれを保護するかにあるから，放棄者の意思の尊重は関係がないという批判がある。

　以上のほかに，177条の基礎に登記懈怠の責任があるとみて，遺産分割が完了すれば登記懈怠の責任を直ちに問うことができるが，相続放棄があっただけではそうはいえない場合があるとする見解もある。すなわち，*Case 22* と異なり，たとえばA，B，Dによる共同相続の場合において，Bが相続放棄をしたときは，相続放棄後もAとDによる遺産共有の状態が残る。この場合，AとDが共同相続登記を備えることは法的には可能であるが，現実にこれを期待することは難しい。したがって，AとDは，登記を備えていなくても，その共有持分権の取得を対抗することができるとすべきである，というわけである。もっとも，この理屈は，*Case 22* のように，相続放棄によって甲

土地が A の単独所有に属することが確定する場合には当てはまらない。また，共同相続登記は，遺産共有状態であってもされるべきものであり（不登 76 条の 2 第 1 項参照），現実の期待可能性がないとする評価は適当でない。

補論 ### 遺産分割の場合との違いの正当化根拠

　相続放棄の場合と遺産分割の場合の処理の違いを正当化するためには，いずれの処理が異例であるかを明らかにし，異例な処理を根拠づける必要があると思われる。この点，相続放棄における遡及効の貫徹が異例であり，遡及効が貫徹される理由は，上述の批判にもかかわらず， 発展学習 において挙げた②（放棄者の意思の尊重）にあると考える。

　相続放棄における遡及効の貫徹のほうが異例であるのは，物権上の効力については，遡及効を伴うものであってもその対抗には登記が必要であるとするのが原則であり，かつ，そのように解することが 177 条に関する変動原因無制限説にも適合的だからである。

　そうすると，相続放棄の場合に遡及効が貫徹されるのはなぜかを考えるべきことになる。これについては，遺産分割の場合と対比して，次のように解される。

　遺産分割の場合には，各相続人が法定相続分（代襲相続分または指定相続分）に従った権利義務の承継を受け入れたうえで，場合によっては分割によりそれに変更が加えられることになる。ここでは，各相続人が自ら承認した相続によりいったん取得した物権が，遺産分割という別の原因によって，（遡及効つきで）変動するとみることができる。そこで，この物権の変動は，契約の取消しや解除の場合と同様に，原則どおり，登記をしなければ第三者に対抗することができないとされている。

　相続放棄の場合も，形式的には，各相続人が相続によりいったん取得した物権が，ある相続人の相続放棄という別の原因によって，（遡及効つきで）変動するとみることができる。しかしながら，本来，人は，自己の意思によらずに権利義務の承継を強制されるべきではない（私的自治の原則）。相続による財産承継はこれに対する例外であるが，この例外は，財産が誰にも帰属せず，誰にも管理の権限や義務がないという状態を生じさせないために，便宜的・暫定的に認められるものにすぎない。相続人に，その意思によらない財産承継を強制するものではない。相続人にこの強制を免れさせ，意思に基づく承継という本則に立ち返らせるのが，相続放棄の制度である。そして，放棄者には相続財産に属する財産につき一定の管理義務が課されており（940 条 1 項），放棄の結果として相続人がいなくなったときは相続財産法人が成立する（951 条）ため，放棄によって無主・無管理の財産が生ずることにはならない。そこで，放棄があった場合には，便宜的・暫定的状態を法的に全く承認せず，むしろ本則に立ち返るべきである。つまり，相続放棄の場合には，放棄者の意思を尊重して（放棄の遡及効を貫徹して），放棄者は財産を一度も取得しなかったと考えるべきである。

　確かに，ここでの問題は，他の相続人と第三者の利害の対立という形で現れる。しかしながら，第三者は，放棄者の法的地位を前提に，権利の取得など自らの法律関係を形成しうるにすぎない。第三者は，放棄者に権利がないとされるならば，それを受け入れざるをえない立場にある。そして，問題が他の相続人と第三者の利害対立という形で現れることは，（相続放棄の遡及効を制限すると 発展学習 ③に挙げたような奇妙な結果になることもあって，）人はその意思によらない財産承継を強制されないという原則を覆す理由にならないと思われる。

5　遺言による物権の移転と登記

　ここまで，被相続人が遺言をしていない場合を扱った。それらの場合には，すべて，従来 177 条が適用されていたところ，平成 30 年改正民法の下では，新設された 899 条の 2 第 1 項が適用される。もっとも，その適用の結果は，177 条についての従来の判例に従う場合と同じである。

　これに対し，以下では，ある者が遺言を残して死亡し，その遺言により法定相続によるのとは異なる物権の移転が生ずる場合を取り上げる。そのなかには，平成 30 年民法改正前と同じく 177 条が適用される場合，899 条の 2 第 1 項が適用され 177 条の下での判例と異なる結果となる場合が含まれている。

> **Case 23**
>
> 　Ｚが死亡した。Ｚの相続人は，その子であるＡとＢである。また，Ｚは，死亡した当時，甲土地を所有していた。
> ①　Ｚは，甲土地をＣに遺贈する旨の遺言をしていた。ところが，甲土地につき，Ｃへの所有権移転登記がされないうちに，Ａの申請により，ＡとＢの持分の割合を各 2 分の 1 とする相続登記がされた。ついで，ＡとＢが，Ｄとの間で甲土地の売買契約を締結し，この契約を原因としてＡとＢの持分権全部についてＤへの移転登記がされた。Ｃは，Ｄに，所有権移転登記手続の請求をしたいと考えている。
> ②　Ｚは，「甲土地をＡに相続させる。」旨の遺言をしていた。ところが，甲土地につき，Ｂの申請により，ＡとＢの持分の割合を各 2 分の 1 とする相続登記がされた。ついで，Ｂがその持分権をＥに譲渡する契約が締結され，これを原因としてＥへの持分移転登記がされた。Ａは，Ｅに，持分移転登記手続の請求をしたいと考えている。
> ③　Ｚは，「Ａの相続分を 3 分の 2，Ｂの相続分を 3 分の 1 とする。」旨の遺言をしていた。ところが，甲土地につき，Ｂの申請により，ＡとＢの持分の割合を各 2 分の 1 とする相続登記がされた。その後，Ｂがその持分権をＦに譲渡する契約をＦとの間で締結し，この契約を原因としてＦへの持分移転登記がされた。Ａは，Ｆに，持分 6 分の 1 について移転登記手続の請求をしたいと考えている。

 　①では，Ｚが，甲土地をＣに遺贈している。遺贈は，遺言者の死亡の時から効力を生ずる（985 条 1 項）。そうすると，Ｚが死亡した時に甲土地はＣが取得し，ＡおよびＢは甲土地につき無権利者であり，したがってＤも無権利者となるか。これが，ここでの問題である。

　②では，「特定財産承継遺言」（1014 条 2 項。平成 30 年改正前の民法の下では，「相続させる」旨の遺言と呼ばれていた）がされている。平成 30 年民法改正前の判例（最判平成 3・4・19 民集 45 巻 4 号 477 頁〔百選Ⅲ 92 事件〕）によると，特定の遺産を特定の相続人に「相続させる」旨の遺言は，その財産を当該相続人に単独で相続させる趣旨に解するのが合理的な意思解釈であり，特段の事情がない限り，遺贈と解すべきでなく，908 条 1 項にいう「遺産の分割の方法を定め」る遺言である。この場合，その財産は，特段の事情がない限り，何らの行為を要せずして，

被相続人が死亡した時に直ちに当該相続人に相続により承継される。これによると，甲土地は，Ｚが死亡した時に，Ａが相続により承継する。その結果，Ｂは甲土地につき無権利者であり，したがってＥも無権利者となるか。これが，ここでの問題である。

　③では，遺言による相続分の指定（902条1項）がされている。この指定は，Ｚが死亡した時からその効力を生じ（985条1項），Ｚの死亡により，Ａの相続分を3分の2，Ｂの相続分を3分の1とする相続が開始する。法定相続の場合には，各相続人は，相続財産に属する個々の財産について，法定相続分を上回る部分につき無権利であるとするのが判例である（⇒ p. 96 の **2** を参照）。指定相続分についても同様に解され，Ｆは，Ｂの指定相続分を上回る部分については，無権利のＢの特定承継人であり無権利者となるか。これが，ここでの問題である。

　なお，①〜③においてＡまたはＣが移転登記手続を求めることについては，p. 128 の 発展学習 を参照。

　1　遺贈と登記　　遺贈による権利の取得は，「相続による権利の承継」ではない。そのため，現行民法の下でも，遺贈による不動産物権の取得には899条の2第1項は適用されず，従前と同じく177条が適用される。

　判例によれば，遺贈による不動産物権の取得は，登記をしなければ第三者（遺言者の相続人の特定承継人も，これに該当する）に対抗することができない（最判昭和39・3・6民集18巻3号437頁〔百選Ⅲ80事件〕）。その理由として，遺贈は遺言者の意思表示によって効果を生ずる点で贈与と異ならないこと，不動産に関する物権変動につき広く登記をもって対抗要件とする177条の趣旨からして，遺贈をその例外とする理由はないことが挙げられている。

　不動産の遺贈があると，その不動産につき，被相続人から受遺者への所有権移転登記がされるべきことになる。*Case 23* ①のように相続人以外の者に対する遺贈の場合，その登記の登記権利者は受遺者であり，登記義務者は相続人（遺言執行者がある場合は，遺言執行者〔1012条2項参照〕）である。そして，遺贈がなければ，当該不動産は，相続人の所有（または共有）に属する。そうであれば，その不動産の相続人による処分行為は，先行する物権変動の効力が認められなければ当該物権を有する者が，その物権変動にかかる登記義務を履行せず，その物権変動と相容れない行為をしたことにあたる。これは，同一人による同一不動産の二重譲渡と同じ事態である。そのため，遺贈による不動産物権（以下，所有権で代表させる）の取得は，登記をしなければ第三者に対抗することができない。

　相続人に対する遺贈の場合には，同じく177条が適用されるものの，相続人以外の者に対する遺贈の場合と異なるところがある。

遺贈による所有権移転の登記がされていない場合，第三者は登記の不存在を主張してその所有権の移転を否定することができ（177条），その主張がされたときは，法定相続が開始したものと扱われることになる。そうすると，受遺者である相続人は，第三者に，遺贈による所有権の取得を対抗することはできないが，法定相続分での取得については登記がなくても対抗することができる。したがって，その相続人は，法定相続分を超える部分の取得を第三者に対抗することができないことになる（この結果は，899条の2第1項の規定が適用される特定財産承継遺言による所有権の移転の場合〔⇒2参照〕と同じである）。

> ***Case 23*** ①では，Cは，遺贈による甲土地の取得を，登記を備えなければ第三者に対抗することができない。そのため，Dがその登記の不存在を主張して争えば，Dの主観的事情による例外が認められない限り，Cの請求は認められない。

　民法177条適用の問題性と正当性

　受遺者は，遺言がされたことを知らないことがある。その場合，遺贈を原因とする登記を備えることは事実上不可能であり，受遺者の権利は，相続人やその債権者等の不正な登記申請により容易に奪われることがある。そのため，遺贈による不動産の取得に177条を適用することには，受遺者の権利保護に欠けるという批判がありうる。

　登記具備の事実的期待可能性がない場合の多くは，受遺者が遺言の事実を知らない場合であろう。もっとも，受遺者の権利は，もともとそのように不安定なものであり，かつ，無償で取得されることから，他の保護に値する利益（第三者の信頼の保護，取引安全の保護）に劣後することがあっても仕方がない。また，受遺者がその取得の事実を知らないうちに権利を奪われるという事態は，遺言者の生前の備え（将来の受遺者に遺言を伝えておくこと，受遺者に遺贈の事実が遺言者の死亡後すぐに伝わるよう手配しておくこと，遺言執行者を指定することなど）により，相当程度防ぐことができる。さらに，登記を備えなくても物権変動を第三者に対抗することができる場合を認めることは，登記によって真実の権利関係が表されないという事態につながり，登記制度の存在意義を損なう原因にもなりかねないため，できるだけ限定的であることが望ましい。こういったことから，判例の上記立場は支持されてよい。

　遺言執行者がある場合

　平成30年民法改正前の判例では，遺言執行者がある場合には（遺言執行者として指定された者が就職を承諾する前も含む），受遺者は，例外として，登記を備えていなくても遺贈による不動産物権の取得を第三者に対抗することができるとされていた（最判昭和62・4・23民集41巻3号474頁）。これは，当該物権にかかる相続人の改正前1013条の規定に反する処分行為は無効であり，その無効は第三者にも対抗することができる（「絶対的」である）ことを理由とする。

　ところが，平成30年民法改正により，1013条に，第2項が新設された。同項は，相続人による同条1項（改正前1013条）の規定に反する処分行為は無効であるが，その無効は善意の第三者に対抗することができないとしている。これにより，上記判例は，一部変更されることになる。

2　遺言相続と登記　　特定財産承継遺言（「相続させる」旨の遺言）による相続人の特定財産の取得は，特段の事情がない限り，遺贈による取得ではなく，相続による取得であるとする前掲最判平成 3・4・19（⇒ p.103 の_{問題の}[問題の所在]）に従うならば，**Case 23** ②では，相続人の一人である A が，甲土地につき法定相続分（2 分の 1）を超える権利（単独所有権）を遺言相続により取得する。**Case 23** ③でも，相続人の一人である A が，Z の相続財産に属する甲土地につき，相続開始と同時に法定相続分を超える権利（3 分の 2 の共有持分権。898 条 2 項参照）を取得する。これらは「相続よる権利の承継」の一種であるから，現行民法の下では，899 条の 2 第 1 項が適用される（平成 29 年民法改正前は，177 条が適用された）。それによると，A は，法定相続分を超える部分の承継を，「登記，登録その他の対抗要件を備えなければ，第三者に対抗することができない」。

　これは，改正前の判例を変更するものである。改正前の判例は，特定財産承継遺言がされた場合または相続分を指定する遺言がされた場合も含めて，相続による不動産物権の取得は登記を備えなくても第三者に対抗することができるとしていたからである（指定相続分につき最判平成 5・7・19 家月 46 巻 5 号 23 頁，相続させる旨の遺言による不動産物権の取得につき最判平成 14・6・10 家月 55 巻 1 号 77 頁）。

　特定財産承継遺言による特定不動産の取得，遺言による相続分の指定について，改正前の判例は，「相続による取得」である点で法定相続による取得と共通することを重視するものである。これに対し，899 条の 2 第 1 項の規定は，遺贈または相続開始後の遺産分割との類似性を重視するものである。

　Case 23 ②および③では，A は，甲土地についての法定相続分（2 分の 1）を超える部分の権利の取得を，登記を備えなければ第三者に対抗することができない。そのため，E または F が A のその登記の不存在を主張して争えば，E または F の主観的事情による例外が認められない限り，A の請求は認められない。

| 補論 | **民法 899 条の 2 第 1 項と従来の判例の違い，法定相続と登記** |

　不動産に関する権利関係を記録し，これを公示することで第三者の信頼と取引の安全を保護する，さらには不動産にかかる取引以外の営みの円滑化を図るという不動産登記制度の存在意義が損なわれないようにすることは，極めて重要である。そのためには，登記を備えなくても物権変動を第三者に対抗することができる場合は，可及的に限定されることが望ましい。もっとも，権利者が登記を備えることができない場合にまでこの原則を維持することは，権利取得の意味を失わせることになり，行き過ぎである。

　遺言による相続人の法定相続分を超える部分の取得は，遺贈による権利の取得と比べると，権利を取得する者が相続人に限られるか否か，遺言者の意思が相続による承継で

あったか遺贈による承継であったかが異なるだけであり、p.105 の 補論 において受遺者の権利の取得につき述べたことが、相続人の法定相続分を超える部分の取得にも同様に妥当する。899 条の 2 第 1 項の規定は、このことにより正当化される。

　不動産物権変動にかかる対抗要件制度についての上記の見方からすれば、問題とされるべきは、相続人による法定相続分の取得が（第三者制限説を介して）登記を備えなくてもすべての者に対抗することができるのはなぜか、である。というのは、相続登記は各相続人が単独で申請することができるため、相続が開始したならば、相続人がその登記を備えることに法的な支障はないからである。相続開始を知らない相続人には、その登記を備えることの事実的期待可能性はない。しかしながら、それは、受遺者、遺言により相続分を超える権利を取得する相続人についても同じである。

　これについては、次のように考えることができるように思われる。

　人が死亡した場合、その有した財産の承継を安定的に図ることは、社会的に非常に重要である。そして、死亡した者が有していた財産の承継については、その者が生前に遺言により定めることができるが、遺言がされなければ法定相続となる。また、遺言がされたとしても、その存在が判明するまでは、法律関係は法定相続を前提に処理される。そのため、人の死亡による財産承継を安定的に進めるためには、法定相続による財産承継を安定させることが必要になる。そうであるのに、法定相続分の取得についても登記を備えなければ第三者に対抗することができないとするならば、相続人の一人の不正な行為により他の相続人が容易に権利を失うことになり、法定相続による財産承継が不安定になる。また、これでは、人の死亡による財産承継が不正な登記に従って事実上決まる場合が生じうるが、そのような事態は、相続人の一部の者が相続の開始を知らないこともあること、そうでなくても親族の死亡という非常事態にいち早く相続登記をせよと求めることは非現実的であることを考えれば、適当でない。さらに、法定相続分には、配偶者の相続分を典型として、実質的に当該相続人に帰属すべきものと考えられる部分が含まれることがあり、相続人の権利保障の点でも大きな問題がある。法定相続分の取得についての例外的処理は、こういった諸事情の考慮の結果であると考えられる。

　法定相続分の取得についての例外的処理のために、登記を（正当に）信頼した第三者が害されることになりうる。そのような第三者の保護は、94 条 2 項類推適用など、無権利者との間で権利取得行為をした者一般の保護法理により図られる。もっとも、この場合の 94 条 2 項類推適用は、これまで、遺産共有が遺産分割までの過渡的状態であることも考慮されて、権利者（相続人）の登記懈怠の帰責性が認められにくく、限定的にしか肯定されなかったように思われる。しかしながら、遺産共有は、後に遺産分割が控えているとはいえ、真実の権利関係であることに変わりがない。そのため、相続登記は、本来されるべきものであり、然るべき時期までに遺産分割がされたときは宥恕されうるにすぎない。これは、法定相続の場合も同じである（所有者不明土地問題への対応としてされた令和 3 年不動産登記法改正において、相続を契機とする不動産所有権の取得について登記の申請が義務化されたが〔不登 76 条の 2 第 1 項・第 2 項〕、そのなかに法定相続分での取得の登記の申請も含まれている）。こういったことを考えれば、法定相続の場合、相続開始を知る相続人が、然るべき時期を過ぎても遺産分割が成立しないときに相続登記を経ていないことは、94 条 2 項類推適用を基礎づける帰責性にあたる、とすることも考えられる。

4 取得時効と登記

　取得時効によっても，不動産物権の変動が起こる。たとえば，取得時効によってある者 A が甲土地の所有権を取得した場合，その結果として前主 B がその所有権を失う。この場合，A の所有権取得の効果は，起算日にさかのぼって生ずる（144 条）。そのため，B は，その時から甲土地につき無権利であったことになる。ところが，その時より後に，第三者 C が，B との間で甲土地について売買契約や抵当権設定契約を締結することがある。その場合，A は，時効による所有権の取得を C に対抗するために登記を要するかが問題となる。

　A は登記を備えなければ時効取得を C に対抗することができないとするならば，取得時効の制度目的である占有尊重の要請に反するおそれがある。反対に，占有していれば A は登記を備えていなくても時効取得を C に対抗することができるとするならば，177 条の規定目的である不動産物権変動の登記による公示を通じた取引社会の安全保護の要請に背くことになりかねない。ここでは，これらの相反する要請にどのように応えるかが，とくに問題になる。

　時効によって取得され，その第三者への対抗が問題となる物権は所有権に限られないが，以下では，便宜上，所有権の時効取得を前提とする。

Case 24
　A は，D から土地を買い受けて資材置場として利用してきたが，B の所有する隣地（甲土地）との境界を示す生垣が甲土地に越境して設置されていた。この事実を D は知っていたが，A と B は知らなかった。A が D から土地の引渡しを受けてから 9 年 6 か月後に，B が甲土地を C に売却し，所有権移転登記がされた。その 1 年後に，C は越境の事実を D から聞き知った。C が，A に対し，生垣の除去と越境部分の土地（乙）の返還を請求した。

Case 25
　X は，Z から丙土地を贈与され，引渡しを受けたが，所有権移転登記はされていなかった。X が丙土地の引渡しを受けてから 11 年後に Z が死亡し，Z′ が Z を単独で相続した。Z′ は，贈与の当時 Z は意思能力を欠いていたとして，贈与契約の無効を主張した。贈与契約の当時，X は Z の判断能力に問題があるとは認識しておらず，そのことにつき X に過失はなかった。その後，Z′ が丙土地を Y に売却し，Y への所有権移転登記がされた。X が，Y に対し，丙土地の所有権の確認を請求した。

　Case 24 の A は乙の取得を信じたことにつき過失があるとされなければ乙を，*Case 25* の X は丙土地を，それぞれ時効により取得している（時効の援用との関係については，p.113 の 1 参照）。ところが，その旨の登記はされていない。こ

の場合において，AはCに，XはYに，その所有権取得を対抗することができるかが問題になる。

　Case 25 のXは，Zから丙土地の贈与を受けている。この贈与について，Zの相続人Z′による無効の主張が認められるならば，丙土地はZの所有に属し，それをZ′が相続していたことになる。その場合には，Xは，「他人の」土地を占有していたことになり，162条の要件がまさに充たされる。それに対し，Z′の無効の主張が認められなければ，Xは，贈与によって丙土地の所有権を取得したことになるから，「自己の」土地を占有し続けてきたことになり，162条の文言には一致しない。しかしながら，判例によれば，自己の物についても取得時効は認められ，Xは，Zから贈与を受けた事実があったとしても，取得時効を根拠とする所有権取得の主張をすることができる（最判昭和42・7・21民集21巻6号1643頁〔百選Ⅰ41事件〕）。したがって，*Case 25* では，XZ間の契約の効力にかかわらず，Xによる丙土地の時効取得とYへのその対抗が問題になる。

1 判例法理

　この問題に関する判例の基本的立場は，時効取得は「当事者」には登記を備えていなくても対抗することができるが，「第三者」には登記を備えていなければ対抗することができないというものである。この限りでは，他の原因による物権変動と異ならない。ただ，この結論に至るために，あるいはこの結論を維持するために，取得時効に特有の考慮がされている。

　1　**時効完成当時の所有者との関係**　　判例によると，時効完成時における当該不動産の所有者は，時効取得者との関係では物権変動の「当事者」と同視される。したがって，この者には，登記を備えていなくても時効による不動産の取得を対抗することができる。

　時効による権利の取得は，占有を基礎に認められる原始取得である（時効取得者が権利を取得し，その反射的結果として前主が権利を失う）。したがって，時効取得者と時効完成当時の所有者との間で物権変動が生ずることはなく，両者は物権変動の当事者ではない。ただ，一方の権利取得の結果として他方が権利を失う関係は権利移転の場合と同じであることから，上記のように解されている。

　時効完成時の所有者が当事者と同視されることから，時効取得は，時効取得者が占有を開始した当時の所有者（*Case 24* のBや *Case 25* のZ。以下，「当初の所有者」）のほか（大判大正7・3・2民録24輯423頁），時効完成前に当初の所有者等から所有権を取得した者（*Case 24* のC。以下，「時効完成前の第三者」）にも（最判昭和41・11・22民集20巻9号1901頁），登記がなくても対抗することができる。

　このようにされるのは，そうしなければ登記の具備を取得時効完成の要件とす

るのと同じことになり，（とくに，占有者が時効完成を知らないことも珍しくないことを考えれば）適当でないからである。

2 時効完成後の譲受人との関係　これに対して，時効完成後にその不動産を譲り受けた者（*Case 25* の Y。以下，「時効完成後の第三者」）は 177 条の第三者に該当し，時効取得をこの者に対抗するためには登記が必要である（大連判大正 14・7・8 民集 4 巻 412 頁，最判昭和 33・8・28 民集 12 巻 12 号 1936 頁）。

以上の判例には，時効完成前の第三者を当事者と同視することについて，時効の遡及効からすれば，他人の時効取得の反射的結果として所有権を失うのは当初の所有者であるため，適当でないとする批判がある。しかしながら，時効取得が認められるまでは時効完成時の所有者が現実に所有権を有していたから，時効取得によってこの所有権が失われるとみることができる（時効取得に遡及効が認められるため，当初の所有者の所有権が消滅すると説明することができるようになるにすぎない）。また，判例によると，取得時効の効果の第三者への対抗について，第三者が時効完成の前後いずれに現れたかによって区別されることになる。したがって，ここでの問題も，「取消しと登記」，「解除と登記」，「遺産分割と登記」などと同じように考えることができる。すなわち，時効取得は，遡及効を伴うとはいえ物権変動の一種であるから，177 条により，登記を備えていなければ第三者に対抗することができない。しかしながら，その登記は取得時効が完成しなければすることができないので，時効完成前の第三者に対抗するためにも登記が必要であるとすると，この取得に遡及効を認めた意味がなくなる。そこで，時効取得は，時効完成前の第三者には登記を備えていなくても対抗することができる。

3 時効期間の起算点　第三者の登場時期が時効完成の前後のいずれであるかによって結果が異なるとすると，時効完成の時期が重要な意味をもつ。この点で問題になるのが，時効期間の起算点である。取得時効は，完成猶予，更新または自然中断がなければ，起算日から 10 年または 20 年が経過した時点で完成する。そのため，起算点をどこに定めるかによって，時効完成の時が定まるからである。

この点について，判例は，起算点は取得時効の基礎となった事実が開始した時点（所有権の取得時効の場合には，占有開始時）であるとし，時効援用者が起算点を任意に選択して，時効完成時期を早めたり遅らせたりすることはできないとしている（最判昭和 35・7・27 民集 14 巻 10 号 1871 頁）。

起算点を任意に選択することができるとなると，時効援用者は，現在が時効完成時となるように起算点を選択することで，時効取得を常に（登記を備えることな

く）第三者に対抗することができる。これでは，時効取得が，事実上，登記を要しない物権変動になる。これは適当でないことから，上記のようにされている。

起算点固定の意味
　時効援用者 A は起算点を任意に選択することができず，占有開始時が起算点になるといっても，それは，A が時効の完成を主張立証する際に必ず占有開始時を主張立証しなければならないということではない。A は，時効完成の効果を求めるために，①ある時点での占有（現在の占有でもよい），②その時点から 20 年前または 10 年前の占有，占有期間 10 年による取得時効の完成の場合には，③前記②の時点における無過失を主張立証すればよい（所有の意思および善意，平穏ならびに公然の占有は 186 条 1 項によって，占有継続は 186 条 2 項によって，それぞれ推定される）。これに対し，第三者 C が，占有開始時が起算点とされることから，自己が時効完成後の第三者であること（177 条の第三者に該当すること）を根拠づけるために，前記②の時点以前における A の占有（開始）を主張立証することができる。

4　時効完成後の第三者との関係における新たな取得時効の完成　　*Case 25*

において，丙土地を時効取得した X は，登記を備えていなければ時効完成後の第三者 Y に時効取得を対抗することができない。ところが，Y が登記を備えた後も X が丙土地の占有を続けて，Y の登記具備の時から時効期間が経過した場合には，新たに取得時効が完成し，X は，Y に登記なしにこの新たな時効取得を対抗することができる（最判昭和 36・7・20 民集 15 巻 7 号 1903 頁）。

　当初の取得時効が完成した後に，X は，Y が登記を備えるまではその時効取得について登記を備えることができ，それによって，その取得を Y に対抗することができる。また，Y が登記を備えるまでは，Y はもちろん，Z′ も X に丙土地の所有権を主張することができない（X が時効取得を主張すれば，Z′ は負ける）から，誰も X に対し丙土地の所有権を主張することができない。それに対し，Y が丙土地の取得につき登記を備えたならば，X は，当初の時効取得を Y に主張することができなくなり，Y は，丙土地の所有権取得を X に主張すること（たとえば，X の占有を排除すること）ができる。これによると，Y が登記を備えた時点で，X のそれまでの占有は取得時効の根拠として無意味になる（Y が X の時効取得を認めれば別であるが，そのようなことはまず考えられない）。その後も X が丙土地の占有を続けた場合には，X は，（Y が認めない限り）所有権を主張することができない土地の自主占有を継続することになる。これは，他人の土地の自主占有の継続と同一視することができる状況である。そこで，Y が登記を備えた時点から，X のために新たに取得時効の進行が開始し，時効期間が経過することにより取得時効が再び完成するものとすることができる。

判例に従うならば，(*Case 24*) と (*Case 25*) は次のようになる。

(*Case 24*) のCの請求は，Aに乙の取得を信じたことにつき過失があるとされなければ，認められない。Aに過失がなければ，AがDから乙の引渡しを受けた日の翌日から10年の経過により取得時効が完成するが（162条2項），Cは，その完成時における乙の所有者である。そのため，Cは，物権変動の当事者と同視され，Aは，乙の時効取得をCに登記なしに対抗することができるからである。

Aに過失ありとされる場合には，AがD（など前主）の占有を承継（187条。p. 299 の 2 も参照）して取得時効が完成するかどうかと，その取得時効の完成時期およびBC間の売買の時期によって，結論が異なる。

(*Case 25*) のXの請求が認められるかどうかは，Yが丙土地の所有権取得について登記を備えた時期と，Xの請求の時期による。

Yは，XがZから贈与契約に基づく丙土地の引渡しを受けてから11年後に丙土地を譲り受けたので，時効完成後の第三者にあたる。Xがこの時効を原因とする所有権の取得をYに対抗するためには登記が必要であるところ，Xは，その登記を備えていない（すでにYが丙土地の所有権移転登記を備えている）。したがって，この限りでは，Xの請求は認められない。もっとも，Xの請求が，Yが丙土地の所有権移転登記を得た日の翌日から10年が経過した後にされたのであれば，Xは，その登記がされた時を起算点とする丙土地の時効取得を，登記を備えていなくてもYに対抗することができる。したがって，この場合には，Xの請求は認められる。

 時効完成後に第三者が原所有者から抵当権の設定を受けた場合

　　時効完成後の第三者との関係につき本文に述べた準則は，判例によれば，第三者が当該不動産を目的とする抵当権の設定を受けた者である場合にも妥当する。すなわち，AにおいてBの所有する甲土地の取得時効（以下，「当初の取得時効」という）が完成した後，Aがその時効を原因とする所有権移転登記を備える前に，CがBから甲土地を目的とする抵当権の設定を受けてその旨の登記がされたが，その後もAが甲土地の占有を継続している場合，判例によれば，「占有者は，自らが時効取得した不動産につき抵当権による制限を受け，これが実行されると自らの所有権の取得自体を買受人に対抗することができない地位に立たされ」るが，占有者と抵当権者との間のこのような権利の対立関係は，抵当権設定登記がされた時に生ずると解されるところ，この事態は，時効完成後に「不動産が第三者に譲渡され，その旨の登記がされた場合に比肩する」といえるため，抵当権設定登記の時を起算点とする再度の取得時効の完成が認められる（最判平成 24・3・16 民集 66 巻 5 号 2321 頁〔百選 I 55 事件〕）。

　　これによると，上の例において，Aが甲土地の占有を継続し，Cの抵当権設定登記の時を起算点として取得時効（以下，「再度の取得時効」という）の期間が経過したときは，Aは，当初の取得時効を原因とする所有権移転登記を備えていた場合は別として（この場合については，後出），再度の取得時効を援用して，Cに抵当権設定登記の抹消登記手続を請求することができる（前掲最判平成 24・3・16）。再度の取得時効について，Cは，時効完成時の権利者であり，したがって，当事者と同視されるからである。

　　これに対し，Cの抵当権設定登記がされた後に，Aが当初の取得時効を原因として所有権移転登記を備えたときは，Aは，その後に再度の取得時効が完成したとしてこれ

を援用し，Cに抵当権設定登記の抹消登記手続を請求することはできない（最判平成15・10・31判時1846号7頁）。Cは当初の取得時効につき時効完成後の第三者であるため，Aは登記を備えていなければその時効による甲土地の取得をCに対抗することができないが，Cの抵当権設定登記がAの所有権取得の登記よりも先にされているからである。

| 補論 | **同前**

　ある不動産の取得時効の完成後に，原所有者によりその不動産を目的とする抵当権が設定され，その旨の登記がされたことをもって，原所有者によりその「不動産が第三者に譲渡され，その旨の登記がされた場合に比肩する」ということには，次の疑問がある。

　前掲最判平成24・3・16は，抵当権に基づいて担保不動産競売がされた場合を考えれば，抵当権設定登記の時点で時効取得に相容れない処分がされたと捉えることができることを，その理由としている。しかしながら，不動産の譲受人が所有権取得の登記を備えたときは，その時点で，援用をして登記を備えれば確定的な所有権取得の原因になるはずであった取得時効の完成が（譲受人が時効取得を認めるという，ほぼ想定しがたい場合を除いて）法的に無意味になる。そこで，その不動産を占有してきた者がその占有を継続しているときは，譲受人が所有権取得の登記を備えた時点から新たに取得時効の進行が開始し，時効期間の経過により取得時効が再び完成するとされている。これに対し，当該の不動産を目的とする抵当権が設定され，その旨の登記がされたとしても，占有者は，時効の援用をして所有権取得の登記を備えることができ，それにより，抵当権の負担付きとなるものの，すでに完成していた時効の効果として所有権を確定的に取得する。その後に抵当権に基づいて担保不動産競売がされたときは，時効取得者はその取得した不動産を失うが，それは，登記において後れたことの結果にすぎない。

　また，たとえば，甲土地につき，Aの取得時効の完成後にCの抵当権の設定登記がされ，さらにその後に後順位抵当権者Dや甲土地の譲受人Eが現れて，その旨の登記もされたとする。この場合に，Cの抵当権設定登記の時を起算点としてAに再度の取得時効の完成を認めると，その完成前に現れていたDやEも，Aが甲土地を時効により取得する結果として権利を失う。しかしながら，Aは，Cの抵当権設定登記後も当初の取得時効を原因とする登記を備えることができ，それによりDやEの出現を防ぐことができた。また，DやEは，甲土地につき原所有者名義の所有権の登記がされている以上，当初の取得時効の完成後の第三者として扱われてよいはずである。Cの抵当権の実行として担保不動産競売がされたときは，Dは配当を全く受けられないことがあり，Eは（自ら買受人にならない限り）甲土地を失うため，DとEの法的地位をCの抵当権設定登記の時を基準に決めることは差し支えないようにもみえる。しかしながら，DやEには，Cに被担保債権を弁済することなどそのような事態を避ける手段があるから，DやEの法的地位をCの抵当権に従属させることは適当でない。

❷ 判例法理に対する批判と反対説

　1　**判例法理に対する批判**　　判例法理に対しては，理論と実質の両面から，次のような批判がされている。

　第一に，時効完成時の所有者を時効による物権変動の当事者と同視する判例法理は，時効完成によって時効の効果が生ずることを前提としていることになる。

しかしながら，これは，時効の効果は援用によって生ずるとする判例（最判昭和61・3・17民集40巻2号420頁〔百選Ⅰ37事件〕）・通説に反する。

第二に，判例法理は，177条の趣旨に反する結果を生ずることがある。177条の基礎には，登記を備えることができたのにこれを怠った者は不利に扱われても仕方がない，という考えがある。ところが，善意占有者は時効の完成を知らないため，この者に登記を備えるよう期待することはできない。したがって，この者も登記を備えていなければ時効取得を第三者に対抗することができないとすることは，不当である。

第三に，判例法理によると，長期占有者が短期占有者に比べて不利に扱われることがあり，取得時効制度の趣旨に反する。たとえば，*Case 24* において，CがAの占有開始日の翌日から20年を経過した後にBから乙を譲り受けていた場合には，Cは時効完成後の第三者であり，Cの請求が認められる。長期間継続した事実状態を保護するという時効制度の趣旨からすると，占有期間が長い者ほど厚く保護されてよいはずなのに，判例法理によるとその反対になりかねない。

第四に，判例法理によると，悪意占有者が善意占有者より厚く保護されることになるという矛盾を生じかねない。これは，次の二つの場面で問題になる。

まず，善意占有者は，時効の完成を知らないから，事実上，登記を備えることができない。そのため，判例法理によると，善意占有者は，時効完成後の第三者に通常敗れる（時効完成後の第三者には，通常，登記を備えることに支障がないから）。それに対し，悪意占有者は，時効の完成を知りうるので，時効完成後直ちに登記を備えることも可能である。そして，その登記を備えることにより，時効完成後の第三者にも時効取得を対抗することができる。

つぎに，長期占有者と短期占有者の保護の不均衡に関しても，悪意占有者が善意占有者より厚く保護されることがある。たとえば，*Case 24* において，BC間の甲土地の売買がAによる乙の占有開始から20年弱の時点でされたが，CがAに乙の明渡しを求めたのは20年を経過してからだった場合である。この場合に，Aが善意占有者であれば，Cは時効完成後の第三者となり，登記を備えていないAは，Cの請求に応じなければならない。ところが，Aが悪意占有者であれば，Cは時効完成前の第三者となり，Aは，Cの請求を退けることができる。

補論 | 判例法理に対する批判について

　　もっとも，これらの批判のいくつかには反論も可能である。

　　たとえば，第一の批判に対しては，時効の完成によって時効の効果が生ずるとする考

え方もあり（起草者はこの考えであり，以前の判例もそうであった），「取得時効と登記」に関する判例法理は，時効の効果は援用がなければ生じないという考え方が絶対のものではないことを示すものと捉えることもできる。

第三の批判に対しては，占有が相当長期間継続していることを知っていた第三者は取得時効の完成を知らなかったとしても悪意であるとし，かつ，その背信性を緩やかに認める（たとえば，何らの確認もせず漫然と前主の権利を信じていた場合には背信性を認める）ことにより（最判平成18・1・17民集60巻1号27頁〔百選I 54事件〕と p. 82の を参照），長期占有者を保護することも可能である。また，悪意占有者については，時効完成後の占有期間が長くなるほど，登記懈怠に対する非難が強まるともいえる。したがって，第三の批判が単純に成り立つのは，善意占有者についてだけである。

そうすると，全体として残る批判は，登記を備えることについて現実の期待可能性がない占有者（典型的には，取引行為によらない善意占有者）の保護に欠けるということである。確かに，そのように評価することは可能である。しかしながら，そのような占有者も，時効が完成すれば法的には登記を備えることができ，その権利取得は暫定的なものではない。そして，そのような占有者は，本来自己に帰属しない権利を無償で取得することから（共同相続登記の場合とは，これらの点で異なる），第三者の信頼や取引社会の安定のために，保護が薄くなることがあっても仕方がないということもできる。

このようにみれば，判例法理は，占有尊重の要請と登記を通じた第三者および取引社会の保護の要請との適切な調整に関する，ありうべき答えの一つと評することもできる。

2 反 対 説

(1) *占有尊重説* 判例法理に対する批判の多くは，判例法理によると占有者の保護に欠けるというものである。そこで，学説には，占有者をより厚く保護しようとする見解がある。継続した占有に基づく生活関係の保護という時効制度の趣旨から，占有が続く限りは登記を備えていなくても占有者を保護すべきことが帰結される，というものである。

 占有尊重を実現するための法律構成と，占有尊重説に対する批判
占有者の保護を実現するための法律構成については，二つの考え方がある。
一つは，時効取得によって前主は無権利となる。したがって，前主からの承継人も無権利であり，（177条の第三者の出現がありえない結果として）時効取得に177条が適用されることはないとする考え方である。この見解によると，第三者の保護は，94条2項類推適用法理などによって図られることになる。
もう一つは，時効取得にも177条の適用はあるが，時効期間の起算点の任意選択を認める（これにより，時効取得を主張する者は現在が時効完成時であるとすることができるので，時効完成後の第三者は現れないことになる）という考え方である。
占有尊重説に対しては，登記を基礎に不動産取引を行うことが危険になりかねないという批判や，登記申請のインセンティブが失われて，登記が行われなくなるおそれがあるという批判がある。自己物の取得時効が認められること，時効完成のために占有承継が認められることを前提とすると，いったん取得時効が完成したならばその後にその占有を承継した者は常に時効取得を主張することができるのであるから，この批判を軽視することはできないと思われる。

(2) **登記尊重説**　　学説には，不動産取引が登記に基づいて迅速安全に行われるようにすべきであるとする立場から，問題を登記によって画一的に処理しようとする見解もある。

　この見解によると，時効取得についても，登記を備えていなければ第三者に対抗することができないという判例法理は維持されるべきものとなる。ただ，判例法理によると，時効取得は，時効完成前に現れた第三者には，登記を備えていなくても対抗することができる。これは，登記による問題の画一的処理という考えに反する。そこで，時効完成前の第三者が登記を備えた場合には，その登記の時点から取得時効の完成に必要な期間の占有継続がなければ，取得時効は完成しないものとすべきであるとされている。

発展
学習 **登記尊重説に対する批判**
　　登記尊重説に対しては，善意占有者には登記具備の可能性が事実上ないから，登記を備えていないことによって不利益を負わせることは不当であるという批判や，第三者が物権を取得して登記を備えたことを取得時効の中断または更新の事由に事実上するものであり，これは，取得時効の中断または更新の事由を（164条または165条の自然中断と147条，148条または152条の更新事由に）限定している民法の立場に反する，という批判がある。

(3) **類 型 論**　　「取得時効と登記」の問題が，取得時効の制度目的である占有尊重の要請と177条の規定目的である登記を通じた不動産取引の安全保護の要請をどのように調整するかという問題であるとすれば，いずれかの要請を一方的に尊重することによって適切な解決を図ることができるとは思えない。そこで，問題状況に応じて類型化して，それぞれの類型ごとに区別して考えるべきであるとする見解も主張されている。

　実際にどのように類型化するかについては種々の考え方があるが，多くの見解によって，時効取得者に現実の登記可能性があったか否かがとくに重視されている。その可能性があった場合には登記の懈怠を理由に時効取得者を不利に扱うことができるが，その可能性がなかった場合には時効取得者を保護すべきであると考えられるからである。そして，この観点からすると，たとえば次の二つの類型がとくに区別されるべきであるとされている。

　第一に，同一前主ＺからＸＹへとこの順に二重譲渡がされたが，未登記であったＸについて取得時効が完成したという類型である（二重譲渡型，または取引行為型。*Case 25* はその一例である）。この場合には，177条が適用され，Ｘ

は，登記を備えていなければ所有権取得を Y に対抗することができない。ただし，Y の登記後に X が取得時効の完成に必要な期間占有を継続したときは，X の時効取得を認めることができるとされる。

　第二に，A が B 所有の隣地に越境してその一部を占有していたところ，その隣地を C が B から買い受けたという類型である（境界紛争型。*Case 24* はその一例である）。この場合には，越境の事実を A が知っていたかどうかによって区別される。A が知っていた場合には，時効完成後は登記を備えることができるから，A は，登記を備えていなければ時効取得を C に対抗することができない。A が知らなかった場合には，登記を備えることを現実に期待することはできないので，A は，登記を備えていなくても時効取得を C に対抗することができる。

<table>
<tr><td>発展
学習</td><td></td></tr>
</table>

類型論に対する批判

　類型論にも問題は多い。たとえば，類型が紛争の実態に応じて網羅的に立てられているわけではない。

　また，*Case 25* で Z の意思無能力を理由とする契約の無効が認められる場合のように，X の取得原因となった取引が無効である場合にどうすべきかも明らかでない。この場合に，X が登記を備えていなくても時効による所有権取得を Y に対抗することができるとするならば，X は（実体的権利関係に合致しない無効のものではあっても）登記を備えることができたはずであり，登記懈怠の非難が可能であるはずなのに，契約の無効という本来自己にとって不利であるはずの原因を持ち出すことでこの非難を免れうることになり，奇妙である。さりとて，この場合も登記を要するとするならば，X は，取得時効を原因とする登記は時効完成まで不可能であるから贈与を原因とする登記をするしかないが，これでは，無効な登記に法的意味を積極的に認めることになり，やはり奇妙である。

　さらに，境界紛争型についても，A への登記の期待可能性の有無によって 177 条の適用または不適用を分けることをどのように法律構成するのか，明らかでない。また，A の善意または悪意という外部から把握することが難しい事情によって 177 条の適用の有無を分けることには，法律関係を相当不安定にするという問題もある。

4 不動産登記の効力と有効要件

　不動産物権変動の対抗の問題は，不動産物権変動の公示方法である登記を備えることがどのような意味をもつかという，登記の効力に関する問題の一つである。登記の効力については，これ以外にも問題がある。そこで，次に，登記の効力に関するその他の問題を取り上げる。

1　不動産登記の効力

1　本登記の効力

　権利登記は，登記の効力の観点から，本登記と仮登記に分けられる（⇒ p. 50 の**3**）。このうち**本登記**（以下，単に登記という）には，対抗力と権利推定力が認められる。それに対し，公信力はない。

1　対　抗　力
　登記には，対抗要件としての効力が認められる。これを，**対抗力**という。この効力については，すでに述べたとおりである。

2　権利推定力
　1　権利推定力の意義と必要性　　登記には，**権利推定力**（単に，推定力ともいう）も認められる。これは，登記があればそこに記録されているとおりの実体的権利関係が存在するものと推定される，という効力である。
　たとえば，次のような場合に問題になる。

> ### *Case 26*
> 　甲土地について，Z から A への贈与を原因とする移転登記がされていた。A は，B が甲土地を占有していたので，B に甲土地の明渡しを求めた。

　この場合において，B が争うときには，A は，甲土地の所有権を有することを立証しなければならない。ところが，この立証は容易とは限らない。A は，Z との間で贈与契約をしたことに加えて，Z が甲土地の所有権を有したことも立証

なければ，自己の所有権を根拠づけることができない。ところが，Ｚが所有権を有していたことの立証は難しいことがある。そのため，場合によっては，Ａは原始取得に遡る立証を強いられることになりかねない。これでは権利行使が極めて困難になるおそれがあるから，立証の負担を軽減する方策を講ずる必要がある。そこで，登記の推定力が認められている。

2　権利推定力の根拠　　登記に推定力が認められる根拠は，登記簿に記録された権利関係は実際の権利関係に合致している蓋然性が高い，ということにある。物権変動があれば，その旨の登記がされることが普通である。また，登記制度は，国の機関によって厳格に管理運用されており，真正の登記がされるよう種々の工夫が施されている（たとえば，登記義務者の関与〔⇒ p. 50 の **1**〕，登記原因情報の提出要求〔⇒ p. 127 の ⌈発展学習⌋ 参照〕）。こういったことから，上述の蓋然性の高さが生み出されている。

また，民法は，占有はそれを正当化する権利（本権）に基づいてされていることが普通であることから，占有者は本権を有するものと推定している（188 条。p. 292 の **2** 参照）。これとの権衡からも，登記に同じような効力が認められてよいということができる。

3　推定の効果　　登記の推定力によって，不動産に関する権利の存否や内容を立証しようとする者がその権利に関する登記の存在を立証すれば，その登記どおりの権利関係の存在が推定される。

ただし，この推定は，反証（推定が真実と異なるのではないかという合理的疑いを裁判官に起こさせる程度の立証）によって覆される（最判昭和 34・1・8 民集 13 巻 1 号 1 頁，最判昭和 38・10・15 民集 17 巻 11 号 1497 頁。推定を覆すために，推定が真実と異なること〔先の例では，Ａの所有権の不存在〕を裁判官に確信させるに足る立証〔本証という〕までは要しない）。

> (*Case 26*) において，Ａは，請求を根拠づけるために，自己が甲土地の所有権を有することを主張立証しなければならない。その際，Ａが甲土地につき自己を所有者とする登記の存在を主張立証すれば，Ａの所有権が推定される（占有の権利推定力との関係については，p. 296 の *(2)* 参照）。ただし，Ｂが（売買代金の支払や固定資産税納税の領収書を保存している事実などによって）反証に成功したならば，この推定は覆る。その場合には，Ａは，所有権の取得を実質的に根拠づける必要がある。

登記の推定力は，物権変動の登記記録上の直接当事者の間で当該物権変動の存

否が争われる場合には働かない（前掲最判昭和38・10・15）。たとえば，*Case 26*において，Zが所有権に基づいてAに移転登記の抹消登記手続を求める場合には，Zは，甲土地の所有権取得原因の存在（甲土地をもと所有していたこと）と，A所有名義の登記が現在あることを主張立証することになる（もっとも，いずれについてもAが争うことはなく，Zは立証を要しないことが通常である）。この場合にも登記の推定力が働くとなると，Aが甲土地を現在所有していることが推定されるので，Zは，さらに，Aの所有に対する合理的疑いを根拠づけなければならないことになる。しかし，これは不要とされている。

　その理由は，登記記録上の直接当事者の間で権利の存否が争われる場合には，その記録の真偽が実質的に争われるところ，ここで登記の推定力を認めると，Aを不当に利し，Zを不当に不利に扱うことになりうることにある。すなわち，一方で，この場合に登記の推定力を認めると，Zに無断で登記がされることもあるのに，Zは，反証に成功しなければ所有権を失うことになる。この反証は容易とはいえないから，これでは，所有者が簡単に所有権を奪われるおそれがあり，いわゆる静的安全が著しく害されることになりかねない。他方で，Aは，Zからの所有権取得の原因があることを主張立証すればよいだけのことであり，権利の立証困難を免れさせるという登記の推定力の基礎にある考慮が，Aについては不要である。

| 発展学習 | **登記による権利推定の性質と主張立証責任の所在** |

　登記による権利推定は法律上の推定か，事実上の推定かについて，争いがある。この争いは，Bが推定を破るためにどのような立証活動を要するかに関わる。

　本文の説明は，事実上の推定とする見解に基づいている。これは，*Case 26* の場合に，Aが甲土地の所有権を有することの主張立証責任を負うという前提を維持しつつ，登記の存在が主張立証されたならば，裁判官は，甲土地の所有権がAに帰属するという心証を得ることになるとするものである。そのため，Bがこの推定を覆すには，反証で足りる。反証があれば，Aは，甲土地の所有権が自己に帰属することを積極的に立証する（たとえば，甲土地をもと所有していたXから贈与を受けたことや，取得時効の成立を主張立証する）必要がある。

　これに対して，法律上の推定とする見解によると，A所有名義の登記の存在の主張立証により，Aが甲土地の所有権を有するものと推定され，Bが推定を覆すには，Aの所有権不存在の立証（本証）が必要になる。つまり，所有権に関する立証責任の転換が起きることになる。

　判例は，事実上の推定であるとしている（前掲最判昭和34・1・8および最判昭和38・10・15のほか，最判昭和46・6・29判時635号110頁）。学説でも，事実上の推定とする見解が有力である。

　事実上の推定と解される主たる理由は，登記による推定を覆すことをあまりに困難に

することは適当でない，ということにある。

　法律上の推定ということになると，B は，推定を覆すために，A に権利がないことの立証を要することになるが，これはかなり難しい（不可能を強いるに等しいことも珍しくない）。ところが，わが国の不動産登記にそのような強い効力を認めることは，適当とはいいがたい。不動産物権変動について形式主義が採用されていないこと，不動産登記について形式審査主義が採用されているため，実体的権利関係に合致しない登記を必ずしも有効に防ぐことができないことが，その理由である。

<table>
<tr><td>発展
学習</td></tr>
</table>

登記の権利推定力の波及的結果

　登記に権利推定力が認められることから，不動産に関する権利の取得に際して登記を調査したかどうかが，善意または悪意の判断，または過失の有無の判断に大きな意味をもつとされている。たとえば，売主を登記簿上の所有者と認めて不動産を買い受けた者は，取得時効につき，無過失で占有を開始したと事実上推定される（大判昭和元・12・25 民集 5 巻 897 頁）。反対に，登記を調査しなかったために売主が登記簿上の所有者でないことを知らなかった買主は，善意であっても過失があったと推定される（大判大正 5・3・24 民録 22 輯 657 頁参照）。

<table>
<tr><td>補論</td></tr>
</table>

同上

　登記簿において取引相手に権利があるとされていることを確認しただけで善意や無過失が推定されるとすると，信頼者や取引安全を，真正権利者の犠牲のもとで過剰に保護する結果になることがある。たとえば 94 条 2 項類推適用法理において，真正権利者の帰責性を緩やかに解すべきであるとする学説における有力な見解（たとえば，実体的権利関係に合致した登記をすることができたのに，これをしなかったという程度の帰責性が真正権利者にあればよいとする見解）によるならば，ごく容易に 94 条 2 項類推適用が認められることになる。その結果として，登記に公信力を認めることと実質的にはほとんど同じになるが，これは，不動産登記制度の現状に照らして登記に公信力を認めることは適当でないとされていることと整合しない。

　登記の権利推定力が不動産に関する権利の立証困難を生じさせないための工夫であるとするならば，不動産に関する権利を立証する必要がない場合にまでこの効力を拡張することには，慎重であるべきである。そのため，善意または悪意の判断，または過失の有無の判断においては，むしろ，登記簿の記録を前提としてどの程度の調査または確認がされたかを重視すべきである。

3　公信力の不存在

　わが国の不動産登記に，**公信力**はない。すなわち，実体的権利関係に合致しない登記がある場合に，その登記に対応する物権変動があったと信じて権利取得行為をした者があったとしても，その者は，無過失でそのように信じたというだけでは保護されない（登記に公信力を認めることが適当でないわが国固有の事情については，p. 46 の 2 を参照）。

2 仮登記の効力

1 仮登記とは

　仮登記は，将来されるかもしれない本登記の順位を確保するためにあらかじめ行われる登記であり，次の二つの場合に認められる（不登105条）。

　第一に，登記原因である物権変動はすでに生じているが，登記申請のために登記所に提供しなければならない情報を提供することができない場合である（不登105条1号。たとえば，農地の売買契約を締結し，効力発生に必要な都道府県知事〔または農業委員会〕の許可も得たが，所有権移転登記手続の申請に必要となる許可書を添付することができない場合）。

　第二に，本登記の対象となる権利の変動に関する請求権を保全しようとする場合である（不登105条2号。たとえば，AB間で，Bが履行期日に債務を返済しないときは，Bが所有する甲土地をAに譲渡する旨の契約が結ばれた場合や，農地の売買契約が締結されたが，効力発生に必要な都道府県知事等の許可がまだ得られていない場合）。

2 仮登記の効力

　仮登記の効力は，将来の本登記の順位が仮登記の順位によって定められることにある（不登106条）。これを，**仮登記の順位保全効**と呼ぶ。その結果として，仮登記の後，本登記の前に生じた他の物権変動は，仮登記に基づく本登記がされたときは，その本登記と矛盾または抵触する限りで効力を認められなくなる。

Case 27

　AとBの間で，2022年11月1日に，AがBに返済期日を2023年11月1日として3000万円を貸し与えること，期日までに返済されない場合には，Bは，その所有する甲土地を，返済に代えてAに譲渡する旨の契約が結ばれた。同日，Aの所有権移転請求権を保全するための仮登記がされた。

　2023年4月1日に，BがCに甲土地を譲渡し，所有権移転登記がされた。

　Case 27 において，期日に債務が弁済されなかったならば，Aは，甲土地の所有権を取得し，仮登記に基づいて本登記手続を求めることができる。そして，この本登記がされたならば，その順位は，仮登記の時を基準に定められることになる。したがって，Aは，Cに甲土地の所有権取得を対抗することができ，Cは，甲土地の所有権を失う。

仮登記に基づく本登記の対抗力の発生時期について

　仮登記に基づいて本登記がされたならば，これに抵触する中間処分は効力を否定される。しかしながら，仮登記に基づいて本登記がされたからといって，仮登記の時点で物権変動があり，その対抗が可能であったものと擬制されるわけではない（最判昭和36・6・29民集15巻6号1764頁）。

　たとえば，*Case 27* において，甲土地が賃料月額10万円で他に賃貸されており，BまたはCがその賃料を収受していたとする。この場合に，仮登記の時点で物権変動があったとされ，かつ，仮登記に基づく本登記の効力が仮登記の時にさかのぼって生じたものとされるならば，仮登記に基づいてAの所有権取得の本登記がされたときは，甲土地の法定果実はAが取得すべきことになる（89条2項）。そのため，Aは，BまたはCに対し，賃料として収受した金額の返還（不当利得返還）を求めることができることになる。しかしながら，物権変動は実際にその原因が生じた時点で効力を生じ，本登記がされた時点から，仮登記時を基準に定まる優先順位に従って対抗可能になる。そのため，上記の例で，Aは，BまたはCに対する不当利得返還請求権を有しない。

2　不動産登記の有効要件

　登記が存在していても，その登記が無効であるときは，登記の効力は認められず，その登記は抹消または変更されるべきことになる。

　登記は，不動産登記法が定める手続に従ってされなければならない。また，実体的権利関係に合致していなければならない。前者は登記の形式的有効要件，後者は登記の実質的有効要件と呼ばれている。

1　形式的有効要件

　登記は，不動産登記法が定める手続に従ってされなければならない。そのため，その手続に従わない登記申請は却下される。もっとも，そのような登記申請であるにもかかわらず受理され，登記が行われた場合には，その登記は，無効とされることもあれば，そうでないこともある。手続違反の登記を一律に無効にすると，無効な登記が増え，結果的に登記制度への信頼が揺らぐことになりかねないからである。

形式的有効要件に関してとくに問題となる場合

　登記の形式的有効要件に関しては，登記の申請に不備がある場合と，いったん有効にされた登記が消滅してしまった場合がとくに問題になる。

(1) 登記申請の不備

　登記の申請に不備がある場合については，不登25条本文が，登記官は，同条各号に該当する申請を却下しなければならない旨を定めている。もっとも，それにもかかわらず申請が受理されて登記が完了した場合に，登記が一律に無効とされるわけではないこ

とは，本文に述べたとおりである。すなわち，不登25条1号～3号または13号に該当する登記は当然に無効とされ，登記官は，これを職権で抹消することができる（不登71条）。登記権利者，登記義務者または利害関係人は，当該登記の抹消を求める審査請求（不登156条1項）をすることができる（大決大正15・10・19民集5巻738頁〔ただし，旧不登49条2号について〕）。

これに対して，不登25条4号～12号に該当する登記は，当然に無効であり抹消すべきものとはされていない。たとえば，登記の申請に形式的な不備があっても，その申請に基づいてされた登記が実体的権利関係に合致しているときは，その不備は治癒されて登記は有効であるとされている（最判昭和31・7・17民集10巻7号856頁）。また，偽造文書による申請に基づいてされた登記は無効であるものの，その登記が実体的権利関係に合致しており，登記義務者にその登記を拒みうる特段の事情がなく，登記権利者が登記申請の適法を信ずるにつき正当な理由があるときは，登記義務者は，登記の無効を主張することができない（最判昭和41・11・18民集20巻9号1827頁〔無権代理人が根抵当権設定契約を締結し，それに基づいて登記の申請もした場合において，当該契約に関して民110条の表見代理の成立が認められるときに，登記義務者（無権代理の本人であり，根抵当権が設定された土地の所有者）は，登記の無効を主張することができないとした。登記申請行為は公法上の行為であるため，民110条は適用されないが，ここでは，根抵当権設定契約に関して表見代理が成立するため，登記は実体的権利関係に合致しており，無権代理の本人たる登記義務者は，通常，登記を拒むことができない。また，無権代理の相手方たる登記権利者には，根抵当権設定契約の有効を信ずる正当な理由があるから，その契約に基づく登記申請の適法を信ずる正当な理由がある〕）。

(2) 登記の後発的遺脱，登記の不法または不当な抹消

登記の形式的有効要件に関して，有効にされた登記が登記名義人の関与しない事情によって消滅した場合に，登記の効力がどうなるかが問題とされている。

これには，次の二つの場合がある。

第一に，登記された事項が，新しく開設された登記ファイルに移記される際や，分筆によって新たな登記ファイルに移記される際などに，登記官の過誤によって遺脱した場合である。この場合には，登記の対抗力は失われないとするのが判例である（大判昭和10・4・4民集14巻437頁，最判昭和32・9・27民集11巻9号1671頁）。

第二に，第三者の（偽造文書を用いるなどした）不法な申請に基づいて登記が抹消された場合や，登記官の過誤によって登記が不当に抹消された場合である。これらの場合も，登記の対抗力は失われない（大連判大正12・7・7民集2巻448頁，最判昭和36・6・16民集15巻6号1592頁，最判昭和39・7・10民集18巻6号1110頁）。

いずれの場合も，登記権利者に帰責事由がないのに一度発生した登記の対抗力を失わせることは適当でない，という考えに基づくものと思われる。

2 実質的有効要件

1 実質的有効要件とは

登記は，実体的権利関係に合致していることが必要である。

そのため，たとえば，Aが所有する甲土地について，売買を原因とするBへの所有権移転登記がされている場合であっても，実際にはAとBの間で売買が

行われておらず，A が知らないうちに B が登記手続をしていたときは，その登記は無効である（大判大正 6・4・26 民録 23 輯 758 頁）。

　もっとも，その後に B が A から甲土地の所有権を取得した場合には，その所有権取得の時点から登記は有効となる（最判昭和 29・1・28 民集 8 巻 1 号 276 頁）。不動産登記は，人びとが不動産上の権利関係（ここには，取得時効の成否を判断しようとする際など，過去の権利関係も含まれる）について調査するための手がかりとするものであるから，一般的にいえば，物権の現状さえ正確に示されていれば足りるものではなく，物権変動そのもの（すべての物権変動）を正確に（如実に）示すものであることが要請される（これを，**如実主義**という）。この考えからすると，上記のような場合には，現にされている所有権移転登記をいったん抹消して，有効な原因に基づく所有権移転登記を行うべきである。しかしながら，登記には手間も費用もかかるので，そこまでの要求をすることはできない，ということである。

② 無効登記の流用

　実質的有効要件に関することとして，実体的権利関係が消滅して無効となった登記が，その後に生じた類似の実体的権利関係に流用された場合（流用登記）の効力も，問題とされている。

Case 28

　B は，所有する甲建物（B 名義の保存登記がされていた）が滅失したため，同じ敷地に乙建物を新築した。ところが，B は，登録免許税を節約するために，甲建物についての滅失の登記の申請も，乙建物の表題登記の申請もしなかった。B が A に乙建物を売却し，甲建物につきその売買を原因として A への所有権移転登記がされた。その後，B は，乙建物につき C との間でも売買契約を締結し，その履行として乙建物を C に引き渡した。A が，C に対し，乙建物の明渡しを請求した。

Case 29

　Z の S に対する 500 万円の債務の担保として，Z の所有する丙土地に抵当権が設定され，その旨の登記がされた。Z は債務を完済したが，抵当権設定登記は抹消されていなかった。その後に，Z が Y から 500 万円を借り受け，ZY 間で丙土地に抵当権を設定する契約が結ばれたが，その旨の登記ではなく，S の抵当権が Y に譲渡された旨の付記登記がされた。次の場合に，X が，この付記登記の抹消登記手続を請求した。
① Z が S に債務を返済する前に，X が丙土地に第 2 順位の抵当権の設定を受け，その旨の登記がされていた。
② Y への抵当権譲渡の付記登記の後に，X が丙土地に第 2 順位の抵当権の設定を

受け，その旨の登記がされていた。

 いずれの場合も，当初は有効であった登記が，実体的権利関係の消滅により無効となった後で，別の実体的権利関係のために流用されている。

　そのうえで，*Case 28* では，甲建物の保存登記が流用された場合に，その流用登記の移転を受けた A が，第三者 C に別の建物である乙建物の所有権取得を対抗することができるか（流用登記に対抗力が認められるか）が問題となっている。

　Case 29 では，抵当権設定登記が流用された場合に，同一不動産につき抵当権を取得した X が，その流用登記の無効を主張することができるかが問題となっている。

　Case 29 では，S から Y に抵当権が譲渡された旨の付記登記がされている。抵当権の譲渡は，抵当権の処分方法の一つであり（376 条 1 項参照），譲渡人が有していた優先弁済枠を無担保債権者である譲受人に移転することをいう。これにより，譲受人は，譲渡人が把握していた優先弁済権の範囲内で優先弁済を受けられることになる。この場合には，優先弁済を受ける者が入れ替わるだけであり，後順位抵当権者に不利益を生じない。そのため，抵当権の譲渡は，後順位抵当権者の同意なしにすることができる。

1　建物保存登記の流用　　滅失した旧建物についての登記は，新建物についての登記としては無効である（大判大正 6・10・27 民録 23 輯 1860 頁，最判昭和 40・5・4 民集 19 巻 4 号 797 頁）。これは，次の二つの理由による。第一に，旧建物と新建物は別個の建物であるため，旧建物についての登記は，新建物についての登記になりえないからである。第二に，新建物についてその後に（表題登記を経て）保存登記がされることもあるため，流用登記を有効と認めると，1 個の建物について 2 個の有効な登記が存在することになり，登記の公示性が著しく害されるからである。

> *Case 28* において，A の請求は，原則として認められない。C は，乙建物について B との間で売買契約をした者であり，177 条の第三者に該当する。そのため，C は，その主観的事情による例外が認められない限り，乙建物について A の登記の不存在を主張して争うことができるからである。

2　抵当権設定登記の流用　　抵当権設定登記についても，流用登記は無効である。その登記は，実体的権利関係に合致しないからである。もっとも，判例によると，流用登記の当事者は，登記の無効を主張することができない（最判昭和 37・3・15 裁判集民事 59 号 243 頁。たとえば，*Case 29* の Z は，付記登記の抹消登記手続を求めることができない）。当事者は，その登記を自ら作り出したのであり，登記の無効を主張する正当な理由がないからである。また，流用登記後に利害関係

を有するに至った第三者も，特別の事情がない限り，流用登記の無効を主張することができない（大判昭和11・1・14民集15巻89頁。最判昭和49・12・24民集28巻10号2117頁も参照〔債権担保のための所有権移転請求権保全の仮登記について〕）。第三者の登場時点では流用登記にほぼ合致する実体的権利関係が存在していた（被担保債権のために抵当権が実際に設定されていた）こと，および，第三者は，流用後の登記を前提として法律関係に入っていることから，登記の無効を主張する正当な利益を有しないと考えられるからである。したがって，抵当権設定登記の流用登記の無効は，実際上，流用前に現れた第三者との関係で認められることになる。

> (Case 29) ①の場合には，Xの請求は認められる。流用登記は無効であり，また，Xには順位上昇の期待があり，その期待は保護されるべきであるので，Xは，登記の無効を主張する正当な利益を有するからである。なお，Yは，第1順位の抵当権は有しないが，第2順位の抵当権を有することになる（大判昭和8・11・7民集12巻2691頁）。
> (Case 29) ②の場合には，Xの請求は認められない。

中間省略登記について

(1) 中間省略登記の意義

平成16年改正前の不動産登記法の下では，登記申請のために，登記原因である物権変動を裏づける書面の提出は必須のものではなかった（旧不登35条2号によって，登記の申請には「登記原因を証する書面」の提出が必要であるとされていたが，その書面が存在しないか，存在するが提出不可能である場合には，同40条において，申請書副本の提出が許容されていた）。そのため，甲土地の所有権が実際にはAからB，BからCへと売買によって移転したのに，登記費用の節約やBが譲渡所得を隠すことなどのために，AとCが申請書副本を添えるなどして共同申請することによって，AからCへの所有権移転登記がされることがあった。これを，**中間省略登記**という。

現在の不動産登記法においては，権利に関する登記を申請する場合には，申請人は，登記原因である事実または法律行為の存在を証明する情報（**登記原因証明情報**）を，法令に別段の定めがある場合を除いて提供しなければならない（不登61条）。そして，立案担当者の補足説明によると，「登記原因証明情報の内容は，これにより登記原因となった物権変動の存在等を確認することができるものである必要がある。したがって，登記原因証明情報は，物権変動の要件事実に該当する具体的事実がその内容となるものでなければならない」とされている。したがって，AからCへの所有権移転登記の申請をする場合には，AからCへの所有権移転を根拠づける具体的事実を明らかにした情報を提供しなければならず，副本による申請が認められなくなったことから，中間省略登記をすることは，手続上は，不可能になった。

(2) 中間省略登記の効力

もっとも，中間省略登記は，現実に存在している。また，現行不動産登記法の下で行われることはおよそないともいえない。そのため，中間省略登記がされた場合の効力を考える必要がある。すなわち，中間省略登記の抹消登記手続請求がされた場合に，その

請求は認められるべきか、という問題である（旧法の下では、中間省略登記手続の請求が認められるかも問題とされていた〔原則として否定するのが判例であった。最判昭和40・9・21民集19巻6号1560頁〔百選 I 49事件〕〕）。

　登記法の理想からいえば、登記は、現在の実体的権利関係に合致していることだけでなく、生じた物権変動をすべて忠実に表わすものであることが求められる。この点を強調するならば、中間省略登記は無効であり、その抹消登記手続請求が認められるべきことになりそうである。

　しかしながら、旧法下の判例は、中間省略登記が現在の実体的権利関係に合致している場合には、そう簡単に抹消登記手続の請求を認めていない。すなわち、中間者Bが中間省略登記に同意していた場合には、現在の実体的権利関係に合致する中間省略登記は有効であるとされている（大判大正5・9・12民録22輯1702頁、大判大正8・5・16民録25輯776頁ほか）。また、Bが同意していない場合であっても、中間省略登記が現在の実体的権利関係に合致しているならば、B以外の者は、その抹消を求めることができず、Bも、抹消を求める正当な利益を有するときにしか抹消登記手続を請求することができない（最判昭和35・4・21民集14巻6号946頁、最判昭和44・5・2民集23巻6号951頁）。たとえば、売買をしたBとCの間では、通常、代金支払と所有権移転登記の申請について同時履行関係が認められる。そのため、Bが代金の支払を受けていないのにAからCへの所有権移転登記がされている場合には、Bは、その抹消を求めることができないとなると、同時履行の抗弁権を失うことになり、代金債権の回収に困難を来たすことになりかねない。このような場合には、Bは、中間省略登記の抹消を求めることができる。これに対し、BがすでにCから代金全額の支払を受けており、登記名義を自らに回復しなければならない特段の理由もない場合には、Bも、中間省略登記の抹消を求めることができない。

真正な登記名義の回復を原因とする移転登記

　中間省略登記と同じように、登記の如実主義との関係が問題となるものに、「**真正な登記名義の回復**」を原因とする移転登記がある。

　たとえば、Aが甲土地の所有権をBから取得したにもかかわらず、Bから甲土地につき何ら権利を有しないCへの所有権移転登記がされているとする。この場合、Aが自己所有名義の登記を実現するためには、本来、BからCへの上記登記を抹消し、次いでBからAへの所有権移転登記をすべきことになる。BとCが協力的であればよいが、そうでなければ、Aは、その実現のために多くの時間、費用、労力を要することになる。Aにこのような負担を強いることは、Cが何らの保護に値しないものであること、そうであるからこそCが登記の申請に協力的でない場合があることを考えれば、妥当とはいいがたい面がある。そこで、判例上、このような場合には、Aは、Cに対し、自己への所有権移転登記手続を請求することができるとされている（最判昭和30・7・5民集9巻9号1002頁、最判昭和34・2・12民集13巻2号91頁）。この場合、CからAへの移転登記の原因は、「真正な登記名義の回復」とされる。

　そうすると問題となるのが、甲土地の現在の所有者はAであるのに、C所有名義の登記がされている場合には、Aは、Cに対して、真正な登記名義の回復を原因とする所有権移転登記手続を当然に請求することができるかである。これを無条件に認めることは、登記の如実主義に反する。また、たとえば甲土地の所有権がCからB、BからAへと移転した場合に、AのCに対する中間省略登記手続請求は認められないとする原則を骨抜きにすることにもなりうる。

判例は，真正な登記名義の回復を原因とする移転登記を，限定的にのみ認める立場であると解される。

　すなわち，上記のように全くの無権利者の所有名義となっている場合のほか，たとえば，BとCの間で甲土地の売買がされ，これを原因としてBからCへの所有権移転登記がされた後に，DがCから甲土地につき抵当権の設定を受けてその旨の登記がされたが，BとCの間の売買が無効であった場合において，後にAがBから甲土地を取得したときは，AからCに対する真正な登記名義の回復を原因とする所有権移転登記手続の請求が認められる（最判平成11・3・9判時1672号64頁）。この場合，本来であれば，BからCへの所有権移転登記を抹消し，次いでBからAへの所有権移転登記をすべきことになる。しかしながら，BからCへの所有権移転登記の抹消は，Dの承諾がなければすることができない（不登68条）。そして，Dの承諾を得ることは，Dが売買の無効から保護される第三者（たとえば，94条2項の第三者）に該当する場合には，まず不可能であり，その場合でなくても，容易なことではない。そこで，物権変動をそのまま公示することにはならないものの，真正な所有者であるA名義の登記を実現するために，真正な登記名義の回復を原因とする所有権移転登記手続請求が認められる。

　これに対し，最判平成22・12・16民集64巻8号2050頁は，甲土地の持分権がCからBに贈与され，その後にAがBを相続した場合に，AのCに対する真正な登記名義の回復を原因とする持分移転登記手続請求を，次のように述べて否定している。「不動産の所有権が，元の所有者から中間者に，次いで中間者から現在の所有者に，順次移転したにもかかわらず，登記名義がなお元の所有者の下に残っている場合において，現在の所有者が元の所有者に対し，元の所有者から現在の所有者に対する真正な登記名義の回復を原因とする所有権移転登記手続を請求することは，物権変動の過程を忠実に登記記録に反映させようとする不動産登記法の原則に照らし，許されないものというべきである。」

　以上によれば，判例は，物権変動に合致する登記手続（本来されるべき登記手続）をすることにつき法律上または事実上の支障または困難が相当程度あると認められるときに限って，真正な登記名義の回復を原因とする移転登記を認めるものであると解される。この立場は，物権変動をそのまま公示するという登記制度の本来のあり方，現在の権利関係を明らかにするという登記制度が果たすべき最低限の役割，および真正権利者の現実的保護の必要性に鑑みて，支持されてよいと思われる。もっとも，本来されるべき登記手続をすることにどの程度の支障または困難がある場合に真正な登記名義の回復を原因とする移転登記が認められるかを，一義的に明らかにすることは難しい。

4 動産物権の変動

1 動産物権譲渡の対抗

1 序　論

　動産に関する物権の変動も，第三者の信頼と取引安全の保護の要請から公示されるべきであることは，不動産物権の変動と異ならない。そこで，178条が，「動産に関する物権の譲渡は，その動産の引渡しがなければ，第三者に対抗することができない」と定めている。

　この規定は，不動産物権変動に関する177条と同じ趣旨の規定であるが，177条と異なるところもある。178条では，第一に，適用対象となる物の種類が「動産」である。第二に，適用対象となる物権変動が「物権の譲渡」に限られている。第三に，物権譲渡の対抗要件は「引渡し」である。もっとも，以上の違いはあるものの，効果は177条と同じである。すなわち，対抗要件を備えていない動産物権の譲渡は，「第三者に対抗することができない」。

　そこで，178条については，その適用要件だけを取り上げる。

2 民法178条の要件

1 「動　産」

　178条は，「動産」に関する物権の譲渡に適用される。

　動産とは，一般に，不動産以外の物をいう（86条2項）。しかしながら，178条は，この意味での動産のすべてに適用されるわけではない。

　たとえば，動産のなかには，公示方法として登記や登録の制度が用意されているものがある（船舶，航空機，自動車など）。そういった動産に関しては，たとえば

商法上の船舶（商684条）については，船舶の登記（および船舶国籍証書への記載）が所有権移転の対抗要件とされている（商687条）。登録されている自動車や航空機も，登録が物権変動の対抗要件とされている（道路運送車両法5条1項〔登録自動車の所有権の得喪について〕，自動車抵当法5条1項〔自動車を目的とする抵当権の得喪および変更について〕，航空法3条の3〔航空機の所有権の得喪および変更について〕，航空機抵当法5条〔航空機を目的とする抵当権の得喪および変更について〕）。

つぎに，不動産の従物たる動産にも，178条は適用されない。この動産の所有権移転は，引渡しがなくても，主物たる不動産の所有権が移転されてその旨の登記がされた場合には，第三者に対抗することができる（大判昭和8・12・18民集12巻2854頁。もっとも，大判昭和10・1・25新聞3802号12頁は反対）。

さらに，金銭（現金通貨）にも178条の適用はない。金銭は，記念硬貨や古銭のような場合を除いて，物に化体した価値こそが重要であり，物そのものに個性が認められるわけではない。そのため，金銭については，その交付（引渡し）が所有権移転の効力発生要件とされている。したがって，金銭には，有効に行われた譲渡についての対抗要件を定める178条は適用されない。

2 動産「物権の譲渡」

178条は，動産に関する「物権の譲渡」に適用される。具体的には，動産の所有権（共有持分権を含む。以下同じ）と被担保債権の譲渡に伴う動産質権（またはその準共有持分権。以下，略）の譲渡を指す（譲渡担保の場合に債権者が取得する権利を所有権とみないならば，その権利〔譲渡担保権〕の設定も含まれることになる）。

ここにいう「譲渡」には，売買等の取消しや解除による当初の譲渡の遡及的消滅（物権の遡及的復帰）も含まれる（大判昭和13・10・24民集17巻2012頁〔解除について〕。動産・債権譲渡特例法3条3項は，このことを前提としている）。

また，899条の2の規定から，共同相続人が遺言により法定相続分を超えて動産に関する権利（動産の所有権または動産質権）を取得することも，178条にいう「譲渡」と同様に扱われる（899条の2にこのことを直接示す文言はない。しかしながら，899条の2第2項から，相続による債権の承継について，同第1項の「その他の対抗要件」に467条が定める債権譲渡の対抗要件が含まれることになる。そうであれば，899条の2第1項の「その他の対抗要件」には，上記の動産物権の法定相続分を超える承継につき，動産譲渡の対抗要件である引渡しが含まれると解すべきことになる）。

動産「物権の譲渡」に限定されている理由
　177 条が不動産「物権の得喪及び変更」の対抗要件を定めるのに対し，178 条は，動産「物権の譲渡」の対抗要件を定めている。178 条において対象となる物権変動がこのように限定されているのは，次の理由による。
　178 条が定める対抗要件である引渡し（占有の移転）は，物の支配が誰にあるかを示すことはできるが，支配の内容まで示すことには適さない。そのため，物権の変更は除外されている。
　つぎに，動産上に成立する物権のうち，留置権は，目的物の占有が権利の成立と存続の要件である。そのため，対抗要件として引渡し（占有移転）を考える意味がない。動産先取特権は，その対抗に特別の要件を要しない（306 条，311 条以下。318 条は，運送人にその「占有する」荷物に先取特権を認めるが，この占有は権利の成立かつ存続の要件である）。質権も，その成立（設定）については留置権と同様である。
　所有権の取得のうち，時効取得，即時取得，無主物先占，遺失物拾得などの原始取得は，取得者に占有があるからこそ認められるものであり，改めて対抗要件としての引渡しを問題とする必要がない。
　以上の結果として残るのは，物権が人の意思に基づいて移転される場合，すなわち物権の譲渡だけである。そして，譲渡することができる動産物権は所有権と質権だけであるため，178 条の適用を受けるのは，所有権の譲渡と被担保債権の譲渡に伴う動産質権の譲渡ということになる。

3 「引　渡　し」——動産物権譲渡の対抗要件

1 動産物権譲渡の対抗要件としての引渡し

　1　「引渡し」とは　　動産物権の譲渡は，その動産の引渡しがなければ，第三者に対抗することができない。ここにいう引渡しとは，動産物権の譲渡人が，その譲受人に，売買，贈与などの譲渡の原因に基づいて目的物の占有（権）を取得させることをいう。その方法として，182 条から 184 条までに定められた四つがある（「引渡し」には，売買，贈与，使用貸借，賃貸借などの契約上の債務の履行としての引渡し，質権の成立要件としての引渡しなどほかにもあり，「引渡し」があるとされるための要件は，それぞれで異なる。たとえば，特定の動産の売買がされた場合において，売主が目的物をしばらく保管して買主のもとに後日配達することとされたときは，占有改定〔⇒ 4〕により動産譲渡の対抗要件としての引渡しはされたが，売買契約の履行としての引渡しは配達によってされる，ということがある。また，動産質権の成立要件としての引渡しは，動産物権譲渡の対抗要件としての引渡しと異なり，占有改定によることはできない〔345 条および大判大正 5・12・25 民録 22 輯 2509 頁参照〕）。

　動産物権譲渡の対抗要件としての引渡しの方法は，A が所有する動産甲について A と B の間で売買がされた場合を例にとれば，以下のとおりである。

2　現実の引渡し（民法182条1項）　　まず，現実の引渡し（182条1項参照）
である。AがBに甲を手渡す場合が，その例である。現実の引渡しのためには，
A（または，その占有代理人〔⇒ p. 285 の **1**〕。以下，略）からB（またはその占有代理
人。以下，略）に甲の物理的支配が移されることのほかに，AとBの間に甲の占
有の移転（占有権の譲渡）の合意があることが必要である。もっとも，この合意
は，通常，AとBの間の売買の合意のなかに含まれている（反対の意思表示があ
るときは，別である）。

3　簡易の引渡し（民法182条2項）　　目的物の所在（現実の占有者）を変えず
に引渡しをする方法もある。それらの方法を総称して，**観念的な引渡し**という。
　Bがすでに甲を占有（または所持〔たとえば，BがAの占有補助者（⇒ p. 287 の **2**）
であるとき〕。以下，略）している場合には，AとBが，以後Bの占有を所有者と
しての占有とする旨を合意すること（182条2項の「当事者の意思表示」）のみによ
り，引渡しとすることができる。これを，**簡易の引渡し**（182条2項）という。な
お，AとBの間の上記の合意は，売買の合意のなかに含まれていることが通常
である。

4　占有改定（民法183条）　　Aが，甲を自ら占有している場合に，売買後も，
Bから甲を借りる，Bから甲の保管を委ねられるなどにより，その占有を継続す
ることがある。また，Bの債権を担保する目的で甲がAからBに譲渡されると
きは，債務不履行がない限りAがその占有の継続を認められることが通常であ
る。こういったときには，**占有改定**（183条）により，引渡しとすることができ
る（大判明治43・2・25民録16輯153頁，最判昭和30・6・2民集9巻7号855頁〔百
選Ⅰ60事件〕など）。すなわち，AとBの間で，A（183条の「代理人」）は甲（同条
の「自己の占有物」）を以後B（同条の「本人」）のために占有する旨を合意すること
（同条は譲渡人が「意思を表示したとき」とするが，両当事者の合意が必要である〔大判大
正4・9・29民録21輯1532頁〕）により，引渡しとすることができる。この合意は，
上記の例でいえば，通常，AとBの間の甲の売買と貸借または保管の合意，甲
の担保目的での譲渡と債務不履行まで甲をAの占有に留める旨の合意により，
されたものと認められる（前掲大判大正4・9・29，前掲最判昭和30・6・2）。

5　指図による占有移転（民法184条）　　Aが保管を委ねている，貸している
などして，CがAの占有代理人として甲を現実に占有している場合に，AB間
の売買後も，Cがそのまま占有を継続することがある。この場合には，**指図によ
る占有移転**（184条）により，引渡しとすることができる。すなわち，A（184条

の「本人」）とＢ（同条の「第三者」）が，以後Ｃ（同条の「代理人」）の占有はＢのためにするものであるとすることを合意（同条の「その第三者がこれを承諾」）し，ＡがＣに対してこの合意を通知する（同条の「以後第三者のためにその物を占有することを命じ」る）ことにより，引渡しがされたと認められる。なお，ＡとＢの間の売買がＣによる占有の（短期であれ）継続を前提としてされたときは，通常，ＡとＢの間で上記の合意がされたと認められる。

② 観念的な引渡しの公示性

　以上の引渡しの方法のうち，現実の引渡しが最終的にあれば，物の所在が実際に変わり，譲受人が物を占有することになるから，譲渡の外形が現れる。

　それに対し，観念的な引渡しでは，物の所在が実際には変わらない。そのため，譲渡の外形が現れるとはいえず，これをもって動産物権譲渡が公示されているとして対抗要件と認めてよいかが問題になりうる。それにもかかわらずこれが対抗要件と認められているのは，無用の手間を省き，取引の便宜を図るためである。たとえば，譲受人がすでに目的物を所持している場合にも現実の引渡しが必要であるとすると，譲渡人が，物を一度取り戻して，それをまた譲受人に交付しなければならない。そのような手順を踏ませれば第三者からみて譲渡の事実が容易に分かるようになるのであれば，そのようにさせることに意味がある。ところが，実際はそうではなく，手間をとらせることに何の益もない。そのため，簡易の引渡しが認められている。この事情は，占有改定，指図による占有移転の場合も同じである。

　簡易の引渡しの場合にはほぼ確実に，指図による占有移転の場合も相当の確度をもって，物を実際に占有している者への照会により権利関係が明らかになる。簡易の引渡しの場合には，物を占有している者が譲受人，すなわち権利者になるから，この者に問い合わせれば譲渡の事実が明らかになるはずである。指図による占有移転の場合には，権利者以外の者が目的物を占有しているが，この者は，権利者の交代によって通常不利益を受けるわけではないから，この者への照会により譲渡の事実が明らかになることが通常である。したがって，これらの場合には，ほぼ，第三者が譲渡の事実を知りうる状況が生じている（物権譲渡が間接的にせよ公示される）と評価することができる。

　占有改定においても，現実の占有者に照会すれば，多くの場合，譲渡の事実が明らかになるだろう。ただ，照会を受けるのは譲渡によって権利を失った者であ

るため，虚偽の回答がされる可能性を無視することができない。また，指図による占有移転においては，譲渡の当事者ではない占有代理人への通知という外部的行為が曲がりなりにもされるが，占有改定は，譲渡当事者間でのみ行われる。したがって，占有改定の公示作用は不十分であるといわざるをえない。それにもかかわらず，これも動産物権譲渡の対抗要件具備の方法の一つとされるのは，現実の引渡しを強制しても実質的に意味がないからである。なお，占有改定による対抗要件の具備を認めても，譲渡人の占有から譲渡人を権利者と信じた第三者の保護を図る制度として即時取得制度（⇒ p. 146 の ❷）が用意されているため，取引安全保護の点で実際に深刻な問題を生ずることにはならない。

| 発展学習 | **動産譲渡登記について** |

(1) 動産譲渡登記の意義

　法人が行う動産の譲渡については，「動産及び債権の譲渡の対抗要件に関する民法の特例等に関する法律」によって，登記による対抗要件具備が認められている（この | 発展学習 | において，この法律の条文は「法〇〇条」として引用する）。

　法人は，資金調達のために，動産を譲渡担保に供したり，流動化や証券化の目的で譲渡したりすることがある。こういった場合には，目的動産の占有は，通常，当該法人に留められる。そうすると，民法の規定を前提とする場合，譲受人は，占有改定によって対抗要件を具備することになる。ところが，占有改定では譲渡の外形が現れないために，多重譲渡のおそれがある。実際に多重譲渡がされたときは，譲受人どうしの間で優先関係をめぐって紛争が生ずることも珍しくない。また，ある者が動産を譲り受けて占有改定によって対抗要件を具備したとしても，譲渡の外形が現れないために，後の譲受人がその動産を即時取得（民 192 条）することが，比較的容易に起こりうる。要するに，占有改定によって対抗要件を具備しても譲受人の地位は相当不安定であり，これは，動産を活用した法人の資金調達にとって大きな障害になりかねない。そこで，目的動産の占有を譲渡人に留めたままで，譲受人に比較的安定した地位を与えることのできる対抗要件具備の方法が求められ，**動産譲渡登記**の制度が設けられた。

　同制度のもとで，法人は，動産の譲渡を登記することができるものとされている。

　この登記をするためには譲渡の目的物となる動産を特定しなければならない（法 7 条2 項 5 号参照）。この特定は，個々の動産を特定するほか，〇〇倉庫内の酒類といった包括的な特定でも足りる。これにより，いわゆる集合動産について，1 個の登記によって対抗要件を具備することができる。

(2) 動産譲渡登記の効果

　動産譲渡登記が行われた場合には，その動産（ただし，倉荷証券，船荷証券または複合運送証券が作成されているもの除く。それらの証券が作成されている動産に関する処分は証券によってしなければならず〔商 605 条，761 条，769 条 2 項〕，証券の引渡しが動産の引渡しと同じ効力を有するとされている〔商 607 条，763 条，769 条 2 項〕ため）について，民178 条の引渡しがあったものとみなされる（法 3 条 1 項）。これは，動産譲渡登記がされた時点で，民 178 条にいう引渡しが行われたのと同じ法律効果が認められるということである（なお，動産譲渡登記には，登記の年月日〔法 7 条 2 項 8 号〕に加えて，登記の時刻も記載される〔動産・債権譲渡登記規則 16 条 1 項 4 号参照〕）。

したがって，動産譲渡登記が行われても，同一の動産のさらなる譲渡が不可能になるわけではないことはもちろん，登記された動産譲渡が，対抗要件を備えた他の譲渡に優先することになるわけでもない。すなわち，他の譲渡も対抗要件を備えることがあり（現実の引渡しや占有改定が行われる，あるいは，さらに動産譲渡登記がされる〔動産譲渡登記制度においては，登記官は登記申請のあった動産についてすでに動産譲渡登記が存在しているかどうかを審査しないため，同一動産につき多重に動産譲渡登記がされることがある〕），その場合，競合する譲受人相互の優先関係は，対抗要件具備の時間的先後によって定まることになる。また，動産譲渡登記がされた譲渡の目的物たる動産を，後の譲受人が即時取得することもある。

(3) 動産譲渡登記の利点

　このように，動産譲渡登記の制度によっても，法人がする動産譲渡をめぐる紛争が生じなくなるわけでも，生じた紛争が登記によって一律に解決されることになるわけでもない。しかしながら，動産譲渡登記の制度には，次の利点が認められる。

　第一に，確かに紛争はなくならないが，相当減少すると考えられる。占有改定では譲渡の事実が外形に全く現れないが，動産譲渡登記においては，登記情報の開示の制度があり，これを通じて譲渡の有無が外形上明確になるからである。すなわち，法人（A）から動産（甲）を譲り受けようとする者は，登記事項の概要を記載した登記事項概要証明書または概要記録事項証明書（これらは，誰でも交付を請求することができる〔法11条1項，13条1項〕）によって，Aを譲渡人とする動産譲渡登記の有無を知ることができる。また，動産譲渡登記ファイルに記録されている事項を証明する登記事項証明書（譲渡の当事者，利害関係人または譲渡人の使用人が交付を請求することができる〔法11条2項〕）の交付を受けてそれを提示するようAに求めることによって，甲についての譲渡登記の有無を知ることができる。

　第二に，紛争が起こった場合に，対抗要件具備の立証が容易になる。占有改定の事実の立証は，実際上私署証書によるしかないため，容易でないこともある。それに対して，動産譲渡登記がされていれば，その記録から対抗要件の具備とその時期を容易に立証することができる。

　第三に，即時取得を防ぐ効果がそれなりに認められうる。動産譲渡登記がされていても，後の譲受人の過失が簡単に認められるわけではない。動産取引では迅速性が重んじられ，譲受人に譲渡人から登記事項証明書の提示を受けておくよう一般的に求めることはできない。そのため，譲受人が登記の有無を調べていないという一事をもって，過失を認定すべきでないからである。ただ，ある物件が譲渡担保の目的として利用されることが多く，その際には動産譲渡登記がされることが通常であるような場合には，登記の有無を調査しなかったことをもって譲受人に過失が認められることもある。

間接占有に基づく占有改定

　民法において基本的に想定されている観念的な引渡しの方法は，物の直接占有者がする場合については占有改定，物の間接占有者がする場合については指図による占有移転である。では，間接占有者による占有改定をもって，動産譲渡の対抗要件としての引渡しとすることができるか。最判平成29・5・10民集71巻5号789頁は，これを肯定した。

　この最高裁決定は，輸入業者（A）が海外から輸入する物品（甲）の購入代金につき信用状を発行することにより信用を供与した銀行（B）が，それによってAに対し取得することのある債権を担保するためAから甲を譲り受けるとともに，甲の受領，通関

手続，運搬および処分等を行う権限をAに与えたが，実際の甲の受領，通関手続および運搬は，Aから委託を受けた海運貨物取扱業者（C）によって行われ，Aが甲を転売した相手への引渡しもCがしていた，すなわち，Cが一貫して甲を直接占有し，AはCの占有を介して間接占有していたにすぎなかった，という事案に関するものである。

　この事案に関し，最高裁は，判断の基礎とした事実を列挙したうえで，「以上の事実関係の下においては，」本件商品の輸入について信用状を発行したBは，Aから占有改定の方法により本件商品の引渡しを受けたものと解するのが相当であるとした。この決定の基礎には，①本事案においてA，B，Cがしたことは，輸入取引において一般的な慣行に従ったものであること，②この場合，Bが指図による占有移転を受けること（Cに，Bが譲渡担保権者であることを認識させること）も，動産譲渡登記を経ることも，現実の期待可能性がないこと，③信用状が発行されている場合には，輸入商品に譲渡担保権が設定されていること，および譲渡担保権者は占有改定の方法により引渡しを受けることが通常であること，④Cは，甲につき信用状が発行されていることを知っていたと認められ，③を当然の前提として甲を直接占有していたといえること〔したがって，Cの認識を介して，〔誰であるかは特定されないものの〕信用状発行者が甲につき譲渡担保権の設定を受けていることが明らかになりうること），⑤183条の文言上，占有改定をすることができるのは直接占有者に限られるという制約はないこと，といった考慮がある。

　この最高裁決定は，占有改定の要件に関する一般論を全く示しておらず，純粋の事例判断である。そのため，間接占有者が占有改定により引渡しをすることも可能であることは明らかにされたが，それがどのような場合かは明確でない。

　この点について，Aが，所有する動産甲を占有代理人Cの直接占有を介して占有している場合に，甲をBに譲渡するときは，AはBに占有改定をもって甲を引き渡すことができ，これをもって，CはAのために（直接）占有し，AはBのために（間接）占有することになる（BC間に直接の関係は生じない），また，甲の譲渡につき対抗要件が備わることになると，一般的に認める見解がある。その基礎には，次の考慮がある。(i)183条の文言上何ら障害がない（同条の「占有物」は間接占有物を含むと解すればよい）。(ii)たとえばBがその所有する動産甲をAに賃貸し，AがBの承諾を得て甲をCに保管させる場合，AがCに甲の所有者はBであることを伝えていなくても，Bは甲の間接占有を失わない（CはAのために占有し，AはBのために占有する）。そうであれば，AがCを占有代理人として甲を占有している場合に，AがCとの間の関係を維持しながら甲をBのために占有することも認められてよい。その際，CにAB間の関係を認識させる必要はなく，AB間で占有改定をもって甲を引き渡すことができる。(iii)この占有改定による対抗要件の具備を認めることは，譲渡の当事者に無益な手間を省かせ，取引機会の拡大を図るという観念的な引渡しによる対抗要件具備を認める民法の立場に沿う。(iv)第三者からすれば，直接占有者への照会を起点とする間接占有者への照会調査等により動産譲渡の事実が明らかになるため，公示作用の点でもさして問題はない。

　動産譲渡の事実が明らかになるまでに複数回の照会が必要になる場合，権利関係を知るための負担が重くなり，公示作用が弱まることは否めない。間接占有に基づく占有改定が連続すると，公示作用はさらに弱まる。しかしながら，直接占有者による占有改定，間接占有者の指図による占有移転の場合も，権利関係の確知には直接占有者から回答を得た上で間接占有者への確認等を経ることが通常必要であるから，公示作用の違いは程度問題にすぎないとみることができる。一方で，調査確認の回数が増えることで事実誤認の危険性が高まるという第三者に生じうる不利益については，即時取得の認定を通じて対応可能と考えられる。他方で，間接占有者がその所有する動産を譲渡する場合に，

直接占有者との間の法律関係をそのまま維持することとするときは，譲受人との間の占有改定による引渡しと対抗要件具備が認められることが，譲渡の当事者にとって最も都合がよい。観念的な引渡しによる動産譲渡の対抗要件具備を認める民法は，権利関係を知るための第三者の負担と対抗要件具備のための譲渡当事者の負担について，後者を軽くすることが取引社会にとって得策であるとする考えに立脚するものと考えられる。そうであれば，上記の見解が支持されてよいと思われる。

補論 **遺言による動産物権の承継と引渡し**
　899条の2が動産物権の承継にも適用されるのであれば（⇒ p. 132 の **2**），同条1項にいう「その他の対抗要件」としての引渡しはどのようにされるかが問題となる。明らかでないところが多く全くの試論にとどまるが，次の例を用いてこの問題を考える。

> （設例）
> 　Zが死亡した。Zの相続人は，その子であるAとBである。また，Zは，死亡した当時，動産甲を所有していた。Bが，甲の2分の1の持分権につき，①〜③の事実を知るが背信性は認められないCとの間で，Cに譲渡する契約を締結した。
> ① Zが，甲をDに遺贈する旨の遺言をしていた。
> ② Zが，甲をAに取得させる旨の特定財産承継遺言をしていた。
> ③ Zが，Aの相続分を3分の2，Bの相続分を3分の1とする遺言をしていた。

(1)　問題の所在
　Cは，①〜③の事実を知っているため，甲の共有持分権（③では，Bの持分割合〔898条2項参照〕を超える部分）を即時取得することはない。もっとも，背信性は認められないので，178条または899条の2第1項の第三者に該当する。そのため，①〜③において，DまたはAは，その取得した甲にかかる権利につき対抗要件を備えているならば，Cが甲につき共有持分権を有すること（①②），またはその持分割合のうち3分の1を超える部分（③）を，否定することができる。対抗要件を備えていなければ，それらの否定をすることはできない。

(2)　前提——共有持分権の取得における持分割合の公示
　以下では，ひとまず，動産の共有持分権の取得について，持分割合も含めて178条の適用があることを前提とする。たとえば，XとYが，持分割合をX3分の2，Y3分の1としてZから動産を取得した場合において，占有改定により引渡しを受けるときは，Xは，その割合も含めてZとの間で占有改定の合意をしなければ，2分の1（250条参照）を超える部分を第三者に対抗することができないこと，あるいは，XとYが動産を各2分の1の割合で共有する場合において，持分権の譲渡や共有物の分割等により持分割合をX3分の2，Y3分の1とした場合に，Xは，持分割合の増大を第三者に対抗するためには，そのための引渡しを受けなければならないことを前提とする。
　しかしながら，これらの場合，共有者は占有を（すでに）取得し，それにより持分権の取得は公示されている。そして，占有は，所有権や質権と異なり，割合に応じた帰属（割合的占有）が観念されるものではない。また，動産譲渡の対抗要件である引渡しは，物の支配が誰に移ったかを示すことはできるが，その支配の内容を示すことには適さない。引渡しによる公示は，直接占有者の認識と他者へのその伝達を通じてされるものであり，不動産登記のような公的に管理される記録と異なり，明確性と持続性が保証されないからである。そのため，持分割合は公示の対象にならないと考える。

(3) 遺贈と引渡し

(i) 適用条文　①の場合，178条が適用される。

(ii) 受遺者が占有する場合　遺贈を受けたDがZの死亡時に甲をすでに占有して いたとしても，その占有は所有権に基づく占有ではない。そのため，Dは，所有権取 得の対抗要件を備える必要がある。Dにこれを備えさせる義務は，AとBが遺贈義務 者として負う。この義務は，同一物の引渡しを内容とするから，不可分債務と解される （共同相続人の対抗要件具備義務を不可分債務とするものとして，不動産の売主の移転登記手 続義務についてであるが，最判昭和36・12・15民集15巻11号2865頁，最判昭和44・4・ 17民集23巻4号785頁。ただし，登記手続上は，相続人全員の申請を要する）。そのため， Dは，AまたはBのいずれかから簡易の引渡しを受けることで足りる。

　ところで，遺贈によって目的物の所有権は遺言者から受遺者に移転するから，その対 抗要件は，本来，遺言者が受遺者に備えさせるべきものともいえる。ただ，遺言者は， そのための行為を遺贈の効力の発生後にすることができない。そのため，遺言者の包括 承継人である相続人がその義務を負う。ところが，相続人と受遺者の間では類型的に利 益が対立するため，対抗要件具備のために相続人の協力を要するとすることは，遺言の 実現を困難にし，受遺者の権利を不安定にする。この事態に対処する方法として遺言執 行者の選任があるが，受遺者が相続人の関与なしに対抗要件を備える方法を他にも認め てよいのではないか。遺贈の目的物が不動産であるときは登記手続上の制約から難しい が，観念的な方法による対抗要件の具備が可能な動産譲渡については，たとえば次のよ うに解することが考えられる。すなわち，遺贈する旨の遺言がされている場合，そこに は，遺贈の意思表示のほかに，受遺者に対抗要件を備えさせるための遺贈者の意思表示 が通常されていると認める。そして，その意思表示が目的物をすでに占有する受遺者に 到達したならば，受遺者が遺贈を放棄したときは別として，両者の間で簡易の引渡しが されたと認めることである。遺贈者のこの意思表示は，遺言書に記されているが，遺言 ではなく，（遺贈が効力を生ずることを条件とする）簡易の引渡しのための受遺者に対す る意思表示である。簡易の引渡しのための意思表示に方式の定めはないから，遺贈する 旨を記した遺言書の作成をもって遺言者が「通知を発した」（97条3項）ものとし，受 遺者が遺言による遺贈の事実を知ったことをもって到達と認めてはどうか，ということ である。このように考えなければ，①において，Dが，甲を現に占有し，かつ，Zの遺 言を知っているため，照会があれば甲は自己の所有に属する旨を回答することができる 場合であっても，AもBも引渡しに協力しないうちにBが甲の持分権を有するとして Cにこれを譲渡したときは，Cが背信的悪意であるなどその主観的事情により例外とさ れない限り，Dは，Cに敗れる。この結果は，不当であると思われる。

(iii) 相続人が占有する場合　AまたはB（以下，Aとする）が甲を現に占有する場 合（Zの占有代理人であった場合のほか，Zが死亡まで自ら占有していた場合に，その占有 を承継したときを含む）には，対抗要件具備義務は不可分債務であることから，AD間 の現実の引渡しもしくは占有改定，またはBD間の指図による占有移転が考えられる。

　ところで，指図による占有移転において，譲渡人と譲受人の合意が必要とされるのは， 物の占有について譲受人（所有者）の意思を尊重するためである。また，譲渡人による 通知が必要とされるのは，通知の真正を担保するためである。そうであれば，所有権を 取得した者の意思に基づくものであり，かつ，現に占有する者に所有権移転の事実を確 知させるものであれば，他の方法による対抗要件の具備を認めてよいと思われる。そこ で，遺贈による動産譲渡の対抗要件を受遺者に備えさせるべき者は，本来遺言者である こと，遺贈する旨の遺言がされている場合には，遺贈の意思表示のほかに，受遺者に対

抗要件を備えさせるための遺言者の意思表示が通常含まれていると認めることを前提とするならば，遺贈により甲を取得したＤが，Ａが占有する状態で甲の引渡しを受けることに（同意）し，かつ，Ｚの遺言の内容を明らかにしてＡに甲の取得を通知したとき（899条の２第２項の通知に相当する通知をしたとき）は，（ＺＤ間で指図による占有移転がされたものとみなして）対抗要件の具備を認めることが考えられる。

(iv) 第三者が占有する場合　　Ｚの占有代理人であったＥがＺの死後も甲を占有している場合には，相続開始により被相続人の占有は相続人に当然に承継されるので（大判明治39・4・16刑録12輯472頁，最判昭和44・10・30民集23巻10号1881頁），ＡとＢがＥを占有代理人とする占有の本人となり，指図による占有移転をもってＤに対抗要件を備えさせることができる。そのためには，（対抗要件具備義務は不可分債務であるから）ＡまたはＢが，Ｄとの間で指図による占有移転の合意をし，これをＥに通知すればよい。また，受遺者に対抗要件を備えさせるべき者は本来遺言者であるという前提で(iii)に述べたことによれば，遺贈により甲を取得したＤが，Ｅが占有する状態で甲の引渡しを受けることに（同意）し，かつ，Ｚの遺言の内容を明らかにしてＥに甲の取得の事実を通知したときは，（ＺＤ間で指図による占有移転がされたものとみなして）対抗要件の具備を認めてよいことになる。

(v) 遺言執行者がある場合　　遺言執行者がある場合には，遺贈の履行は遺言執行者のみが行うことができる（1012条２項）。これは，遺贈の履行につき相続人の権利義務を制限する趣旨と解される。そうであれば，遺贈の目的物の占有につき相続人は第三者となり，相続人と受遺者の間で引渡しがされることはない。それに対し，(ii)〜(iv)に述べた遺言者Ｚと受遺者Ｄの行為による対抗要件の具備は妨げられないと解される。

(4) 特定財産承継遺言による動産の承継と引渡し

(i) 適用条文　　②の場合，178条は適用されない。適用があるとすれば，899条の２第１項である。しかしながら，その適用について，次の疑問がある。

Ａは，Ｚの相続人であるから，Ｚの死亡により甲の占有を当然に承継する。その占有は，所有権に基づく占有である。この占有は，甲が共同相続財産に属する場合，または①のように遺贈の履行として引渡しが必要である場合には，他の相続人Ｂも承継したとする必要がある。それに対し，②の場合には，Ｂに承継を認めるべきではない。これを認めることは，甲につき何らの権利も義務もないＢに，Ａの所有権の行使を妨げることにしかならない占有を取得させることになるからである。このように解する場合，Ａは，甲の取得を第三者に当然に対抗することができる。そうであれば，特定財産承継遺言による動産の取得に899条の２第１項は適用されないとすることが端的であるものの，その適用はあるが，相続開始により当然に対抗要件が備わるとすることでもよい。

以上と異なり，かりにＢも所有権に基づく甲の占有を承継するのであれば，以下のように考えられる。

(ii) 所有権を承継した相続人が現に占有する場合　　Ａが甲を現に占有している場合，①に関して簡易の引渡しにつき述べたこと（⇒(3)(ii)）を前提とすれば，ＡがＺの遺言による甲の承継を知ることにより，簡易の引渡しがされたことになる。

(iii) 他の相続人が現に占有する場合　　Ｂが甲を現に占有している場合には，ＡＢ間での現実の引渡しまたは占有改定が考えられる。このうち，占有改定については，(5)(iii)に述べるＢが甲の共有持分権を有する場合との比較から，ＡがＺの遺言の内容を明らかにしてＢに甲の承継を通知することで足りる。この場合，(3)(iii)に述べたことを前提とするならば，ＺＡ間で指図による占有移転がされたとみなされることにもなる。

(iv) 第三者が現に占有する場合　　Ｚの占有代理人であったＥがＺの死後も甲を占

有している場合には、ＡＢ間での指図による占有移転が考えられる。そのためには、Ａとが、Ｂその旨の合意をし、Ｂが、この合意をＥに通知すべきことになる。もっとも、この場合も、(3)(iii)に述べたことを前提とすれば、Ａ（動産の承継人）がＺの遺言の内容を明らかにしてＥ（占有代理人）に甲の承継を通知することにより、（ＺＡ間で指図による占有移転がされたものみなして）対抗要件の具備が認められる。なお、権利の承継に関してインフォメンションセンターの役割を担う者に対する通知に関して、遺言により承継される権利が債権である場合について、899条の2第2項は、法定相続分を超えて債権を承継した相続人がその債権にかかる遺言の内容を明らかにして債務者にその承継の通知をすることをもって、共同相続人全員が債務者に通知したものとみなしている。

(v) 遺言執行者がある場合　遺言執行者がある場合、遺言執行者は、特定財産承継遺言により特定財産を取得したＡに対抗要件を備えさせるための行為をすることができる（1014条2項）。もっとも、これにより、Ａの対抗要件具備のためにＺ、ＡまたはＢがする行為は妨げられない。

(5) 相続分の指定による動産（持分権）の承継と引渡し

(i) 適用条文　③の場合も、適用があるとすれば899条の2第1項である。しかしながら、(2)の第2段落に述べたことによれば、その適用はない。それに対し、(2)の第1段落に述べたことを前提とするならば、次のように考えられる。

(ii) 法定相続分を超える相続分の指定を受けた相続人が現に占有する場合　Ａが甲を現に占有する場合には、①に関して簡易の引渡しにつき述べたこと（⇒(3)(ii)）を前提とすれば、ＡがＺの遺言による相続分の指定を知ることにより、簡易の引渡しがされたことになる。

(iii) 他の相続人が現に占有する場合　Ｂが甲を現に占有する場合、Ｂは、共有者の一人としてその占有を継続することができる（⇒ p.223 の(b)）。Ｂが占有を継続する場合、Ａが対抗要件を備える方法は占有改定になりそうであるが、ＢはＡのためにも占有することを拒むことができないから、両者の間で占有改定の合意は不要である。そこで、ＡがＺの遺言の内容をＢに通知することをもって、引渡しがされたと認めることが考えられる（(3)(iii)に述べたことを前提とするならば、ＺＡ間で指図による占有移転がされたとみなされることにもなる）。

(iv) 第三者が現に占有する場合　Ｚの占有代理人であったＥがＺの死後も甲を占有している場合には、ＡＢ間の指図による占有移転が考えられる。そのためには、本来、ＡとＢがその旨の合意をし、Ｂがその合意をＥに通知する必要がある。しかしながら、ＡもＢも、共有者の一人として甲を占有することができるため、他方の同意を得なくてもＥに占有を継続させることができる。また、Ｅへの通知については、②に関して(4)(iv)に述べたことが妥当する。これらの結果、③では、Ａの相続分が3分の2であることを、Ｅに対し、Ｂが通知すること、またはＡがＺの遺言の内容を明らかにして通知することにより、指図による占有移転がされたと認めてよいと思われる。

(v) 遺言執行者がある場合　相続分の指定にかかる対抗要件の具備について、遺言執行者の権限を特に定める規定はない。もっとも、遺言執行者は遺言の内容を実現するための一切の行為をすることができるから（1012条1項）、Ａが遺言による相続分指定につき対抗要件を備えることが必要であるならば、そのための行為をすることができると思われる。ただし、これにより、Ａの対抗要件具備のためにＺ、ＡまたはＢがする行為は妨げられない。

4 民法 178 条の「第三者」

1 民法 178 条の「第三者」とは

　動産物権の譲渡は，引渡しがなければ「第三者」に対抗することができない。ここにいう第三者の意味と範囲は，177 条の第三者とおおむね同じである。すなわち，**178 条の第三者**とは，当事者およびその包括承継人以外の者であって，引渡しの不存在を主張する正当な利益を有する者である（大判大正 5・4・19 民録 22 輯 782 頁，最判昭和 33・3・14 民集 12 巻 3 号 570 頁ほか）。そして，当該動産に関して一定の客観的地位を取得した者は，原則として正当な利益を有するものとされるが，その者に固有の事情（主観的事情）による例外が認められる（たとえば，背信的悪意者は本条の第三者に該当しない。また，不登 5 条の適用がないことは当然であるが，その趣旨はここでも妥当しうる）。

> 補論　**民法 178 条の第三者の客観的要件**
>
> 　177 条の第三者の客観的要件について，それは，当該物権変動があるとされれば，その物に関する権利または法的利益を失うか取得することができなくなり，その物権変動がなければ，その権利または利益を維持または取得する可能性が残る立場にあることをいうと述べた。178 条は 177 条と同じ趣旨の規定であるから，178 条でもこの点は同じである。
>
> 　また，178 条においても，占有者の地位を「占有権」と呼ぶにしても，それは，ここにいう物に関する権利に含まれない。占有者は，現在の占有を不当に妨げられない利益を有するだけで，占有継続の利益を保障される立場にないからである。実際，占有者であるというだけで 178 条の第三者に該当しうるとするならば，たとえば盗人などの不法占有者も，178 条の第三者に含まれることになる。しかしながら，まさにそのような者は第三者に該当しないとするのが，第三者制限説である。

2 動産賃借人と動産受寄者の第三者性

　第三者と認められるために必要となる目的物に関する権利または法的利益についても，177 条とほぼ同様に解されている。ただ，178 条については，動産賃借人と動産受寄者はここでの第三者にあたるかという問題が，とくに論じられている。

Case 30

　A が，B の所有する絵画（甲）を現に占有していた。B は，甲を C に売却したが，これを A に伝えていなかった。C が，所有権に基づいて，A に甲の返還を請求した。次の場合に，A はこれに応じなければならないか。

① Ａが，Ｂから甲を賃借していた場合。

② Ａが，Ｂから甲の保管をゆだねられていた場合。

これらの場合において，ＢがＣの承諾を得てＡに対してＣへの売却を通知していれば，Ｃは，指図による占有移転によって対抗要件を具備したことになる。ところが，ここではその通知がされていない。そのため，Ａは，178条の第三者に該当するならば，Ｃの対抗要件の不存在を主張して甲の返還を拒むことができる。第三者に該当しないならば，甲の返還を拒むことができない。

　判例は，賃借人は178条の第三者にあたるとするのに対し（大判大正4・2・2民録21輯61頁，大判大正4・4・27民録21輯590頁ほか），受寄者は178条の第三者にあたらないとしている（大判昭和13・7・9民集17巻1409頁，最判昭和29・8・31民集8巻8号1567頁ほか。なお，受寄者に関して，平成29年民法改正により，「第三者が寄託物について権利を主張する場合であっても，受寄者は，寄託者の指図がない限り，寄託者に対しその寄託物を返還しなければならない」旨が定められた〔660条2項本文〕。もっとも，これにより，第三者が所有権に基づいて寄託物の引渡しを求める訴えを提起すること，その訴えにつき第三者への引渡しを命ずる判決がされることは，妨げられない〔同条1項，同条2項ただし書参照〕。そして，第三者のこの訴えにおいて，受寄者は178条の「第三者」にあたり対抗要件の抗弁をもって争うことができるかが，変わらず問題になる）。

　Case 30 のＡは，①ではＣの返還請求を拒むことができる。②では拒むことができない。

　賃借人も，受寄者も，他人の物を契約に基づいて占有している点では同じであるから，その物の新所有者から返還請求を受けた場合には，同じように扱われてよいようにも思われる。そのため，両者を別異に扱う理由が問題となる。

　判例上，賃借人は，とくに理由を付すことなく第三者性を肯定されている。受寄者は，寄託者から請求があればいつでも目的物を返還しなければならない立場にあるとして，第三者性を否定されている。

　学説には，賃借人は賃借物の返還相手を確実に知ることについて重大な利害関係を有するとして，その第三者性を肯定するものがある。しかしながら，同じことは受寄者にもいえるから，これでは，区別の説明がつかない（なお，寄託物について第三者が所有権など権利を主張する場合に受寄者がすべき対応につき，660条を参照）。そのため，賃借人と受寄者で扱いを変えるべきではないとする学説も存在する。

学説における反対説

　賃借人と受寄者の扱いを変えるべきではないとする見解は，二つに分かれる。

　一つは，取引関係説（⇒ p. 65 の ）を前提に，両者とも，目的物につき有効な取引関係に立っているとして，178 条の第三者に該当すると認める見解である。

　もう一つは，対抗問題限定説（⇒ p. 65 の ）を前提に，動産賃借人も受寄者も，その権利は債権にすぎないため新所有者と物の支配を争う関係にないとして，178 条の第三者に該当しないとする見解である。

 賃借人の第三者性の根拠，受寄者の非第三者性の根拠

　動産の賃借人と受寄者は，動産を占有している点と，新所有者の所有権取得の主張を否定することができなければその占有を失う立場にある点で，共通している。しかしながら，判例が受寄者について指摘するように，占有継続の利益の点で，両者は異なる。

　賃借人は，新所有者の所有権取得を否定することができれば，賃貸借契約の存続中は旧所有者から物の返還請求を受けてもこれを拒めるので，目的物の占有と利用を継続することができる。つまり，賃借人は，物を占有し利用する利益を，対抗要件の不存在の主張によって維持することができる。したがって，賃借人は，178 条の第三者に該当する。

　それに対して，受寄者は，新所有者の所有権取得を否定することができたとしても，寄託者から物の返還請求を受ければ，契約期間内でもこれを返還しなければならない（662 条 1 項参照）。つまり，受寄者は，寄託物の占有の継続を法的に保障されておらず，その物に関して，対抗要件の不存在の主張によって保護されるべき利益を有していない。したがって，受寄者は，178 条の第三者に該当しない（有償寄託の場合も，この理は変わらない。有償の受寄者は占有の継続に関して間接的な利益を有し，この利益は法的保護に値する。しかしながら，その利益ゆえに受寄者が占有継続を保障されるわけではない。その利益の保護は，未払報酬債権がある場合には留置権によって，将来の報酬債権については寄託者への損害賠償債権〔662 条 2 項参照〕によって，図られるべきものである）。

 民法 178 条における主張立証責任

　178 条は，典型的には，X の主張する動産物権譲渡の効果を，Y が引渡しの不存在を主張して争うという形で問題になる。この場合には，178 条の適用が問題となる前提として，X が，（動産甲を所有する Z と甲の売買契約を締結したことなど）動産物権譲渡の存在をすでに主張立証していることになる。それを受けて，Y は，（Z と甲の売買契約を締結した事実など）自己が 178 条の第三者たる客観的地位を有することを主張立証したうえで，一般的な見解に従うならば，X が当該動産の引渡しを受けるまでその動産物権譲渡を認めないと主張して争うことができる。これを受けて，X は，引渡しを受けた事実を主張立証することか，Y の 178 条の第三者性を否定する主観的事情を根拠づけることによって，争うことができる。

2 即 時 取 得

1 序　　論

Case 31

　Aは，Bから，絵画（甲）を 500 万円で購入し，その引渡しを現実に受けた。Aとの売買より前に，Bは，甲をCに 500 万円で売却したが，Cがまもなく 1 年間の海外出張に赴くことになっていたため，Cに依頼されて甲をそのまま預かっていた。Cは，帰国してすぐに事実を知り，Aに甲の返還を請求した。

　動産物権の譲渡は引渡し（占有の移転）によって公示されるが，その公示作用は十分とはいいがたい。第一に，動産を現実に所持する者が権利者であるとは限らない。第二に，引渡しの方法として指図による占有移転や占有改定が認められているために，権利者が目的物を現実に占有しないまま対抗要件を備えていることがある。第三に，物の現実の占有者は，その物をめぐる権利関係に関する照会に応じる義務を負わず，正しく答えるとも限らない。こういったことから，動産を現に占有する者から譲り受ける場合も，無権利者からの取得の危険がある。この危険を避けるためには，取引に際して権利関係を綿密に調査することが必要になる。もっとも，調査すれば権利関係が必ず明らかになるというわけでもないから，最終的には，権利者からの万一の追奪を覚悟して取得するか，それを嫌うならば取得を諦めるしかない。しかしながら，動産取引は日常極めて頻繁に行われるものであるから，権利関係の厳重な調査を求めることも，万一の危険を嫌うなら取引を見合わせるよう求めることも，適当ではない。

　そこで民法に，占有という動産に関する権利の外形に対する信頼をとくに保護し，無権利の動産占有者と取引をした者に権利の取得を認める制度が設けられている。すなわち，「取引行為によって，平穏に，かつ，公然と動産の占有を始めた者は，善意であり，かつ，過失がないときは，即時にその動産について行使する権利を取得する」（192 条）。これを，**即時取得**という。

「即時取得」と「善意取得」

　192条の見出しは「即時取得」である。ところが，同条の定める制度は，「善意取得」と呼ばれることがある。そしてその呼び方は，次のような制度理解の違いを明らかにする意味を込めて意識的にされることがある。

　平成16年民法改正前の192条には，「取引行為によって」という文言はなかった。この文言を除いた192条と162条2項を比べれば，その類似性は明らかである。いずれも，善意，無過失，平穏，公然の占有者に権利取得を認める規定である。ただ，顕著に異なるところが一つある。162条2項は権利の取得を10年間の占有継続の後に（占有開始時に遡って）認めるのに対し，192条は占有開始時点で「即時に」認める点である。そこで，192条が定める制度は，「即時の時効取得制度」であると考えることもできるとして，即時取得と呼ばれた。この呼び方の背後には，192条は「（一定の態様の）占有を保護する」ための規定であるという理解がある（192条は，民法第2編第2章第2節「占有権の効力」中の規定である）。

　占有の保護が目的であるならば，本来，その占有がどのような原因に基づくものであるかを問題にする必要はない。実際，162条2項は，権原による区別を設けていない。ところが，192条に関しては，相当古くから，取引安全を図るための規定であるという理解に基づいて，取引行為による占有取得の場合にしか適用がないとされてきた（たとえば，大判大正4・5・20民録21輯730頁。現在では，192条において要件化されている）。また，盗品や遺失物については，被害者または遺失者が，盗難または遺失の時から2年間は物を取り戻すことができるとされている（193条）。そうすると，民法において，一方に権利者が自らの意思に基づいて物の占有をゆだねたという事情（権利者の一種の帰責性）があり，他方に無権利の占有者を権利者であると正当に信じて取引した者を保護する必要（正当な信頼保護の必要性）がある場合に，この取引者を保護することとされている（そして，占有の取得はその保護を受けるために求められる要件とされている）とみることもできる。このようにみる場合には，192条は表見法理の現れの一つであり，その趣旨は，「善意（無過失）の権利取得行為者を保護する」ことにあることになる。そこで，この規定による権利取得は，善意取得と呼ばれる。

　善意取得という呼び方の背後にある192条の趣旨理解は，192条の適用要件に関する具体的な主張となって現れることがある（⇒p.155の*(2)*を参照）。

2 即時取得の効果

　192条が適用されると，動産の占有者が，「即時にその動産について行使する権利を取得する」。

　ここで取得される権利は，所有権（共有の場合の共有持分権，担保目的の所有権を含む。以下，同じ）か質権（準共有の場合，その持分権。以下，同じ）に限られる。動産を目的とする物権には所有権，留置権，先取特権，質権があるが，192条が取引による占有取得を要件としているため，取引によらずに法律上当然に成立する留置権と先取特権は対象になりえないからである（もっとも，動産先取特権については，319条により192条が準用される）。

即時取得は，時効取得と同じく，原始取得である。そのため，即時取得が成立した場合には，その物に関して存在した権利は，即時取得者の信頼保護（即時取得者を取引相手に権利があった場合と同様の地位に置くこと）に必要な限りで消滅し（たとえば，*Case 31* において，Ａが甲の所有権を即時取得すると，Ｃの所有権は消滅する），または効力を失う（たとえば，抵当不動産の従物たる動産が即時取得された場合〔⇒ p.149 の **2** 参照〕，抵当権はその動産に及ばなくなる）。

　即時取得が成立した場合，即時取得者は，元の権利者に対して不当利得返還の義務も負わない。もっとも，贈与など無償行為による即時取得の場合に例外を認める見解もある。その基礎には，無償取得者の保護は薄くなっても仕方がないという価値判断と，動産取引の安全の保護は有償取引の場合にこそ図られるべきであるという考慮がある。しかしながら，その価値判断には疑問の余地があり，また，民法の規定に基づく即時取得を認めながら，それを法律上の原因のない受益（703条参照）とすることは，明文の例外規定がない限り困難であると考えられる（この見解は，ドイツ民法を参照して説かれているものであるが，ドイツ民法には816条1項後段に明文の例外規定がある）。

> (*Case 31*) では，Ｃは，Ｂから甲の所有権を取得し，占有改定によって対抗要件も備えていたと認められる。したがって，Ａは，本来，Ｂとの売買によって甲の所有権を取得することができないはずである。しかしながら，Ａは，Ｂとの売買に基づいて甲の引渡しを受けた時に，Ｂをその所有者であると信じ，そのことについて過失もなかったならば，甲の所有権を取得する。これによってＣの所有権は消滅し，Ｃは，Ａに甲の返還を求めることができない。この場合に，Ｃは，不当利得の返還をＡに求めることもできず，Ｂに損害賠償を請求するしかない。

3 即時取得の要件

1 序　論

　192条によると，即時取得の成立には，動産（甲）につき，ある者（Ａ）が他人（Ｂ）と取引行為をしたこと，Ａがその行為に基づき甲の占有を取得したこと，その占有取得が平穏かつ公然にされたこと，占有取得時にＡが善意無過失であったことが必要である。ほかに，192条に明確には現れていないが，即時取得は占有の公信力に依拠するものなので，Ｂが甲を占有していたことも要件となる。

即時取得に関する主張立証責任の所在

Case 31 を例にとれば，A は，即時取得を主張して争うために，①B との間で甲の売買契約を締結したこと，②その契約に基づいて B から甲の引渡しを受けたこと（ここに，その当時 B が甲を占有していたことも含まれている）を主張立証すればよい。ただし，C が，(a)A の占有取得が隠匿，暴行または強迫によること，(b)②の引渡し時の A の悪意，(c)②の引渡し時の A の過失，(d)①の契約の無効のいずれかを主張立証すれば，即時取得は成立しない（もっとも，(a)にあたるようにみえる事情があるときは②の引渡しが通常認められないことにつき，p. 157 の **5** 参照）。(a)または(b)を即時取得の成立を争う C が主張立証しなければならないのは，186 条 1 項により，A の占有が平穏，公然かつ善意の占有であることが「推定」される（⇒ p. 301 の(1)も参照）からである。(c)の評価を C が根拠づけなければならないのは，188 条により B が権利者としての推定を受ける（⇒ p. 292 の **2** 参照）ため，B が無権利者でも，A が B の権利を信じたことにつき無過失の推定が働くとされるからである（最判昭和 41・6・9 民集 20 巻 5 号 1011 頁，最判昭和 45・12・4 民集 24 巻 13 号 1987 頁）。こういった主張立証責任の分配は，簡易迅速な動産取引の実現の観点から正当化される（動産占有の権利推定力が，不動産登記の権利推定力〔⇒ p. 118 の **2**〕とこの点で異なってよい）。

なお，B が甲につき無権利であることは，即時取得の要件ではない。たとえば，A が甲を占有する C に所有権に基づいて甲の返還を請求する場合，A は，甲の所有権の取得を根拠づける必要がある。その際，A は，B との売買による甲の所有権取得を立証するには，その契約の締結に加え，B が甲の所有権を有していたことの立証を要する。ところが，B が実際に所有権を有していたとしても，その立証は容易でないことがある。その場合，A は，B との売買契約の締結とその契約に基づく甲の引渡しを主張立証することにより，即時取得による甲の所有権取得を根拠づけることができる。

2 取引行為による「動産」の占有の取得

192 条は，「動産」の取得に適用される。

もっとも，即時取得は占有という権利の外形に対する信頼を保護するものであるため，その適用は，占有の取得が権利取得の公示方法である動産に限られる。

たとえば，自動車，船舶，航空機などの登記または登録が可能な動産については，その登記または登録がされている場合には，192 条は適用されない（最判昭和 62・4・24 判時 1243 号 24 頁〔既登録自動車について〕）。それに対し，登記または登録を要しない場合（前掲最判昭和 41・6・9〔総トン数 20 トン未満の登記を要しない船舶について〕，最判昭和 44・11・21 裁判集民事 97 号 433 頁〔登録を要しない軽自動車について〕）や未登録の場合（前掲最判昭和 45・12・4〔未登録自動車について〕）には，自動車等も 192 条による即時取得の対象になる。

所有者が不動産と同一であればその不動産の従物とされる動産について，所有者が不動産の所有者と異なる場合，その動産は，不動産から分離されて取引され

4 動産物権の変動 149

たときはもちろん（最判昭和36・9・15民集15巻8号2172頁参照〔ただし，工場財団に属する動産について〕），譲受人が従物にみえる状態で不動産の所有者から不動産とともに引渡しを受けたときは，不動産につき所有権移転登記がされていなくても（つまり，不動産の所有権取得を対抗することができないときでも），即時取得の対象になる。不動産の所有者によるその動産の占有という，所有権の外形に対する信頼を考えることができ，その信頼を保護する必要があると考えられるからである。これに対し，不動産とその従物にみえる動産がともに無権利の者によって譲渡されたときは，即時取得により動産だけが取得されることはないと考えられる。所有者が同一であれば主物と従物となる関係が存続しているにもかかわらず，主物に相当する物の所有権を取得しない者に従物に相当する物の所有権だけを取得させることは，従物は主物と法的運命をともにするという考え方（87条2項参照）に反すると考えられるからである。

　倉荷証券，船荷証券，複合運送証券は，有価証券中の指図証券（520条の2）であり，その取得について（取得者に悪意または重過失がない限り善意取得を認める）520条の5が適用される（そして，商607条，763条，769条2項等により，証券の善意取得者が動産所有者になる）。ただ，引渡しを受けるにはそれらの証券を必要とする動産が，証券によらずに流通に置かれることもある。この場合には，その動産は，192条による即時取得の対象になる（大判昭和7・2・23民集11巻148頁）。当該動産につき証券が発行されていることを第三者が知ることは必ずしも容易でないので，占有という権利の外形に対する信頼保護の必要があるからである。

　金銭については，原則として，占有の移転とともに所有権も移転する。したがって，この原則どおりの場合には，192条以下の規定を適用する余地はない（最判昭和39・1・24判時365号26頁〔百選I 73事件〕）。

3 「取引行為による」動産の占有の取得

　即時取得が成立するためには，「取引行為によって」占有が取得されたのでなければならない。即時取得は，取引安全を保護するための制度だからである。したがって，たとえば，他人の所有する樹木を自己所有と誤信して伐採したとしても，即時取得は成立しない（大判大正4・5・20民録21輯730頁，大判昭和7・5・18民集11巻1963頁）。また，相続により占有を承継した場合も同様である。

　ここにいう取引行為は，「動産について行使する権利を取得する」原因となるものでなければならない。売買や贈与，譲渡担保，質権設定等の契約のほか，弁

済または代物弁済としての給付もこれにあたる。これに対し，寄託物の返還を受ける際に誤って他人の物を受け取ったとしても，この要件は充たされない。

　取引行為は，有効であることが必要である。即時取得制度は，占有という権利の外形から権利の存在を信じて占有者と取引した者を，占有者に権利があった場合と同様の地位に置くものである。ところが，取引行為が無効である場合には，その者は，占有者が権利を有していたとしても，権利を取得することができないからである。

4 取引行為による動産の「占有の取得」

◼1　占有の取得

　即時取得が成立するためには，取引相手から占有を取得すること，すなわち引渡しを受けることが必要である。

　ここではまず，取引相手が当該動産を占有していたのでなければならない。即時取得は占有という権利の外形に対する信頼を保護する制度であるため，その信頼の前提が存在していなければならないからである。

　次に，即時取得者が，その占有を取得したのでなければならない。192 条が「占有を始めた」と表現しているからである。（即時取得の制度趣旨の理解次第でこの要件の捉え方が異なることにつき，p. 147 の 発展学習 を参照）。

◼2　占有の取得の方法

　1　序　　論　　この要件に関しては，民法が定める四つの引渡方法のいずれによることでもよいかが論じられている。

　現実の引渡しと簡易の引渡しがこの要件を充たすことには，問題がない。これらの場合には，相手方の占有を信頼して取引をした者が現実に物を支配するに至っており，占有取得者にはこれ以上にすることがないからである。

　それに対し，指図による占有移転と占有改定の場合には，占有取得者の占有は観念的なものにすぎず，占有取得者が自ら現に占有しているわけではない。真正権利者が物を実際に取り戻すこともありうることから，占有取得者に権利取得を認め，真正権利者に権利を失わせてよいかが問題になる。

Case 32
　Aは，Bから絵画（甲）を 500 万円で購入したが，Bの依頼により甲をしばらくB

に貸すことにし，占有改定により引渡しを受けた。Ｂは，甲を自己の所有物と偽っ
てＣに貸し出した。その後，Ｂは，甲を自己の所有物と偽ってＤに売却し，その旨
をＣに通知した。事情を知ったＡが，甲は自己の所有に属するとして，Ｃに甲の返
還を請求した。

Case 33

　Ｘは，Ｚから絵画（乙）を 500 万円で購入したが，Ｚの依頼により乙をしばらくＺ
に貸すことにし，占有改定により引渡しを受けた。その後，Ｚは，乙を自己の所有
物と偽ってＹとの間でも 500 万円で売却する契約を結び，代金を受け取った。Ｙは，
Ｚの依頼により乙をしばらくＺに貸すことにして，占有改定により引渡しを受けた。
しばらくして二重売買の事実を知ったＹが，Ｚから乙の引渡しを現実に受けた。Ｘ
が，乙は自己の所有に属するとして，Ｙに乙の返還を請求した。

| 問題の
所 在 | *Case 32* のＡはＣに対して甲の返還を，*Case 33* のＸはＹに対して乙の返
還を求めている。これらはいずれも所有権に基づく請求であり，請求が認められ
るためには，ＡまたはＸが甲または乙の所有権を取得しており，その所有権取
得をＣまたはＹに対抗することができなければならない。実際，ＡはＢから甲
を，ＸはＺから乙を購入し，いずれも占有改定により引渡しを受けたから，Ａ
は甲の所有権取得をＣに，Ｘは乙の所有権取得をＹに，それぞれ対抗すること
ができそうである。ところが，*Case 32* では，Ｄが，Ｂから甲を購入して，指
図による占有移転を受けている。*Case 33* では，Ｙが，Ｚから乙を購入してま
ず占有改定により引渡しを受け，後に現実の引渡しを受けている。そのため，
Case 32 では，Ｄによる甲の即時取得が認められるならば，Ａは甲の所有権を
失っており，Ａの請求は認められない。*Case 33* では，Ｙによる乙の即時取得
が認められるならば，Ｘは乙の所有権を失っており，Ｘの請求は認められない。

2　判例法理　　判例によると，指図による占有移転による占有取得は，
192 条の占有取得の要件を充たしうる（最判昭和 57・9・7 民集 36 巻 8 号 1527 頁。
なお，p. 154 の 発展学習 参照）。それに対し，占有改定による占有取得では，その要件
は充たされない（最判昭和 32・12・27 民集 11 巻 14 号 2485 頁，最判昭和 35・2・11 民
集 14 巻 2 号 168 頁〔百選Ⅰ 64 事件〕）。

　　判例によると，*Case 32* では，Ｄが，甲はＢの所有に属すると信じてはいなか
ったか，Ｂの所有と誤信したことにつき過失があったとされない限り，甲を取得
している。したがって，Ａの請求は認められない。
　　Case 33 では，Ｙは，最終的に乙の現実の引渡しを受けたが，その時点では乙
がＺの所有に属しないことを知っていたから，この引渡しを受けたことによる即
時取得は成立しない。また，Ｙは，占有改定の時点では善意無過失であった可能性
があるが，占有改定では 192 条の占有取得の要件が充たされない。したがって，Ｙ
が乙を取得したとは認められず，Ｘの請求が認められる。

問題は，このように結論が分かれるのはなぜか，である。

　最高裁は，占有改定では不十分とする理由として，即時取得の成立には無権利者からの譲受人が「一般外観上従来の占有状態に変更を生ずる」ような占有を取得することが必要であるところ，占有改定の方法による占有取得はそのようなものではない，ということを挙げている（前掲最判昭和35・2・11）。そうすると，結論の分かれ目は，占有状態の外観に生ずる変更の点での違いにあることになる。

　では， **Case 32** と **Case 33** において，占有状態の外観に生ずる変更に違いが認められるか。譲受人の占有取得が物の所在に変更をもたらさない点では，どちらも同じである。ただ，**Case 32** では，譲渡契約の当事者以外の第三者を巻き込んで占有移転がされたのに対し，**Case 33** では，占有移転は譲渡契約の当事者間でされただけである。そして，この違いが，所有者と譲受人それぞれの物支配の強さの違いにつながる。すなわち，**Case 32** では，第三者Cの占有を通して譲渡が公示されるが，Cは譲渡に利害関係を通常有しないため，この方法による公示は信頼性が比較的高く（現実の占有者であるCへの照会を通じて，譲渡の事実が明らかになる蓋然性が比較的大きく），したがってDの物支配が比較的高度に確立されたといってよい。他方で，Aの物支配の程度は，甲の占有が自己と直接の法律関係がないCに移ったことにより，それ以前よりも弱まったということができる。これに対し，**Case 33** では，譲渡人であるZの占有を通して譲渡が公示されるが，譲渡人は譲渡によって不利益を受ける者であるため，この方法による公示は信頼性が相対的に低く（現実の占有者であるZへの照会によっても，譲渡の事実が明らかにならない蓋然性が無視できない程度にあり），したがってYの物支配が高度に確立したとはいえない。他方で，Xの物支配の程度には，乙の占有がXと直接の法律関係のあるZにとどまっているため，変化があったとはいえない。占有の状態に生ずるこういった違いから，両者は区別されていると思われる。

発展
学習
「原権利者の信頼が形の上で裏切られた」かどうかによる区別

　両者における取扱いの区別を正当化するために，学説では，占有改定の場合は「原権利者（真正権利者）の信頼は形の上で全く裏切られていない」が，指図による占有移転の場合は「原権利者の信頼が形の上でも裏切られている」という説明がしばしばされている。これは，原権利者（**Case 32** のA，**Case 33** のX）からみた場合に，占有改定では原権利者が信頼して物の占有をゆだねた者（**Case 33** のZ）に現実の占有が依然としてあるので，原権利者（X）の信頼が裏切られたことは外形的に明らかになっていない。それに対して，指図による占有移転では，原権利者（A）がゆだねたのではない者（**Case 32** のC）に現実の占有があるから，その点で原権利者（A）の信頼が裏切られたことが外形的に明らかになっている。したがって，前者（**Case 33**）の場合には原権

利者（X）に権利を失わせることは適当でないが，後者（*Case 32*）の場合には原権利者（A）の失権を認めることができると説明するものである。判例の説明が無権利者からの譲受人が保護に値するかどうかに焦点を合わせるものであるのに対し，学説によるこの説明は，真正権利者の不利益負担の根拠に焦点を合わせるものである。

この説明は，即時取得制度の淵源に関係する。すなわち，即時取得制度は，中世ゲルマン法におけるゲヴェーレにその淵源があるとされており，そこでは，物権（所有権）は物の占有を離れて存在しないことが原則とされていた。そのため，物の占有を失った者がその物の返還を求めることができるのは，自らが占有を与えた者に対してか，自己の意思によらずに占有が失われた場合（盗難または遺失の場合）に限られるとされていた。この考え方によるならば，占有改定の場合には，原権利者（X）が自ら占有を与えた者（Z）に占有があるから，原権利者（X）による物の返還請求が認められるべきであり，したがって，これを妨げることになる譲受人（Y）の即時取得は否定されるべきである。それに対し，*Case 32* におけるような指図による占有移転の場合には，原権利者（A）が自ら占有を与えたのではない者（C）に占有があるため，原権利者（A）は，物の返還を請求することができなくても仕方がない。したがって，譲受人（D）の即時取得が認められてもよい，ということになる。

| 発展
学習 | **指図による占有移転があっても，占有改定と同様に扱うべき場合** |

ここまでに述べたいずれの説明によっても，指図による占有移転がされたものの，即時取得が認められるべきでない場合がある。たとえば，*Case 32* において，甲を借りて占有していたBがこれをCに売却し，占有改定の方法で引き渡した後に，CがこれをDに売却し，その旨をBに伝えた（指図による占有移転）という場合である。この場合には，無権利であるにもかかわらず譲渡をしたBのもとに現実の占有が終始あるため，占有移転が第三者を巻き込んで行われたと評価すること，信頼性が比較的高い公示が備わったと評価すること，Aの物支配の程度が弱まったとみること，Aが与えた信頼が外形的に裏切られたとみることは，いずれも，できないからである。実際，このような場合に即時取得を否定した大審院判決がある（大判昭和8・2・13新聞3520号11頁，大判昭和9・11・20民集13巻2302頁）。

3　学説における異論　　上記の判例法理には，次の二つの異論がある。

(1)　*占有改定による即時取得を一般的に認める見解*　　一つは，占有改定による占有取得も即時取得の要件を充たすとする見解である（以下，「即時取得肯定説」）。これは，占有改定が民法により引渡しの方法の一つとして認められていること，即時取得を占有に対する正当な信頼を保護するための制度とみるならば，権利取得を第三者に対抗することができるような方法で占有を取得した者（占有改定は，178条の動産物権譲渡の対抗要件として認められている）はその信頼を保護されてよいことを理由とする。また，*Case 33* において，YがZからいったん乙の引渡しを現実に受け，その後にそれを再びZに貸し与えたとすれば，Yの即時取得が認められるはずである。そうであれば，178条における場合と同様に取引の便宜を強調するならば，無用の手間を省くため占有改定

による即時取得を認めることも考えられる。

　この見解によると，取引行為に基づいて占有改定により引渡しを受けた者が複数ある場合には，「遅い者勝ち」を認めることになる。しかしながら，これでは，「遅い者」に優先を認めるべき実質的理由がないのに，物権は成立順に優先するという原則を覆すことになる。また，即時取得制度は，観念的な方法による引渡し，とくに占有改定による引渡しが公示方法として不完全であることから，取引安全保護のために用意されているものであるとみることもできる。そうであれば，そのような不完全な方法によって占有を取得しただけで，信頼を保護されるに値するといえるかが問題になる。

　(2)　占有改定による即時取得を限定的に認める見解　もう一つは，占有改定によって即時取得の要件は充たされるが，その取得は現実の引渡しを受けるまで確定せず，それまでは原権利者が物を取り戻すことができるとする見解である（以下，「即時取得暫定肯定説」）。判例法理とこの見解の違いは，*Case 33*のように，無権利者からの譲受人が占有改定の時は善意無過失であったが，後に現実の引渡しを受けた時には悪意または有過失であった場合に現れる。

　即時取得が認められるために，占有取得者は，占有取得の時点で善意無過失でなければならない。そうすると，占有改定による占有取得はここでの占有取得にあたらないとする判例法理によるならば，占有取得者は，それ以外の方法で占有を取得した時に善意無過失である必要がある（*Case 33*のYは，現実の引渡しの時にはZの無権利を知っているから，即時取得は認められない）。それに対し，占有改定でも192条の占有取得の要件が一応充たされるとするならば，無権利者からの譲受人の善意無過失の判断基準時は，占有改定の時となる。そして，譲受人が後に現実に引渡しを受ければ，それにより譲受人の即時取得が確定する（*Case 33*のYはまさにこの状況にあるから，Xの返還請求は認められない）。

　*Case 33*のXとYは，Zとの間で同一物件につき譲受けの契約を結んだ者であり，占有改定という同じ方法で占有を取得した者である。物権は成立順に優先することが確かに民法の原則ではあるが，この原則は，取引安全保護の見地から公示の原則による修正を受けている。そして，その公示の原則において，動産譲渡については占有改定も公示方法の一つと認められているが，その不完全さゆえに取引安全の保護が全うされないおそれがある。そうであるならば，同一物件の複数の譲受人が占有改定を受けたにすぎない段階で，そのうちの一人を決定的に優位に扱うことは適当とはいえない。そこで，占有改定の段階で

は両者を対等に扱うことにし，最終的に現実の支配を得た者を優先させることにしようとするのが，即時取得暫定肯定説である。

即時取得暫定肯定説の背後にある実態認識

　即時取得暫定肯定説の基礎には，同一物件が占有改定による引渡しという方法で多重に譲渡される場合の実態に関するある認識がある。すなわち，そのような多重譲渡は，譲渡担保の設定において起こりやすい。その場合に，譲渡担保権者（譲受人，債権者）が物に対する権利を現実に行使しようとするのは，譲渡担保設定者（譲渡人，多くの場合，債務者）の信用不安が生じてからである。ところが，その時点では多重譲渡の事実が明らかになっていることが通常であるため，時間的に先に譲渡担保権の設定を受けた債権者が優先し，遅れて譲渡担保権の設定を受けた債権者は劣後する結果となる。これでは，占有改定という方法を利用して譲渡担保の設定を受けることが，非常に不安定なものになりかねない。そこで，譲渡担保が設定されただけの段階では，善意無過失の各債権者を平等に扱うことが適当である，というわけである。

　ただ，各債権者を平等に扱うことが適当であるとするならば，譲渡担保権の実行の先後によって優劣を決することが適当かどうかも問題になろう。

　なお，動産について譲渡担保権を設定するのは，通常，法人である。そして，法人がする動産譲渡については，動産譲渡登記の制度が設けられている。この登記がされたならば，その動産について178条の引渡しがあったものとみなされる（動産・債権譲渡特例法3条）。そのうえで，192条の占有取得の要件も充たされるかが問題になる。動産譲渡登記により，権利移転の外形が現われることから，これを肯定する余地もある（本書初版はこの立場をとった）。しかしながら，動産譲渡登記がされても占有の状態は何ら変わらず，また，動産譲渡登記は多重にされることもあるが，その場合，譲受人相互の優劣は登記の先後によって決まる。そのため，動産譲渡登記がされた場合には，占有改定による引渡しがされた場合と状況は同じとみることが適当である。そうであれば，192条の適用に関して，占有改定による引渡しがされた場合と同様に考えるべきことになる。

指図による占有移転による即時取得と留置権または質権

　即時取得は原始取得の一種であり，原始取得者は，負担のない権利（所有権）を取得することが多い。もっとも，指図による占有移転によっても即時取得の成立が認められるために，次のような場合が問題になる。

（設例）
① Aが，Bの依頼により動産甲を預かって修理をし，5万円の報酬債権を取得した。甲の所有者はCであったが，Aは，Bが所有者であると信じていた。Bが，Dに甲を売却し，Dの承諾を得てその旨をAに通知した。Dは，Bが甲の所有者であると無過失で信じていた。Dが，甲を即時取得したとして，Aに甲の返還を請求した。
② Yは，Zに対する5万円の債権の担保として，動産乙に質権の設定を受けた。乙の所有者はSであったが，Yは，乙の引渡しを受けた当時，Zが所有者であると無過失で信じていた。Zが，Xに乙を売却し，Xの承諾を得てその旨をYに通知した。Xは，Zが乙の所有者であると無過失で信じていた。Xが，乙を即時取得したとして，Yに乙の返還を請求した。

即時取得者が負担のない権利（所有権）を取得するならば，①ではDが甲を即時取得したことにより，甲についてのAの留置権は消滅し，Aがこの留置権を主張して争うことはできなくなる。②では，Xが乙を即時取得したことにより，乙についてのYの質権は消滅し，Yがこの質権を主張して争うことはできなくなる。しかしながら，そのようにはならないと思われる。その理由は，次のとおりである（①②とも同じ理が妥当するので，以下では①で代表させる）。

Dは，Bの間接占有という外形から，Bが甲の所有権を有することを無過失で信じている。このDの信頼を保護するために，Bの無権利によってDが害されないようDに甲の所有権取得を認めるのが，即時取得制度である。ところが，Bが甲の所有権を有していたとしても，Dは，Aの留置権の負担つきでしか甲を取得することができない。そうであるならば，DにAの留置権の負担を免れさせることは，Bの無権利からの保護を超え，Dを過剰に保護することになる。また，Aは甲の直接占有を失っていないから，Aに不利益負担の根拠があるともいえない。したがって，Dが甲を即時取得した結果として，Cは甲の所有権を失うが，Aが甲の留置権を失うことにはならない。

5 占有取得の態様

以上の要件が揃っても，占有の取得が悪意，過失，隠匿または暴行もしくは強迫（以下，二つを併せて「強暴」）によるものであったときは，即時取得は成立しない。

悪意とは，取引相手が権利を有すると信じていたとはいえないことである（192条は信頼保護の規定であることから，同条の善意は，取引相手が権利を有すると信じたことと解される）。ここには，その無権利を知っていたことのほか，無権利を疑っていたことも含まれる。

過失とは，取引上要求されるべきこと（照会や調査など）をしなかったために取引相手が権利を有すると誤信したことである。ここで要求されることは，一般的にいえば，簡易迅速な動産取引の実現の要請から，それほど高度なものではない。当該の取引において通例行われることすらしなかった場合や，取引相手の無権利を疑わせる具体的事情があるのに適当な調査を怠った場合などに，過失ありとされるにとどまる。

隠匿または強暴による占有取得が独立に問題となることは，あまりないと考えられる。取引行為による占有取得である以上，平穏かつ公然の占有取得であることが通常だからである。譲受人が譲渡人に知られないように目的物を入手した場合（大阪地判昭和38・1・24判時347号46頁）や，実力を用いて占有を取得した場合（東京控判昭和14・5・6評論28巻民889頁）は例外となりうるが，それらの場合も，譲渡人が譲受人に物理的支配を移したといえないか，占有移転の合意があるといえないため，「取引行為による」占有取得と認められないことが多かろう。

4 盗品，遺失物に関する例外

1 盗品または遺失物の場合の例外

　即時取得は，取引相手の占有からその者が権利を有すると過失なく信じて取引した者を保護し，動産取引の安全を図る制度である。その半面として，もとの所有者（権利者）が権利を失うことになる。そこで民法に，目的物が所有者の意思に基づかずにその占有を離れた場合に適用される特則が設けられ，所有者の利益の保護に一定の配慮がされている。すなわち，目的物が盗品または遺失物である場合には，被害者または遺失者は，盗難または遺失の時から2年間，占有者に対して物の回復を請求することができる（193条）。

　193条は「被害者または遺失者」が回復を請求することができるとしており，回復請求の主体は，盗難または遺失によって占有を失った者であり，物の所有者その他の本権を有する者を意味するのではない。したがって，193条の「物の回復」とは，物の所有権の回復ではなく，物の占有の回復を意味することになる（大判大正10・7・8民録27輯1373頁，大判昭和4・12・11民集8巻923頁）。そのように解さなければ，借主や受寄者などの代理占有者がもともと有しない所有権を回復することになってしまい，奇妙だからである。

　物の賃借人や受寄者がその物を盗まれ，または遺失した場合には，所有者も回復請求をすることができるとされている。193条は，所有者が被害者または遺失者であるという普通の場合を想定した規定であること，193条および194条は，即時取得制度を前提として所有者と占有者の利益調整を目的とする規定であることが，その理由である。

　もっとも，判例によれば，回復請求までの間も動産の所有権は従前からの所有者に帰属し（前掲大判大正10・7・8，前掲大判昭和4・12・11など），回復請求がされないまま盗難等から2年が経過した場合には，192条の要件が充たされた時点で占有取得者が所有権を取得していたものと扱われる（最判平成12・6・27民集54巻5号1737頁〔百選Ⅰ65事件〕参照）。これによると，所有者は所有権に基づいて物（占有）の返還を求めることができるから，193条による回復請求権を所有者に認める実益はない（所有者が返還を求める場合に193条および194条を適用することは，占有者の利益を保護するために意味がある〔⇒次の *2* を参照〕）。

　回復請求の相手方は，占有者であり，192条の要件を充たす者のほか，その者

からの転得者も含まれる。

動産質権について

　動産質権については，質権者が占有を失った場合に関する特別の規定がある。すなわち，質権者が質物の占有を失った場合には，質権の対抗力が失われる（352条）。また，質権者は，質物を奪われたときには占有回収の訴えによって質物を回収することができるが（353条），この訴えは，侵奪者の善意の特定承継人に対して提起することができない（200条2項）。一般的見解は，こういった規定の趣旨から，質権者は193条の回復請求権を有しないとしている。しかしながら，（352条および353条の趣旨の一般的な理解に疑問があることはさておくとしても）これでは，物の借主や受寄者との均衡を失する。そこで，193条を200条2項の特別規定であると解し，質権者も193条による回復請求権を有するとする見解もあり，こちらが適当であると思われる。

2 代価の弁償

　193条によって物の回復が認められると，占有者が物の取得のために対価を支払っていた場合には，その利益が害されることになる。そこで，この場合における回復者の利益と占有者の利益および取引安全保護の調整を図るために，194条の規定が設けられている。すなわち，占有者が目的物を競売もしくは公の市場において，またはその物と同種の物を販売する商人から，善意で買い受けていたときは，回復者は，占有者が支払った代価を弁償しなければ物を回復することができない（なお，194条には，占有者に過失がないことは明定されていない。これは，競売等において善意で買い受けた者には過失がないと考えられるためである。したがって，194条は，192条の即時取得の要件を緩和するものではない）。占有者の目的物の取得方法が競売等における買受けに限定されているのは，これらの場合に取引安全保護の必要性がいっそう高く，したがって占有者を厚く保護する必要がある，という理由による。

　判例は，回復請求までの間も物の所有権は原所有者にあるとしている。そうであれば，所有者が物を回復するまでの間は，占有者は他人の物を正当な権原なく占有していることになる。そこで，所有者が，占有者に果実の返還や物の使用利益相当額の不当利得の返還を求めることができるかが問題になる。

Case 34

　Aは，所有する土木機械（甲）を何者かに盗まれた。Bは，中古土木機械の販売業を営むCから，300万円で甲を買い受けた。Aが，盗難から3か月後にBが甲を占有していることを知り，事情を話してBに甲の返還を求めたが，Bは，これに応じ

ず，甲の使用を続けていた。Ａは，甲の返還と，返還を求めた日の翌日から返還の日までの甲の使用利益相当額（月額 30 万円）の支払を求めてＢを訴えた。

問題の所在　Ａの訴えに対して，Ｂは，Ｃからの購入代金 300 万円をＡが支払うまで甲を返還しないと争うはずである。ところが，甲の所有権はＡにあり，Ｂは果実の返還や物の使用利益相当額の不当利得返還義務を負うとするならば，ＢがＡから返還を求められた日の翌日から 10 か月が経過すると，Ａは，代価弁償義務と不当利得返還請求権を相殺することにより，甲の返還を受けられることになる。そうなるのか，ここでの問題である。

なお，Ａが返還を求めた日の翌日以降の使用利益相当額の返還を求めているのは，Ｂが甲の所有権が自己に帰属しないことを知らない間は，189 条により甲の使用利益はＢに帰属するとされることを前提とするものである（⇒ p. 306 の**1**参照）。

判例によると，占有者は，代価弁償まで物の引渡しを拒むことができる場合には，弁償の提供があるまで物の使用収益権限を有すると認められる（前掲最判平成 12・6・27）。

この結論は，194 条の趣旨から導かれている。すなわち，194 条によると，192 条の即時取得の要件が充たされている場合には，所有者（正確には，被害者または遺失主）は，占有者が支払った代価を弁償しなければ，物を回復することができない。つまり，所有者は，占有者が任意に物を返還しない限り，代価を弁償して物を回復するか，物の回復を諦めるしかない。所有者が物の回復を諦めた場合には，占有者は，当初から所有者であったとして，占有取得以後の使用利益等を享受することができる。そうであるならば，所有者が物の回復を請求した場合に占有者が代価弁償以前の使用利益を失うとすることは，所有者が物の回復を諦めた場合との均衡を失し，占有者の地位を不安定にする。これは，所有者と占有者の保護の均衡を図った 194 条の趣旨に反する（このほか，弁償される代価には利息が含まれないと解されることとの均衡上，占有者に物の使用収益を認めることが両者の公平にかなうという理由も挙げられている）。

(Case 34) では，Ａは，甲の使用利益相当額の支払をＢに求めることができない。そのため，Ａは，300 万円を支払わなければ甲の返還を求めることができない（Ａによる 300 万円の支払とＢによる甲の返還の引換給付判決がされる）。

発展学習　**占有者が回復者に物を返還した場合における代価弁償請求の可否**

Case 34 と異なり，Ｂが代価弁償を受けることなく甲をＡに返還した場合に，Ｂは，代価弁償を請求することができるか。大審院判決には，194 条は占有者に代価弁償まで引渡請求を拒絶する権利を認めたにすぎないとして，これを否定したものがある（前掲

大判昭和 4 ・12・11)。これに対し，前掲最判平成 12・6・27 は，194 条は所有者に代価弁償をして物を回復するか，物の回復を諦めるかの選択を認めているが，A が前者を選択して甲の返還を受けた場合には，B は，A に代価弁償を請求することができるとした。

占有者が古物商，質屋である場合の例外
　　占有者が古物商または質屋である場合には，被害者または遺失主は，盗難または遺失の時から 1 年間は無償で物の回復を請求することができる（古物 20 条，質屋 22 条）。これは，古物商や質屋には専門家として特別の注意を要求してもよいことと，盗取者や悪意の前主との通謀を防ぐ趣旨から設けられた例外である。

発展学習　主張立証責任の所在
　　盗品または遺失物の場合には，193 条が定める 2 年間は原所有者が所有権を失わないとする判例によるならば，*Case 34* において A は，所有権に基づいて甲の返還を請求するのが普通である（あえて 193 条の回復請求権を根拠にする意味がない）。この場合には，A としては，甲の所有権を取得したこと（その原因事実）と，B が甲を占有していることを主張立証すればよい。
　　これに対して，B は，即時取得の成立をもって争うことになる。その際に B が主張立証すべきことについては，p. 149 の 発展学習 を参照。
　　これを受けて，A は，B の悪意有過失等を主張立証して争うほかに（これについても，p. 149 の 発展学習 参照），①甲が盗まれたこと，②B に対して甲について回復請求の意思表示をしたことを主張立証して争うことができる（なお，②は A が甲の返還を請求したことに現れている）。
　　「盗難又は遺失の時から 2 年間」という要件について，回復請求がその期間内にされていることを A が主張立証すべきか，B がその期間の経過を主張立証すべきかには争いがありうるが，193 条は，その期間が経過するまで 192 条にもかかわらず所有権の喪失を免れるという，例外的保護を所有者に認めるものであるとするならば，A が，盗難の時を特定すべきことになる。
　　B は，甲が盗品である旨の A の主張によって前述の即時取得の成立が妨げられる場合に備えて，194 条によって，代価の弁償まで返還を拒むことができる。そのために，B は，①甲を C から買い受けたこと，②C は，甲と同種の物を販売する商人であること，③甲の代金 300 万円を支払ったことを主張立証して，④A から前記③の 300 万円の弁済の提供を受けるまで甲の引渡しを拒絶する旨を主張する必要がある。これに対して，A は，B の悪意または過失（を根拠づける事実）を主張立証することができる。

5 立木等の物権変動とその公示方法

1 立木等の物権変動

　土地に生立する樹木や刈取り前の稲（稲立毛），摘取り前の果実（未分離の果実）などは，土地の定着物であり，本来，土地とその法的運命をともにするはずである。しかしながら，それらは，土地とは別に経済的な価値を有することがあり，古くから，土地と別個に取引の対象とされてきた。そのような取引は物権秩序に反し無効であるとすることも，考え方としてはありうるが，それでは，取引社会の需要を意味もなく封じ込め，取引社会の発展を妨げることになる。そこで，樹木等をその地盤である土地と別個独立に取引の対象とすることが認められ，その取引による物権変動についての公示方法が認められてきた。

2 立木等の物権変動の公示方法

1 立木法による登記

　1筆の土地または1筆の土地の一部に生立する樹木の集団（立木）は，立木法（「立木ニ関スル法律」）によって所有権保存登記をすることができる。この登記がされると（この場合に，樹木の集団は立木法上の立木となる〔立木1条1項〕），立木は土地と別個の不動産とみなされる（立木2条）。その結果，立木は土地とは別に所有権譲渡や抵当権設定の客体になり（立木2条2項），土地の所有権または地上権の処分は立木に及ばないことになる（立木2条3項）。立木の譲渡や抵当権設定等の処分は立木登記簿上の登記（立木12条以下）により公示され，その登記が物権変動の対抗要件となる（民177条）。

2 明認方法

1 明認方法とは

　立木登記は，立木に関して土地から独立した権利を長期間保有しようとする者

が現れる場合（たとえば，立木に抵当権が設定される場合）には期待することができるが，伐採目的での立木買主のように短期間しか所有しない者に，これを期待することはできない。また，個々の樹木や未分離果実などについては，そもそも登記制度が用意されていない。

そこで，立木等について，その所有権が土地所有者以外の者に帰属することが第三者からみてわかるようにする手段を講ずることによって，物権変動の公示方法とすることが認められてきた。このような公示方法を，**明認方法**と呼ぶ。

② 明認方法の態様

明認方法として，たとえば次のような方法が認められている。すなわち，木の皮を削り，誰が所有者であるかを墨書する（大判大正9・2・19民録26輯142頁），山林内に炭焼小屋を作って伐採に着手する（大判大正4・12・8民録21輯2028頁），未分離果実や稲立毛について，所有権の対象となる範囲を示して所有者名を記した札を立てる，といった方法である。

③ 明認方法による公示

立木法の適用のない立木や，稲立毛，未分離の果実などが土地と別個に譲渡された場合には，その譲渡は，明認方法を施さなければ第三者に対抗することができない（前掲大判大正9・2・19）。ここにいう「第三者」と「対抗」の意義は，177条に準じて判断すべきものとされている（最判昭和28・9・18民集7巻9号954頁）。

立木等の物権変動の明認方法による公示には，次の特徴がある。

第一に，明認方法は，登記のように権利の内容を詳細に安定して公示することに適していない。そのため，明認方法によって公示される物権変動は，立木等の所有権の譲渡と，これに同視される解除や取消しなどによる所有権の復帰（大判昭和8・6・20民集12巻1543頁），所有権の留保（最判昭和34・8・7民集13巻10号1223頁）に限られている。

第二に，明認方法に対抗力が認められるためには，「第三者」が利害関係を有するにいたる時点において明認方法が存在していることが必要である（最判昭和36・5・4民集15巻5号1253頁〔百選Ⅰ61事件〕）。

第三に，明認方法と登記が競合する場合，物権変動の優劣は，両者の先後関係によって決まる（最判昭和35・3・1民集14巻3号307頁参照）。

第**3**章

所有権

1 所有権の意義と内容

1 序 論

1 所有権の意義

物に全面的かつ排他的な支配を及ぼすことができる権利を，**所有権**という。

物の全面的かつ排他的な支配とは，物を自由に占有，利用（使用または収益），処分することができることを指す。所有者に認められるこういった自由を，**所有権の自由**と呼ぶ。民法も，この自由を 206 条において原則として認めている。

2 所有権の制限

もっとも，206 条は，所有権の自由に対する制限も定めている。すなわち，所有権の自由は，「法令の制限内において」認められる。これは，権利一般に内在する当然の制約を所有権も免れないことを表わすものである。

問題は，法令の制限はどのようなものでも許されるかにある。

憲法 29 条は，財産権の保障を定めており，これに反する制限は許されない。もっとも，そこにいう「公共の福祉」（憲 29 条 2 項）や「公共のため」（同条 3 項）という概念は幅のあるものであり，その捉え方によって，法令による制限の許容範囲が変わってくる。所有権の自由を強調するか，**所有権の社会性**を重視するかが，この点について大きな意味をもつことになる。

発展学習｜**所有者不明土地問題に対応するための民事基本法制の見直し**

民法等の一部を改正する法律（令和 3 年法律第 24 号）および相続土地国庫帰属法（⇒ p.29 の 発展学習 ）が，令和 3 年 4 月 21 日に成立し，同月 28 日に公布された（施行期日は，民法等の一部を改正する法律については令和 5 年 4 月 1 日〔相続登記の申請の義務化の施行期日は令和 6 年 4 月 1 日。住所等の変更登記の申請の義務化については，令和 8 年 4 月 28 日までの政令で定められた日に施行されるが，現時点では未定〕，相続土地国庫帰属法の施行期日は令和 5 年 4 月 27 日）。いずれの法律も，いわゆる**所有者不明土地問題**に対応するために制定されたものである。

所有者不明土地とは，不動産登記簿の記録から所有者が直ちに判明せず，または判明しても連絡がつかないため，所有者を特定することが困難になっている土地をいう。

167

所有者不明土地は，公共事業の用地取得，農地の集約化，森林の適正な管理，災害の復旧や復興事業の実施などの障害となるほか，民間での土地の利活用が妨げられる，雑草や雑木の繁茂などにより近隣住民が迷惑を被るといった，さまざまな問題を生じさせている。

　多くの調査において，筆数ベースで20%を超える土地が上記の意味での所有者不明土地となっているとされている。また，今後，人口のさらなる（大幅な）減少による土地に対する需要の減退が予想される。こういったことから，所有者不明土地による上記の問題はいっそう深刻化するおそれがある。そこで，近年，政府において各種の施策が相次いで講じられてきた。上記二つの法律の制定は，こういった状況の下で民事基本法制の見直しに踏み込んだものであり，きわめて重要な意義をもつ。

　土地の所有者が登記簿の記録から直ちに判明しないことになる最大の原因は，土地所有者が死亡して相続または遺贈により所有権（共有持分権を含む。以下同じ。）を取得した者（以下，「相続人等」という）が，その取得の登記（以下，「相続登記等」という）の申請をしないことにある。また，土地の所有者の所在が登記簿の記録から直ちに判明しないことになる最大の原因は，土地の所有者の住所が転居等により変わったのに，その旨の登記の申請がされないことにある。そこで，それらの登記の申請を促進するための各種方策が不動産登記法に盛り込まれた。

　もっとも，相続登記等の申請がされないのは，根本的には，相続人等が，その土地の所有を望んでいないためであることが珍しくない。そして，所有を望まない者に，その土地の適切な管理の継続を期待することは実際上難しい。したがって，所有者不明土地を生じさせないようにするためには，相続人等が望まない土地の所有とその結果としての諸々の負担を免れられるようにすることが必要である。そこで，相続人等に，一定の条件のもとで，相続等によって取得した土地の所有権を国庫に帰属させることを認めるために，相続土地国庫帰属法が制定された。

　不動産登記法の改正と相続土地国庫帰属法の制定は，このように，所有者不明土地の発生の予防を主な目的とする。これに対し，既存の所有者不明土地の利用の円滑化を図ることを主な目的として，相隣関係，共有，財産管理および相続に関する民法の規定の改正が行われた（土地の利用阻害の要因が減り土地の利便性が高まれば，土地の所有に伴う負担感が低減し，新たな所有者不明土地の発生の抑止につながることにもなりうる）。もっとも，改正された規定には，所有者不明土地だけでなく，所有者不明建物のほか，不動産一般，財産全般を対象とするものが少なくない。そのため，令和3年の民法の一部改正は，所有者不明土地問題を契機として，財産の利用（権利の行使）の停滞が問題視される場合について幅広く，その利用の円滑化を図ろうとしたものとみることができる。

2 土地所有権の内容

　法令により最も多くの，ときに強い制限を受けるのが，土地所有権である。多くの制限がされる主な理由は，土地は，利用の必要性が大きいのに有限であるため，その（有効）利用に対する社会的利益も重視されるべきであること，他人所有の土地と接していることが多く所有権の相互調整が不可避であることにある。

1 土地所有権が及ぶ範囲

「土地の所有権は，法令の制限内において，その土地の上下に及ぶ」（207 条）。

ここにいう「上」とは土地の上空のことであり，「下」とは地下のことである。したがって，地中に存する物（土，岩石，地下水など）は，原則として土地所有者の所有に属することになる（ただし，地中に存しても，他人の所有に属する物は，その他人の所有であることに変わりがない。また，未採掘の鉱物〔鉱業法 2 条〕等，法令により土地所有権が及ばないとされている物もある）。また，土地所有者は，他人が土地の上空や地下を無断で利用している場合には，その利用をやめるよう求めることができる（ただし，その請求が権利濫用として認められないこともある。たとえば，大判昭和 11・7・10 民集 15 巻 1481 頁〔電力会社が無断で埋設した発電所用水路とするためのトンネルの除去を土地所有者が請求した事案について，トンネルが完成した以上は除去請求をすることはできず，損害賠償を請求することができるだけであるとした〕）。

問題は，土地の「上下」とはどこまでのことかである。一般には，土地所有権は土地の利用を保障するためにあるという考えに基づいて，土地利用の利益が存する限度でのみ及ぶと解されている。もっとも，技術の進歩によって上空や地下の利用可能性は飛躍的に高まっており，土地利用の利益がどこまで存すると認めてよいかの判断は難しい。

 大深度地下の利用

　　ガス管，水道管，電線，電話線などの共同溝や地下鉄のような公共施設を地下に設置しようとする場合には，そこに土地所有権が及んでいるならば，所有者から使用権（賃借権や地上権〔地下ではあるが〕）の設定を受ける必要がある。したがって，所有者が設定に応じなければ，公共施設を設置することができず，所有者が設定に応ずる場合も，対価の支払を求められることが通常であるため，その額によっては設置費用が大きく膨らみ，設置が困難になる。そこで，上記のような公共施設の設置を容易にするために，土地所有者による地上の利用に支障を来さない限りで地下の所有権行使を制限する特別法（「大深度地下の公共的使用に関する特別措置法」。以下，「法」）と，その実施のための政令（「大深度地下の公共的使用に関する特別措置法施行令」。以下，「施行令」）が定められている。

　　そこでは，一定以上（現在のところ，浅くとも地表から 40m 以深）の深さの地下を「大深度地下」として（法 2 条 1 項および施行令 1 条を参照），一定の手続の下で，一方で，認可を受けた事業者に大深度地下の一部（「事業区域」）を事業実施のために使用する権利が与えられ，他方で，土地所有権その他の権利が事業者による事業区域の使用に支障を及ぼす限度で行使を制限されている（法 25 条）。

2 相隣関係

1 相隣関係の意義

　隣接する土地どうしの間では，一方の土地の利用が，他方の土地の（有効な）利用を妨げる結果になることも珍しくない。土地が（有効に）活用されないことは，社会的損失にもなる。そこで民法は，土地所有権について，とくに隣接する土地相互の利用の調整という観点からの制限を定めている。この利用調整の関係を，**相隣関係**と呼ぶ。

　土地利用の相互調整の必要性は，所有権のみに限られた問題ではない。そのため，相隣関係の規定は，地上権に準用されており（267条），永小作権や賃借権にも類推適用されると解されている（この関係で，隣地通行権を土地賃借人に認めた最判昭和36・3・24民集15巻3号542頁参照）。

2 相隣関係に関する規律

　民法には，大きく分けて三つの事柄について，相隣関係に関する規定が設けられている。隣地の使用等に関する規定（209条〜213条の3），排水や水流といった水に関する規定（214条〜222条），境界線付近の利用に関わる利害調整に関する規定（223条〜238条）である。

　民法が制定されてから125年以上経ち，土地の利用の在り方は随分変わった。ところが，相隣関係の規定は，その間に見直しがされなかったため，社会状況にあわない面があり，土地の利便性の低下と土地所有の負担感の増大の一因となっているのではないかと考えられるようになっていた。そこで，令和3年民法改正において，相隣関係に関する規定についても見直しがされた（その内容については，下の 発展学習 参照）。

　相隣関係に関する規定の多くは，一応の標準を定めるものであり，慣習がある場合にはその優先が認められる。

　また，相隣関係については，判例や公法上の規制が相当重要な役割を果たしている。以下では，その代表的な例である二つの問題を取り上げる（⇒**3**・**4**）。

> 発展学習　**令和3年民法改正における相隣関係に関する規定の見直し**
> 　令和3年民法改正において，隣地所有者またはその所在の不明により生ずる問題に対応するほか，土地一般の使用の円滑化を図るために，相隣関係について，隣地の使用に関する規定の見直し，いわゆるライフラインの供給を受けるために他人の土地または設

備を使用する権利等の創設，越境した竹木の枝の切除に関する規定の見直しがされた。

(1) 隣地の使用に関する規定の見直し

改正前209条1項本文には，隣地の使用が認められる範囲が狭い，「請求することができる」という文言の意味が明確でない，文言どおりの使用「請求権」と解する場合（以下，「請求権構成」という），請求の相手が明確でなく（隣地所有者と隣地使用者が考えられるが，その一方か，それとも双方か），また請求相手またはその所在が不明のときに使用の可否および方法が明らかでない，こういった事情のために土地所有権の行使が制約されるおそれがある等の問題点が指摘されていた。そこで，隣地使用の目的に境界調査や越境した枝の切取りなどが追加され（209条1項1号〜3号参照），土地所有者（ほかに，267条により地上権者，地上権者との類似性に鑑みて267条の類推適用により永小作人および賃借人。この 発展学習 において，以下同じ）はそれらの目的のために必要な範囲内で隣地を「使用することができる」（以下，「使用権構成」という）とされた（同項柱書本文）。

請求権構成では，土地所有者は，隣地所有者等の承諾を得ることで隣地を使用することができ，承諾を得られないときは裁判に訴えて承諾に代わる判決を得る必要がある。それに対し，使用権構成では，土地所有者は，要件が充たされる場合には隣地所有者等の承諾を得ることなく隣地を使用することができ，隣地所有者等がその使用を妨げたときは，隣地使用権の妨害となるため，妨害の差止めや損害賠償を請求することができる。

相隣関係にかかる規定では，改正前209条を除き，土地所有者は一定の場合に隣地を使用する権利を有するとされ，その権利の本質は隣地所有者等による使用の妨害を排除する権利となっている。たとえば公道に至るための通行（210条以下）は隣地使用の一形態であり，その使用と建物修繕等のための隣地の一時使用とで，隣地使用の必要性と隣地所有者等の負担のいずれにも本質的な差異はない。相隣関係制度の目的は，社会資源としての土地の有用性が損なわれないよう，隣接地間の所有権または使用権の内容を調整することにあり，隣地の使用が認められるべき客観的状況がある場合にその使用の可否が隣地所有者等の意思により定まるとすることは，この制度目的に適しない。したがって，使用権構成の採用は当を得たものということができる。

法的構成の変更により，隣地が現に使用されている場合には，現状が大きく変わることはないと考えられる。通常，土地所有者は，隣地所有者等に連絡し，承諾を得て使用する，使用を拒まれたときは，妨害の停止を求めて訴えを起こす，ということになると考えられるからである。それに対し，隣地所有者等が不明またはその所在が不明のときは，直ちに隣地を使用することができることになり，隣地の使用が随分容易になると考えられる。

もっとも，使用権構成のもとでは，土地所有者が，隣地所有者等の意向や都合を踏まえずに，隣地を使用するおそれを否定することができない。そこで，隣地所有者等の利益に配慮するための規定も設けられた。すなわち，土地所有者は，使用の日時，場所，方法につき隣地所有者および隣地を現に使用する者（以下では，「隣地所有者等」をこの両者を含む意味で用いる）の損害が最少のものを選ばなければならない（209条2項。これに反する使用は違法となる）。また，使用の目的，日時，場所および方法を，原則として使用に先立って隣地所有者等に通知しなければならない（同条3項本文）。これは，隣地所有者等に，隣地使用の要件が充たされる場合にあたるかを判断する機会を与えることと，使用の受入れの準備をさせることを目的とする（通知のこの趣旨から，一方で，隣地が共有に属する場合には，共有者全員に通知する必要がある。他方で，隣地所有者等の権利または利益を実質的に保護することが目的ではないため，急迫の事情がある場合や隣地所

有者等またはその所在が不明である場合など事前の通知が困難なときは，使用開始後〔所在等が不明のときはその判明後〕に遅滞なく通知することで足りる〔同項ただし書〕）。さらに，隣地所有者等は，土地所有者による隣地使用により損害を受けたときは，その償金を請求することができる（同条4項）。

(2) ライフラインの供給を受けるための設備設置権，設備使用権の創設

　土地は，他の土地を何ら使用することができなければ，用途が著しく限定される。土地をある程度有効に活用するためには，他の土地の使用が不可欠である。民法において隣地使用権や隣地通行権が認められているのは，このためである。

　電気，ガス，水等を引き込むことができない場合も，土地は，用途が相当限定され，価値も利便性も著しく低くなる。ひいては，管理されずに放置されるおそれが高まる。ところが，民法制定当時は電気等の供給技術が未発達であったため，通水に関する220条および221条を除き，民法にそれらの供給を受けるために必要となる他の土地の使用に関する規定は設けられなかった。その後，下水を排水するための接続権を認める規定が下水道法に設けられ（同法11条），水道水の引込みのために他人の土地や設備を使用することが判例上認められるに至ったが（最判平成14・10・15民集56巻8号1791頁），他の場合にどうかは明確でなく，十分とはいえなかった。

　そこで，他の土地または他人が所有する設備を使用しなければ電気，ガス，水道水の供給その他これらに類する継続的給付（たとえば，下水の排水〔ただし，下水道法の規定の適用が優先する〕，電話，インターネット等。以下，単に「継続的給付」という）を受けることができない土地の所有者に，その給付を受けるため必要な範囲で他の土地（隣地に限られない）に設備を設置し，または他人の所有する設備を使用する権利（213条の2第1項）と，設備の設置工事や接続工事等のために一時的に他の土地を使用する権利（同条4項。利益状況の同一性から，隣地使用権に関する規定が準用される）が認められた。

　他の土地への設備の設置または他人の所有する設備の使用により，その土地または設備の所有者または現に使用する者（以下，「他の土地の所有者等」という）が，土地または設備の使用につき（相当長期にわたり）制約を受けることになりうる。そこで，設備の設置または使用をする者は，設置または使用の場所および方法について，他の土地または他人所有の設備のために損害が最少のものを選ばなければならず（同条2項。設備の設置または使用の開始後に事情が変わり，この要件が充たされなくなった場合，この要件を充たす別の場所および方法に変更されることになる），また，設置または使用の目的，場所および方法を他の土地の所有者等にあらかじめ通知しなければならない（同条3項。他の土地または設備が共有に属する場合，共有者全員に通知する必要がある。また，通知の相手方が不特定または所在不明の場合も通知する必要があり，その場合には公示の方法〔98条1項〕によってすることになる。なお，設備の使用については，設備の所有者への通知で足り，他の設備使用者への通知を要しない〔影響が軽微と考えられるため〕）。さらに，他の土地に設備を設置する者は，土地の所有者に対し継続使用による土地の損害につき償金を支払う義務（同条5項），設置工事等のための一時使用により他の土地の所有者等に生じた損害につき償金を支払う義務（同条4項による209条4項準用）を負う。他人が所有する設備を使用する者は，その使用開始の際に生じた損害（たとえば，設備所有者が接続工事のために設備を使用できなかったことにより被った損害）に対して償金を支払う義務（同条6項），および利益を受ける割合に応じて設備の修繕・維持等に要する費用を負担する義務（同条7項）を負う（設備所有者は，設備使用権に基づく使用がされても設備の使用をそのまま継続することができるため，継続的な損害に対する償金に関する規定は設けられていない）。

他の土地に設備を設置しなければ継続的給付を受けられない土地が土地の分割または一部譲渡によって生じたときは，隣地通行権の場合と同様に，他の分割者または譲渡人の所有地のみに設備を設置することができ，その設置による土地の使用につき償金の支払を要しない（213条の3）。

(3) 越境した木の枝の切除に関する規定の見直し

地方を中心に，隣地の竹木の枝や根の越境による被害が多発しており，竹木所有者またはその所在が不明である場合，問題の解決が困難であることも珍しくない。

枝または根が隣地から越境してきた場合，改正前233条によれば，土地所有者は，根については自ら切り取ることができるが，枝については，竹木所有者の同意がなければ切り取ることができない。枝または根の越境は土地所有権の妨害にあたり，土地所有者は，所有権に基づいてその排除を竹木所有者に請求することができるものの，自ら切り取ることは自力救済になり許されない。したがって，改正前233条は，根について例外的に自力救済を認めていたことになる。この例外は，根の除去は通常その土地でなければすることができないため，竹木所有者に切除させるとなると土地への立入りを認めなければならず，その不便・不都合を土地所有者に強いることは適当でないこと，および，枝は実がなるなど概して価値が高いのに対し，根は概して価値が低いという違いがあることを考慮したものである。

枝について例外が認められない場合，土地所有者は，竹木所有者が越境した枝を切除しないときは，枝を適法に除去するために，竹木所有者を相手に切除を請求する訴訟を提起し，認容判決を得て，これを債務名義として強制執行を申し立てるという手順を踏む必要がある。これでは，竹木所有者が不明のときは何もできず，そうでないときも，事柄の性質に鑑みて不相当に過大な労力と費用を要することになる。そこで，土地の利用の円滑化を図るという令和3年民法改正の目的と枝の越境被害の多発という社会状況の下で，越境した枝について，竹木所有者に切除させることを原則として維持しつつ，竹木所有者が切除の催告に相当期間が経過しても応じないとき（竹木が共有に属する場合，立案担当者によれば，共有者全員に対する催告が必要とされている。しかしながら，後述のように越境した枝の切除は各共有者がすることができるのであり，共有者全員の事情の考慮を要することではないから，共有者の一人への催告で足りると解すべきである），竹木所有者またはその所在が不明であるとき，または急迫の事情があるときは，土地所有者は自ら枝を切り取ることができることとされた（233条3項）。

また，竹木が数人の共有に属する場合には，各共有者が，その越境した枝を切り取ることができる（233条2項）。枝の切除は，保存行為にあたらないから，本来，少なくとも持分権の価格の過半数をもって決定しなければならない事項にあたる（251条，252条1項参照）。しかしながら，越境した枝の切除は，違法状態を解消するための措置であり，共有者の自由を保障しなければならない事項ではない。また，その状態を放置すると各共有者が土地所有者から損害賠償責任を問われることにもなりうる。さらに，共有名義の無効登記の抹消と異なり，共有者全員が関与しなければ結果を実現することができないような手続上の制約があるわけでもない。こういったことから，233条2項の規定が設けられた。

3 隣地通行権

1 隣地通行権の意義　　土地が次頁の図のような位置関係にある場合，甲土

地の所有者Ａは，乙土地または丙土地を通らなければ，甲土地を利用することができない。その通行が認められなければ，Ａが所有権を失うも同然となるだけでなく，土地が死蔵されることとなり，社会的損失になる。

図

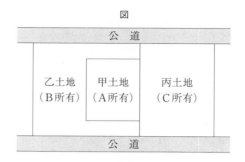

そこで，民法に，このような事態を避けるための規定が設けられている。すなわち，他の土地に囲まれて公道に通じない土地（**袋地**という）の所有者（210条1項），または池沼，河川，水路，海もしくは著しい高低差のある崖を通らなければ公道に至ることができない土地（**準袋地**という）の所有者（210条2項）は，その土地を囲んでいる他人所有の他の土地（隣地。かつては，囲繞地と呼ばれていた）を通行することができる。袋地または準袋地の所有者に認められるこの権利を，**隣地通行権**（かつては，囲繞地通行権と呼ばれていた）という。図の場合でいえば，甲土地の所有者Ａは，乙土地または丙土地のいずれか（いずれになるかについては，次の2を参照）を，当然に（ＢまたはＣの同意がなくても）通行することができる。

隣地通行権は，隣地の所有者等に対して何らかの積極的行為を求めるものではない。その本質は，通行を妨げられないことにある（妨害排除請求権）。そこで，隣地通行権は，甲土地の所有者のほか，甲土地につき妨害排除請求権を内容に含む利用権を有する者（地上権者等の用益物権者のほか，対抗力を備えた賃借人〔前掲最判昭和36・3・24参照〕）にも認められる（以下では，所有者で代表させる）。

袋地または準袋地の所有権を取得した者，たとえば，図の場合において甲土地の所有権をＡから譲り受けたＤは，移転登記を備えていなくても，通行権の負担を受ける隣地（乙土地とする）の所有者（Ｂ）または利用権者に対し，隣地通行権を主張することができる（最判昭和47・4・14民集26巻3号483頁）。隣地通行権は，土地の死蔵という社会的損失を避けるために袋地または準袋地の所有者に法律上当然に認められる権利であり，その所有者が誰であるかにより権利の内容（隣地の負担）が変わるものでもない。そのため，Ｂ等は，Ｄの所有権取得により

その法律上の地位に何ら影響を受けることがなく，登記の不存在を主張する正当な利益を有するとはいえないからであると考えられる。

「公道に通じない土地」の意味

　公道に通じている土地の所有者に，隣地通行権が認められることもある。隣地通行権が認められるかどうかは，（準）袋地とされる可能性のある土地（甲土地）の利用のために隣地（乙土地）の通行が必要である程度と通行による乙土地の負担の程度を中心に，諸事情を総合的に考慮して判断される。

　その際，通行の必要性については，甲土地の客観的属性にそくした利用のための必要性が重視されていると考えられる（たとえば，公道に通じる経路がある場合であっても，甲土地が石材の採取場であり，その経路によって石材を搬出することが不可能であるときに，石材搬出に必要な限度で隣地通行権を認めた大審院判決がある〔大判昭和13・6・7民集17巻1331頁〕。これに対し，公道に2mの幅で接する甲土地の所有者Aが，地上建物をそこで営む事業の拡張のために増築しようとしたところ，通行の安全と災害時の避難の見地から設けられた建築基準法およびそれに基づく条例の規定により公道と接する通路の幅員が3mなければ建築確認がおりないために，乙土地の所有者Bに対して隣地通行権の確認を求めて訴えた事案で〔p. 268の *Case 46* も参照〕，甲土地は袋地に該当しないとして，Aの隣地通行権を認めなかった最高裁判決がある〔最判昭和37・3・15民集16巻3号556頁〕。この判決において，最高裁は，Aが通行権を求める根拠は「土地利用についての従来通行に必要，欠くことができないからというのではなくて，その主張の増築をする」ために必要というにすぎないから，通行権の問題ではないと述べている）。この必要性が重視されるのは，隣地通行権は，通行されることになる土地の所有者の所有権を制限することになるため，隣接する土地の利用に関する個人的便益の調整の必要があるだけで認められるべきものではなく，（重大な）社会的損失を避けるためにこそ認められるものと考えられるからである。

　なお，隣地通行権の成否につき他の諸事情も十分に考慮されるべきことを示すものとして，最判平成18・3・16民集60巻3号735頁がある（徒歩により公道に至ることができる甲土地のために自動車の通行を前提とする隣地通行権が認められるか否かにつき，現代における自動車による通行の必要性の程度，通行のために求められている面積（隣地の負担の程度）のほかに，従前は甲土地から自動車によって公道に至ることができたこと，それが不可能になった経緯なども考慮すべきであるとした）。

2　隣地通行権の内容

(1) 原　則　隣地通行権が認められる場合に，その内容は原則として次のとおりである。

　通行の場所と方法は，通行権を有する者にとっての必要性と通行地の負担の程度を相関的に判断して決められる（211条1項）。また，通行権者は，必要のあるときは通路を開設することができる（211条2項）。

　法定の通行権によって通行権者は利益を受け，通行地の所有者は損失を被る。そこで，両者の利害を調整するために，通行権者は，その通行する土地の損害

に対して償金を支払わなければならない（212条）。

(2) 例 外

> ### Case 35
> 174頁の図において，甲土地と乙土地はもと1筆の土地であり，AとBが共有していたが，分割されて，甲土地がAに，乙土地がBに帰属することになった。

　図の場合，(1)に述べた原則によると，Aの通行権は，乙土地に認められることもあれば，丙土地に認められることもある。また，Aは，通行する土地の所有者に対して償金債務を負う。

　これに対して，（準）袋地が土地の分割により生じた場合には，例外が認められる。Aは，分割によって生じた他の土地（残余地という）である乙土地についてしか通行権を認められないが，償金債務を負わない（213条1項）。

　これは，乙土地が分割の当事者であるBの所有に留まる間だけでなく，第三者（D）に譲渡された場合も同じである（最判平成2・11・20民集44巻8号1037頁〔百選I 67事件〕，最判平成5・12・17裁判集民事170号877頁）。したがって，この場合の隣地通行権は，「袋地に付着した物権的権利で，残余地自体に課せられた物権的負担と解すべきもの」（前掲最判平成2・11・20）である。

　Aが分割の当初に乙土地しか通行することができないのは，分割による袋地の発生に関与していないCに，分割による不利益を及ぼすべきではないからである。乙土地がDに譲渡された後もAが乙土地しか通行することができないのは，Cはこの譲渡にも関与しないため，CにAの通行権の負担を引き受けさせる理由がないからである。

　Aが償金債務を負わないのは，Bとの関係では，分割の際に通行権の発生を予期して分割地の範囲や対価が定められているはずであり，乙土地の所有者となったBは，Aの通行権によって損害を被るとはいえないからである。乙土地を譲り受けたDとの関係では，Aの利益保護の必要性が大きく，Dの利益保護の必要性が小さいからである（Aは，Bが乙土地を所有する限り，償金債務を負わなかったはずである。Aは，この利益を自己の関与しない事情〔乙土地の譲渡〕によって奪われるべきではない。それに対し，Dは，通常実況見分などにより乙土地を他人が通行していることを知りうる。したがって，その負担を考慮して乙土地の譲受代金を決めることで，自らの利益を守ることができる。通行権の負担を事前に知ることがで

きなかったとしても，Dは，Bに契約上の責任を追及することができるから，Aから償金の支払を受けられなくても不測の不利益を被ることにならない）。

以上の理は，土地の一部が譲渡されて袋地が生じた場合にも妥当する。そのため，この場合，213条1項が準用される（213条2項）。また，同一人が所有する数筆の土地が隣接しており，その一部が譲渡されたために袋地が生じた場合も，実質は同じである。したがって，この場合にも，213条2項が類推適用される（最判昭和44・11・13判時582号65頁参照）。さらに，土地所有者が1筆の土地を数筆に分割し，それらを全部同時に譲渡して袋地が生じた場合にも，213条2項が類推適用される（最判昭和37・10・30民集16巻10号2182頁）。この場合には，譲受人の間に償金を考慮した関係があるとは限らないが，第三者の土地に損失を及ぼすべきでないという趣旨は妥当するからである。

4 接境建築

1 規制の必要性　土地の所有権は，その土地の全面に及ぶ。そして，所有者は，原則として所有物を自由に使用することができる。そうすると，土地所有者は，所有する土地のどの部分についても自由に使用することができるはずである。しかしながら，とくに境界線付近については，その使用の仕方次第で，隣地の使用に大きな影響を生ずることがある。そこで，境界線付近の土地の使用の仕方を調整することが必要になる。

そのような問題の一つに，境界線付近での建築に関する問題がある。隣接する土地の一方の所有者（A）が先に境界線に接して建物を築造すると，他方の所有者（B）が，建物の築造や修繕のために自己の土地に空き地を確保せざるをえなくなるおそれがある。かりにそのおそれがなくても，日照や通風の確保のために，Bが，境界線付近の使用方法を制約されることがありうる。さらに，防火という公益的見地から，Bが接境建築を避けるよう求められることもありうる。これでは早い者勝ちになってしまい公平とはいえないから，調整の必要がある。

2 民法の規制　そこで民法において，原則として，建物は境界線から50cm以上離して築造しなければならず（234条1項），Aがこれに違反して建築をしようとする場合には，Bは，建築の中止または変更を求めることができるとされている（同条2項本文）。

ただし，建築着手の時から1年を経過するか，建物が完成した後は，Bは，損害賠償請求しかすることができない（同項ただし書。建築が進んだ建前や完成建物を

除去することは，社会的損失が重大であり，公益に反することがその理由である）。

　また，境界線からの距離保持について異なる慣習がある場合は，それによる（236条）。民法の規定は標準的な場合について定めるものであり，地域の実情に応じた変更は許されてよいからである。もっとも，境界線から保持されるべき距離を当事者の合意によって234条1項よりも短縮することは，許されないと考えられる。距離保持の定めは防火など公益的見地を含むからである。

　　3　**建築基準法63条とその有する意味**　　境界線付近の建築に関連する規定が，建築基準法（この項目において，以下，「法」という）にも存在する。すなわち，法63条において，「防火地域又は準防火地域内にある建築物で，外壁が耐火構造のものについては，その外壁を隣地境界線に接して設けることができる。」とされている。そうすると，この規定と民法234条の関係が問題になる。

　判例は，法63条（判決の当時は法65条）所定の建築物には同条が適用され，民法234条の適用は排除されるとしている（最判平成元・9・19民集43巻8号955頁）。

　これは，法63条の規定目的と存在意義から理由づけられている。

　まず，防火地域または準防火地域（以下，防火地域等）は，市街地の中心部など，土地の利用度が高く建物が密集している地区を対象に，防火機能の向上の見地から設定される（一般に，商業地域が防火地域に，近隣商業地域が準防火地域に指定される）。そして，法63条は，それらの地区において，防火対策として有効であるが費用のかかる耐火建築の促進を図るとともに，土地の合理的ないし効率的な利用を実現するために定められたものである。そうであるのに民法234条がなお適用されるならば，法63条のこれらの目的が達せられない。

　つぎに，法63条は，その文言から，防火地域等において外壁が耐火構造の場合に，接境建築を特別に認める旨を定めるものと解される。ところが，防火地域等の接境建築を禁ずる原則規定は，建築基準法のなかに存在せず，民法234条がそれにあたる。そうすると，法63条は，民法234条の特則であると解さなければ，意味のない規定になってしまう。

　もっとも，民法234条は，防火のみを目的とする規定ではなく，隣接地所有者間の所有権行使の公平や良好な住環境の実現を図ることも目的とするものである。これらの目的は，法63条では考慮されない。そのため，判例に批判的な学説も存在する。

発展学習 **令和3年民法改正による土地または建物に特有の管理制度の創設**

(1) 所有者不明土地管理制度，所有者不明建物管理制度

　土地や建物（以下，「土地等」という）の所有者またはその所在が不明の場合，その土地等は，近隣被害を生じさせやすく，また，過少利用状態になりがちである。この問題に対処するため，改正前は，所有者が自然人である場合には不在者財産管理制度（土地等が相続財産に属する場合に，相続人不存在のときは，相続財産管理制度）を利用するほかなかった。ところが，その利用には，次の難点がある。①特定人の財産を管理する制度であるため，所有者の特定が必要になる。そのため，土地等の所有者が不明のときは使えない。②財産の管理には費用を要するところ，これを不在者の財産で賄える保障はない。そのため，不在者財産管理命令がされるにあたり，命令を請求した者は一般に予納金を納付しなければならない（不足が生じた場合，管理の継続のためには追納が必要になる）。その額は，管理の対象が不在者の財産全部であるため，高額になる。これでは，特定の土地等の管理だけを望む場合，費用対効果の点で使いにくい。③不在者が不在者である間は管理が続く可能性があり，予納金の高額化，管理人の過重負担のおそれがある。④共有の場合に，存在または所在が不明の共有者（以下，「所在等不明共有者」という）が複数いるときは，各人につき管理人の選任が必要になる。これも，特定の土地等の管理に使いにくい原因になる。

　そうすると，所有者不明の土地または建物の問題への対策として，所有者の特定を要せず，対象となる財産を限定し，所在等不明共有者が複数いても一人の者が管理をすることができ，かつ，終了を見通しやすい制度を設けることが望ましい。これを実現するために設けられたのが，**所有者不明土地管理制度**（264条の2〜264条の7）と**所有者不明建物管理制度**（264条の8）である。

　このうち所有者不明土地管理制度は，土地の所有者（共有者を含む）またはその所在を知ることができない場合に，裁判所（その土地の所在地を管轄する地方裁判所〔非訟90条1項〕）が，利害関係人の請求に基づいて，必要があると認めるときに管理命令を発令して（264条の2第1項）**所有者不明土地管理人**（以下，単に「管理人」という）を選任し（同第4項），管理人にその土地など所定の財産（共有の場合は，その〔準〕共有持分権）の管理または処分をさせる制度（264条の3第1項）である。

　この制度には，次の特徴がある。

　第一に，土地の所有者（共有者を含む。以下同じ）またはその所在が不明である場合を対象とする（その所有者を，以下，「所在等不明所有者」という）。第三において述べるように，この制度により所在等不明所有者は，所有権の行使を制限され，その関与なしに所有権を失うこともある。そういった所有権に対する制約は，土地が管理不全または過少利用の状態にあるだけでは正当化されず，所有者による管理を期待しがたいといえる状況にあることを要するとして，調査を尽くしても所有者またはその所在を知ることができないことが管理命令の要件とされている。調査の程度については，土地の所有者が自然人の場合には，少なくとも不動産登記および住民票に基づく所在調査が必要であり，所有者死亡のときは戸籍および住民票による相続人調査が必要になるといわれている（もっとも，第三者が住民票の写しや戸籍謄本・抄本を請求するためには正当な理由が必要であり，住民票等に基づく調査を必須とすると，本制度の利用の可否が住民票の写し等の交付についての窓口審査次第になる。これは，本制度の利用の障害になり，審査にあたる自治体にも大きな負担になると思われる）。

　第二に，管理の対象となる財産（以下，「目的財産」という）は，特定の土地（264条の2第1項），その土地にある所在等不明所有者の所有に属する動産（同条2項），およ

びそれらの管理，処分等により得られた金銭等の財産（同条3項・264条の3第1項参照）に限られる（共有の場合は，それらの〔準〕共有持分権である）。

　第三に，目的財産の管理および処分の権限は，管理人に専属する（264条の3第1項。この専属性を公示するため，命令の対象とされた土地につき，所有者不明土地管理命令の登記がされる〔非訟90条6項〕）。目的財産の変更または処分には裁判所の許可を得る必要があるものの（264条の3第2項柱書本文），管理人が土地を譲渡することで所有者不明状態の解消が可能になる点に，とくに大きな意義がある。なお，管理人が裁判所の許可を得ずに変更または処分をした場合，行為の効果は土地所有者に帰属しないが，その許可のないことをもって善意の第三者に対抗することができない（同項柱書ただし書）。権限が管理人に専属することから，管理人の権限に対する信頼の保護が厚くされている。

　第四に，管理人は，目的財産に属する金銭を供託することができる（非訟90条8項）。そのため，管理人が目的財産を全部処分し，それによって得た金銭を全部供託すると，管理すべき財産がなくなる。この場合，裁判所による管理命令の取消しがされることで（非訟90条10項），管理が終了する。このようにして，所有者不明土地状態を解消して比較的短い期間で管理を終了することができる仕組みになっている。

　第五に，複数の所在等不明共有者がいる場合，数人（全員でもよい）の共有持分権を対象として一人の管理人を選任することができる（264条の5第2項参照）。

　所有者不明建物管理制度は，管理の対象となる財産が異なる点，とくに借地権等の建物の敷地利用権（所有権を除く）も目的財産となる点を除き，所有者不明土地管理制度と同様の内容になっている。所有者不明建物管理命令の効力はその敷地の所有権に及ばないため，建物と敷地の両方を管理人に管理させるためには，建物と敷地の所有者が同一人であっても，建物と敷地のそれぞれについて管理命令の請求と発令が必要になる（管理人に同一人を選任することは可能）。

(2) 管理不全土地管理制度，管理不全建物管理制度

　管理不全による近隣被害と社会資源としての不動産の過少利用の問題は，所有者およびその所在が判明している場合であっても，所有者が不動産を適切に管理せず放置することによって生じることがある。このうち過少利用については，社会的に望ましくないとしても，所有権行使の一態様として認めるほかない。それに対し，管理不全による近隣被害については，解消または防止のための手段が用意されるべきである。物権的請求や不法行為を理由とする差止請求はこれにあたるものの，被害が継続的または反復的に生じる事態に効果的に対応することができない。そこで，その対応を可能にするものとして，**管理不全土地管理制度**（264条の9～264条の13）および**管理不全建物管理制度**（264条の14）が設けられた。

　このうち管理不全土地管理制度は，土地が管理不全の状態にあり，そのために他人の権利または法律上保護される利益が侵害され，または侵害されるおそれがある場合に，裁判所（その土地の所在地を管轄する地方裁判所〔非訟91条1項〕）が，利害関係人の請求に基づいて，必要があると認めるときに管理命令を発令して（264条の9第1項）**管理不全土地管理人**（以下，単に「管理人」という）を選任し（同条3項），管理人にその土地など所定の財産（共有の場合は，その〔準〕共有持分権）の管理または処分をさせる制度である（264条の10第1項）。

　管理不全土地管理制度には，所有者不明土地管理制度と共通する点が多い。もっとも，所有者不明土地管理制度との主な相違点として，次のものがある。

　第一に，管理の対象となる土地の所有者またはその所在が不明である必要はない（不明でもよい）。

第二に，管理人は裁判所の許可を得て土地等の管理財産の変更または処分をすること
ができるが（264条の10第2項。この点は，所有者不明土地管理人と同じ），裁判所は，土
地の処分については所有者の同意がなければ許可することができない（同条3項）。

　第三に，管理人の権限に専属性はない（そのため，命令の対象とされた土地につき発令
の登記がされることはない。また，管理人が裁判所の許可を得ずに目的財産の変更または処
分をした場合，第三者が保護されるためには善意無過失であることを要する〔264条の10第
2項〕）。その結果，所有者による権利行使のために適切な管理が難しくなることがあり
うる。

　第二の点と第三の点は，管理不全土地管理制度が土地所有者とその所在が判明してい
る場合を主な対象にするため，所有者の権利行使を尊重するものである。もっとも，所
有権が適切に行使されない状態が長期にわたり継続しているため管理不全土地となり，
近隣被害が生じている状況にある場合に用いられることを想定した制度であることから
すると，制度の内容が中途半端である感を否めず，どれほどの利用があるかに疑問があ
る。

　管理不全建物管理制度は，管理の対象となる財産が異なる点，とくに借地権等の建物
の敷地利用権（所有権を除く）も目的財産となる点を除き，管理不全土地管理制度と同
様の内容になっている。

所有権の取得

1 序　論

　裁判において所有権に基づく主張が認められるために，所有権を取得したことの立証が必要になることがある。この立証は，所有権取得の原因の存在を立証することによって行うことが普通である。

　所有権取得の原因には各種ある。承継取得の原因として，売買契約や贈与契約などの法律行為と相続がある。原始取得の原因として，時効取得，即時取得，無主物先占，遺失物拾得，埋蔵物発見，添付がある。これらのうち，民法の物権編に規定があるのは，即時取得以下の五つである。即時取得については前述したので（⇒ p. 146 の 2），ここでは残る四つを取り上げる。

2 無主物先占，遺失物拾得，埋蔵物発見

1 無主物先占

　所有者がない物を，**無主物**という。

　無主の動産（たとえば，海や川に住む魚，野生の鳥）について，所有の意思をもって占有を取得した者は，その動産の所有権を取得する（239 条 1 項）。

　不動産は，ほかに所有者がなければ国庫に帰属する（239 条 2 項。既存の不動産について所有権の放棄は認められないと考えられ〔⇒ p. 29 発展学習〕，新築建物および造成された土地には必ず所有者があることから，この規定が適用されるのは，海面から隆起したり，噴火等により土砂や岩石が堆積したりして土地が新たに生じた場合くらいである）。したがって，「無主の不動産」は法律上存在せず，先占による不動産所有権の取得もありえない。

2 遺失物拾得

　占有者の意思によらずにその所持を離れた物であって，盗品でない物（たとえ

ば，いわゆる「落し物」）を，**遺失物**という。

　遺失物を拾得した者は，遺失物法の定めるところに従い公告がされ，その後3か月が経過したときは，その物の所有権を取得する。ただし，公告期間中に所有者が判明したときは，この限りでない（240条）。

　ここにいう「**拾得**」とは，遺失物の占有を取得することであり，その際，所有の意思をもってする必要はない。

　拾得された遺失物の扱いにつき詳しくは，遺失物法に定められている。

3 埋蔵物発見

　土地その他の物（包蔵物）のなかに外部から容易に目撃できない状態で包蔵されており，所有者が判別しにくい物（たとえば，江戸時代に土中に埋められ，その後忘れ去られた金貨）を，**埋蔵物**という（最判昭和37・6・1訟月8巻6号1005頁）。

　埋蔵物を発見した者は，遺失物法の定めるところに従い公告がされ，その後6か月が経過したときは，その物の所有権を取得する。ただし，公告期間中に所有者が判明したときは，この限りでない（241条本文）。また，包蔵物の所有者が発見者と異なる場合には，発見者と包蔵物の所有者が，等しい割合で埋蔵物の所有権を取得する（同条ただし書）。

　ここにいう「**発見**」とは，物の存在を認識することをいい，占有の取得を要しない。

　発見された埋蔵物の扱いにつき詳しくは遺失物法に定められている（拾得された遺失物の扱いと同じ〔ただし，遺失物32条1項ただし書〕である）。

3 　添　付

　所有者の異なる2個以上の物が合わさって1個の物になったり，物に他人の工作が加わって新たな物が作り出されたりすることがある。これらの場合を総称して**添付**という。添付には，付合，混和，加工の3種がある。

　付合とは，所有者の異なる2個以上の物が結合して1個の物になったと認められることをいう。

　混和とは，所有者の異なる物が混ざり合って識別不能になったことをいう。

　加工とは，ある者が他人の動産に工作を加えて新たな物（加工物）が作りだされたことをいう。

これらの多くにおいて，消滅する物がある一方で，残る物，生ずる物（以下，生ずる物で代表させる）がある。そのため，次のことが問題になる。すなわち，①どのような場合に1個の物になり，あるいは新たな物が生じたと認められるか，②添付によって生じた物は誰の所有に属するか，③添付に寄与しながら，添付によって生じた物の所有権（または，共有持分権）を得られなかった者の利益をどのようにして保障するか，である。これらのうち，①は，所有権の客体の決定という物権法秩序の根幹に関わる問題である。したがって，これに関する定めは，強行法規である。それに対し，②と③は，私人間の利益調整の問題であり，これに関する定めは，任意法規（当事者の合意によって変更可能）である。

1 付　合

　付合は，不動産の付合（不動産と動産が結合する場合）と，動産の付合（動産どうしが結合する場合）に分かれる（不動産どうしの結合については，建物どうしの結合に関して，p. 196 の を参照。なお，建物は土地に付合しない〔⇒ p. 14 の 1〕）。

■1■ 不動産の付合

　1　総　論　　不動産の付合とは，不動産にその所有者以外の者が所有する別の物（以下，付属物）が結合して，その物が不動産の一部になったとされる（その結果，付属物の所有権が消滅する）ことをいう。ここにいう付属物は，動産を指すと解するのが一般的であるが，不動産であっても差し支えないとする見解もある（⇒ p. 196 の も参照）。

　不動産の付合は，典型的には次のような場合に問題になる。

> ### *Case 36*
> 　A 所有の甲土地に，B が桧の苗木（乙）を植栽した。後に A が成木となった乙を伐採して消費したため，B が，A に損害賠償の支払を請求した。
> ①　B は，自己所有地に植栽したつもりだったが，境界を勘違いしていた。
> ②　B は，営林のために A から甲土地に賃借権の設定を受けていたが，A が，境界を間違い，乙を自己の所有に属すると勘違いしていた。
> 　問題の所在　　①②のいずれにおいても，B が損害賠償を求める場合の根拠は，乙の所有権を侵害されたことである。したがって，ここでは，乙が B の所有に属するかが問題になる。

ある者（A）の所有する不動産（甲不動産）に他人（B）所有の物（乙）が「従として付合した」ときは，原則として，Aがその所有権を取得する（242条本文。厳密には，乙は，甲不動産の構成部分となり，独立の所有権の客体ではなくなる）。Bは，乙の所有権を失うが，乙を取得したAに対して，703条および704条の規定に従って償金を請求することができる（248条）。乙の所有権が消滅するため，その上に存した他の権利（たとえば，先取特権や質権）も消滅する（247条1項。先取特権者や質権者は，Bが受けるべき償金に対して権利を行使することができる〔304条1項，350条〕）。ただし，乙の付属が権原に基づくものであったときは，Bは，乙の所有権を失わない（242条ただし書）。

　A所有の甲不動産にB所有の乙が結合した場合に，甲不動産がAに，乙がBに帰属したままであるならば，AまたはBの請求により，甲不動産と乙は分離されることになる。ところが，甲不動産と乙を分離すると，その一方または双方が損傷し，大きな社会的損失となることがある。この社会的損失を避けるべく，物の存続をなるべく図らせようとして設けられたのが，不動産の付合の制度である（Bに乙の所有権を喪失させることにより，Bからの分離請求は封じられる。乙を得たAは，乙を自由に分離することができるが，そのための費用を負担しなければならないので，そう簡単に分離しないはずである）。権原による付属の場合に例外が認められるのは，この場合に不動産と付属物の所有権を別人に帰属させても，物の存続が危ぶまれることにならないからである。

　2　付合の成否　　242条本文は，不動産（甲）に物（乙）が「**従として付合した**」ときに，甲不動産の所有者（A）が乙を取得するとしている。問題は，「従として付合した」とはどのような場合をいうか，である。

　これについて，付属物または不動産を損傷しなければ分離することができないか，分離に過分の費用を要する状態になったことをいうとする見解（243条の場合と同様に解する見解）がある。

　この見解は，242条と243条を統一的に理解しようとするものである。しかしながら，両条では，付合の成立要件に関する文言も，付合による物権変動の起こり方も異なっている（242条では，付属された物の所有権が消滅し，不動産所有権は〔付属物を吸収して〕同一性を保って存続する。243条では，結合前の数個の動産の所有権が消滅し，合成物の所有権が原始取得されることがある）。そこで，242条では，243条が定める場合に限らずもっと広く，分離によって社会経済上容認することができない不利益を生ずるときに付合したものとされるとする見解がある（最判昭和

57・6・17 民集 36 巻 5 号 824 頁は，この見解に立脚するものと考えられる）。

取引通念上の独立性を基準とする見解
　付合制度の趣旨について，本文に述べた物の分離による社会的損失の防止を重視するのではなく，取引安全を確保するために所有権が及ぶ範囲（一物の範囲）を確定する必要性を重視する見方もある。そしてこれを基礎に，付合の成否は，付属物が取引通念上独立性を失ったと解されるかどうかにより判断されるとする見解もある。
　この見解は，かつて，とくに農作物や立木を念頭におき，耕作者または植栽者を保護するために有力に主張された。すなわち，農作物や立木は，土地と別個独立に取引の対象になるとされている。そこで，これらは土地に付合せず，したがって（権原の有無にかかわらず）播種者または植栽者の所有に属するとして，これらの者を保護しようとしたのである。
　この見解に対しては，耕作者等の保護の目的を十分に達することができないという批判がある。たとえば，*Case 36* では，樹木やその苗木は取引上の独立性を認められるから，この見解によると，B が権原の有無にかかわらず乙の所有権を有する。ところが，B に地盤の適法な占有権原がないときには（*Case 36* ①），A から甲土地の所有権に基づく妨害排除請求として乙の収去を求められると，B は，これを拒むことができない。この場合に，乙が成木になっているならば，伐採して売却することにより実質的に損失を免れうるかもしれないが，それ以前は，そうもいかない。この場合はむしろ，乙の甲土地への付合を認めるほうが，乙の所有権を失うものの A に償金を請求することができるので，B にとって有利ではないか，というわけである。
　これについては，次のことを指摘することができる。
　無権原の植栽者等の個人的利益を保護する必要があるとは考えられない。ただ，それとは別に，付属物の取引通念上の独立性は，付合の成否について意味をもたないわけではない。すなわち，取引通念上の独立性がないならば，取引の客体になりえないのであるから，その上に所有権を認めても仕方がない。したがって，取引通念上の独立性がなくなれば，付属物は不動産に当然に付合する。それに対し，取引通念上の独立性が認められる場合には，独立の権利客体と認める意味があるから，権原による付属かどうかにより付合の成否が決せられる（この点については，3(2) も参照）。

3　権原による付属の場合の例外　　物が不動産に従として付合した場合であっても，権原による付属のときは，付属物は不動産所有権に吸収されず，付属物の所有者は，その所有権を失わない（242 条ただし書）。

(1) **「権原」とは**　　ここにいう**権原**とは，他人の不動産に物を付属させてその不動産を利用する権利をいう。たとえば，地上権，永小作権，（建物所有や植栽，耕作等を目的とする土地の）賃借権がこれにあたる。

(2) **民法 242 条ただし書の射程**　　権原による付属の場合であっても，付属物の所有権の留保が認められないこともある。たとえば，A 所有の甲土地を A から賃借していた B が，自己の所有する土砂を投入して甲土地の土壌を改良した，というような場合である。この場合に，土砂の所有権が B に留保さ

れることはない。付属物について所有権の留保を認めることは，付属物を不動産と別個独立に取引することを認めるということである。ところが，土砂は，甲土地と別個独立の取引客体とすることに適しないほどに甲土地と一体化しているからである。

以上によると，付合は，二つに分けることができる。

一つは，付属物が不動産と一体化してその構成部分になったとされる場合（不動産と別個独立の取引客体として認めることができない場合）である。この場合に，付属物は「同体的構成部分」になったと表現され，このような付合は「強い付合」と呼ばれることがある。242条ただし書は，この場合には適用されない。

もう一つは，付属物が不動産に対して取引上の独立性を有すると認められる場合（不動産と別個独立の取引客体として認めうる場合）である。この場合に，付属物は「非同体的構成部分」であると表現され，このような付合は「弱い付合」と呼ばれることがある。242条ただし書は，この場合に適用される。

<blockquote>
(Case 36) において，甲土地に植栽された桧の苗木（乙）は，甲土地に接合しており，これを分離すると木として存立し，成育することができなくなる。したがって，乙は，甲土地に付合していると考えられる（最判昭和46・11・16判時654号56頁参照）。その結果，乙は，原則として，甲土地の所有者であるAの所有に属する。

①では，これを変更する事情はない。したがって，Aが乙を伐採しても，Bの所有権を侵害したことにならず，Bの請求は認められない（ただし，Bは，248条により償金の支払をAに請求することができる）。

②では，Bは甲土地に営林のための賃借権を有しているから，乙は，権原により付属されたことになる。そして，樹木は土地と別個独立に取引客体になりうるものとされているから，乙はBの所有に留まり，これを自己の所有と勘違いして伐採したAは，過失によりBの所有権を侵害したことになる。したがって，Bの請求は認められる。
</blockquote>

 種子が土地にまかれた場合における付属物の所有権の所在

　樹木や農作物の種子が土地にまかれると，その種子は土地と一体化する。ところが，それが順調に生育すると，苗や樹木，成育作物として土地と別個に観察されるようになり，取引上の独立性も認められる。つまり，時を経て強い付合から弱い付合へと変わる。この場合には，本文に述べたことによるならば，強い付合の段階では，権原に基づく播種であっても，種子の所有権は播種者に留保されない。そうすると，播種者は播種した時に種子の所有権を失い，そこから成育した作物等の所有権が種播者に帰属することはない，ということになりそうである。しかしながら，このような場合に，成育作物等の所有権は種播者に帰属するとされており（大判大正10・6・1民録27輯1032頁および最

判昭和31・6・19民集10巻6号678頁参照〔前者は無権原で播かれた種から生育した小麦について，後者は無権原で播かれた種から生育したきゅうりの苗について，権原に基づく播種であったならば，小麦やきゅうり苗の所有権は播種者に留保されるとした〕），この結論に対する異論はみられない。

　もっとも，この結論をどのように説明するかについては，若干の議論がある。

　一般的な見解は，端的に，種子所有権はいったん土地所有権に吸収されるものの，弱い付合状態になれば，成育物は播種者の所有に帰すると説明する。

　それに対し，これは理論的でないとして，強い付合の状態においても種子の所有権は潜在的に播種者に帰属しており，成育によってこの所有権が顕在化して，播種者の所有権の主張が認められることになるとする説明がある。

補論	**同前**

　種子がまかれたような場合には，その成育後（弱い付合となった段階）の法律関係にこそ焦点が当てられるべきである。種子は成育すれば独立の所有の客体になるはずのものであって，強い付合状態は，その過程における一時的状態にすぎないからである（また，そもそも強い付合の状態と弱い付合の状態とが截然と区別されるわけではない。たとえば，前掲最判昭和31・6・19は，種子から成育して2葉，3葉程度になったきゅうり苗の所有権を問題にしているが，このきゅうり苗が強い付合と弱い付合のいずれの状態にあるかの判断は微妙である）。したがって，整地のための土砂投入のように強い付合状態が終局的に生ずる場合と同様に考えることは，適当でない。

　種子がまかれて強い付合の状態にある間は，種子を他の土地構成部分と識別することは不可能であるから，種子所有権を認めることはできない。しかしながら，権原による播種であれば，成育物の所有権が播種者に帰属することに争いはない。そして，播種者の将来の成育物所有権は，強い付合状態においても播種者に一定の法的保護を与えなければ，守ることができない。播種者は，成育過程の強い付合の状態では種子所有権を有しないが，種子の成育という将来の発生不確実な事実が成就した場合に成育物の所有権を取得すべき地位を有しており，この地位は法的保護に値する。したがって，この地位は，期待権の一つとみることができ，128条〜130条の類推適用による播種者の保護が考えられてよいのではないか。このように解することによって，種子所有権の播種者への潜在的帰属を認めるという上の 発展学習 に述べた見解の意図するところも実現されるように思われる。

4　建物の増改築と付合　　権原に基づく付属物の所有権の留保に関して，建物の増改築については，特殊な考慮が必要になる。

Case 37

　Ａが甲土地を所有している。Ｂが，これを建物所有の目的でＡから賃借し，そこに居住用の乙建物を所有していた。Ｂは，乙建物をＣに賃貸していた。Ｃが，Ｂの承諾を得て乙建物の東側部分を改築した。Ａは，次のように主張して，Ｂに対して甲土地の賃貸借契約を解除する旨の意思表示をし，乙建物のＢ所有部分を収去して甲土地を明け渡すことをＢに請求した。すなわち，この改築により区分所有の客体となる部分（丙部分）が生じ，Ｃが丙部分の区分所有権を取得した。これにより，Ｃ

がBから丙部分の敷地部分の賃借権の譲渡を受けたか，その敷地部分を転借したことになるが，Aは，この賃借権譲渡または転貸を承諾していない。

 賃借人は，賃貸人の承諾を得なければ，賃借権を譲渡し，または賃借物を転貸することができない（612条1項）。賃借人がこれに反して第三者に賃借物の使用または収益をさせたときは，賃貸人は，賃貸借契約を解除することができる（同条2項）。

建物所有の目的で土地（甲土地）を賃借した者（B）が，借地上の自己所有建物（乙建物）を第三者（C）に賃貸した場合，Cは，乙建物を利用することにより甲土地を当然に使用することになる。しかしながら，これは，BからCへの甲土地の転貸にあたらないとされている（大判昭和8・12・11裁判例7号民277頁参照）。この場合には，Bが乙建物を所有することによって自ら甲土地を占有使用していることに変わりはなく，Cが乙建物を占有使用することによる甲土地の使用は，Bのその占有使用に従属するものにとどまるからである。

それに対し，甲土地上にCの（区分）所有に属する建物（部分）が存在する場合には，この建物（部分）はCが排他的に支配し，Bの支配が及ばないから，Bは，その敷地部分を自ら使用しているとはいえない。そのため，その建物（部分）がBの同意のもとに設置されたのであれば，Bは，Cに敷地部分の賃借権を譲渡したか，敷地部分を転貸したとみることができる。この場合には，その譲渡または転貸について賃貸人（A）の承諾がなければ，612条2項による賃貸借契約の解除の可能性が出てくる（もっとも，不動産賃貸借については，判例上，612条2項の要件に該当する場合であっても，背信行為と認めるに足りない特段の事情があるときは，賃貸人による解除は認められない〔最判昭和28・9・25民集7巻9号979頁ほか〕。したがって，Bによる無断譲渡または無断転貸があるとされても，実際に解除が認められるかどうかは，この特段の事情の存否次第である）。

 本事例では，丙部分が，乙建物の一部をなしBの所有に属するか，それともCの区分所有に属するかが問題になる。前者の場合には，Bによる甲土地の無断譲渡または無断転貸がなく，612条による解除が認められることはない。それに対し，後者の場合には，その可能性が出てくる。

(1) 付合の成否の判断基準　　建物は，1棟の建物が1個の物である。したがって，一物一権主義からすると，1棟の建物が1個の所有権の客体になるはずである。ところが，建物については，マンションなどから明らかなように，建物の一部も，構造上および利用上の独立性が認められる場合には，それが建物内部に作りこまれた部分であっても，独立の所有権（区分所有権）の客体になりうるものとされている（区分1条参照）。そこで，判例上，既存建物に建物所有者以外の者が増改築を施した場合には，増改築部分に構造上および利用上の独立性が認められるときは，その部分に区分所有権が成立しうるとされている（増改築部分の構造上および利用上の独立性を実際に肯定したものとして，最判昭和38・10・29民集17巻9号1236頁）。それに対し，増改築部分に構造上または利用

上の独立性のいずれかが認められなければ，その部分に独立の所有権が成立することはない（大判大正5・11・29民録22輯2333頁，最判昭和43・6・13民集22巻6号1183頁）。

(2) 「権原」の意味　建物所有者以外の者がした増改築によって構造上および利用上の独立性が認められる建物部分が生じた場合に，増改築者にその部分の区分所有権が認められるかどうかは，増改築者の権原の有無による。

増改築部分の区分所有権の成否をめぐる争いが現実に生ずるのは，建物賃借人（または使用借主）による増改築の場合である。この場合に，賃借権は，242条ただし書の権原に該当しない。建物賃借人は，建物を善管注意義務に従って保存し（400条），原状に復して返還する義務を負っており（622条），建物賃借権は，建物に変更を加える権能を含まないからである（606条も参照）。

もっとも，建物賃借人も，建物所有者たる賃貸人の承諾を得れば，建物に増改築を施すことができる。そこで，この場合に，賃借人は権原を有するといえるかが問題になる。

これについては，増改築の承諾を得た賃借人は権原を有すると認める見解もある。しかしながら，たとえば農作物栽培のための土地賃借権の設定は，そこで栽培された農作物を賃借人に帰属させることを当然の前提とするが，増改築の承諾は，これと異なり，通常，建物の現状に変更を加えることを認めるだけであり，その変更部分を賃借人に帰属させる趣旨を含むものではない。したがって，増改築の承諾が増改築部分の所有権を賃借人に帰属させる趣旨を含むときに，賃借人は権原を有すると認めるべきである（賃借人の区分所有権を認めた前掲最判昭和38・10・29は，賃借人が2階建て建物のうち賃借している1階部分を取り壊し，その跡に賃借人の費用で店舗を作ることにつき賃貸人の承諾があったという事案についてのものであり，この承諾は，当該店舗部分の所有権を賃借人に帰属させる趣旨を含むとみることができる）。

Case 37 において，丙部分に乙建物の他の部分からの構造上または利用上の独立性が認められない場合（たとえば，丙部分が浴室である場合や，乙建物内の他の居室部分を通らなければ利用することができない場合）には，丙部分につきCの区分所有権が成立することはなく，したがって，Aの請求は認められない。丙部分に構造上および利用上の独立性が認められる場合（たとえば，外部から直接丙部分に出入りすることができ，かつ，丙部分だけで建物としての何らかの用途に供することができる場合）であっても，Bがその部分の所有権をCに帰属させる趣旨で増築に承諾を与えたので

なければ，同様である。Bがその趣旨の承諾を与えていたときは，Cが丙部分の区分所有権を取得する。そのため，他の事情次第で，Aの請求が認められることがある。

5 民法242条ただし書によって留保される所有権の第三者への対抗

Case 38

　Aが甲土地を所有している。BがこれをAから賃借し，桧（乙）を植栽した。その後，Cが，Aから甲土地を買い受けて，乙を伐採して消費した。Bは，Cに対して損害賠償を請求したいと考えている。

問題の所在　　Bは，乙の所有権を侵害されたとしてCに損害賠償を求めることになる。したがって，Bの請求が認められるためには，Bが乙の所有権を有しており，その所有権をCに対抗することができることが必要である。Bは，権原によって乙を植栽しているから，乙の所有権を有すると認められる。そこで問題となるのは，Bは，この所有権をCに当然に対抗することができるかである。

　物が不動産に従として付合した場合であっても，242条ただし書に該当するときには，付属物の所有者は所有権を失わない。つまり，物権変動が何ら生じておらず，不動産所有者は，付属物につき無権利である。そうであれば，付属物の所有者は，その物につき不動産所有者との間で売買をした者など第三者に対して，当然にその所有権を対抗することができることになりそうである。ところが，242条ただし書によって留保される所有権は，権原についての公示方法（*Case 38* では，Bの甲土地についての賃借権の登記〔605条〕）か，付属物自体についての公示方法（*Case 38* では，乙についての明認方法）を備えなければ，第三者に対抗することができないとされている（最判昭和35・3・1民集14巻3号307頁，最判昭和37・5・29判時303号27頁参照。ただし，大判昭和17・2・24民集21巻151頁は，242条ただし書〔類推〕によって留保される立稲および束稲の所有権について，その対抗のために公示方法の具備を要しない旨を説示し，前掲最判昭和35・3・1は，これを前提として立稲等と立木との違いを論じている）。

　問題は，このようにされるのはなぜか，である。

　物が不動産に従として付合した場合，付属物は，客観的には不動産の一部となっている。そのため，第三者が付属物の所有権の留保を知ることは容易ではなく，第三者の利益と取引安全が隠れた物権の存在によって害されることを避ける必要がある（*Case 38* で生じた外形は，Aの所有に属する桧が甲土地と別個にBに譲渡され

た場合と，何ら異ならない）。また，物が不動産に従として付合した場合には，付属物は不動産の一部になることが原則であり，権原による付属であることによって，付属物は，例外的に物権の客体として不動産から独立のものとされ，付属者の所有にとどめられる。したがって，付属物が物権の客体として独立のものとされることは，物権変動の一種とみることもできる。そこで，付属物の不動産からの独立とその付属者への帰属の公示を求め，その公示方法の具備をもって対抗要件とされていると考えられる（Aの所有に属する桧が甲土地と別個にBに譲渡される場合の明認方法も，桧が甲土地と別個に物権の客体になることと，その物権のBへの帰属の両方を公示するものと考えられる）。

6 付属物の所有権を失った者の償金債権　付合が成立すると，付属物は不動産の一部となり，付属物の所有者（B）はその所有権を失い，不動産所有者（A）は利益を受ける。Aのこの受益は，242条によって生ずる結果であり，形式的には法律上の原因がある。しかしながら，実質的には不当利得にあたる。そこで，所有権を失ったBに，Aに対する703条および704条の規定に従った償金債権が与えられる（248条）。

建物賃借人による増改築と費用の負担

　建物賃借人が賃借建物に増改築を施した場合に，増改築にかかる費用は賃借人と賃貸人のいずれが，どのように負担するかという問題がある（同じ問題は，賃借人以外の占有者が占有物に改良を施した場合にも生ずる）。ここでは，BがAから賃借していたA所有の甲建物に増改築を施したが，増改築部分につきBの区分所有権が成立しなかった場合を例にとって説明する。

　この問題に関する規定としては，添付に関する248条と賃貸借に関する608条2項，占有者の費用償還請求に関する196条2項がある。608条2項と196条2項はほぼ同じ内容であり，賃貸借関係においてはもっぱら608条2項が適用されると考えられるので，ここでは，248条と608条2項の関係を整理する。

　248条によると，甲建物の所有者であるAは，703条および704条に従って償金債務を負う。したがって，BがAに無断で増改築をしたのであれば，Aは，Bの支出額を限度として，支払を求められた時点における増改築による甲建物の増価額の支払債務を負う（703条参照）。それに対し，BがAの承諾を得て増改築をしたのであれば，Aは，Bの支出額とその支払までの利息の支払債務を負う（704条）。Bは，増改築が完了し，そのための費用を支出したときに，償金の支払を求めることができる。そして，この償金債権の消滅時効期間は，その支払を求めることができる時から10年間，またはBがその支払を求めることができることを知った時から5年間であり，いずれかの経過により時効が完成する（166条1項）。また，償金債権はBが占有する甲建物に関して生じた債権であるから，Bは，賃貸借終了後も償金の支払を受けるまで甲建物を留置することができる（295条1項本文）。

　これに対し，608条2項によると，賃貸人であるAは，賃貸借終了時に，196条2項

の規定に従って有益費を償還しなければならない。この場合には，Aは，増改築が「有益」と認められる場合に（この点につき，次の 補論 を参照），Bの支出額か増改築による甲建物の増価額のいずれかを選択して支払う債務を負う（通常，低額のほうになる）。Bは，この費用償還を，賃貸借が終了しなければ求めることができない（608条2項の「賃貸借の終了の時に」）。また，Bが費用償還を請求することができる期間は，Aが甲建物の返還を受けた時から1年間に限られる（622条が準用する600条1項）。しかも，Bは，この費用償還債権を被担保債権として甲建物につき留置権を有するが，Aが裁判所から費用償還につき期限の許与（608条2項ただし書）を受けると，この留置権は認められない（さらに，学説のなかには，賃貸借終了後の原状回復を重んじて，そもそも有益費償還の問題を生ずるのは，増改築の結果の除去が不可能または困難である〔過分の費用を要する〕か，賃貸人が結果の除去を求めないときに限られるとする見解もある）。

　以上から明らかなように，一般論として，248条によるほうが，608条2項によるよりも，賃借人Bにとって有利であり，賃貸人Aにとって不利である。このように結果が異なるとすると，AとBの間にいずれの規定が適用されるかが問題になる。

　これについては，請求権競合の問題と捉えて，権利者であるBがいずれかを自由に選択して主張することができる（Bが選択した規定が適用される）とすることもありうる。しかしながら，608条2項は賃貸借の当事者の利害状況をとくに考慮して設けられた規定であるのに対し，248条ではそのような配慮がされていない（248条は，「実質的」不当利得の一般規定である）。したがって，賃貸借当事者間では，248条の適用は排除され，608条2項が適用されると考えるべきである（なお，同じことが196条2項と248条の適用関係についても妥当する）。

<table>
<tr><td>補論</td></tr>
</table>

民法248条による償金債務に対する疑問

　248条の償金債務には，債務者が添付の結果の発生に関与していない場合について，疑問がある。これを，A所有の甲建物にB所有の乙が付属した場合を例に述べる。

　所有者は，所有物の管理権を有し，他人の干渉を排除することができるのが原則である。それは，他人の行為等により利益がもたらされる場合も同じであり，所有者は，所有物に他人が変更を加えることを，その変更が所有物の価値を増大させるときでも拒むことができてしかるべきである。ところが，添付の場合には，所有者は，復旧を請求することができないばかりか，248条により償金債務を負わされる。先の例では，Aは，乙が甲建物に付合したならば，望んだわけではない乙の取得を（社会的損失の防止という理由から）押し付けられるだけでなく，それについて償金まで支払わされる。要するに，（場合によっては安価であるかもしれないが）「購入」を強制されるわけである。

　同じ問題は，賃借人への費用償還に関する608条2項や占有者への費用償還に関する196条2項においても，生じないわけではない。ただ，これらの場合には，所有者（賃貸人）の債務は「有益費」償還に限られており，そのことによって不合理な結果が避けられると考えられる。これを賃貸借について述べれば，次のとおりである。

　608条2項の「有益」性を，目的物の価値の増加があるだけで肯定する見解もある。しかしながら，賃貸借契約が締結されても，目的物をどのような状態にしておくかは，賃貸人が決めるべき事柄であることに変わりはない。そのため，賃借人は，契約期間中は使用収益のために目的物に適当な変更を加えることも許されるが，契約終了後は，原則として，目的物を原状に復して返還しなければならない（621条，622条による599条1項の準用）。目的物の価値増加の事実だけで608条2項の「有益」性を認める上記の見解は，この基本的な考え方と整合しない。ただ，賃貸借の場合には，賃借人は目的物

を契約目的に従って使用収益する権利を有するから，目的物がこの権利の実現のために備えているべき状態を欠くに至ったならば，賃借人は，賃貸人の負担で，その状態を確保することができてしかるべきである。この確保のための措置が目的物の原状の維持または回復に当たる場合には必要行為となり，目的物の変更（改良）に当たる場合には有益行為にあたると解される。

これによると，賃借人Bがその所有する乙を甲建物に付属させた場合には，次のようになる。賃貸人Aは，原則として乙の除去（原状回復）を求めることができる。ただし，（Aが乙を引き取る旨の合意があった場合は当然として）除去が不可能または著しく困難な場合（622条による599条1項の準用），そうでなくとも乙の付属が「有益」と認められる場合は別である。Aは，乙の除去を求めることができない場合において，乙の付属が「有益」と認められるときは，608条2項による費用償還債務を負う。それに対し，「有益」と認められないときは，賃貸借当事者間では248条の適用は排除されるべきであるから（⇒直前の 発展学習 末尾），乙取得の「対価」（償金）を支払う必要はない（賃貸借以外でも，占有者が目的物につき一定の目的に従った使用収益権を有する場合には，基本的に以上と同様に考えることができると思われる。占有者が目的物の使用収益権を有しないときは，別異に解する必要があるが，この占有者を使用収益権のある占有者よりも厚遇する理由はない。そこで，使用収益権を有しない占有者にも196条2項によって有益費償還請求権が与えられるが，その「有益」性は，物が通常の利用のために備えているべき状態を欠くに至った場合において，その状態を確保するために物の原状維持にとどまらない措置が講じられたときに認められると解される〔⇒ p.311 の 2 も参照〕）。

以上に対し，248条にはこういった限定がない。そのため，248条によると，たとえば，甲建物の賃借人（または占有者）CがB所有の乙を甲建物に付属させた場合や，甲建物の占有者でないBが何らかの事情で甲建物に乙を付属させたような場合には，Aは，その付属が自らにとっても甲建物にとっても不要なものであったとしても，Bから請求されたならば，乙の利益現存額の支払に応じなければならないことになる。しかしながら，このような場合のBを，Bが甲建物の賃借人（または占有者）であるときよりもAとの関係で厚く保護すべき理由はないと思われ，この結果には疑問がある。この疑問は，添付の場合において，添付の成否と損失者の償金債権が直接関連づけられ，他の事情（たとえば，利害関係当事者の添付への関わり方）が考慮されていないことに起因すると考えられる。したがって，添付の原因（誰の，どのような主観的態様による行為により生じたのか）や添付の結果の有益性なども勘案して，添付により経済的利益を受ける者が償金債務を負わない場合（Aが，乙を取得するが，償金支払を要しない場合）を認めるべきである。

2 動産の付合

所有者を異にする複数の動産が結合して一つの物（合成物）になる場合（たとえば，A所有の船体にB所有のエンジンが溶接された場合）を，**動産の付合**という。これについても，不動産の付合と同じく，結合した物の分離による社会的損失の防止を目的とする規定が設けられている。

動産の付合は，所有者の異なる複数の動産が結合して，損傷しなければそれらを分離することができないか，分離するために過分の費用を要するときに成立す

る（243条）。

　付合した動産の間に主従の区別をすることができるときは，合成物の所有権は，主たる動産の所有者に帰属する（243条）。所有権を失った者は，所有権を取得した者に対して償金債権を取得する（248条）。主従の区別をすることができないときは，合成物は，各動産の所有者が付合当時の各動産の価格の割合に応じて共有する（共有については，p. 201以下参照）。以上の場合において，各動産の上に存した権利の帰すうについては247条を参照。

　主従の区別については，各動産の価格が大きな意味をもつことが多いが，最終的には取引通念に従って判断されるというほかない（大判昭和18・5・25民集22巻411頁参照〔船体とエンジンの付合の場合において，エンジンのほうが著しく高価であるときには，エンジンを「主たるものとして取引される」ことがあり，その場合にはエンジン所有者に船舶が帰属しうることを示唆している〕）。

建物の合体

　242条が不動産と動産の結合を扱うものであるとすると，民法には，不動産どうしが結合する場合についての規定がないことになる。ところが，複数の建物が，その間を繋がれたり，中間の障壁が除去されたりして，1棟の建物になることもある。こういった場合は，建物の合体と呼ばれている。

　所有者を異にする建物の合体には，244条および247条が類推適用される（所有者の異なる複数の建物については，主従の区別をすることができないと考えられる）。たとえば，Aの所有する甲建物とBの所有する乙建物が，その間の障壁が取り除かれて1棟の建物（丙建物）になった場合には，甲建物と乙建物は滅失し，AとBの所有権はいずれも消滅する。そして，AとBは，新たな建物である丙建物を合体当時の旧建物の価格の割合に応じて共有することになる（244条類推適用）。甲建物にCの抵当権が設定されていたとすると，その抵当権は，Aの共有持分権の上に存続する（247条2項類推適用。以上につき，最判平成6・1・25民集48巻1号18頁）。

　Aが所有する甲乙二つの建物が合体した場合において，甲と乙が独立の建物であったときも，甲建物と乙建物は滅失し，新たな建物（丙建物）になる（それに対し，甲建物が乙建物の付属建物であった場合には，甲建物の滅失と乙建物の変更が生じたことになる）。丙建物は，当然，Aの所有に属する。甲建物にCの抵当権が設定されていたならば，丙建物上に甲建物の価格に応じた持分を観念して，Cの抵当権は，その持分上に移行して存続することになる（179条1項ただし書類推適用）。

　以上の場合の登記手続については，不登49条，50条，不動産登記規則120条を参照。

2 混　和

　所有者を異にする複数の物が混ざり合って識別することができなくなる場合を，**混和**という。A所有の酒とB所有の酒が混ざり合った場合や，X所有の証券と

Y所有の同種の証券が混蔵され識別不可能になった場合が，その例である。

　混和の場合には，動産の付合に関する243条または244条が準用される（245条）。たとえば，AがBから依頼されて宝くじ40枚を購入する際に，自己購入分10枚と一括して50枚の宝くじを購入した場合には，一括購入された宝くじ50枚全部がAとBの出資分の割合に応じた共有になるとして，（その後に共有物分割の協議が成立したのでない限り）当選金はAとBの出資分の割合に応じて分配されるとした下級審判決がある（盛岡地判昭和57・4・30判タ469号210頁）。

3 加　　工

❶　意義と成立要件

　他人の所有する動産（材料）に工作を加えて新たな物（加工物）にすることを，加工という。AがB所有の生地を洋服に仕立てる場合が，その例である。

　加工の成立には，工作によって新たな物が生じたことが必要である（大判大正8・11・26民録25輯2114頁）。このように解される基礎には，加工に関する246条は，加工物が材料との同一性を認められなくなった場合に，所有権の所在を明確化するためのものであるという理解がある。もっとも，「新たな物」であるかどうかは取引通念に従って決するほかなく，その判断は必ずしも容易でないことがある。そのため，重要なことは「新たな物」の製作ではなく，「新たな価値」の創造であるとして，新たな価値が作り出されたと認められる場合には加工に関する規定が適用されてよい，とする見解もある。

　たとえば，古美術品に大修繕が施された場合に，前者の見解では246条は適用されないが（前掲大判大正8・11・26），後者の見解によると，新たな価値が創造されたのであれば適用される。確かに「新たな物」の成否の判断は容易でないことがあるが，「新たな価値の創造」の有無の判断も容易であるとは限らない。また，物が物理的同一性を保って存続しているのに，他人が勝手に手を加えたことによって所有者に所有権を失わせることには違和感を覚える。

　246条は，動産の加工についての規定である。不動産に工作が加えられた場合，同条が類推適用されることはない。不動産は工作が加えられても別物になることがないため，類推の基礎がないからである。もっとも，新たな価値が創造された場合に246条の適用を認める見解からは，不動産を別扱いにする理由の説明は難しい（この点について，類推適用を認めると不動産上の抵当権を消滅させるおそれがある，と説明する見解がある。しかしながら，抵当権の目的たる権利が消滅した場合に，抵当権

は別の権利の上に存続するものとされる例があることから〔⇒ p. 196 の 発展学習，p. 235 の 発展学習〕この説明は説得的とはいえない）。

❷ 加工の効果

　加工物の所有権は，原則として材料の所有者に帰属する（246 条 1 項本文）。通常，材料に工作を加えるのであって，工作のために材料を用いるのではないからである。この場合，加工者は，材料所有者に対して償金債権を取得する（248 条）。

　ただし，次の場合には，加工物は加工者に帰属する。

　第一に，（加工者が全く材料を供していない場合に，）工作によって生じた価格が材料の価格を著しく超えるときである（246 条 1 項ただし書。たとえば，有名彫刻家が他人の木を使って木彫り人形を作ったとき）。このときには，工作のために材料を用いたと考えることができるからである。

　第二に，加工者が自己の材料を供した場合に，その材料の価格と工作によって生じた価格の合計価格が他人の材料の価格を超えるときである（246 条 2 項。たとえば，他人の小麦粉に，玉子や砂糖等を加えてケーキを作ったとき）。材料の価格を「著しく」超える必要はない。加工者が材料を供した場合は動産の付合の要素もあることから，このようにされている。

　以上の例外に該当する場合には，材料の所有者は，加工物の所有権を取得した加工者に対して償金債権を取得する（248 条）。

　加工物の所有権の帰属に関する上記の定めは，任意規定である。したがって，当事者間に合意があれば，それによる。そして，加工者が材料提供者からの依頼により加工する場合には，加工物は材料提供者の所有とする合意があると解されることが普通である（大判大正 6・6・13 刑録 23 輯 637 頁，最決昭和 45・4・8 判時 590 号 91 頁参照〔いずれも，加工を業とする者による加工の場合について〕）。

　建物の建築と添付法理
　　添付（とくに，付合と加工）に関する規定の適用に関して，建物の建築についてはとくに議論がある。
　　(1) 請負人が建物を完成させた場合の建物所有権の帰属
　　請負人が注文者の土地に建物を建築する場合には，完成した建物の当初の所有者は次のようにして定まるとするのが判例である。
　　請負人が材料の全部または主要部分を提供した場合には（建築請負においてはこれが普通である），建物所有権は，完成と同時に請負人に帰属する（そして，建物の引渡しによって注文者に所有権が移転する。大判大正 3・12・26 民録 20 輯 1208 頁ほか）。わが国では，建物は，土地と別個の不動産とされており，土地に付合しない（大判明治 37・6・

22 民録 10 輯 861 頁，前掲大判大正 3・12・26）。そのため，土地は建物建築の材料に含まれず，請負人が材料全部を提供したときは，請負人は自己の物に工作を加えたことになるから，完成建物の所有権は請負人に当然に帰属する。請負人が材料の主要部分を提供し，注文者も材料を一部提供したときは，246 条 2 項から完成建物の所有権は請負人に帰属する。

注文者が材料の全部または主要部分を提供した場合には，建物所有権は，完成と同時に注文者に帰属する（大判昭和 7・5・9 民集 11 巻 824 頁）。この場合には，246 条 1 項ただし書と同条 2 項は適用されない。適用排除の理由として，そうすることが当事者の意思に適することが挙げられている。

注文者と請負人が主従のない材料を一部ずつ提供した場合については，判例はないが，当事者の意思の推測を基礎にすることができないことから 246 条 2 項によるとするのが，加工法理を基礎に問題を処理する上記の判例法理と整合的であると思われる。

ただし，当事者間に特約がある場合は，それによる。実際に問題となるのは，請負人が材料の全部または主要部分を提供している場合に，注文者帰属とする特約があるときである。このときには，建物所有権は完成と同時に注文者に帰属する（大判大正 5・12・13 民録 22 輯 2417 頁，最判昭和 46・3・5 判時 628 号 48 頁）。そして，注文者が請負代金の全部または大部分を建物完成前に支払済みである場合には，注文者帰属の特約の存在が推認される（大判昭和 18・7・20 民集 22 巻 660 頁，最判昭和 44・9・12 判時 572 号 25 頁）。

以上の判例法理には，学説上批判も強い。批判の理由として，建物所有権は当初から注文者に帰属するものとすることが建築請負契約における当事者の通常の意思と考えられるから，注文者帰属を原則とすべきであること（反対の特約が排除されるわけではない），判例法理は請負人の報酬債権保護を目的とするものであるが，請負人に建物所有権を帰属させなくても他の法理（同時履行の抗弁権や留置権）によってその保護は可能であることが，挙げられている。

もっとも判例法理も当事者の特約の優先を認めるから，特約を緩やかに認定すれば，実際の結論にそれほど違いは生じない。

(2) 建物の完成前部分（建前）の所有権の帰属

建物建築の着工後・完成前の段階では，未完成部分（建前，出来形）が土地に定着した状態で存在することになる。この建前は，土地に付合せず，独立の動産であると解されている（次の(3)で述べる判例法理も，これを前提としている）。建物は土地に付合しないが，建前は建物になるべきものであるので，建物に合わせてこのように考えられている。

建前が土地と別個の動産であるとすると，その所有権が誰に帰属するかが問題になる。次の(3)で述べる判例法理は，請負人が材料を提供している場合について，建前は請負人に帰属することを前提としている。この場合も含めて建前の所有権の所在については諸説あるが，当事者間に特約がない限り，完成建物の所有権の帰属についてと同様に考えることが最も素直であると思われる（それと異なるものとする理由が見当たらない）。

(3) 建前を利用して第三者が建物を完成した場合における建物所有権の帰属

当初の請負人（A）が自ら材料を提供して建物を建築していたが（請負契約が解除されたため）途中で中止し，その建前（甲）を利用して（注文者から建物完成を請け負った）第三者（B）が材料を提供して建物（乙）を完成させた場合に，乙建物の所有権は A と B のいずれに帰属するかが，問題とされている。

この場合には，A 所有の動産である甲に，B 所有の別の動産である建築資材（まとめて，丙とする）が付合して乙建物が出来上がったとみて，243 条または 244 条を適用す

ることも考えられる。これによると，甲と丙に主従の関係が認められるときは，乙建物は主たる動産の所有者に帰属し，主従の区別がなければAとBの共有になる。

しかしながら，判例は，この場合には加工に関する246条が適用されるとしている（最判昭和54・1・25民集33巻1号26頁〔百選Ⅰ68事件〕）。建物建築の場合には，動産と動産の単なる結合ではなく，「材料に対して施される工作が特段の価値を有」するので，所有権の帰属の決定にあたってこれを評価すべきだからである。

この場合には，Bも材料を提供しているから，246条2項が適用される。したがって，乙建物の所有権はAに帰属することが原則であるが，B提供の材料価格にBの工作によって生じた価格を加えたものが甲の価格を超えるときは，Bに帰属する。なお，この価格の比較は，乙建物が建物としての要件を具備した時点（屋根瓦を葺き荒壁を塗り終えた建物は，床および天井を張っていなくても独立の不動産と認められるとするのが判例である〔大判昭和10・10・1民集14巻1671頁（百選Ⅰ10事件）〕。また，不動産登記規則111条も参照）ではなく，Bが工作を終了した時点でされるべきである。

3 共　　有

1 序　　論

1 共同所有とは

一つの物を複数人が共同で所有することを，共同所有という。

共同所有も物の所有形態の一つであるから，共同所有者は，物の管理，利用，処分をすることができる。もっとも，単独所有者と同じというわけにはいかない。それでは，他の共同所有者の権利を害することになるからである。共同所有には複数人が物を所有する団体をなすという側面もあり，共同所有者は，その団体の一員として物の管理，利用，処分をすることになる。したがって，共同所有者に認められる法的地位は，共同所有者の所有者としての側面と団体構成員としての側面を考慮して決められなければならない。共同所有者に所有者として認められる権能をどのような場合にどの程度の団体的拘束を受けるものとすべきかが，共同所有に関する最大の問題である。

2 共同所有の形態

> ***Case 39***
> 　10歳のＡが，伯父Ｂの自宅の庭で穴を掘って遊んでいた。Ａは，50cmほど掘ったところで，江戸時代の金貨（甲）を発見した。
>
> ***Case 40***
> 　離島でそれぞれ旅館を営んでいるＣ，Ｄ，Ｅは，宿泊客の送迎を共同で行うことにし，300万円ずつ出しあって送迎用に船（乙）を購入した。
>
> ***Case 41***
> 　Ｆは，山間にあるＧ村落に住んでいた。Ｇ村落には山林（丙山林）があったが，丙山林は特定の者や団体の所有に属するわけでもなく，江戸時代からＧ村落の住民が共同で管理し，山菜をとったり，伐木したりするなどしてきた。

　Case 39 では，ＡとＢが甲を共同で所有する。***Case 40*** では，Ｃ，Ｄ，Ｅが乙を共同で所有する。***Case 41*** では，ＦらＧ村落の住民が丙山林を共同で所有する。ただ，同じく共同所有といっても，それぞれの場合において，共同所有者

間の関係に違いがある。*Case 39* のＡとＢは，偶然，甲を共同で所有することになっただけである。*Case 40* のＣ，Ｄ，Ｅは，宿泊客の送迎という共同の目的のために，乙を共同で所有することにした。*Case 41* では，丙山林はＧ村落に代々伝わる財産であり，その住民がこれを共同で管理し，利用している。このような違いが，共同所有をめぐる法律関係に影響を及ぼす。

❶ 共同所有の原則形態

民法は，249 条以下において，共同所有の原則形態を**共有**と呼び，その法律関係を，おおよそ次のように構成している。

共有者は，各人が共有物に対して権利（持分または持分権）を有し，この権利を通じて共有物全体に支配を及ぼすことができる。共有者は，持分権をいつでも処分することができ，これにより共有関係から自由に離脱することができる。また，共有物の分割を求めることができる。これにより，共同所有関係を解消して，単独所有を実現することができる。

共有者の持分権は共有物の全体に及ぶ権利であるとしても，共有者の各人が同じ物に持分権を有するため，共有物の現実の占有，利用，管理，処分については，相互に制約しあうことにならざるをえない。そこで，共有物の管理が共有者の権利の割合（持分割合）に応じた多数決によるものとされたり，共有物の処分は共有者全員の一致によらなければならないものとされたりしている。

要するに，各共有者は，共同所有関係にある間の権利行使について一定の団体的拘束に服し，共同所有関係の解消またはそこからの離脱によりその拘束を免れる自由を有する。

民法の起草者は，共同所有では共同所有者が互いに権利を制約しあうことになるため，物が効率的に利用または処分されない結果になりがちであり，社会経済上好ましくないと考えていた。そのために，共同所有関係が容易に解消されるような規定が基本とされた。

❷ 共同所有者が持分権の処分等を制約される場合

もっとも，単独所有へと向かわせるための規定には，例外も存在する。たとえば，256 条や 257 条，組合財産に関する諸規定がそうである。256 条は，共同所有者が合意によって共有関係を継続させることを認めている。257 条は，境界標等についてはその性質上共有関係が永続されるべきものである（そうしなければ，かえって社会経済上好ましくない）ことから，共同所有者に分割請求を認めないも

のとしている。組合財産については，財産の共同所有は組合の事業を遂行するための手段であるため，共同事業の遂行に支障を来さないよう，共同所有者の持分権の処分の自由や分割の自由が制限されている。

発展学習　**組合財産の共同所有**

　組合財産は，組合員の共同所有に属し（668条。同条は「共有に属する」としている），組合員は，組合財産につき持分権を有する（676条参照）。ただ，組合は，組合員が共同の事業を営むために合意によって作る団体であり，その事業を営むための財産が組合財産である。したがって，組合財産が容易に減少させられるようでは，合意された共同の事業を営むことが不可能または困難になりかねない。そこで，組合財産の共同所有者としての組合員の法的地位は，■に述べた共有と異なり，次のように構成されている。すなわち，組合員は，確かに組合財産に対して持分権を有する。しかしながら，組合員は，持分権の処分の自由を実質的に制限されている（676条1項）。また，組合財産の分割請求の自由もない（676条3項）。組合員は，組合を脱退することができ（この脱退も，自由にすることができるわけではない。678条参照），脱退により持分権の払戻しを受けることができるが，その払戻しの内容についても，組合財産の種類にかかわらず金銭での払戻しとすることができるなど，組合および他の組合員の利益が考慮されたものになっている（681条）。

　以上の組合財産のように，共同所有者が持分権を有するが，その処分を制限され，財産分割の請求をすることができない共同所有形態は，しばしば，共有と区別して，**合有**と呼ばれている。学説のなかには，組合財産のほか，共同相続財産も共同相続人の合有に属するとするものもある。それに対し，判例上は，共有と異なる共同所有形態としての合有があるとはされていない（共同相続財産の性質は249条以下の「共有」と異ならないとされ〔最判昭和30・5・31民集9巻6号793頁〕，組合財産についても，「理論上は」合有であるとしても，667条以下に特別の規定がなければ，249条以下の規定が適用される〔最判昭和33・7・22民集12巻12号1805頁〕）。また，令和3年民法改正では，遺産共有についても249条以下の規定が原則として適用されることを前提として，種々の規定が設けられた（258条の2，262条の2第2項，262条の3第2項，898条第2項等）。なお，制定法上，信託法において合有という文言が用いられている（信託79条）。

　256条は，黙示の合意を排除するものではないから，当事者が共同所有の継続を前提とする関係を形成した場合に広く適用される可能性がある。組合財産に関する諸規定も，適用範囲が相当広い。667条1項にいう「事業」はとくに限定されていないため，当事者全員が出資をし，一定の目的のための営みに関与することを合意することにより組合契約が成立するからである（ただし，物を単に共同で所有することは「事業」に該当しない〔最判昭和26・4・19民集5巻5号256頁〕）。257条は，それ自体の適用範囲は広範とはいえないが，共同所有関係がその性質上継続を必要とするものであるときには，単独所有の実現に向けた共同所有者の権利が制限されるべきことを示すものとみることができる。

以上からすると，共同所有者は共同所有関係解消の自由を有するという原則は，共同所有者間に物を共同で所有しているという関係以外に特別の結びつきが認められない場合（たとえば，Case 39）にはそれによる，という意味にすぎないということができる。それに対し，何らかの共同の目的を実現するために物が共同で所有されているときには，関係解消の自由を認める共有の原則規定は，その目的の実現を妨げる限りで，修正または排除されるべきことになる。

　物の共同取得の場合について

　このような観点から共同所有を捉えると，共有に関する原則規定がそのまま適用される場合は，相当限定される可能性がある。

　たとえば，従来しばしば，民法上の共有を生ずる典型例として，数人が資金を出しあって物を買う場合が挙げられてきた。しかしながら，この場合に，共有に関する原則規定がそのまま適用されるとは限らない。物を共同で取得する場合には，物を共同で所有する何らかの目的があることも多かろう（たとえば，Case 40）。その目的は，「共同の事業」にあたることも珍しくなく，そうでないとしても（たとえば，前掲最判昭和26・4・19），共同所有関係がある程度継続されなければ実現されないものであることが通常だろう。そのような場合には，組合契約が締結されているか，分割請求を目的実現のために必要な期間禁ずる黙示の合意があるとみることができる（分割請求が封じられる期間は，さしあたり最長5年間に限られる。もっとも，その経過後も目的実現のために共同所有の継続を必要とする事情があれば，黙示の更新合意が認められて，分割請求が禁じられることもあるだろう〔256条参照〕）。したがって，物の共同取得の場合であっても，そのような合意の存在が認められるときは，共同所有関係の自由な解消を認める共有の原則規定は適用されないことになる。

❸　共同所有者に持分権が認められない場合

　財産が実態としては団体に属するが，その団体が法人格を有しない場合，法的には，その財産は団体構成員が共同で所有するとするほかない。ただ，構成員に共同所有者としての権利を認めることは，実態に反し適当ではない。そこで，その場合には，共同所有者は持分権を有しないとされる。このような扱いが認められる例として，入会財産（Case 41）や権利能力のない社団の財産がある。このような場合の共同所有は，**総有**と呼ばれている（入会財産につき，最判昭和41・11・25民集20巻9号1921頁。権利能力のない社団につき，最判昭和32・11・14民集11巻12号1943頁）。以下では，入会財産の共同所有の概略を説明する。

　Case 41 の丙山林のように，山林原野など（入会財産）が，特定の者に属するのではなく，長年，一定の地域の住民により共同で管理，利用されていることがある。このような場合を，**入会**という。入会財産は，実態としては，ある地域の住民の集団（入会団体）に属し，入会団体の定めに従って管理，処分される。

ところが，入会団体には法人格がない。そこで，実態に適した法的処理をするために，入会財産の所有関係は，次のように法律構成されている。すなわち，入会財産は，入会団体の構成員（入会権者）全員の共同所有に属する。もっとも，共同所有者たる入会権者は持分権を有しない（最判昭和 57・7・1 民集 36 巻 6 号 891 頁）。したがって，入会権者による持分権の処分，共同所有関係からの離脱（たとえば，転居）による払戻請求，入会財産の分割請求もありえない。入会権者は，入会財産の管理処分に関する決定に入会団体の構成員として関与することができ，また，入会団体の定めに従って入会財産から利益を得ることができる。さらに，入会団体の決定により入会財産が売却（処分）された場合に，入会権者が入会権を放棄していたときには，入会財産に対する共同所有者の権利関係が総有から通常の共有に変化し，売却代金債権について持分割合に応じた分割債権を取得する（なお，最判平成 15・4・11 判時 1823 号 55 頁も参照〔入会地が売却され，入会権者が入会権を放棄していた場合であっても，入会地の売却が入会団体の規約上その事業とされ，当該売却が入会団体の決議に基づいて行われており，入会地の売却後も他に入会地が残存するため入会団体が存続しているという事情の下では，売却代金債権は入会団体の総有に属するとした〕）。

発展
学習 **準 共 有**
　数人が，所有権以外の財産権（地上権等の用益物権，抵当権等の担保物権，債権といった民法上の財産権のほか，漁業権，鉱業権，著作権等の知的財産権などの財産権）を共同で有することがある。この場合は，**準共有**と呼ばれ，共有に関する 249 条～262 条，263 条が準用される（264 条本文）。
　法令に特別の定めがあるときは，共有に関する規定は準用されない（同条ただし書）。そして，この特別の定めはかなり多い（たとえば，債権については，多数当事者の債権関係に関する 427 条以下の規定が特別の定めに該当する）。また，「合有」や「総有」に該当するような関係には，単純に共有に関する規定が適用されるわけではない。そのため，共有に関する規定が準用されることはそう多くない（債権でいえば，賃借権〔大判昭和 8・11・22 判決全集（3）40 頁〕と使用借権〔大判大正 11・2・20 民集 1 巻 56 頁〕につき，「合有」や「総有」に該当しない場合に限られる）。

2　共有の法律関係

1　持分権（持分）

◼ **1**　意　義
　共有者が共有物について有する権利は，民法では，**持分**と呼ばれている。これ

は，共有物には全体として1個の所有権（共有権）があり，共有者はその所有権の分量的一部を有するという，民法起草者の理解（一物一権主義からの素直な理解）を反映したものである。

　これに対し，近時は，共有者の有する権利は所有権の一種（**持分権**）であり，その効力は，共有物の全体に及ぶものの，1個の物に同質の権利を有する者（同じく持分権を有する者）が複数あることによる制約を受けるとする考え方（共有の個人主義的性格を重視する考え方）が有力である。共有者が有する権利の性質の理解の違いは，いくつかの問題について考え方の違いを生ずることになる。

　権利の性質の理解には対立があるものの，その権利が所有権と同質の権利であること，割合的な権利であることは一致して認められている。なお，各共有者が共有物に対して有する権利の割合は，一般に，**持分割合**（持分率）と呼ばれる。民法の規定では，「持分」という文言が，共有者の有する権利の意味で用いられている場合（252条，253条2項，255条等）と，持分割合の意味で用いられている場合（249条1項・2項，250条，253条1項，261条等）とが混在している。本書では，権利の性質に関する理解のほかに，紛れを避けるためにも，基本的に，共有者が共有物につき有する権利を持分権，その権利の割合を持分割合と呼んでいる。

❷　内　容

　各共有者は，共有物の全部について，持分割合に応じた使用および収益をすることができる（249条1項。同条は使用についてのみ定めるが，収益についても同様と解されている）。もっとも，共有者すべてが共有物全部の使用収益権を有するから，その調整が必要になる（この調整については，p. 208の **2** 参照）。

　持分権には，共有物を処分する権能も含まれる。もっとも，この権能も共有者すべてが有するから，調整が必要になる。共有物の処分は，共有者全員の持分権の処分を意味するため，共有者全員の同意がなければすることができない（ただし，不動産の共有の場合には，所在等不明共有者〔共有者が他の共有者を知ることができず，またはその所在を知ることができない場合における，他の共有者（262条の2第1項）〕がいるときは，262条の3第1項の裁判により権限を得た共有者または裁判所の許可を得た所有者不明土地管理人〔264条の3〕もしくは所有者不明建物管理人〔264条の8第5項〕と所在等不明共有者以外の共有者全員の同意による処分がありうる）。

　持分権は，各共有者が自由に処分することができる（不動産の共有において所在等不明共有者がいるときは，その共有者の持分権を，他の共有者が262条の2第1項の裁

判により取得すること，所有者不明土地管理人〔264条の3〕または所有者不明建物管理人〔264条の8第5項〕が裁判所の許可を得て処分することがある）。持分権は共有者各人の権利であり，その処分は他の共有者の持分権に影響を及ぼさないからである。

持分権譲渡の他の共有者への対抗

　後述のように，共有物の（保存を除く）管理，変更，処分，分割には他の共有者との合意や協議を要することがある。そのため，持分権の譲渡があると，譲受人が，譲渡人と他の共有者による譲渡後の合意や協議による管理，分割等の効力を争うことがありうる。この場合に，譲受人は，持分権取得の主張に対抗要件を要するか。他の共有者が177条や178条の第三者に該当するかが，問題になる。

　対抗問題限定説（⇒p.65の〔発展学習〕）によると，他の共有者は，譲受人と持分権の取得をめぐって争うわけではないが，譲受人が分割，管理等の効力を争うことを他の共有者との共有物の支配をめぐる争いとみれば，他の共有者の第三者性を認めうるのではないか。取引関係説（⇒p.65の〔発展学習〕）によると，他の共有者の持分権取得の原因次第となるのだろうか（もっとも，これでは，共有者のなかに，第三者に該当する者としない者とが混在しうることになる）。

　他の共有者は，対抗要件の不存在を主張することができれば共有物の管理，分割等の効力を維持することができるが，その主張をすることができなければその効力を維持することができない。つまり，対抗要件の不存在の主張をすることができなければ，持分権の隠れた譲渡によって，共有物についての権利行使に制約を受ける。したがって，その第三者性を肯定してよいと思われる。

❸　持 分 割 合

　共有においては，持分割合が重要な意味をもつ。この割合は，次のようにして定まる。

　法律の規定がある場合は，それによる。たとえば，遺産共有の場合にも別段の規定がなければ249条以下の共有に関する規定が適用されるが，そのときは，各相続人（共有者）の持分割合は法定相続分，代襲相続分または指定相続分となる（898条2項）。共有者の持分割合（の算定の基準）を定めるものとして，ほかに，241条ただし書，244条等がある。

　規定がない場合には，持分割合は均等であると推定される（250条）。たとえば共有者間にこれと異なる合意があるときは，推定が破られることになり，持分割合はその合意によって定まる（黙示の合意でもよい。たとえば，Aが1000万円，BとCが各500万円を拠出して物を共同で購入したときは，A，B，Cの持分割合を2：1：1とする旨の合意が通常あると考えられる）。

　以上のようにして持分割合が定まった後に，共有者の一人の持分権が消滅したときは，その持分権は，他の共有者に，持分割合に応じて帰属する（255条）。他

の共有者は消滅する持分権につき権利や実質的利益を有するわけではないが，持分権が宙に浮いたり，国庫に帰属（959条）したりすることになる不都合を避けるため，このようにされている。

発展
学習 **民法255条と民法958条の2の適用関係**

　被相続人に相続人がない場合における相続財産の帰属について，958条の2は，特別縁故者（被相続人と生計を共にしていた者や被相続人の療養看護に努めた者等）が，清算後残存すべき相続財産の全部または一部を，その請求により，国庫に優先して（959条参照）取得しうることを定めている。

　他方で，255条は，共有者の一人が死亡して「相続人がないときは」，その持分権は他の共有者に帰属するものとしている。これは，他の共有者と国との共有になる不都合（両者にとって煩雑）を考えて，国庫帰属を避けるためである。したがって，同条にいう「相続人がないとき」とは，相続財産たる持分権が国庫に帰属するしかないとなったとき，つまり，すべての清算手続の終了後に残存しているときを指すことになる。

　そうすると，相続人なしに死亡した者の財産に共有持分権が含まれていた場合には，958条の2による特別縁故者への財産分与と，255条による他の共有者への持分権帰属の，いずれが優先するかが問題になる。

　判例は，特別縁故者への財産分与が優先するとしている（最判平成元・11・24民集43巻10号1220頁〔百選III 57事件〕）。その理由として，①958条の2（判決の当時は958条の3）が特別縁故者への財産分与を認める趣旨は，被相続人の合理的意思と特別縁故者の期待に沿うことにあり，この趣旨からすると，特別縁故者は相続人に準じて扱うべきものといえること，②特別縁故者への財産分与について，残存する相続財産が共有持分権である場合を，単独所有権である場合と区別すべき合理的理由がない（他の共有者は，被相続人の共有持分権につき権利も実質的利益も有しない）ことが挙げられている。

2 共有の内部関係

1 共有物の使用，変更および管理

　共有関係が継続する間には，共有者が，共有物を使用したり共有者以外の者に使用させたりすること，共有物の劣化や損傷の場合に原状の回復を図ることが当然ある。また，効用や機能の向上などのため共有物に変更を加えようとすることもありうる。単独所有の場合には，所有者は，こういったことをその一存ですることができる（206条参照）。これに対し，共有の場合には，共有者各人が所有権の一種または所有権に類似の権利である持分権を有するため，単独所有の場合と同じように考えることはできない。そこで，共有者は，共有物の使用，収益，変更等をどのようにしてすることができるかが問題になる。

Case 42

　A，BおよびCが，別荘用の甲建物を各3分の1の持分割合で共有している。

① 　Aは，ある1年間を甲建物で過ごしたいと考えている。

② 　Aは，甲建物内にある段差をなくし，廊下，浴室，トイレに手すりをつけたいと考えている。

③ 　Aは，間仕切り壁を取り払い，台所と2部屋を一つのLDKにしたいと考えている。

④ 　Aは，3人とも甲建物をしばらく利用できそうにないことが分かったので，甲建物を他人に賃貸したいと考えている。

⑤ 　Aは，甲建物が雨漏りしだしたので，修繕したいと考えている。

　1　共有物の使用　　持分権は共有物の全部についての権利であり，各共有者は，共有物の全部を使用する権利を有する。もっとも，共有者全員がこの権利を有するため，共有者は，共有物を単独所有者と同様に自由に使用することはできず，持分割合に従って使用することができる（249条1項）。その使用のあり方は，**共有物の管理に関する事項**の一つとして，共有者の間で持分権の価格の過半数により決定（以下，「過半数決定」ということがある）される（252条1項）。

　共有者は，持分割合を超えて共有物を使用する場合には，その使用につき過半数決定を得たときであっても，別段の合意があるときを除き，その超える使用の対価を他の共有者に償還する義務を負う（249条2項）。持分割合を超える使用は，実質的に他の共有者の権利の使用にあたるからである。別段の合意がある場合は異なるが，ここにいう合意は使用の対価にかかる合意をいう（無償とする合意のほか，持分割合と関わりなく使用の対価の額を定める合意も含まれる）。使用を認める過半数決定がされただけでは，賛成者との関係でも，無償使用の合意があるとはいえない。使用の可否と対価の要否は別の事柄であるところ，使用を認める者には無償とする意思があるとはいえないからである。

　共有物を使用する共有者は，その使用につき善管注意義務を負う（249条3項。遺産共有の場合も，相続の承認後は同じ。承認または放棄をするまでの間は，相続人は，その固有財産におけるのと同一の注意をもって管理する義務を負う〔918条〕）。他の共有者もその物に持分権を有するため，共有物の使用は他人の物の使用と同一視される実質を含むからである。義務に違反した使用により共有物を滅失または損傷させた共有者は，他の共有者に対し損害賠償責任を負うことになる。

（*Case 42*）①において，Ａは，ＢまたはＣの少なくとも一人の賛成を得れば，甲建物を１年間適法に使用することができる（Ａがその賛成を得ずに甲建物を独占使用する場合については，p. 220の２参照）。Ａが甲建物を使用する場合，Ａは，ＢまたはＣとの間で別段の合意があるときを別として，善良な管理者の注意をもって使用する義務，ＢとＣのそれぞれに甲建物の使用料相当額の３分の１の金額を支払う義務を負う。

2　**共有物の変更**　　共有物をある共有者が使用したり，共有者以外の者に使用させたりすることは，（他の）共有者の持分権の内容である共有物の使用収益権の行使を制約することになりうるが，持分権そのものを変動させることはなく，また，その制約は共有関係に当然に伴うものである。そのため，それらは，共有者のなかに同意しない者がいても（持分権の価格の過半数で）決定することができる。それに対し，**共有物の変更**（*Case 42*　②および③）は，各共有者の持分権の内容を変更することになる。そのため，共有物の変更をするには，本来，共有者全員の同意が必要になる（令和３年改正前民法251条は，そのように解される文言になっていた）。

しかしながら，共有者間での意思決定を経なければならないだけでも共有者にとって権利行使の小さくない制約になりうるところ，共有者全員の同意を要するとなると，その行為をすることが著しく困難になり，物の（有効な）利用を阻害すること（ひいては，共有者の共有物への関心の低下，それによる共有物の管理不全や過少利用等の社会経済上の損失の一因）になりかねない。また，物の現状を少しでも変えることは変更にあたり，保存行為にあたる場合を除き共有者全員の同意が必要であるとすること（たとえば建物の鍵の交換について，鍵が壊れたときは，保存行為として各共有者がすることができるが〔252条５項〕，防犯対策の強化を目的とするときは，変更にあたり共有者全員の同意が必要であるとすること）は，社会通念に反すると思われる。そうすると，保存にあたらない物の現状を変える行為について，共有者全員の同意を要するものとそうでないもの（過半数決定で足りるもの）の区別があってよいことになる。こういったことから，令和３年民法改正において，共有者全員の同意を要する共有物の変更から，共有物の「形状又は効用の著しい変更を伴わないもの」（以下，「軽微変更」という）が除かれた（251条１項。軽微変更は，過半数決定によりすることができる）。

形状の変更とは物の外観や構造等を変えることをいい，効用の変更とは物の機能や用途等を変えることをいうとされている。また，軽微変更にあたるか否かは，

変更を加える箇所および範囲，変更行為の態様および程度等を総合して個別に判断されるとされている。過半数決定を認めるべき最大の理由は共有物の（有効な）利用の阻害を防ぐことにあると解されるため，この総合判断においては，共有者一般にとっての変更の有用性の程度と各共有者の負担の程度（することができる変更の場合，そのための費用は各共有者が持分の割合に応じて負担することになる〔253条1項〕）が重要になると考えられる。たとえば外壁の塗装工事や屋上の防水工事等を含む建物の大規模修繕工事は，形状と効用の大幅な変更を伴わず，建物の長寿命化という共有者一般にとって有用な結果をもたらすことから，不相応に高額の費用を要する場合は別として，一般的には軽微変更にあたることになると解される。

　一部の共有者が軽微変更にあたらない変更を他の共有者の同意を得ずにしようとしている場合には，他の共有者は，その禁止を求めることができる（大判大正8・9・27民録25輯1664頁参照）。その変更がすでにされた場合には，原則として，原状回復を求めることができる（最判平成10・3・24判時1641号80頁参照）。ただし，原状回復が不可能であるなど特段の事情がある場合は，この限りでない。

> Case 42 ②の段差解消等は，程度によるため一概には言えないものの，一般的に言えば，建物の外観や構造を（さほど）変えるものではなく，バリアフリー化により将来も含めれば共有者一般にとって建物の利便性を高めるものであることから，軽微変更にあたると考えられる。その場合，Ａは，ＢまたはＣの少なくとも一人の賛成を得れば，段差の解消等をすることができる。これに対し，Case 42 ③のＡが望む間取り変更は，建物の構造を大きく変えることになり，共有者一般にとって建物の利便性を高めるとは限らず，相当高額の費用を要するとも考えられることから，軽微変更にあたらないと解される。したがって，Ａがその間取り変更をするためには，ＢおよびＣの同意を得る必要がある。

　3　共有物の管理　　共有物の管理に関する事項は，持分権の価格の過半数で決定することができる（252条1項前段）。共有物を使用する共有者がある場合も同じであり（同項後段），たとえば共有物の使用者の変更も過半数決定によりすることができるが，過半数決定に基づいて共有物を使用する共有者に特別の影響を及ぼすべきときは，その共有者の承諾を得る必要がある（同条3項）。

　共有物に関する事項には，共有者全員の同意がある場合にすることができるもの（軽微変更を除く変更，処分），各共有者がすることができるもの（保存行為），過半数決定を得てすることができるもの（以下，「過半数決定事項」という）がある。

したがって，252条1項前段にいう「共有物の管理に関する事項」とは，共有物に関する事項であって，軽微変更以外の変更，処分および保存行為を除くものということになる。ここには，共有物の利用のあり方，共有物の管理者（252条の2）の選解任を含む共有物の管理のあり方，共有物の軽微変更等が含まれる。

　共有物につき使用収益権（使用借権，賃借権，用益物権）を設定すること（*Case 42* ④）や既存の使用収益権を消滅させることも，共有物の変更，処分または保存行為以外の共有物に関する行為であるから，過半数決定事項にあたるはずである（最判昭和39・1・23裁判集民事71号275頁の判決要旨は「共有土地を賃貸する行為は，民法第252条［当時］にいう『共有物ノ管理ニ関スル事項』にあたる。」とし，最判昭和29・3・12民集8巻3号696頁は共同相続人の一人に対する家屋の使用貸借の解除を，最判昭和39・2・25民集18巻2号329頁は土地賃貸借の解除を，それぞれ過半数決定事項としている）。

　もっとも，ある者に対する使用収益権の設定は，（他の）共有者による目的物の使用，収益等の制約を伴う。そのため，存続期間が長期に及ぶ使用収益権の設定については，各共有者の持分権に対する制約が著しくなることから，その同意なしに認めることは適当でない。そこで，建物の場合には3年など比較的短い期間の使用収益権の設定が過半数決定事項とされ（252条4項），その期間を超える使用収益権の設定には共有者全員の同意を要するとされている。また，借地借家法の規定等による存続保障の対象となる使用収益権の設定は，252条4項に定められた期間内のものであっても各共有者の持分権を長期にわたり拘束することになりうるため，共有者全員の同意がなければすることができないと解される。

> *Case 42* ④の場合，Aは，甲建物につき期間が3年を超える賃貸借や借地借家法26条以下の規定が適用される賃貸借をするためには，BおよびCの同意を得る必要がある。期間を3年以内として定期建物賃貸借（借地借家38条参照）をするのであれば，BまたはCのいずれかの賛成を得ることで足りる。

発展
学習

共有物を使用する者の変更

　本文において述べたとおり，共有物を使用する共有者がいる場合，その使用が過半数決定を得てされているか否かにかかわらず，過半数決定により使用者の変更や使用条件の変更をすることができる。たとえば，*Case 42* においてAが甲建物を独占使用している場合に，BとCは，過半数決定によりBが甲建物を独占使用するものとすることができ，この決定がされたときは，Bは，Aに甲建物の明渡しを請求することができる。

　Aが過半数決定を得ていなかったときは，Aは正当な権原のない独占使用者であり保護に値しないから，これは当然である（⇒p.220の2も参照）。

Aが過半数決定を得ていたときも，その使用につき過半数決定により変更すること
ができる。そうしなければ，既得権の過剰な保護，共有物の使用についての最初の決定
の合理的理由のない優先，決定時の少数者および決定後に共有者となった者の持分権の
不当な軽視になりうるからである。もっとも，過半数決定を得て共有物を使用する共有
者は，その使用につき一定の保護に値する。そこで，新たな過半数決定がその「共有者
に特別の影響を及ぼすべきときは，その承諾を得なければならない」（252条3項）とさ
れている。そうすると，「特別の影響を及ぼすべきとき」の意義が重要な問題になる。
これについては，当該変更の必要性および合理性とその変更によって共有物を使用する
共有者に生ずる不利益とを比較して，共有物を使用する共有者が受忍すべき限度を超え
る不利益を受けると認められる場合が想定されている。たとえば，共有者の一人が，共
有地上に過半数決定に基づいて一定期間存続すべき建物を建築し所有している場合にお
いて，その期間が経過していないときや，生活の本拠や生計の手段として使用すること
を認める過半数決定に基づいて共有建物を生活の本拠等として使用している場合におい
て，経済状態も含めて生活の本拠等となる他の建物の調達が困難であるときに，その土
地または建物の使用者を他の共有者に変更するときが考えられる。
　過半数決定に基づいて共有者以外の者に契約により使用権を設定している場合，その
契約関係の解消は過半数決定事項であるが，その決定によって契約関係が当然に解消さ
れることにはならない。たとえば，*Case 42* において過半数決定に基づいてAがDと
の間で契約を締結し，Dがこの契約に基づいて甲建物を使用している場合，A，Bおよ
びCは，その契約を終了させ甲建物をBに使用させることを持分権の価格の過半数で
決定したとしても，AD間の契約の終了原因がない限り，その決定を実現することは
できない。AD間の契約が賃貸借契約である場合には，Aの一存でその賃貸借を終了
させることはできない。AD間の契約が使用貸借の場合には，598条1項または2項に
よる解除が可能なときは，新たな過半数決定を受けて，Aはその解除をすべきことに
なる。Aがこれをしないときは，BまたはCは，Aに代位してその解除をすることが
できる（423条1項本文）と解される。

補論　**過半数決定の方法**
　共有者間での過半数決定はどのようにしてされるか，たとえば，*Case 42* の場合に
おいて，AとBの賛成多数で決定がされるときに，A，BおよびCの協議により決定
する必要があるかが問題になる。
　過半数決定をするために，共有者全員で協議をする必要はないと解される。①共有物
の分割の場合（258条1項参照）と異なり，252条1項の過半数決定については，民法上，
協議が予定されていないこと，②そのため，協議が必要であるとすると，共有者のなか
に所在不明の者や意思能力を欠く者があるなどの場合，過半数決定を得るために252条
2項の裁判を経なければならないことになりうるところ，過半数決定事項には共有物の
日常的な管理に関するものが含まれるため，それは過剰な制約になると考えられること，
③協議ができないとき，または困難であるときは協議を要しないとすることはありうる
かもしれないが，その不可能または困難の判断は容易でなく，事後に争いになることも
考えられるため共有物の管理の妨げになりかねず，また，共有の法律関係が不安定にな
ること，④協議を要するとしたとしても，少数持分権者（持分権の価格の合計が2分の1
に満たない共有者）の意思または利益の尊重にどの程度つながるか，不確かであること，
⑤不満のある共有者は，持分権の譲渡や共有物分割の請求などによって，共有関係から
離脱し，または共有関係の解消を図ればよいことが，その理由である。

このように考えるならば，過半数決定は，共有者の一部の者だけで有効にすることができる（上の例でいえば，AとBの賛成により，Cの関与なしに過半数決定が有効に成立する）というべきである。法律関係の安定のためには，共有者全員で協議をすること，共有者の一部だけで過半数決定をした場合にはその決定を他の共有者に通知することが望ましい。しかしながら，協議または通知がされなければ決定の効力が認められないとすることは，少数持分権者は少数持分権者にとどまる限り決定を覆すことができないのであるから，共有物の適法な管理を益なく難しくすることにしかならないと思われる。

発展学習 **共有者間の意思決定不全への対応**

遺産分割未了のまま共同相続の開始が何度も続いた場合を典型例として，共有者が他の共有者またはその所在を知らず，相応の調査をしても知ることができないことがある（すなわち，共有者のなかに所在等不明共有者がいることがある）。この場合，共有物の変更は，何らかの手当てをしなければ，所在等不明共有者の同意を得られないためすることができない。過半数決定も，所在等不明共有者の持分の割合が2分の1以上の場合には，することができない。同じことは，共有者全員の存在と所在が判明しているものの，共有者のなかに，共有に関心を示さず，催告をされた後も意思を明らかにしない者（以下，「賛否不明共有者」という）がある場合にも起こる。これらの場合に共有物に関する決定をすることができないことは，所在等不明共有者および賛否不明共有者以外の共有者にとって不都合であるだけでなく，共有物の管理不全や過少利用を招く原因になりかねず，社会経済上も望ましくない。そこで，令和3年民法改正において，そのような場合であっても，共有物の管理または変更の意思決定を可能にするための方策が講じられた。

所在等不明共有者がいる場合（所在等不明共有者であることの認定については，p. 179の発展学習(1)参照）には，裁判所の決定を得ることで，所在等不明共有者以外の共有者全員の同意により共有物に変更を加えること（251条2項），所在等不明共有者以外の共有者の持分の過半数で管理に関する事項を決すること（252条2項1号）ができる。共有物の処分については，この方法を利用することはできないが，共有物が不動産の場合には，所在等不明共有者の不動産の持分権の取得（262条の2）または譲渡（262条の3）という別の方法（⇒p. 236の**3**参照）を用いることで，その処分が可能になる。

賛否不明共有者がいる場合には，同じく裁判所の決定を得ることで，他の共有者の持分権の価格の過半数で管理に関する事項を決することができる（252条2項2号）。この場合には，他の共有者だけで共有物の変更や処分をすることはできない。これは，賛否不明共有者がいる場合には，同意を得る機会はあるもののその同意を得られないだけのことであるため，同人の持分権をその意思によらずに変動させることを認めるべきでない，と考えられることによる。

4　**保存行為**　**保存行為**とは，もともと，共有物の現状を維持する行為をいい，*Case 42* ⑤のように共有物を物理的な滅失または損傷から保護しまたは回復させることがその典型例と考えられていた。もっとも，現在では，共有者全員の利益になる行為を広く含むとされることも多い（たとえば，p. 221の*(1)*参照）。

民法 252 条 5 項の意味

　持分（権）は共有物全体の上にある 1 個の所有権（共有権）の分量的一部であるとする見解による場合には，252 条 5 項は，各共有者にその共有権を単独で行使する権限を与える規定という意味をもつことになる。

　持分（権）が共有権の一部であるとすると，持分（権）を行使することは，共有権を行使することを意味する。ところが，共有権は共有者全員で有する権利であるから，その行使は共有者全員でしなければならず，共有者の一人または一部の者だけで行使することはできないはずである。しかしながら，それでは，共有物について何もできないことになりかねない。そこで，252 条 1 項前段が，一定の事項について，共有者全員の同意を要せず，過半数をもって全員の意思の決定とすることができるものとし，同条 5 項が，保存行為について，各共有者に単独で行う権限を付与することにした，と解されることになる。これによると，各共有者が保存行為を共有者全員のために行う権限を有することになるから，実際に行為をした共有者以外の共有者も，保存行為の結果に拘束されることになる（⇒ p.221 の 発展学習 も参照）。

　それに対して，持分権と共有関係を別個に観念する見解による場合には，持分権の行使は各共有者の権利の行使にすぎないから，その行使のために特別の権限付与を要しない。ただ，共有においては共有者全員が 1 個の物に持分権を有するため，持分権の行使は，単独所有権の行使のように自由なものではありえない。各共有者は，他の共有者の持分権や行為の自由（以下，「他の共有者の法的地位」）に干渉することが，原則としてできないからである。したがって，この場合も，各共有者はどのような場合に持分権を行使することが許されるかが，問題にならざるをえない。

　私的財産制と私的自治の原則を前提とする民法の下では，他者の法的地位への干渉は，その者の承諾や特別の権限付与がなければ，本来許されない。しかしながら，持分権も物権の一種であるから，各共有者は，その保全のために必要な行為をする権利を有する。その保全のための行為が，共有の性質上，他の共有者の法的地位への影響を伴わざるをえないことがあるが，これは共有者全員に同じように生ずる事態であるため，各共有者は，その権利や行為の自由に過大な制約を受けることにならない限りで，他の共有者の持分権保全のための行為を忍容すべき立場にあると解される（これは，共有関係維持に伴う団体的拘束の一種である。また，制約が過大であるかどうかは，持分権保全の必要性の程度と相関的に判断されることにならざるをえない）。

　共有物の現状が維持されなければ，共有者の持分権の現状も維持されない。そのため，共有物の現状を維持する行為は，共有者の持分権を保全する行為にあたる。また，共有者の一人が共有物の現状を維持するための行為をしたとしても，それによって他の共有者は不利益を受けるわけでも，何か行為を強制されるわけでもない。そのため，各共有者は，共有物の現状を維持する行為（＝保存行為）を単独で行うことができる。

　なお，この行為をする共有者は自己の持分権を行使し，他の共有者はその行使を妨げられないだけであり，行為をする共有者が他の共有者のためにする権限を付与されているわけではない（⇒ p.221 の 発展学習 と p.222 の 補論 を参照）。

共有物の管理者

　共有者が自己の持分権の行使を他人にゆだねられることに，疑いはない。共有物の管理を他人にゆだねることも，これを禁ずる理由はなく，可能であるはずである。また，これができれば，共有者間で一々決定する手間が省けて便利でもある。ところが，令和 3 年改正前の民法には，その可否に関する規定がなく，したがって選任の方法や選任さ

れた管理者の権限などを定める規定もなかった。そこで, 令和3年民法改正において, 共有物の管理の円滑化を図るという観点から, 共有物の管理者 (以下, 単に「管理者」という) に関する規定が設けられた。

管理者の選任と解任は, 共有者が持分権の価格の過半数で決することができる (252条1項前段かっこ書)。

選任された管理者は, 共有物の保存と過半数決定事項を当然にすること (選任に賛成しなかった共有者との関係でも有効にすること) ができる (252条の2第1項本文)。

これに対し共有物の変更 (軽微変更を除く) をするためには, 共有者全員の同意を要する (252条の2第1項ただし書)。また, 各共有者の持分権の譲渡等の処分や共有物の処分をすることはできない。それらは「共有物の管理に関する行為」にあたらないからである。管理人の地位にある者が, 共有者にゆだねられて持分権や共有物の処分をすることはありうるが, それは, 共有物の管理者としての行為ではなく, 個々の共有者の受任者としての行為である。

管理者は, 共有者が決したこと (保存行為, 過半数決定事項のほか, 共有者全員から変更についての同意を得ている場合において, 共有者が全員で決したことを含む) に従わなければならない (同条3項)。管理者は一種の受任者にあたるからである。これに反する管理者の行為は共有者に対して効力を生じない (同条4項本文) が, 共有者は, その無効を善意の第三者 (管理者の行為が共有者の決定に反することを知らない第三者) に対抗することができない (同項ただし書)。管理者の権限は252条の2第1項および第2項に法定されており, 管理者が従わなければならない共有者の決定はその権限の行使にかかる内部的制約にとどまることから, 法定の権限に対する信頼は取引安全の見地から厚く保護されるべきであるとして, 第三者の過失の有無は問わないこととされている。

以上に述べたことは, あくまで, 管理者の行為が共有物の管理や変更として有効か否かの問題であり, 管理者がした契約上の効果 (債権, 債務, 契約上の地位) が共有者に及ぶかどうかは別の問題である。

たとえば, A, BおよびCが各3分の1の持分割合で共有する甲建物について, AとBの賛成でAが管理者に選任され, Aが, Dとの間で期間3年の定期建物賃貸借契約を締結し, Dに甲建物を引き渡したとする (なお, 管理者は, 共有者以外の者でもよい)。

この場合, Dは, 甲建物を適法に使用収益することができ, Cもそれを争うことはできない。それに対し, 管理者の選任に賛成しなかったCはもちろん, 賛成したBも, AがDとの間で締結した賃貸借契約の当事者になるわけではない。たとえば, Dが甲建物の修繕の費用を支出した場合, 費用償還請求の相手方は賃貸人 (608条1項) であるAであり (共有者の一人としてのAではない), BまたはCはその相手方にならない。そのうえで, AがDの請求に応じて支払をした場合, これは共有物の管理の費用にあたるため, Aは, 共有者として, その費用の償還をBまたはCに請求することができる (253条1項)。また, Dの賃料不払により賃貸借を解除することができる場合, 解除権を行使することができるのは賃貸人であるAであり, CはもちろんBも, その行使をすることはできない。

管理者は, 共有物の管理に関する契約を自らが当事者となってすることができる。それに対し, 共有者, 上の例ではBまたはCを契約の当事者にするためには, 代理権が必要となる。そこで, 管理者の選任に賛成した共有者はその代理権を管理者に授与したことになるかが問題になる。これについては, 管理の委託と代理権の授与は別の事柄であり, 管理者選任への賛成は代理権の授与を当然に意味するものでないと考えられる。

2 共有物に関する費用の負担

1 費用等の負担

> ## Case 43
>
> Case 42 ⑤において，Aが雨漏りの修繕をYに依頼し，代金30万円を支払った。
> Aは，BとCにも負担を求めたいと考えている。
>
> 共有物の管理のために，費用を要することがある。また，共有物が不動産など
> の場合には，公租公課などの負担が生ずる。こういった共有物の管理費用等は共
> 有者がどのように負担することになるか。負担に応じない共有者がある場合には
> どうなるか。これらが，ここでの問題である。

共有物の管理費用等は，各共有者が持分割合に応じて負担する（253条1項）。

共有者がこの負担義務を1年以内に履行しないときは，他の共有者は，相当の
償金を支払って，その者の持分権を取得することができる（253条2項）。この権
利は，他の共有者すべてが行使することができる（Case 43 では，Cが義務を履行
しない場合，Aだけでなく，Bも権利を行使することができる）。その行使は不履行者
に対する一方的意思表示によってされるが，持分権取得の効果を生ずるためには，
「相当の償金」を現実に提供することが必要である。

Case 43 の場合，通常の債権債務関係ならば，Aが，義務を履行しない者に
債務不履行責任を問うたり，その者の財産に強制執行をかけたりするしかない。
しかしながら，共有者は，共有関係にあることにより当然に団体的拘束を受ける
ところ，義務を履行しない者との関係でもそのような拘束を甘受させることは適
当とはいえない。そこで，他の共有者に上記のような権利が認められている。

> Case 43 において，Aは，BとCに，各10万円の支払を請求することができ
> る。たとえばCがこれに応じないまま1年が経過したならば，AまたはBは，C
> の持分権の価格に相当する金額を支払って，Cの持分権を取得することができる。
> Bがこの権利を行使してCの持分権を取得した場合には，Aは，Bに対して，C
> の負担分10万円の支払を求めることができる（254条。次の2を参照）。

2 共有に関する債権の特則

他の共有者に対して共有に関する債権を有す
る共有者（Case 43 のA）には，債権確保のために，次の二つの特別な方法が認
められている。

第一に，債権者たる共有者は，共有物についての債権を，債務者たる共有者
（Case 43 のBまたはC）の特定承継人に対しても行使することができる（254条。

包括承継人に対しては，この規定がなくても債権を行使することができる）。これは，観点を変えれば，共有持分権の承継は，他の共有者に対する共有物についての債務の承継を伴うということである。ただ，そのような債務の存在が公示されるわけではないから，持分権の特定承継人が不測の損害を被るおそれがある。そのため，254 条が適用される債権は，一定の範囲（たとえば，共有者としての使用，収益または処分の権限に関する債権）に限定されるべきであるとされている（大判大正 8・12・11 民録 25 輯 2274 頁は，共有物買入資金の借入債務とその借入れに要した費用につき，「共有と相分離すべからざる共有者間の権利関係」ではないとして，254 条の適用を否定している）。

第二に，共有に関する債権について，共有物の分割（⇒ p. 230 の **2**）に際して，債務者たる共有者に帰属すべき部分をもってその弁済をさせることである（259条 1 項）。このために必要であるならば，債権者たる共有者は，債務者に帰属すべき部分の売却を請求することができる（259 条 2 項）。なお，259 条 1 項の「共有に関する債権」については，254 条のように限定的に解釈すべき事情がないので，共有関係に起因する一切の債権がこれに該当する。

3 共有物にかかる権利の主張

1 問題の所在

共有物を第三者が無断で占有したり，共有者の一部の者が独占したり，あるいは共有地と隣地との境界が不明確だったりすることがある。こういった場合に，（他の）共有者は共有物に関する権利を行使して争うことになるが，どのような権利を，どのようにして行使することができるかが問題になる。すなわち，共有者各人は，持分権を有する。持分権は，所有権と同質の権利であるから，各共有者が自由に行使することができてよさそうである。ところが，共有の場合には，同一物につき持分権を有する者がほかにもあるため，持分権の主張を単純に所有権の主張と同様に考えることはできない。共有者がその持分権を主張する場合であっても，他の共有者の権利や利益に影響を及ぼすときは，その主張を許してよいかを考える必要がある。また，争いによっては，共有者が各自の持分権を主張するのではなく，共有者全員で物を支配する関係にあることを主張することがある。その場合には，全員にかかわる関係を一部の共有者だけで主張することを認めてよいかが問題になる。

❷ 共有者が共同してすることを要する場合

　共有者全員が共有関係に立つことに基づく対外的な法的主張は，各共有者が単独ですることはできず，共有者全員でしなければならない（〔固有〕必要的共同訴訟という。なお，共有者間での法的主張は，すべて❸の問題となる）。たとえば，物を共有していることの確認を求める訴え（大判大正 10・7・18 民録 27 輯 1392 頁，大判大正 13・5・19 民集 3 巻 211 頁，最判昭和 46・10・7 民集 25 巻 7 号 885 頁），共有名義への所有権移転登記手続請求（前掲最判昭和 46・10・7），共有地の境界（筆界）確定を求める訴え（最判昭和 46・12・9 民集 25 巻 9 号 1457 頁，最判平成 11・11・9 民集 53 巻 8 号 1421 頁）がその例である。

　共有者全員で訴えを提起しなければならないとなると，共有者の中に訴えの提起に同調しない者（⇒下の 発展学習 ）や所在不明の者がある場合（目的物が不動産のときは，所有者不明土地管理人〔264 条の 2 第 1 項〕または所有者不明建物管理人〔264 条の 8 第 1 項〕の選任を経て，その管理人を加えることで訴えを提起することができる。もっとも，これは相当面倒である）には，訴えの提起が難しくなる。また，訴えの提起後に，一部の者が訴えを取り下げることはできない（前掲最判昭和 46・10・7）。そこで，とくに共有者が多数である場合の不都合を考慮して，共有物にかかる権利の対外的主張はすべて，次に述べる持分権の（対外的）主張の問題として扱えばよいとする見解もある。

発展学習 　**共有者の中に訴えの提起に同調しない者がある場合**
　　共有者の中に訴えの提起に同調しない者がある場合については，判例上，非同調者を被告に加えて訴えを提起することが認められるときがある。
　　前掲最判平成 11・11・9 は，共有地の境界（筆界）確定の訴え（本質は非訟事件であり，権利関係の存否を確定するものではない）について，隣接地の所有者と非同調者とを被告にして訴えを提起することができるとしている。
　　また，最判平成 20・7・17 民集 62 巻 7 号 1994 頁は，ある土地が入会地であるか第三者の所有地であるかに争いがあり，入会集団の構成員の一部がその第三者に対し当該土地が入会地であることの確認を求めようとする場合において，訴えの提起に同調しない構成員があるときは，非同調者を被告に加えて構成員全員が訴訟当事者となる形式で，入会権確認の訴えを提起することができるとした。これは，非同調者がある場合であっても，民事訴訟を通じて入会権の存否を確定する必要があること，入会権の存在を主張する構成員の訴権は保護されなければならないこと，このような訴えの提起を認めて判決の効力を入会集団の構成員全員に及ぼしても，構成員全員が訴訟の当事者として関与するため，構成員の利益を害することはないことを理由とする。これらの理由は，共有関係の確認を求める訴えについても妥当すると考えられる。
　　なお，第三者に対して共有名義への所有権移転登記手続を請求することは，共有関係の確認を超えるものであるため，前掲最判平成 20・7・17 の射程に収まるとはいいが

たい。

3 各共有者が単独ですることができる場合

共有物にかかる権利の主張が他の共有者の法的地位に影響を及ぼさなければ，各共有者が単独でこれをすることができることに疑いはない。ところが，その主張が他の共有者の法的地位に影響することも珍しくない。そういった場合に，各共有者が単独で権利を主張することができるか，できるとすれば，その理由はどこにあるかが問題になる。

　1 持分権の確認等　たとえば，共有地について第三者が所有権を主張している場合には，共有者各人は，単独で，自己の持分権の確認を求めることができる（前掲大判大正13・5・19，最判昭和40・5・20民集19巻4号859頁）。共有者が自己の権利である持分権の確認を求めることで，他の共有者の権利が直接影響を受けることはないからである。同じ理由から，各共有者は，単独で，自己の持分権について第三者の取得時効の完成を阻止することができる（大判大正8・5・31民録25輯946頁）。

 共有物が及ぶ範囲の持分権に基づく確認
　本文に挙げた最判昭和40・5・20は，隣接する甲土地と乙土地の境界をめぐる紛争事例において，甲土地の各共有者は，係争地の所有権が自己に属すると主張する乙土地の所有者（共有者の一部の者）に対して，係争地につき持分権を有することの確認を単独で訴求することができるとした。これは結局，各共有者が，共有物全体についての範囲の確認を，持分権に基づいて単独で求めることができるということである。共有地の筆界確定の訴えは固有必要的共同訴訟であるとされているが，これは，筆界が不動産登記法上の手続において定められるものであり（不登123条以下参照），所有者どうしの合意等によって定めることができるものではないからである。それに対し，持分権が及ぶ範囲の前提となる隣地との「境界」は，いわゆる「所有権界」であり，所有者どうしの合意によって定めることができ，その確定によって筆界が定まり，または変更されることにならない。

　2 共有物にかかる物権的請求等

Case 44
　A，BおよびCが，甲建物を各3分の1の持分割合で共有している。
①　Cが，Aに無断で甲建物の取壊工事を始めた。Aは，工事の中止をCに求めたいと考えている。
②　Dが，A，B，Cの誰からも許しを得ずに，甲建物に住んでいる。Aは，甲建物の明渡しをDに求めたいと考えている。

③　Ｃが，ＡとＢの同意なしに，甲建物を独占的に利用している。Ａは，甲建物の明渡しをＣに求めたいと考えている。
④　Ｅが，Ｂから許しを得て，甲建物を独占的に利用している。Ａは，甲建物の明渡しをＥに求めたいと考えている。

(1)　妨害排除請求　　各共有者は，共有物に対する妨害の排除を，単独で請求することができる（大判大正 7・4・19 民録 24 輯 731 頁，大判大正 8・9・27 民録 25 輯 1664 頁，大判大正 10・7・18 民録 27 輯 1392 頁）。妨害者が共有者以外の第三者である場合も（前掲大判大正 7・4・19，前掲大判大正 10・7・18），共有者の一部の者である場合も（前掲大判大正 8・9・27）同じである。

共有物に対する妨害の排除は，その請求をした共有者の持分権を保護すると同時に，共有物自体（したがって，他の共有者の持分権）を保護するものでもある。そのため，各共有者がその請求を単独ですることができる理由が問題になる。これについては，持分権に対する侵害である以上，各共有者は持分権に基づいて請求することができるとする見解と（以下，持分権説。前掲大判大正 8・9・27〔ただし，「所有権」の侵害であるとする〕），共有物に対する妨害であるが，252 条 5 項の保存行為に該当するため，各共有者が単独で請求することができるとする見解がある（以下，保存行為説。前掲大判大正 10・7・18）。

Case 44 ①では，甲建物の取壊しは共有物の処分であり，これをするには共有者全員の同意が必要である。Ａは，これに同意していないから，単独でその差止めを請求することができる。

発展学習　**持分権説と保存行為説の対立と共有者の権利の性質**
　持分権説と保存行為説とでは，ある共有者が起こした訴えの結果に他の共有者が拘束されるか（既判力が他の共有者に及ぶか）の点で違いを生ずるといわれることがある。すなわち，持分権説によると，訴訟に関与しなかった他の共有者はその訴訟の結果に拘束されないが（たとえば，*Case 44* ①において，Ａが訴訟追行上の失策などにより敗訴しても，Ｂは，同様の訴えを提起することができる），保存行為説によると，訴訟に関与しなかった他の共有者もその訴訟の結果に拘束されることになる（*Case 44* ①において，Ａが敗訴した場合には，Ｂは同様の訴えを提起することができない），と説かれることがある。
　これは，先に述べた共有の法律構成（共有者が共有物について有する権利の性質）をどのように理解するかの対立に関わる。
　共有の法律構成については，大別すれば，前述のとおり，共有物には全体として 1 個の所有権（共有権）があり，その共有権が各共有者に量的に分属しているとする見解（以下，「α説」）と，持分権は 1 個の所有権であり，共有物には共有者の数だけの所有権があるが，それらが互いに権利の行使を抑制しあうことになるとする見解（以下，「β

説」）がある。

α説によると，持分は共有権の量的一部であるから，持分の行使は，他の共有者と共同で有する権利の行使を意味することになる。そのため，共有者が持分を行使して共有物を管理または処分するためには，他の共有者との関係でそれをすることができる権限を有しなければならない。この権限は，他の共有者の同意により得られるが，共有者全員の同意を得なければ何もできないというのでは，共有物の維持や管理が適切に図られないことになりかねない。そこで，各共有者にこの権限を与えるために用意されたのが252条（共有物の保存行為については同条5項）であるとされる。

β説によると，持分権の行使は，各共有者固有の権利の行使であるから，そのために特別の権限を要しない。ただ，共有者の一人が持分権を行使して共有物の管理または処分をすると，その効力が他の共有者にも及ぶことがあるから，その場合にこれを正当化する根拠が必要になる。その根拠は，持分権が「共有物の全部に」（249条1項参照）及ぶ権利であることに求められている。また，この見解による場合には，他の共有者にその権利や利益を保護する機会をどのようにして保障するかが問題になる。

α説において，共有者の一人による共有物に関する法的主張を保存行為によって正当化する場合には，その法的主張は，他の共有者にも法的効力を及ぼす資格に基づいてされるものとなり，他の共有者をも拘束することになる。そのため，たとえば共有者の一人による訴えが保存行為として許容される場合には，他の共有者も，その訴訟の結果に拘束される。それに対し，β説によるならば，各共有者は自己の持分権の行使として訴訟を提起するだけであるから，その結果が他の共有者に及ぶことにはならない。

補論　**持分権説と保存行為説について**

もっとも，保存行為説に立って共有者の一人による訴訟の結果が他の共有者に及ぶとすることには，反対説もあり，実際に疑問がある。

保存行為説は，252条5項が（保存行為は共有者全員の利益になることから）各共有者に共有物の管理または処分の権限を与えるという理解に基づいている。しかしながら，これは，あくまで，持分は共有権の量的一部であり，持分の行使は当然に共有権の行使になるという理解を前提とする場合のことである。それに対して，前述（p. 215 の 補論 ）のとおり，252条5項は，他の共有者の法的地位に影響を及ぼすことを理由に，各共有者が自己の権利（持分権）を保全するための行為すらすることができなくなることを防ぐための規定であると理解することもできる。この場合には，保存行為をする共有者にとっては，その権利の保全に必要な行為を禁じられないだけで十分であり，他の共有者のためにも共有物の管理または処分をする権限まで与えられる必要はない。また，そのような管理または処分の権限を認めると，他の共有者の権利（持分権）をその意思によらずに他人が動かすことを認めることになり，私有財産制の採用と私的自治原則の承認と相容れない。このように考えるならば，保存行為を根拠として共有者の一人による訴訟を許す場合も，その判決の効力は他の共有者に及ばないと考えることができる。

もっとも，このように考える場合には，各共有者による単独の権利行使の根拠を保存行為と持分権のいずれに求めるかで，実際にどのような違いがあるかが問題になる。

共有物が侵害されれば，各共有者の共有物に対する権利も当然に侵害されることになる。各共有者は，自己の権利（持分または持分権）の侵害に対して，その権利に基づく物権的請求権を行使することができると一般的に認めるならば，ここで問題となるのは，この物権的請求権の行使が，他の共有者の法律関係に生ずる影響を考慮して制限されるべきかどうかである。そして，一方で，252条5項において，まさにこの考慮がされて

いるとみることができ，他方で，252条5項とは別に共有者に自己の権利の主張を許していてよいかどうかを判断する際にも，常にこの考慮が必要になる。したがって，保存行為説と持分権説とで，基本的な判断枠組みは異ならない。ただ，共有物を物理的な損傷や侵害から守り，維持しようとする場面では，保存行為を根拠とすることが端的である。それに対し，そうでない場面では，保存行為を根拠とすることは，真に考慮されるべき点を覆い隠すおそれがある。そこで，その場合には，共有者の一人が，自己の権利の行使によって，他の共有者の法的地位に影響を及ぼすことが許されるかが判断されるべきであると思われる。

発展
学習 **共有物に対する不法行為を理由とする損害賠償請求**

物権的請求の問題ではないが，*Case 44* ①のような場合には，共有者が不法行為を理由とする損害賠償を請求することも考えられる。この場合には，各共有者は，自己の持分権の割合に応じてのみ損害賠償を請求することができる（最判昭和41・3・3判時443号32頁，最判昭和51・9・7判時831号35頁）。これは，共有物が金銭債権に変じた場合，その金銭債権は持分割合に応じた分割債権として各共有者に帰属する（427条）からである（共有物の売却代金債権につき，最判昭和52・9・19判時868号29頁，最判昭和54・2・22判時923号77頁〔ただし，共同相続財産たる土地が遺産分割前に売却された事例〕）。

(2)　共有物の返還の請求　　共有物の返還の請求については，一般に次のように解されている。

(a)　第三者に対する請求　　共有者以外の第三者が共有物を無断で占有している場合，各共有者は，単独で，共有物全部の返還を請求することができる。その根拠について，かつては，共有物に対する侵害であり，保存行為に該当するからであるとされていた（大判大正10・6・13民録27輯1155頁，最判昭和31・5・10民集10巻5号487頁）。これに対し近時は，持分権が侵害されているからであるとする見解が有力になっている（ほかに，大判大正10・3・18民録27輯547頁は，不可分債権であるからとしている〔この場合には，428条が適用されうる〕）。

(b)　共有者の一部の者に対する請求　　共有者のなかに共有物の全部を正当な権原によらずに現に占有している者（以下，「現占有共有者」という）がある場合，他の共有者は，たとえその持分権の価格の合計が半数を超えるときであっても（このときの他の共有者を，以下，「多数持分権者」という），現占有共有者に当然には共有物全部の返還を求めることができない（最判昭和41・5・19民集20巻5号947頁〔百選Ⅰ70事件。他の共有者は，返還を求めるために，その返還を求める理由を主張立証しなければならないとする〕）。他の共有者は，持分権を侵害されているが，多数持分権者であるというだけでは共有物全部の使

用収益を独占する権限を有しないこと，そうであるのに共有物全部の返還を命ずると，現占有共有者の持分割合に応じた使用収益を妨げる（その持分権を侵害する）結果になること（要するに，全部返還は，持分権保全の限度を超える過剰な結果であること）が，その理由である。

　この場合に他の共有者がとりうる手段として，以下のものが考えられる。

　第一に，自己の持分割合に応じた共有物の使用収益に対する妨害の停止を請求することである（大判大正 11・2・20 民集 1 巻 56 頁参照）。もっとも，この請求に実効性はほとんどない。

　第二に，現占有共有者に対し，その持分を超える使用の対価の支払を求めることである（249 条 2 項）。

　第三に，共有物の使用のあり方は，共有物の管理に関する事項であり，共有物を使用する共有者があるときも持分権の価格の過半数をもって決することができる（252 条 1 項）。そこで，他の共有者が共有物をもっぱら使用することとするなど，現占有共有者は占有することができないものとすることを持分権の価格の過半数で決定して（この決定のあることが，前掲最判昭和 41・5・19 のいう返還を求める理由になると考えられる），この決定に基づいて現占有共有者に返還を請求することである（ただし，252 条 1 項による過半数決定は共有者の権利の行使の一つであるから，多数持分権者が現占有共有者を害するためにした場合など決定が多数持分権者の権利の濫用にあたるときは，その決定に効力は認められない）。

　第四に，持分権を他に譲渡するか，共有物の分割を求めることである。

　(c)　共有者の一部の者から占有を承認された第三者に対する請求　　共有者の一部が過半数決定を経ずに共有者以外の者（以下，「第三者」という）に共有物の占有を認め，その第三者が共有物全部を現に占有している場合は，*(b)*の現占有共有者に対する返還請求の場合と同様に扱われる（最判昭和 63・5・20 判時 1277 号 116 頁）。この場合の第三者は，共有者の一部との間の契約に基づいて共有物を占有しているとしても，その契約は，過半数決定に基づくものではないため，他の共有者との関係で占有を正当化する権原にならない。したがって，第三者は，承認を与えた共有者の権利に基づいて占有しているだけだからである。

3　共有物にかかる登記請求

> **Case 45**
>
> 　Ｚが死亡した。Ｚの相続人は，その子であるＡ，ＢおよびＣである。Ｚは，死亡の当時，甲土地を所有していた。
> ①　Ｚの生前に，ＺとＤの間で甲土地につき売買が仮装され，Ｄへの所有権移転登記がされた。Ａが，その抹消登記手続を求めてＤを訴えた。
> ②　甲土地について，ＡとＢが知らないうちに，相続を原因とするＣへの所有権移転登記がされた。これに気づいたＡが，その抹消登記手続を求めてＣを訴えた。
> ③　Ｃの申請に基づいて，甲土地につき相続を原因としてＡ，Ｂ，Ｃの持分の割合を各３分の１とする所有者移転登記がされ，その後すぐに，Ｃの持分権全部について，代物弁済を原因とするＥへの持分移転登記がされた。ところが，ＣとＥの間の代物弁済契約は，虚偽表示によるものだった。Ａが，ＣからＥへの持分移転登記の抹消登記手続を求めてＥを訴えた。

　(1)　完全な*無権利者名義の登記がある場合*　　登記名義人が実体上何らの権利も有しない場合には，各共有者は，その登記の抹消登記手続を単独で請求することができる（最判昭和31・5・10民集10巻5号487頁〔所有権移転登記の抹消登記手続請求について〕，最判昭和33・7・22民集12巻12号1805頁〔所有権保存登記の抹消登記手続請求について〕）。その根拠としては，保存行為に該当するからであるとする考え方（前掲最判昭和31・5・10，前掲最判昭和33・7・22）と，持分権に基づく妨害排除とする考え方がある。

（**Case 45**）①では，Ｄは甲土地に何の権利も有しておらず，Ｄへの所有権移転登記は無効な登記であるから，Ａの請求が認められる。

登記全部の抹消を求めることができる理由

　　無権利者名義の登記の抹消登記手続請求が保存行為に該当するならば，各共有者がその全部抹消を求めることができることは当然である。ただし，その請求が保存行為にあたることの説明が必要になる。

　　ここでの抹消登記手続請求を各共有者が持分権を根拠にすることができるとする場合には，この請求は，物権たる持分権に基づく妨害排除請求となる。その請求は，各共有者の持分権の回復に必要な限度で認められ，その範囲を超えて認められることはない。そうであれば，共有者の一人の請求による登記の全部抹消が認められるためには，それを認めなければその共有者の持分権が保全されないという事情のあることが前提となる。

　　各共有者は，持分権の登記が妨げられているから，その回復を求めることができる。この場合に，回復を請求する共有者の持分権の限度での更正登記が可能ならば，それによることで十分であり，持分権の保全の限度を超える登記全部の抹消登記手続請求を各共有者に認めることはできない。ところが，全くの無権利者が登記名義人となっている場合には，いったんその登記を抹消しなければ，請求者たる共有者の持分権の登記をすることができないため，手続上の制約により更正登記をすることができない（⇒(2)）。したがって，無権利者名義の登記全部の抹消を認めなければ，各共有者の持分権が保全されないことになる。また，そもそも，共有不動産について不実の登記があることは，共有不動産の適正な管理や処分（したがって，持分権の管理や処分）に支障を来たしうること，将来無用の紛争に巻き込まれるおそれがあることなどから，それ自体が各共有者の持分権に対する妨害にあたると考えられる（⇒(3)も参照）。

　　以上から，各共有者（**Case 45** ①のＡ）は，無権利者（Ｄ）名義の登記の抹消登記手続を請求することができてよい。そして，その手続をＤに命じても，それだけでは他の共有者（ＢやＣ）の法的地位に変動を生じない。したがって，各共有者は，自己の持分権に基づいてこの手続を単独で請求することができる。

　　なお，**Case 45** ①においてＡが勝訴の確定判決を得たならば，Ａは，単独で抹消登記の申請をすることができると考えられる。抹消登記は，本来，登記権利者と登記義務者が共同して申請すべきものであり，**Case 45** ①では，ＺとＤの共同申請となる。ただ，Ａが勝訴の確定判決を得れば，Ｄの申請は不要になる（不登63条1項）。また，Ｚはすでに死亡しているから，ここではその相続人であるＡ，Ｂ，Ｃが共同して申請することが本則である。しかしながら，この申請はＡの持分権の保全に必要な行為であり，かつ，Ａの単独申請を許しても，ＢとＣに全く不都合はない（むしろ，利益になる）。そのため，ＢとＣはＡの単独申請を忍容すべきものと考えられるからである。

無権利者を共有者の一人とする所有権の登記がされている場合

　　Case 45 ①と異なり，たとえば，ＸとＺが各2分の1の持分割合で建物を共有しているのに，Ｘ，Ｙ，Ｚの持分割合を各3分の1とする所有権保存登記がされている場合のように，無権利者を共有者の一人とする所有権の登記がされている場合には，無権利者（Ｙ）の持分権の登記の抹消登記手続請求は，登記手続上の制約（1個の登記の一部のみの抹消登記手続は許容されない）から，認められない（最判平成22・4・20判時2078号22頁）。この場合，真実の権利関係に合致させるためには更正登記手続によることにな

るが，共有者の一人（X）は，その持分権に対する妨害排除として，無権利の登記名義人 Y に対し，自己の持分権についての更正登記手続をすることができるにとどまり，他の共有者の持分権についての更正登記手続まで求めることはできない（前掲最判平成22・4・20）。そのため，権利関係を登記上すべて正しく表示するためには，共有者全員による訴えが必要になる。

(2) ***共有者の一人の単独所有名義で登記がされている場合*** 　共有不動産について共有者の一人の単独所有名義の登記がある場合には，他の共有者は，その全部の抹消登記手続を請求することができるとは限らない。他の共有者は，共有名義の登記に改める更正登記手続（一部抹消登記手続）をすることができる場合には，自己の持分権の限度での更正登記手続を請求することができるにとどまる（最判昭和 38・2・22 民集 17 巻 1 号 235 頁〔百選Ⅲ 77 事件〕，最判昭和 59・4・24 判時 1120 号 38 頁）。したがって，他の共有者の持分権まで含めて正確に表示した登記に改めるよう請求することもできない。登記手続の制約から更正登記手続をすることができない場合には（更正登記は，更正の前後を通じて登記としての同一性がある場合に限って認められるため〔最判平成 12・1・27 判時 1702 号 84 頁〕，更正によって登記名義人が異なることになる場合や，登記の個数が増えることになる場合はすることができない），他の共有者は，全部抹消登記手続を請求することができる（最判平成 17・12・15 判時 1920 号 35 頁）。

> *(Case 45)* ②の C は，甲土地の共有者の一人であるため，C への所有権移転登記は，C の持分権を超える部分については実体関係に合致していない。ただ，この場合には，共有名義の登記に改める更正登記手続をすることができるため，A は，この登記の全部抹消登記手続を請求することができない。

 発展学習　更正登記手続が可能である場合に，請求をした共有者の持分権の限度での更正登記手続しか認められない理由

　共有者の一人（C）の単独所有名義の登記がある場合も，実体関係に合致しない登記の存在自体が持分権に対する妨害になるという，前記の理屈（⇒ p. 226 の **発展学習**〔上の方〕）はあてはまる。ただ，C は共有者の一人であるから，その持分権の限度で登記は実体関係に合致しているとみることができる。したがって，他の共有者（A または B）が，その登記の全部抹消を求めることはできない。

　ここでの登記は，A と B の持分権を表示していない限度で無効な登記である。もっとも，A の持分権を保全するために，B の分も含めて更正登記をすることは，訴訟に関与しない B に手続を命じることを意味する。これは，私的自治の原則に照らせば，B の法律関係への過大な干渉になると考えられる（*(1)* の場合には，無権利者に抹消登記手続を命じるだけで，他の共有者に何かを命じるわけではない）。そのため，A は，自己の持分権の限度でのみ，更正登記手続を求めることができる。

これに対し，更正登記手続が手続上の制約からできない場合には，登記全部の抹消登記手続請求が認められる。これを認めなければ，Ａの持分権を保全することができず，また，これを認めても，持分権に本来含まれない過剰な結果をＡに与えることにも，Ｂの法的地位に影響を及ぼすことにもならないためと解される。

(3) 共有者の一人が不実の持分移転登記をした場合

共有の登記が真正にされている場合において，その後に共有者の一部の者の持分権につき不実の移転登記がされたときは，他の共有者は，持分権に基づいて，単独でこの移転登記の抹消登記手続を名義人に請求することができる（最判平成15・7・11民集57巻7号787頁〔百選Ⅰ71事件〕）。その理由は，「不実の持分移転登記……によって共有不動産に対する妨害状態が生じているということができる」からとされている（同最判）。

> **Case 45** ③では，ＣからＥへの持分移転登記は，無効な契約を原因とするものであり，無効である。そのため，Ａは，その抹消登記手続をＥに請求することができる。

補論 **不実の持分移転登記の抹消登記の実現**

　Case 45 ③でＡのＥに対する抹消登記手続請求が認められる理由は，前掲最判平成15・7・11によると，「共有不動産に対する妨害」があるからであるが，共有物に対する妨害は，持分権に対する妨害を当然に伴うと解される。そこで，共有者の一人であるＡは，その抹消登記手続を求めることができてよいはずである。そして，この手続をＥに命じても，それだけではＢとＣの法的地位に変動を生じない。したがって，Ａは，この手続を単独で求めることができる。

　そうするとつぎに，この抹消登記をどのようにして実現するかが問題になる。

　抹消登記の申請は，本来，登記権利者（Ｃ）と登記義務者（Ｅ）が共同でしなければならないが，ＡがＥに対する勝訴の確定判決を得れば，Ｅの申請は不要になる（不登63条1項）。問題は，Ｃの申請を要せず，Ａが単独で申請することができるかである。

　これについては，Ａによる単独の申請を認める見解が有力である。

　確かに，この場合に抹消登記がされることは，Ｃの利益にもなる。しかしながら，この利益を受けるために申請するかどうかは，Ｃにゆだねられた事柄である。各共有者は，他の共有者の法的地位への過剰な干渉にならない限りで，持分権を保全するために共有物に関して単独で行為をすることができるとするならば，Ｃの申請を不要とすることはできない。

　Ｃは無効な登記を出現させた妨害者の一人であるから，Ａは，Ｃに対し，妨害の除去として抹消登記手続を請求することができるはずである。そのため，Ａ単独での抹消登記の申請を認めることが，便宜であるとも考えられる。しかしながら，Ｃも，Ｅと同じ妨害者であるから，Ｅが任意に妨害を除去しない場合にはその除去を求めてＥを訴えなければならないのと同じく，Ｃが任意に妨害の除去に応じない場合にはＣを訴えなければならないというべきであり（必要的共同訴訟とする必要はない），Ｃが共有者の

一人であることは，この理を変更する事情にならないはずである。このように考えたとしても，Ａにとって（手間は増えるかもしれないが）持分権の保全がとくに困難になるわけでもないから，不都合はないと思われる。

これによると，Ａは， *Case 45* ①の場合には単独で登記の申請をすることができるのに，③ではできないという違いを生ずることになる。①においてＡの単独の申請を認めることは，ＡがＢおよびＣと共同ですべき行為を一人ですることを，Ａ自身の持分権保全のために必要であり，ＢとＣにとって不利益にならないことから，共有による団体的拘束を受ける立場にあるＢとＣは妨げることができないとするにとどまる（Ａに，ＢとＣに代わって，またはＢとＣのために登記申請をする権限が認められるわけではない）。それに対し，③においてＡ単独の申請を認めることは，他人Ｃの持分権に関する登記の申請を，それにつき何らの権限も有しないＡがＣに代わってすることを認めることを意味する（Ａに，Ｃに代わって登記申請をする権限を認めることになる）。したがって，①と③を同列に論ずることはできず，違いが生じても問題ないと思われる。

発展
学習 **共有物にかかる権利の行使に関するまとめ**

共有物にかかる訴訟の形態についての判例の変遷をまとめると，次のようになる。

大審院は，当初，原告側が共有者である訴訟について，相当広くこれを固有必要的共同訴訟としていた。しかし，その範囲は，保存行為や持分権の行使であるという理由づけにより，次第に狭められてきた。そして現状では，共有者が個別に持分権を主張するだけでは十分でなく共有関係の主張を要すると考えられる場合と，共有者が共有関係を主張して争う場合にのみ，固有必要的共同訴訟であるとされている。具体的には，先に述べたとおり（p. 219 の**2**），共有関係確認の訴え，共有名義への移転登記手続請求，共有地の筆界確定を求める訴えがある。共有関係の確認は，当事者がまさに共有関係にあることを主張するものである。共有名義への移転登記手続を求める訴えは，各共有者の持分権の主張の束であると捉えることも不可能ではないが，共有者が共有関係を主張するものであると捉えるほうが自然である。筆界確定の訴えは，特定の地番の土地と土地との間の公法上の境界線を確定するためのものであり，係争土地の所有権の範囲や帰属と直接には無関係であるが，筆界が確定されるとそれらの土地の所有者が実際上大きな影響を受けるため，両土地の所有者に当事者適格が認められている。そして，土地が数名の共有に属する場合には，筆界の確定について共有者全員が共同の利害関係を有しており，また，公法上の境界線の確定は，共有者全員について一つであるべきである。そうすると，この訴訟は，共有者全員で行わせるべきである。こういった事情から，ここに挙げたものは，固有必要的共同訴訟とされている。

これら以外の訴えは，共有者が個別に提起することができるものとされている。

固有必要的共同訴訟とすると，共有者のなかに訴訟提起に同調しない者や所在不明者がある場合に訴訟の提起が不可能または困難になりうることから（ただし，非同調者がある場合には，一定の工夫が判例上されていることにつき，p. 219 の <div style="border:1px solid; display:inline-block; padding:1px">発展
学習</div> を参照），以上のような傾向は，共有の個人主義的な性格に合致するものとして，おおむね肯定的に評価されている。

もっとも，各共有者が個別に訴訟を提起することができるとすると，相手方が多重応訴の負担を強いられることがある。また，個別の訴訟提起を認めても，後訴は前訴の判決に（強く）影響されることが普通であり，実質的意味に乏しい面もある。これと反対に，ある共有者の訴えと別の共有者の訴えで異なる内容の判決が出されたときは，法律関係が不安定になることもある。こういった事情を考慮して，紛争の１回的解決を図り

うるという固有必要的共同訴訟の利点を強調する見解もある。なお，共有者の一人による訴訟提起を保存行為を理由に許しつつ，その既判力を他の共有者に及ぼすならば，固有必要的共同訴訟の欠点を避けつつ紛争の1回的解決を図ることができるようにみえる。しかしながら，その場合には，共有者の一人が提起した訴訟の不利益な結果に，他の共有者が十分な手続保障がないまま拘束されることになりかねないという問題がある。

4 共有関係の解消

1 共有関係の解消の方法

　共有は，共有者が互いに権利の行使を制約しあう不自由なものであり，物の過少利用という社会経済上の損失の原因にもなる。そのため，共有者が共有関係を容易に解消することができるようにしておくことが望ましい。

　共有関係の解消の方法には，持分権の譲渡，共有物の譲渡，共有物の分割の三つがある。いずれにおいても，当該の物を一人の者が単独で所有するに至るとは限らず，共有関係が残ることがある。そのときは，共有の上記難点は完全には解消されない。そうであっても，共有者の構成は変わり，しかもそのなかに少なくとも一人は共有物に関心を有する者がいることが通常であるため，共有物の使用，収益または処分の促進を期待することができる。したがって，上記三つの方法のいずれについても，共有者のなかに望む者がある場合には，他の共有者の権利を害することがないようにしつつ，可能にすることが適当である。

　ところが，民法の規定には，この点で十分とはいえない面があった。そこで，令和3年民法改正において，共有物の裁判上の分割に関して，258条の規定が改められるとともに，258条の2の規定が設けられた。また，不動産の共有者のなかに所在等不明共有者（特定することができない者，所在不明の者）がいる場合について，その者の持分権の移転に関して新たな規定（262条の2，262条の3）が設けられた。

2 共有物の分割

　1　分割の自由　各共有者は，いつでも**共有物の分割**を請求することができる（256条1項本文。ただし，共有者間に分割をしない旨の契約があるときは，この限りでない〔同項ただし書。同条2項も参照〕。また，遺産共有に属する財産の分割は，原則として**遺産分割の手続**〔906条以下〕による〔例外として，258条の2第2項本文参照〕）。

　2　分割の手続と方法　共有物の分割の手続には，共有者の**協議による分割**と**裁判による分割**がある。

(1) 協議による分割

(a) 協議による分割　共有物を分割するためには，まずは協議による分割が試みられなければならない（協議をすることができるのであれば，「共有者間に協議が調わない」ことが裁判による分割の要件であるため〔258条1項〕。もっとも，下の 発展学習 参照）。この協議は，共有者全員の一致により調うことになる。

(b) 分割の方法　協議による分割の場合には，共有物をどのように分割するかについて，とくに制約はない。A，BおよびCが，各3分の1の持分割合で共有する甲土地を分割する場合を例にとれば，甲土地を3分して各自が1筆ずつ取得すること（現物分割という），甲土地を他に売却してその代金を分けること（代金分割という），Aが甲土地を取得し，BとCに金銭を支払うものとすること（価額賠償という）など，どのようにすることもできる。また，それぞれの方法における各人の取り分が，持分割合と異なっていても構わない。協議による分割は，共有者が自らの法律関係を合意によって定めるものであり，私的自治の原則が働くからである。

(2) 裁判による分割

(a) 裁判による分割　各共有者は，共有者間で協議が調わないとき，または所在等不明共有者や協議に応じる意思のない共有者がいるなどのため協議をすることができないときは，共有物の分割を裁判所に請求することができる（258条1項。遺産共有に属する財産の共同相続人間での分割については，原則としてこの規定による分割をすることはできない〔258条の2第1項。同条2項に例外の定めがある〕）。

この請求は，請求者以外の共有者全員を相手にしなければならない（固有必要的共同訴訟）。分割の裁判の後も従前の持分権が一部でも残ると調整不能になるため，共有者全員に判決の効力を及ぼす必要があるからである。

発展
学習

共有物分割請求の要件

258条1項の文言からは，共有者は，共有物の分割を裁判所に請求するために，協議をしたが不調に終わったこと，または協議をすることができない事情があることを明らかにする必要があるように見える。

共有者のなかに協議に応じる意思のない者がいる場合には，協議をすることができないか，協議をしても不調に終わる。この場合に，裁判所に共有物の分割を請求するためには，形式的に協議をさせて不調に終わらせること，または自らに協議に応じる意思がないこともしくは協議に応じない共有者がいることの主張（場合により立証）が必要であるとすることに，何の益もない。また，所在等不明共有者がいる場合，それだけでは，不在者財産管理人，所有者不明土地管理人，所有者不明建物管理人等の選任を経ればそ

の管理人を加えて分割協議をすることができるため，「協議をすることができないとき」にあたるとはいえない。しかしながら，そのような手順を踏まなければ共有物の分割をすることができないとすることは，不相応に多大の費用と時間を要することになり，適当でない。

そこで，共有者が共有物の分割を裁判所に請求するために協議の不調または不能を明らかにする必要はなく，協議成立の事実がある場合に請求が却下されると解されている。

(b) 分割の方法　　共有関係を容易に解消可能にすることが望ましいものの，共有者が持分権の譲受人を見つけることができず，共有者間で共有物の譲渡や分割の合意ができないこともある。裁判による分割（以下，「裁判分割」という）は，そういった場合のいわば最終手段となるものである。そのため，裁判分割は共有者が利用しやすいものにしておく必要がある。

令和 3 年改正前の民法の規定には，この点で問題があった。同改正前 258 条 2 項では，原則として現物分割を原則とし，競売による代金分割が例外的に認められていた。これにより，共有者全員が同じ種類の物（現物分割では，現物の一部。代金分割では金銭）を持分の割合に応じて得るという，公平な結果が実現される。ところが，いずれの方法でも，共有物を市場で売却して代金を分割する場合や，共有者の一人が現物を取得して他の共有者にその対価を支払う場合に比べ，共有者が得る利益は通常少なくなる。これでは，共有者は分割の請求に踏み切りにくい。判例上，現物分割の方法の柔軟化（最大判昭和 62・4・22 民集 41 巻 3 号 408 頁，最判平成 4・1・24 判時 1424 号 54 頁）やいわゆる全面的価額賠償（共有者の一人または数人に現物を取得させ，そ〔れら〕の者に現物を取得しない共有者に対する持分権の価額の支払を命じる方法）の採用（最判平成 8・10・31 民集 50 巻 9 号 2563 頁〔百選 I 72 事件〕）など種々の工夫はされていたが，十分とは言い難かった。

そこで，令和 3 年民法改正により，裁判分割の方法が，現物分割と賠償分割（改正前の全面的価額賠償にあたる方法）を同順位とし（258 条 2 項），いずれによることも適当でない場合に競売による代金分割をすること（同条 3 項）に改められた。なお，ここにいう現物分割には，1 個の共有物を持分割合に応じて分割し各共有者に取得させることのほか，同一の共有者が複数の物を共有している場合に，それらの物を一括して分割の対象とし，各共有者に現物を取得させる方法（一括分割），一部の共有者を持分割合に応じた現物を取得させて共有関係から離脱させ，残る現物につき他の共有者の共有関係を継続させる方法（一部分割），共有者全員に現物を取得させるものの，持分割合

どおりの取得とせず，持分割合を超えて現物を取得する者に超過分の価額の金銭の支払を命じ，持分割合を下回る取得となる者に不足分の価額の金銭を得させる方法（部分的価額賠償）が含まれる。

　分割の具体的な方法にはさまざまなものがあるところ，当事者は，共有物の分割を請求する旨を申し立てれば足り，分割の方法を具体的に指定することを要しないとするのが改正前の判例である（最判昭和57・3・9判時1040号53頁）。改正後も同様と解される。

 民法258条2項による分割方法の順位づけの基礎
　258条2項において現物分割と賠償分割が同順位とされたのは，改正前の判例において認められていた部分的価額賠償は，持分割合を超えまたは下回る部分について現物の取得と現物に代わる金銭の取得を同順位とするものであるとみることができること，および，同じく判例において，改正前258条2項の趣旨を法が「裁判所の適切な裁量権の行使により，共有者間の公平を保ちつつ，当該共有物の性質や共有状態の実状に合った妥当な分割が実現されることを期したものと」と捉え（前掲最判平成8・10・31），全面的価額賠償をするについて現物分割の不能が要件とされていないことから，現物分割を優先させる必要はないと考えられたことによる。
　競売による代金分割が現物分割および賠償分割に劣後するものとされたのは，本文に述べた不都合のほか，全面的価額賠償の当否の判断を競売による代金分割に先行させるべきであるとする判例（最判平成8・10・31判時1592号59頁）が考慮されたと考えられる。

遺産共有とその他の共有が併存する場合の裁判による分割
　共同相続が開始した場合に，遺産中に相続人の誰も取得を望まない土地が含まれていることが少なからずある。そのような土地は，遺産分割の対象とされず，共同相続人による相続分に従った共有のままになることも珍しくない。その場合，その土地は，相続登記がされず所有者不明土地となり，また，管理も処分も難しくなるのが普通である。そこで，そのような土地も含めて遺産分割がされるようにするため，令和3年民法改正においてさまざまな方策が講じられた。遺産分割を早期にするよう誘導するため具体的相続分の主張に期間制限を設けること（904条の3），その期間の経過後は所在等不明相続人の不動産持分権について取得（262条の2第3項参照）や譲渡（262条の3第2項参照）を可能にすること，遺産共有とそれ以外の共有（以下，「その他の共有」という）が併存しているときに共有物分割の裁判による分割を可能にすること（258条の2第2項）等である。この 発展学習 では，最後のものを取り上げる。

> （設例）
> 　甲土地をAとBが共同で購入して共有していたところBが死亡し，Bの子であるCとDがその相続人になった。

　この場合，改正前は，AとCおよびDとの間では共有物分割手続により分割し，CとDとの間では遺産分割手続で分割する必要があった（最判平成25・11・29民集67巻8号1736頁〔百選Ⅲ73事件〕）。そのようにされていたのは，次の理由による。第一に，

遺産分割は相続財産に属する財産についてされるため，相続財産に属しない持分権を有する者（設例ではA）を遺産分割手続の当事者にすることはできない。第二に，遺産分割は具体的相続分を基準にされるのに対し，共有物分割では持分割合（遺産共有の場合，法定相続分，代襲相続分または指定相続分。898条2項）が基準になるため，相続人間で共有物分割手続により分割すると，具体的相続分による分割の利益を奪われる者がありうる。第三に，遺産分割は諸般の事情を考慮してされる（906条）のに対し，共有物分割は持分割合に従ってされるため，相続人間で共有物分割手続により分割すると，相続人間の公平を害するおそれがある。

　そうであれば，具体的相続分による分割の利益を考慮する必要がなく，相続人に遺産分割手続による分割の機会が保障されるならば，遺産共有とその他の共有が併存する場合に，1回の共有物分割の裁判で共有物を分割しても差し支えないと考えられる。そこで，これを可能にするために258条の2が設けられた（同条は，主に共有不動産の分割に利用されることが想定されるが，共有物一般に適用される）。

　258条の2によれば，遺産共有に属する財産の分割は，原則として共有物分割の裁判によりすることはできない（同条1項）。ただし，遺産共有とその他の共有が併存する場合には，具体的相続分による分割の利益が失われる相続開始時から10年の経過（904条の3参照）後は，遺産共有に属する持分権も含めて共有物分割の裁判により分割することができる（258条の2第2項本文）。もっとも，相続人がこの分割をすることについて異議を申し出たときは，その裁判による分割をすることはできない（同項ただし書。これは，相続人に遺産分割手続による分割の機会を保障するためであり，分割をしないままにすることを認めるものではない。そのため，異議の申し出は，持分権の遺産共有の解消に向けた手続が現に進行している場合に，短い期間に限ってすることができるとされている〔同条3項参照〕）。

　これにより，設例では，Bの死亡から10年が経過したときは，甲土地を1回の共有物分割の裁判により分割することが可能になる。その裁判の請求は，A，C，Dのいずれもがすることができる。

3　分割の効果　　各共有者は，共有物の分割により，共有者の一部の者の間に共有関係が残るときは別として，持分権を失い，新たに財産（分割後の物の単独所有権または金銭債権）を取得する。共有者の一部の者の間に共有関係が残るときは，それらの者については持分割合が増え，共有関係から離脱した者については上記と同じである。

　このような効果は，実質的に，共有者の間で持分権と他の財産とが交換されたとみることができる（たとえば，AとBが共有する甲土地が乙土地と丙土地に分割され，Aが乙土地，Bが丙土地を取得したとすると，丙土地になった部分にAが有していた持分権と，乙土地になった部分にBが有していた持分権とが交換されたとみることができる）。これは有償取引と同じであることから，各共有者は，他の共有者が分割によって取得した物につき，持分割合に応じて売主と同様の担保責任を負うとされている（261条。たとえば，先の例で，Aが取得した乙土地の面積が不足していた場合には，Aは，

Bに対し，不足分の引渡し〔562条1項参照〕または代金減額に相当する金銭的調整〔563条参照〕を求めることができ，また，損害賠償請求や分割協議の解除をすること〔564条参照〕ができる場合がある。裁判による分割の場合には，判決で形成された法律関係を契約解除の規定によって覆すことを認めるべきではないとされている）。

持分権上の権利の帰趨

　共有物の分割によって持分権が消滅した場合，その持分権の上に存在していた権利は，本来，客体の消滅により消滅することになる。しかしながら，それでは，持分権の上に権利を有する者が著しく害されることになりかねない。そこで，どうすればよいかが問題になる。ここでは，持分権を目的とする抵当権を例に，この問題を取り上げる。

> （設例）
> 　A，BおよびCが，甲土地を各3分の1の持分割合で共有しており，Cは，自己の持分権にXのために抵当権を設定していた。A，BおよびCの間で，甲土地につき分割協議が成立した。
> ① 　Cが，甲土地を取得し，AとBに持分割合を超える分の金銭の支払をすることになった。
> ② 　甲土地が乙土地，丙土地，丁土地に分割され，Cが丁土地を取得した。
> ③ 　甲土地をDに6000万円で売却し，各人が2000万円ずつ受け取ることになった。

(1) 抵当権を設定した共有者が共有物全部を取得する場合
　①のように，抵当権を設定した共有者が共有物の全部を取得した場合には，179条1項ただし書の類推適用によって，Cの持分権が存続し，したがってXの抵当権も存続する。

(2) 現物分割がされた場合
　②のように，現物分割がされた場合には，Xの抵当権は，Cの持分権が姿を変えた丁土地（代償物）の上に存続すると考えることもできそうである。しかしながら，Cの持分権は，甲土地全体に及んでいたのであり（249条1項参照），したがって，Xの抵当権も，甲土地全体にCの持分割合に応じて及んでいた。そうであるのに，分割後は，Xの抵当権はCが取得した丁土地（つまり，甲土地の一部分）の上にのみ存続するというのでは，持分割合どおりに分割されているとは限らないこと，そうでなくても，丁土地の価格動向などによりXが不利益を被ることがある。共有物の分割はXの関与なしにすることができるため，そのような不利益をXに負担させるべきでない。そこで，Xの抵当権は，分割後の乙土地，丙土地，丁土地すべての上に，Cのもとの持分割合に応じて存続するものとされる（大判昭和17・4・24民集21巻447頁）。

(3) 抵当権を設定した共有者が現物を受け取らない場合
　③のように，抵当権を設定した共有者Cが現物を受け取らず，その代わりに金銭債権を取得する場合には，この金銭債権がCの持分権の代償物となる。そこで，Xの抵当権の効力は，この金銭債権の上に及ぶ（372条による304条の準用参照。物上代位という）と考えることもできる。ただ，Xの利益がこれによって十分確保されるとは限らない（たとえば，対価が相当であるとは限らない。債務者に資力があるとは限らない。物上代位権の行使には手続的制約がある）。抵当権の目的である持分権の取得者は，抵当権の負

担を引き継がなければならないところ，分割によって共有物を取得した者も，実質的には持分権の取得者といえるから，同様に考えて差し支えないはずである（このように考えても，取得者は，抵当権の負担を考えて取得額等の取得条件を定めればよいから，不測の不利益を被ることはない）。これによると，Xの抵当権は，甲土地上にCのもとの持分割合に応じて存続するとされるべきことになる。

❸ 所在等不明共有者の不動産持分権の取得と譲渡

　共有者のなかに所在不明の者がいる場合，分割のための協議をすることはできない。裁判分割も，その者も当事者にしなければならないことから，手続上の負担が重くなる。共有者のなかに存否または氏名が分からないなど特定することができない者がいる場合には，令和3年改正前の民法の下では，裁判分割の請求をすることもできない。共有一般において共有関係の解消を図りやすくすることが望ましい面があるところ，所在等不明共有者がいる場合には共有物の管理にも（多大の）困難が伴うことを考えれば，この状況は好ましくない。そこで，管理不全と過少利用がとくに大きな問題を社会に生じうる不動産について，そのようなときでも共有関係の解消（所在等不明共有者との間の共有関係の解消，共有関係全部の解消）を容易にするための制度が新たに二つ設けられた。

　一つは，共有者が，裁判所（対象不動産の所在地を管轄する地方裁判所。非訟87条1項）に請求して，所在等不明共有者の不動産持分権（または所有権を除く不動産使用収益権の準共有持分権〔以下省略〕）を取得することができることとする制度である（262条の2）。この請求を認める裁判がされると（この裁判がされない場合として同条2項参照），請求をした共有者が所在等不明共有者の持分権を取得し（同条1項前段。複数の共有者が請求をしたときは，それら共有者の持分割合に応じた按分取得となる〔同条1項後段〕），持分権を失った所在等不明共有者は，いわばその代償として，共有者（複数の場合には各々）に対し，その取得した持分権の時価相当額の支払請求権を取得する（同条4項）。そうすると，所在等不明共有者のこの請求権を確保することが重要になる。そこで，持分権を取得する共有者は，裁判所が定める金額（通常，その取得する持分権のその時点での時価相当額）を供託しなければならないとされている（非訟87条5項。共有者がこの供託をしない場合，請求が却下される〔同条8項〕）。

　もう一つは，共有者が，裁判所（対象不動産の所在地を管轄する地方裁判所。非訟88条1項）に請求して，所在等不明共有者の不動産持分権（または所有権を除く不動産使用収益権の準共有持分権〔以下省略〕）を譲渡する権限を得ることができると

する制度である（262条の3）。この制度は，共有者が共有不動産全体の譲渡を望む場合に（その譲渡代金額を各共有者の持分割合に応じて按分した額は，通常，各共有者の共有持分権の譲渡代金額より高額になる〔譲渡の相手方が取得する権利が，前者の場合には他人の権利の制約を受けない所有権であるのに対し，後者の場合には共有関係による制約を受ける共有持分権であるため〕），共有物分割の裁判や所在等不明共有者の持分権の取得の裁判を経る必要があるとすることは迂遠で不便ということから，所在等不明共有者の持分権も含めて共有者全員の持分権全部，つまり共有不動産全体を他に譲渡することができるようにするために設けられたものである（所在等不明共有者の持分権のみの譲渡を可能にする制度は設けられていない。共有者は，その譲渡を望む場合，共有物分割の裁判または所在等不明共有者の持分権の取得の裁判によりその持分権を取得し，これを譲渡することになる）。そのため，持分権譲渡の権限は，所在等不明共有者以外の共有者全員が持分権の全部を譲渡することを停止条件として付与される（同条1項）。この場合，所在等不明共有者は，共有不動産全体の譲渡により持分権を失い，その持分権を譲渡した共有者に対し，金銭の支払請求権を取得する。その金額は，その共有者が共有不動産の時価相当額を所在等不明共有者の持分割合に応じて按分して得た額となる（同条3項）。この支払請求権の実現を確保するため，譲渡権限を取得する共有者は，裁判所の命じる金額を供託しなければならないとされている（非訟88条2項）。

　これら二つの制度は，いずれも，不動産の共有一般を対象とし，遺産共有の場合も含む。そして，これら二つの制度は，とくに数次相続が起こり，多数の共有者中に所在等が不明の者（所在等不明相続人）が複数いる場合に，共有関係を解消するための切り札になりうるものである（⇒次の 発展学習 ）。ただ，遺産共有の場合，これらの制度により，所在等不明相続人は，対象不動産の持分権を失うだけでなく，具体的相続分に従った分割の利益と遺産全体の一括分割の利益も失うことになる。そこで，所在等不明相続人の持分権の取得または譲渡の裁判をすることができるのは，相続人が具体的相続分による分割を主張することができないこととなる（904条の3本文参照）相続開始から10年が経過した後に限られている（262条の2第3項，262条の3第2項）。

発展学習 複雑な共有関係の解消

（設例）
　甲土地を所有していた Z が死亡し，A と B を相続人とする共同相続が開始した。その後，A が死亡して C と D が相続人となり，B が死亡して E と F が相続人となった。さらに C が死亡して G と H が相続人となった。死亡した者は誰も遺言を残しておらず，また，この間，甲土地について，遺産分割はされていない。
　G が，甲土地を単独で所有することを望み，甲土地の所有関係を調べたところ，上記の事実が判明した。ただ，調査を尽くしたにもかかわらず，E の所在が分からない。

　この設例では，甲土地について，A と B の共有となった後，A の有していたその共有持分権を C と D が準共有し，C のその準共有持分権を G と H が準共有することになり，B の有していた甲土地の共有持分権については E と F が準共有するに至っている。
　この複雑な関係は，G の望みをかなえれば整理される。ただ，G が他の共有者（厳密には，共有持分権等の準共有者）から権利全部を取得することができればよいが，うまくいくとは限らない。その場合，改正前の民法の下では，①Z の相続財産に属する甲土地を A が取得する旨の AB 間の遺産分割，②その結果として A の相続財産に属する甲土地を C が取得する旨の CD 間の遺産分割，③その結果として C の相続財産に属する甲土地を G が取得する旨の GH 間の遺産分割（あるいは，C が有していた甲土地の共有持分権の準共有持分権を H が取得する旨の GH 間の遺産分割，A が有していた甲土地の共有持分権を C が取得する旨の CD 間の遺産分割，甲土地を A が取得する旨の AB 間の遺産分割）がされる必要があった。当事者が異なる 3 つの手続を経ること，①において E を当事者とするため E につき不在者財産管理人を選任すること，それぞれの手続において特定の結論を裁判所が認めることが，必要であったということである。その困難さについては，多言を要しないだろう。また，甲土地が，所有者不明土地となりがちであること，管理に多大の負担を伴い有効活用されない状態になりがちであることも明らかであろう。
　そこで，令和 3 年民法改正において，複雑化した場合であっても共有関係を解消することができる現実的方法を用意することが目指された。同改正後の民法の下で，設例の G は次のようにすることが考えられる。
　B の死亡から 10 年が経過しているときは，262 条の 2 第 1 項の裁判により E の甲土地についての持分権（共有持分権の準共有持分権）を取得する（この持分権の取得は，相続を原因とするものではないから，遺産共有以外の共有〔その他の共有〕の持分権の取得である。したがって，G は，もとから有する遺産共有に属する持分権のほかに，その他の共有に属する持分権を有するに至る）。これに加えて，D，F および H（以下，「D ら」という）が甲土地につき有する持分権全部の譲渡を D らから受ければ，甲土地を単独で所有することができることになる。D らのなかにその譲渡に応じない者がいるときは，上記のとおり遺産共有とその他の共有が併存していることから，G は，C の死亡からも 10 年が経過しているならば，258 条の 2 第 2 項に基づいて，甲土地につき共有物の分割の裁判を請求することが考えられる。これを受けて，G に D らに対する債務を負担させ，D らの持分権全部を取得させる旨の裁判がされたならば，G が甲土地を単独で所有することになる。
　B または C の死亡から 10 年が経過していないときは，D らから持分権全部の譲渡を受けられるのであれば，E について所有者不明土地管理命令を得て，選任された所有者

不明土地管理人からＥの準共有持分権を取得すること（264条の3）が考えられる。その見通しが立たないときは，ＢおよびＣの死亡から10年が経過するのを待って，上記の措置をとることになる（もっとも，その間にＤらのなかに死亡する者があり共同相続が開始すると，その遺産共有について258条の2第2項に定められた要件が充たされないことになるため，Ｇが甲土地につき共有物分割の裁判を請求することはできなくなる）。

建物区分所有

1 建物区分所有とは

　建物は，通常，1棟の建物が1個の物として所有権の客体になる。ところが，1棟の建物の部分であっても，その部分が構造上他の部分から区分されており（構造上の独立性），かつ，独立して建物の用途に供することができる（利用上の独立性）場合には，その部分を独立の所有権の客体とすることが認められている。この建物部分に成立する所有権を，**区分所有権**という。区分所有権が利用される代表例として，分譲マンションがある。

　分譲マンションには，次の特色がある。すなわち，1棟の建物の中に複数の，場合により相当多くの住戸部分があり，それぞれが独立の所有権（区分所有権）の対象となっている。もっとも，各住戸部分は互いに物理的に接着しており，また，各住戸部分を利用するためには，廊下，階段など他の建物部分や敷地を他の住民と共同で利用することが不可欠である。そうすると，各住戸につき独立の区分所有権を認めるとしても，その及ぶ範囲や，他の建物部分および敷地の管理と利用の方法等を明確にしておく必要がある。これらのすべてを区分所有者の合意にゆだねることは適当でないため，「建物の区分所有等に関する法律」（以下，区分所有法。本節において同法の規定を引用するときは，単に「法」という）が必要な定めを置いている（なお，同法は，分譲マンションのみを適用対象とするものではない。区分所有権が2個以上存在する建物〔区分所有建物〕一般が，適用の対象になる）。

2 区分所有建物における所有関係

　区分所有法は，区分所有建物を区分所有権が成立しうる部分とそれ以外の部分に分け，それぞれの所有関係を次のように構成している。

1 専有部分とその所有関係（区分所有権）

　構造上の独立性と利用上の独立性をともに備えた建物部分は，区分所有権の対象とすることができる。実際に区分所有権の対象となった場合，その部分を**専有部分**という（法2条3項）。

　区分所有権は，所有権の一種である。したがって，区分所有者は，専有部分を一応は自由に占有，利用，処分することができる。もっとも，区分所有権は，物理的に不可分な1棟の建物の一部を目的とするものであり，区分所有者が他の建物部分や敷地を他の区分所有者と共同利用することによってしか，効用を発揮することができない。しかも，この共同利用関係は，区分所有権が存在する限り継続されなければならないものである。こういった特殊性のために，区分所有権には，一般の所有権にはない団体的拘束が相当強く加えられている。

2 共用部分とその所有関係

1 共 用 部 分

　区分所有建物には，専有部分以外の建物部分，専有部分に属しない建物付属物（電気の配線，ガス管，水道管，貯水槽等）も存在する。これらは，区分所有者の全員または一部の者の共用に供される。この部分を，**共用部分**という（法2条4項）。また，専有部分となりうる建物部分と区分所有建物の付属建物も，共用部分とされることがある（法4条2項前段）。

　共用部分には，法定共用部分と規約共用部分があり，それぞれにつき全部共用部分と一部共用部分がある。

　法定共用部分とは，法4条1項により共用部分とされるものである。構造上の独立性が認められないか（外壁，屋根等），利用上の独立性が認められないために専有部分になりえない建物部分（建物全体の玄関，数個の専有部分に通じる廊下や階段室，エレベーター室等）と，専有部分に属しない建物付属物がこれにあたる。

　規約共用部分とは，規約（⇒ p.246の**1**）によって共用部分とされるものである。これには，専有部分になりうるが規約によって共用部分とされるもの（たとえば，共用の集会室，倉庫，管理事務室）と，区分所有建物の付属建物であって規約により共用部分とされたもの（たとえば，倉庫，車庫，集会所としての建物）がある（法4条2項前段）。規約共用部分は，その旨の登記をしなければ第三者に対抗することができない（同項後段）。規約共用部分は所有権または区分所有権の目的

（したがって，独立の取引の目的）となりうる建物またはその部分であるため，第三者の誤認を避ける必要があることから，このようにされている。

全部共用部分とは，区分所有者全員の共用に供されるものであり，一部共用部分とは，一部の区分所有者の共用に供されるものである。全部共用部分であるか一部共用部分であるかは，法定共用部分については，建物の構造によって定まる（法4条1項参照）。規約共用部分については，規約によって定められる。

❷ 共用部分の所有関係

全部共用部分は区分所有者全員の共有に，一部共用部分はこれを共用すべき区分所有者全員の共有に，それぞれ属することが原則である（法11条1項）。ただし，規約に別段の定めがあるときは，それによる（法11条2項本文）。

共用部分が区分所有者の全員または一部の者の共有に属する場合には，民法の共有に関する規定の適用は排除される（法12条）。これは，区分所有建物における共用部分の特性が考慮されたものである。

規約による別段の定め

たとえば，全部共用部分を区分所有者の一人の所有または数人の共有にする，一部共用部分を区分所有者全員の共有にする，といったことが可能である。また，区分所有者以外の者の所有とすることは，原則としてできないが，区分所有者以外の管理者（⇒ p. 245 の ❶）の所有とすることは許される（法11条2項ただし書，27条1項）。共用部分は，それを共用する区分所有者の共有とすることが本来である。しかしながら，大規模な区分所有建物では，共用部分の管理をするうえで，特定の者の所有または共有としておくことが便宜と考えられることがある。反対に，小規模な区分所有建物では，共用部分をすべて区分所有者全員で管理しようとされることもある。そこで，規約の定めによる例外が許容されている。

共用部分の共有と民法上の共有の違い

共用部分の共有は，次の点で民法上の共有と異なる。

第一に，持分割合が，原則として専有部分の床面積割合によるものとされている（法14条1項。民法では，均等と推定されている〔民250条〕）。

第二に，共有物（共用部分）の使用につき，各共有者は，持分割合にかかわらず，「その用方に従つて使用する」ものとされている（法13条。民法では，共有物全部につき持分割合に応じて使用〔民249条1項〕）。共用部分は，専有部分の利用に不可欠であることから，持分割合に応じた利用とすることは不適当だからである。

第三に，共有物の分割請求は認められない（法12条は，共用部分の共有につき同13条から19条までの規定によるとしているところ，分割請求については定めがない。したがって，その請求はできない。民法は，共有者に分割請求を認めている〔民256条1項〕）。共用部分は，区分所有建物の存立（したがって，各区分所有権の実質の確保）のために不可欠だからである。

第四に，共有持分権の放棄は認められない（持分権の放棄について区分所有法に規定がない。民法には，どのようにすればできるかは明らかでないものの，持分権の放棄が可能であることを前提とする規定がある〔255条〕）。共用部分の使用権がなければ区分所有権の実質が失われること，持分権の放棄により管理上の負担を免れることを許すべきでないことが，その理由である。

第五に，共有物の変更および管理の方法が異なる（⇒ p. 249 の **3**）。

第六に，共用部分の持分権は専有部分の区分所有権と一体であるものとされ，共用部分の持分権を専有部分と分離して処分することが原則として禁じられている（法 15 条 2 項。民法上の共有では，持分権処分の自由がある）。共用部分を利用することができなければ，区分所有権の実質が失われるからである。

3 敷　地

◤**1**◢　敷地利用権の意義と種類

区分所有建物，したがって専有部分の区分所有権の存続には，敷地を利用する権利が不可欠である。この権利を，**敷地利用権**という（法 2 条 6 項）。敷地利用権は，それが所有権である場合には，区分所有者全員の共有となる。賃借権，使用借権，地上権である場合には，区分所有者全員の準共有となる。

◤**2**◢　分離処分禁止の原則

敷地利用権は，原則として，専有部分と分離して処分することができない（法 22 条 1 項本文）。これに違反する処分は無効である。その無効は，善意の相手方に対抗することができないが（法 23 条本文），分離処分禁止の対象となる旨の登記後にその処分がされたときは，この限りでない（同条ただし書）。

分離処分禁止の原則が採用された理由

わが国では，建物とその敷地は別個の所有権の対象とされているため，専有部分の区分所有権と敷地利用権も別個の権利ということになる。ところが，両者の帰属の分離を認めると，区分所有建物をめぐる法律関係（たとえば，一部の区分所有者が敷地利用権を有しない場合におけるその区分所有者の区分所有権の内容や，敷地権利者の権利の内容）が不明確になる，区分所有建物の管理の面で不都合を生ずる（敷地の管理に関する事項を区分所有者が規約または集会の決議で定めても，その効力が区分所有者でない敷地権利者に及ばず，管理に支障が生じうる），登記に混乱を生ずる（たとえば，両者の帰属の分離を認め，区分所有建物の敷地の処分はもっぱら土地登記簿によって公示するものとすると，多数の区分所有者が敷地を共有する場合には，区分所有者各人の共有持分権について，移転，差押え，抵当権設定，抹消等の登記が連綿と続くことになりうる。これでは，敷地の権利関係について，登記簿の記録を見ても容易に分からないということになりかねず，権利関係を外に向かって見せるという登記の公示機能が著しく損なわれるおそれがある），といったことになりかねない。そこで，専有部分と敷地利用権の分離処分が原則として禁止された。

これにより，上記の諸問題が解決される。たとえば，登記に関しては，専有部分と敷地の一体性をそれぞれの登記記録で公示したうえで，その処分に関する登記は専有部分の登記記録のみによって行い，この登記をもって敷地利用権についても同様の登記がされたものとみなす（敷地利用権に関する登記は，専有部分についての登記で代用する）という仕組みをとることができるようになる（不登73条参照。専有部分については，共有者が多数にのぼることはあまりないから，多数の登記記録によって登記の公示機能が損なわれる心配はあまりない）。

3 敷地の範囲

専有部分と敷地利用権の分離処分を禁止する場合には，そこにいう敷地がどの部分のことであるかを明確にしておく必要がある。また，建物の敷地には区分所有者による管理が及ぶが，それ以外の土地についてはそうでないから，この点でも，敷地の範囲を明確にしておく必要がある。そこで，区分所有法において，敷地の範囲が明らかにされている。それによると，建物の敷地とは，建物が所在する土地（物理的な底地。「法定敷地」）と，区分所有者が建物および建物が所在する敷地と一体として管理または使用する庭，通路その他の土地であって，規約によって敷地とされたもの（「規約敷地」）をいう（法2条5項，5条1項）。

3 区分所有建物の管理

1 管理の仕組みと方法

1 管理の仕組み──区分所有者の団体を通じた管理

区分所有者は，自己の専有部分については自由に占有，利用，管理，処分をすることができるのが原則であるが（ただし，p.251の **4** 参照），一体不可分の1棟の建物を区分して所有する以上，建物とその敷地を共同して管理することにならざるをえない。そこで，区分所有法において，区分所有者は，全員で，建物，その敷地および付属施設の管理を目的とする団体を構成することとされ，この団体が，規約を定め，建物等の管理を行うものとされている（法3条前段。管理組合と一般に呼ばれているものは，この団体に該当する）。ただ，現実問題として，この団体が日々の管理業務を行う（そのために，区分所有者全員からなる集会を開く）ことは，極めて困難である。そのため，一定範囲の管理行為については，特定の者（**管理者**）に行わせることができる（法3条前段，25条1項）。

要するに，区分所有建物における建物等の管理の一般的な仕組みは，おおよそ，

次のとおりである。区分所有者は，区分所有関係に入ることによって当然に，区分所有者の団体の構成員となる。建物等の管理はこの団体が行い，区分所有者は，団体の構成員として団体の意思決定に参加する。この団体は，一定の管理業務について管理者を選任することができる。管理者は，団体の業務執行者として，ゆだねられた行為について団体を代表することができる。

　一部共用部分については，それを共用する区分所有者だけで管理することができる。この場合，その一部の区分所有者全員からなる団体が当然に成立し，集会を開き，規約を定め，管理者を置くことができる（法3条後段）。

　区分所有者の団体は，簡易な手続を経て法人となることができる（法47条1項）。この法人は，**管理組合法人**と呼ばれる（同条2項）。

2　管理の方法

　団体が建物等の管理をすることになると，団体の意思決定の方法が重要な問題になる。

　団体構成員（区分所有者）全員の一致による決定が可能ならば，それが最も望ましいことはいうまでもない。しかしながら，全員一致を要求すると，現実には，ほとんど何も決定することができなくなる。

　全員一致の要求と対極にある考えとして，私法上の事柄に関する決定であるから，団体自治に全面的にゆだねることもありえなくはない。しかしながら，それでは，多数者の決定に少数者が常に服従を強いられるおそれがある。区分所有者には（区分所有権を有する限り）団体からの離脱の自由がないことを考えると，これも適当ではない。そこで，区分所有法において，団体意思の決定は，区分所有者全員からなる**集会における決議**ですべきものとされ，事柄ごとにその重要性など諸事情を考慮して，決議要件がある程度強行的に定められている。

2 規約の設定，変更，廃止

1　規 約 と は

　区分所有建物を適切に維持管理し，その建物における円滑な共同生活を実現するためには，区分所有者が互いに従うべき規則が必要になる。いくつかの事項については，そういった規則が区分所有法において強行的に定められている（たとえば，法1条，2条，3条，6条〜10条，12条，13条，15条，21条，23条，24条，30条〜33条，36条，40条，42条〜48条，51条，54条，55条，57条〜60条，62条〜72条

など）。それ以外の事項については，区分所有者の団体が，**規約**によって規則を定めることができる（法3条）。

　規約によって定めることができる事項（規約事項）には，「建物又はその敷地若しくは附属施設の管理又は使用に関する区分所有者相互間の事項」（一般的規約事項。法30条1項）と，区分所有法の規定において規約に定めることができるものとされている事項（個別的規約事項）があり，相当広範にわたる。

 規約事項

　　一般的規約事項のなかには，共用部分に関する事項だけでなく，専有部分に関するものも含まれうる。専有部分を居住以外の目的で使用すること（たとえば，いわゆる民泊営業のために用いること）の禁止，専有部分でペットを飼育することの禁止などが，その代表例である。もっとも，専有部分は区分所有権の目的であるため，その使用方法は，本来，各区分所有者にゆだねられている。そのため，規約に定めることができるのは，他の区分所有者に影響を及ぼすべき事項に限られるべきであるとされている。

　　個別的規約事項は，非常に多岐にわたる。その対象となる事項には，規約によらなければ定めることができない事項（絶対的規約事項。具体的には，規約共用部分および規約敷地の定めにつき法4条2項前段，5条1項，共用部分に関する定めにつき法11条2項，14条4項，17条1項ただし書，18条2項，19条，敷地利用権に関する定めにつき法22条1項ただし書，22条2項ただし書，管理者に関する定めにつき法25条1項，26条1項，27条1項，29条1項ただし書，集会に関する定めにつき法34条3項ただし書，35条1項ただし書，同条4項前段，37条2項，38条，39条1項，その他のものとして法49条2項，52条1項ただし書，61条4項，62条4項ただし書）と，規約以外の方法（たとえば，集会決議）でも定めることができる事項（相対的規約事項。具体的には，法7条1項，26条4項，33条1項ただし書，49条5項）がある。

❷　規約の設定，変更，廃止の要件

　規約の設定，変更および廃止（以下，規約の設定等）は，集会の決議によってすることが原則である（法31条1項前段）。規約は区分所有者の団体の根本規則であり，その設定等は区分所有者に重大な利害関係を生ずるので，その設定等をするには，各区分所有者に意見発表の機会を与え，討議を尽くさせることが望ましい。そのためには，集会決議という方法が最も適切であり，合理的と考えられるからである。ただし，区分所有者全員の承諾があるときは，書面または電磁的方法による決議をすることができ（法45条1項本文），この決議は集会の決議と同一の効力を有するので（同条3項），規約の設定等についてもこの方法を利用することができる。

　規約の設定等には，上記集会等における区分所有者および議決権の各4分の3以上の多数による決議が必要である（法31条1項前段）。区分所有者の4分の3以

上とは，区分所有者の人数の4分の3以上ということであり（一人が複数の専有部分を有していても，一人となる。区分所有権が共有されている場合は，共有者全員で一人となる），議決権の4分の3以上とは，議決権総数の4分の3以上ということである（各区分所有者は，原則として，専有部分の床面積の割合に応じて議決権を有するが（法14条1項），規約によって別段の定めをすることができる〔法38条〕。原則どおりとすると，多数決要件を充たすかどうかの判定が煩雑になる。これを避けようとするならば，「1住戸につき1議決権とする」旨の規約を設ければよく，マンションでは実際にそのようにされることが珍しくない）。議決権の割合が基準とされているのは，共同の意思決定にあたっては権利の大きさ（議決権割合は原則としてこれに比例する）が考慮されて当然だからである。それに加えて区分所有者の数も基準とされているのは，規約は，権利の調整という観点だけで割り切ることが適当とはいえない共同生活関係を律するものだからである。4分の3以上の特別多数決が必要とされているのは，規約は区分所有者の団体の根本規則であり，その設定等は区分所有者に重大な利害関係を生ずるからである。

　規約の設定等が一部の区分所有者の権利に特別の影響を及ぼすべきとき（たとえば，規約により駐車場の専用使用権が与えられている区分所有者から，規約を変更してその専用使用権を奪うとき）は，その承諾を得ることが必要である（法31条1項後段）。全員一致でなければ規約の設定等をすることができないとすることは適当でないが，規約の設定等によってとくに不利益を受ける区分所有者がある場合に，その不利益を多数決で強制することも，共同生活を営むための団体という性格上，適当でないからである。特別の影響を及ぼす場合にあたるかどうかは，具体的事情に応じて個別に判断するほかないが，一般的にいえば，規約の設定等の必要性および合理性と，その設定等により一部の区分所有者が受ける不利益を考量して，その区分所有者が受忍すべき限度を超えているかどうかによって判断される（最判平成10・10・30民集52巻7号1604頁，最判平成22・1・26判時2069号15頁参照）。

発展
学習　　**規約の衡平性**
　　規約は，区分所有者全員からなる集会での特別多数決議で定められるものであるが，不公正な内容になることもある。たとえば，ほとんどの分譲マンションにおいて，当初の規約（原始規約）は，分譲業者によって分譲開始前に規約案が作成され，売買契約時に購入者（＝区分所有者）全員から書面で同意をとりつけることによって設定されている（書面決議。法45条2項・3項参照）。この場合に，分譲後もマンションの一部の区分所有権を保有する分譲業者が，自らに専有部分の床面積割合に比して著しく大きな議決権を与える，自らの管理費等の負担を減免する，自らにのみ無償の駐車場専用権を与え

る，屋上に広告塔の無償設置を認めるといった原始規約案を作成し，十分な説明をせずに購入者から書面同意をとりつけることがある。

　このような場合，規約を変更することができればよいが，それは必ずしも容易でない。現実には，内容の不当性（公序良俗違反）を理由として規約の効力を争うほかなく，実際，その種の訴訟が多数起こされてきた。ただ，訴訟の結果はともかくとして，公序良俗の概念は抽象的であるため，どのような場合に規約が無効とされるかをあらかじめ判断することが難しいという問題点が指摘されてきた。そこで，平成14年区分所有法改正において，それまでの裁判例を参考にして，民法90条の内容を具体化ないし明確化する規定が設けられた（法30条3項）。それによると，「規約は，専有部分若しくは共用部分又は建物の敷地若しくは附属施設……につき，これらの形状，面積，位置関係，使用目的及び利用状況並びに区分所有者が支払った対価その他の事情を総合的に考慮して，区分所有者間の利害の衡平が図られるように定めなければならない」。この利害の衡平を著しく害する内容の規約は，同項に基づいて無効とされることになる。

③　規約の効力

　規約は，区分所有者の団体の規則であることから，一般の契約とは異なる効力が認められている。

　規約は，区分所有者の全員に対して効力が及ぶ。その設定等に反対した区分所有者もこれに拘束され，設定等の後に区分所有者となった者にも及ぶ（法46条1項参照）。

　また，専有部分の賃借人や使用借主など，区分所有者の承諾を得て専有部分を占有する者は，区分所有者が建物等の使用方法につき規約に基づいて負う義務と同じ義務を負う（法46条2項）。実際に区分所有建物を使用する者に使用方法に関する規約の効力を及ぼさなければ，区分所有建物における円滑な共同生活を実現することができないこと，占有者は区分所有者に許されている範囲内でしか占有使用の権限を有しないと考えられることが，その理由である。

3　共用部分の管理

　共用部分の管理について，区分所有法は，次のように定めている。

①　共用部分の変更

　共用部分の変更には，原則として，集会における区分所有者および議決権の各4分の3以上の特別多数決議を要する（法17条1項）。また，共用部分の変更が専有部分の使用に特別の影響を及ぼすべきときは，その専有部分の区分所有者の承諾を要する（法17条2項）。

特別多数決議を要するという原則には，二つの例外が認められている。

第一に，「形状又は効用の著しい変更を伴わない」変更（軽微変更）は，集会における普通決議（区分所有者および議決権の過半数による決議。法39条1項）により行うことができる（法17条1項本文かっこ書参照）。形状の変更とは，共用部分の外観，構造等を変更することをいい，効用の変更とは，その機能や用途を変更することをいう。変更が「著しい」かどうかは，変更を加える箇所と範囲，変更の態様と程度などから総合的に判断される。

第二に，形状または効用の著しい変更を伴う場合であっても，決議要件のうち区分所有者の人数については，規約により，これを過半数まで減ずることができる（法17条1項ただし書）。

> **発展学習　区分所有者全員の一致を要しないとされた理由**
>
> 民法上は，共有物の変更（形状または効用の著しい変更を伴わないものを除く）には共有者全員の同意が要求されており（民251条1項），区分所有法上も，その制定当初は全員の同意を要するものとされていた（昭和58年改正前の法12条1項本文）。しかしながら，建物は，年数を経るごとに陳腐化し，手を加えなければ老朽化が早まることになるため，ときには共有物の変更にあたるような改良や大修繕が必要になる。そうであるのに，全員一致でなければ変更を加えられないとなると，区分所有建物の場合には，共用部分の共有者（区分所有者）が多数にのぼることがあり，当然されてよい改良や必要な大修繕すら事実上不可能になりがちである。これでは，共用部分の共有関係は区分所有関係が存続する限り解消することができないことを考えれば，多数の区分所有者の利益を著しく害し，また，社会経済的にも大きな損失になる。そこで，現在では，集会における特別多数決議で変更することができるものとされている。

② 共用部分の変更以外の管理

①に述べた変更を除く共用部分の管理に関する事項は，集会の普通決議で決することが原則である（法18条1項本文）。もっとも，保存行為は，各共有者が単独で行うことができる（同項ただし書）。

これらについて，規約で別段の定めをすることができる（同条2項）。その定めの例として，（好ましくはないが）決議要件を加重すること，集会出席者の過半数で決するものとすること，（集会決議によるのではなく）管理者や規約で別に定める機関に決定をゆだねることなどがある。これらに対して，同条1項本文中の「前条の場合を除いて」の部分については，規約で別段の定め（法17条1項の変更を除かないこととする定め）をしても，その定めに効力はない。

変更を除く管理に関する事項についても，その事項が専有部分の使用に特別の

影響を及ぼすべきときは，その専有部分の区分所有者の承諾が必要である（法18条3項）。

③ 費用負担

　共用部分の変更または管理に要する費用は，規約に別段の定めがない限り，区分所有者が持分割合に応じて負担する（法19条参照）。

4 区分所有権に対する制約

　区分所有者は，専有部分について，独占的に支配する権能を有している。しかしながら，専有部分も物理的には1棟の建物の一部にすぎず，多数の区分所有者がその建物を共同して利用することになるため，区分所有権は，相当強い団体的制約を受けざるをえない。

1 他の区分所有者の専有部分の使用請求権

　区分所有建物においては，専有部分が共用部分を挟んで隣接するので，区分所有者は，専有部分または共用部分を保存または改良するために，他の区分所有者の専有部分や自らが持分権を有しない（つまり，一部区分所有者の共有に属する）共用部分を使用せざるをえないことがある。この場合，区分所有者は，他の区分所有者の専有部分等の使用を請求することができる（法6条2項前段）。他の区分所有者が請求に応じない場合，区分所有者は，承諾の意思表示をすべきことを他の区分所有者に命じる判決（民執177条1項）を得ることで，他の区分所有者の専有部分等を使用することができる。

　使用によって損害を受けた区分所有者は，使用者に対して償金の支払を請求することができる（法6条2項後段）。

 民法 209 条 1 項が定める隣地使用権との比較

　　法6条2項前段は，土地の所有者に一定の目的のために隣地の使用を認める民法209条1項と同じ趣旨の規定ということができる。

　　令和3年改正前民法209条1項本文は，土地所有者に一定の目的のため隣地の使用を請求する権利を認めつつ，住家（居住の用に供されている建物に限らず，平穏やプライバシー等の尊重を要する人の営みがそこにおいてされている建物をいい，たとえば事務所や店舗として使用されている建物も含まれる）への立入りには，そこでの営みの平穏やプライバシー等の尊重のため，隣人の承諾を要する（承諾を得られない場合に，裁判所の許可な

ど立入りを可能にする手段はない）としていた。したがって，法6条2項前段には，上記改正前民法209条1項による隣地使用請求権と比べて，（使用請求の対象が隣室に限定されない点と）住家にあたると考えられる専有部分についても使用を請求することができる点に特徴があった。これは，平穏やプライバシー等の尊重の要請はあるものの，1個の建物の一部分にすぎないという専有部分の特性上，各区分所有者が「お互い様」の関係に立つと考えられること，個々の区分所有者に立入拒否権を認めることは，他の区分所有者の専有部分にとどまらず，区分所有関係の基礎である建物そのものの物理的保存や効用の維持を困難にしかねないという事情があることによるものと考えられる。

　令和3年改正後の民法209条1項では，土地所有者は一定の目的のために隣地を当然に使用することができることになった（隣地所有者がその使用を拒むことは，隣地使用権の妨害になる。住家への立入りについては実質的な変更はない）。民法のこの規定改正を受けて，法6条2項の見直しの要否が問題になりうるが，その必要はないと思われる。住家である専有部分を中心に規制を考えるならば，専有部分の上記特性から一般の住家にない制約を認めるべきであるとしても，そこでの営みの平穏やプライバシー等の尊重の必要はあることから，他の区分所有者に使用権を当然に認めることは，使用目的が限定されるとしても行き過ぎになると考えられるからである。

2 共同の利益に反する行為の禁止

　区分所有者は，建物の不当損傷や不当使用など「建物の保存に有害な行為」，および他の区分所有者の生活を妨害する行為など「建物の管理又は使用に関し区分所有者の共同の利益に反する行為をしてはならない」（法6条1項）。区分所有者がこれに違反し，または違反のおそれがある場合には，他の区分所有者全員または管理組合法人は，集会の決議に基づいて，違反区分所有者の区分所有権を制限し，または奪うことになる各種の請求をすることができる（法57条〜59条）。

　賃借人など，区分所有者以外の専有部分の占有者が共同の利益に反する行為をしたときも，ほぼ同様である（法6条3項，57条4項，60条）。

 禁止違反の行為があった場合にすることができる請求

　区分所有者に禁止違反の行為があった場合には，他の区分所有者は，当該行為の停止，その結果の除去またはその行為の予防措置を請求することができる（法57条1項）。これを請求する訴訟の提起は，集会の決議によらなければならない（同条2項。普通決議でよい）。

　共同の利益に反する行為による共同生活上の障害が著しく，当該行為の停止等の法57条に基づく請求によってその障害を除去して共同生活の維持を図ることが困難な場合には，違反区分所有者による専有部分の使用を相当の期間禁止することを，訴えによって請求することができる（法58条1項）。この訴えの提起は，違反区分所有者に弁明の機会を与えたうえで，集会における区分所有者および議決権の各4分の3以上の特別多数決議によらなければならない（同条2項・3項）。

　共同の利益に反する行為による共同生活上の障害が著しく，法57条などに基づく請

求など民事上の他の法的方法（たとえば，法7条に基づく先取特権の実行としての専有部分の競売）によって障害を除去して共同生活の維持を図ることが困難な場合には，違反区分所有者の区分所有権および敷地利用権の競売を，訴えによって請求することができる（法59条1項）。この訴えの提起も，違反区分所有者に弁明の機会を与えたうえで，集会における区分所有者および議決権の各4分の3以上の特別多数決議によらなければならない（同条2項）。

占有者が禁止違反の行為をしている場合には，法59条1項とほぼ同様の要件のもとで，違反占有者の占有権原となっている契約の解除と専有部分の引渡しを，訴えによって請求することができる（法60条1項）。

5 区分所有建物の復旧と建替え

以上は，基本的に，共同利用に耐える状態にある区分所有建物を維持し，または管理する場合の法律関係（いわば，平常時における法律関係）である。ところが，建物は，その一部が何らかの理由により滅失すること，損傷や老朽化が著しく使用に耐えない状態になることもある。そういった場合には，その建物を存続させるか，建て替えるか，それとも単に取り壊すか（区分所有関係を維持するかどうか）という判断が必要になること，また，いずれとするにせよ相当巨額の費用を要することがある。そのため，区分所有者間の利害調整に関して特別の考慮が必要になる。

_1_ 復　　旧

建物の一部が滅失した場合に考えられる対応として，滅失した部分を原状に復して建物の効用を回復させる（復旧する），建物全体を建て替える，そのまま何もしないという三つの選択肢がある。このうち，復旧をする場合の手続と法律関係は，おおよそ，次のとおりである。

1 小規模滅失の場合

建物価格の2分の1以下に相当する部分が滅失した場合（小規模滅失の場合）には，集会の普通決議により，区分所有者の団体が滅失した共用部分を復旧することができる（法61条3項）。この決議が成立したときは，決議に反対した区分所有者も拘束され，区分所有者全員で復旧を行うことになる。各区分所有者は，これに要する費用を，原則として共用部分の持分割合に応じて負担しなければならない。

復旧または建替えの決議があるまで，各区分所有者は，減失した共用部分を復旧することができる（法61条1項）。その復旧に要した費用は，共用部分の持分割合に応じて他の区分所有者らに償還を請求することができる（同条2項）。

専有部分の復旧は，共用部分に関する復旧決議の有無にかかわらず，各区分所有者が，自己の費用と責任で行うことになる（同条1項本文）。

❷　大規模減失の場合

建物価格の2分の1を超える部分が減失した場合（大規模減失の場合）も，区分所有者の団体は，減失した共用部分の復旧を決議することができる。その場合の法律関係は，小規模減失の場合と共通する点も多いが，大規模減失の場合には復旧が大事業になることから，次の2点につき異なる定めが置かれている。第一に，復旧決議は，区分所有者および議決権の各4分の3以上の特別多数でしなければならない（法61条5項）。第二に，決議に賛成しなかった区分所有者（反対投票をした者および議決権を行使しなかった者）は，決議に賛成した区分所有者の全部または一部に対し，建物と敷地に関する権利を時価で買い取ることを請求することができる（同条7項前段）。重い費用負担を意思に反して強制することは適当でないからである（買取請求の手続については，同条7項〜11項・13項を参照）。

大規模減失の場合に，復旧の決議も建替えの決議も成立しなければ，区分所有者は，自己の専有部分を復旧することはできるが，共用部分を復旧することはできない。これでは，区分所有者の少なくとも一部の者に重大な不利益を被らせ続けることになり，また，残存する建物や敷地が有効に利用されないことは社会的にも重大な損失である。そこで，そのような状態を打開するための方策として，区分所有者は，相互に，建物およびその敷地に関する権利を時価で買い取ることを請求することができるとされている（同条14項）。この権利は形成権であり，その行使によって両者の間に売買契約が当然に成立する。また，この買取請求は，区分所有者の間で，誰から誰に対してもすることができる。請求を受けた者も，他の区分所有者に対してさらに買取請求をすることができるので，これにより，複数の専有部分を有する区分所有者の出現と，それによる多数派の形成が促進されることになる。

2 建 替 え

建物が重大な損傷を受けたり，著しく老朽化したりした場合には，その所有者

は，建物を維持するか，建て替えるかの判断を迫られることになる。このうち建替えは，それまでの建物所有権を消滅させることになるから，区分所有建物の場合には，区分所有者全員の同意を要することになりそうである。しかしながら，とくに区分所有者が多数にのぼるときには，建替えにつき全員の同意を得ることはきわめて難しい。これでは，所有権の行使について衝突が生じた場合に，建替えに反対する区分所有者が少数にとどまるときであっても，その所有権の自由を，他の区分所有者の所有権の自由に対して常に優先させる結果となる。これは，建替えに反対する区分所有者が，自己の専有部分の利用のために共用部分を利用することによって，建替えに賛成する他の区分所有者の権利を利用し続けることを考えあわせれば，合理的とはいえない。また，建替えができなければ，建物が使用に耐えなくなる時を待つほかないことになり，社会経済的にも重大な損失となりかねない。そこで，法 62 条 1 項は，集会における区分所有者および議決権の各 5 分の 4 以上の多数決議により，建替えをすることができるものとしている（建物の安全性の欠如や著しい老朽化は，建替えが検討されることになる大きな要因であるが，建替え決議の要件ではない。これに関しては，下の も参照）。反対者にとっては所有権の自由の制限になるが，区分所有権の特殊性からくる団体的制約の現れとみることができる。

建替え決議が成立した場合には，建替えに参加する区分所有者（またはその全員の同意がある場合には買受指定者）は，建替えに参加しない区分所有者に対して，その区分所有権と敷地利用権を時価で売り渡すことを請求することができる（法 63 条 5 項）。この権利は形成権であり，その行使によって両者の間に売買契約が当然に成立する。これは，建替え反対者が建物に居座って，建替えの実現が困難になることを避けるためのものである。反対者からすれば自己の意思に反してその財産を手放すことを強制されることになるが，これも，区分所有権の特殊性からくる団体的制約の現れとみることができる。

 建替え決議の要件の変遷

建替え決議の要件には，歴史的に変遷があった。

昭和 37 年に制定された区分所有法には，当初，建替えを多数決で決議することができる旨の規定は存在しなかった。区分所有権の絶対性を重視して，建替えには区分所有者の全員一致が必要であるとしていたのである。

しかしながら，それでは建替えがほとんど不可能であることが明らかになり，昭和 58 年の法改正によって，集会における区分所有者および議決権の各 5 分の 4 以上の多数決議によって建替えをすることができるものとされた（平成 14 年改正前の法 62 条 1

項）。ただ，そこには，決議要件がもう一つ存在していた。「老朽，損傷，一部の滅失その他の事由により，建物価額その他の事情に照らし，建物がその効用を維持し，又は回復するのに過分の費用を要する」こと（以下，「過分の費用」要件という）が必要とされていたのである。これは，区分所有権が団体的制約に服さざるをえないものであるとしても，区分所有権の絶対性にも配慮する必要があることから，両者の適正な調整を図るために，実質的に正当と認められる場合（建物を維持することが客観的にみて不合理になった場合）にのみ，多数決議による建替えを許そうとしたものである。

ところが，阪神・淡路大震災などをきっかけに，この定めもうまく機能しないことが明らかになった。5分の4以上という特別多数決議の成立自体が容易でないうえ，それが成立した場合も，決議反対者が「過分の費用」要件を欠くとして決議無効の訴えを提起し，その決着がつくまで建替えを実行することができないという事態が起こったのである。その原因は「過分の費用」要件が明確性を欠くことにあると考えられたため，平成14年の法改正において，この要件が削除されることになった。

これによって，区分所有権への団体的制約が強まったことは確かであるが，区分所有権の絶対性への配慮が大きく後退したとはいえない。「5分の4以上の多数」という，他の特別多数決議事項よりも重い決議要件は維持されており，これほど多数の者が不合理な内容の議案に賛成することは，そうあることではない。また，不合理な建替え決議を防ぐための措置が，新たに講じられてもいる。すなわち，①区分所有者に建替えの要否を熟慮する期間を確保するために，集会の召集通知は開催日の2か月以上前に発出しなければならず（法62条4項），②その際，建替えの要否を判断するために必要と考えられるいくつかの情報を区分所有者に通知しなければならないとされた（同条5項）ほか，③区分所有者が建替えに関する説明を受け，質問する機会を保障するために，集会開催日の1か月以上前に説明会を開催しなければならないとされている（同条6項）。要するに，平成14年の法改正は，区分所有権の絶対性への配慮から不合理な建替え決議は避けられるべきであるという認識を維持しつつ，これを実質的に実現しようという態度を改めて，手続保障の充実による実現を目指すことにしたものとみることができる（もっとも，手続違反があったとしても，集会の召集通知が少数の区分所有者にしか発せられないなど相当重大なものでない限り，建替え決議は無効にならないと解される。そうしておかなければ，反対者が決議無効の訴えを容易に提起することができることになり，建替えを容易にするという法改正の趣旨が没却されることになりかねないからである）。

区分所有建物を単に取り壊すことや，区分所有建物とその敷地を一括して第三者に売却する（そして，その代金を分配する）ことには区分所有者全員の合意を要するとされてきたが，平成14年の法改正でも，若干の議論はあったものの，この考え方が維持されている。その基礎には，多数の区分所有者の区分所有権を実質的に保全する必要がなければ，区分所有者に所有権の処分を強制することは適当でない，という考えがあると解される。

もっとも，マンション（2以上の区分所有者が存する建物で，人の居住の用に供する専有部分のあるもの）については，マンションの建替え等の円滑化に関する法律において，特別の制度（マンション敷地売却制度）が設けられている。すなわち，耐震性不足の診断がされたマンションについては，その管理者等の申請に基づいて特定行政庁（マンション所在地の市町村長または都道府県知事）による要除却認定（同法102条1項・2項）がされた場合には，区分所有者，議決権および当該敷地利用権の持分権の価格の各5分の4以上の多数で，当該マンションおよびその敷地を売却する旨の決議をすることができる（同法108条1項）。また，大規模な火災，震災等の災害で政令で定めるものにより区

分所有建物が全部または一部滅失した場合に適用される被災区分所有建物の再建等に関する特別措置法では，全部滅失の場合につき建物再建制度（同法 4 条）と敷地売却制度（同法 5 条），一部滅失の場合につき建物敷地売却制度（同法 9 条），建物取壊し敷地売却制度（同法 10 条），建物取壊し制度（同法 11 条）が設けられている。

　区分所有建物一般につき，築年数が相当古い，管理不全が著しいなどのため効用が著しく低下し，または外壁の剥落や建物倒壊等の危険がある建物が増えており，今後も増え続けると見込まれる。そのような区分所有建物については，区分所有者を専有部分の所有（に伴うさまざまな負担や責任の危険）から解放すること，周辺住民等を危険から守ることが必要になるところ，現行区分所有法においては，そのために区分所有者がとりうる手段は建物の建替えしかない。ところが，建替えの場合，既存の建物を壊して新しく建物を建てることになるため，費用が高額になる，2 度の引っ越しが必要になるなど，区分所有者にかかる負担がかなり大きい。そこで，現在進められている区分所有法の改正に向けた作業において，建物敷地売却制度，建物取壊し敷地売却制度，建物取壊し制度，および建物が全部滅失した場合につき建物再建制度と敷地売却制度を区分所有法に設けることが検討されている（そのほか，所在等が不明の区分所有者およびその議決権を決議の母数から除外すること，多数決要件を引き下げることその他建替え等の決議を成立させやすくするための方策も検討されている）。

第**4**章

用益物権

他人の土地の利用を本質的な内容とする物権を，用益物権と呼ぶ。民法上の権利では，地上権，永小作権，地役権，入会権者以外の者が所有する土地に対する入会権（共有の性質を有しない入会権）がこれに属する。

土地利用権の設定には賃借権が用いられることが多く，用益物権の重要性は大きくない。以下では，用益物権に属する各種の権利について，成立原因，対抗要件，存続期間，権利の内容等の概要を述べるにとどめる。

1 地 上 権

1 序 論

1 地上権の意義

地上権は，工作物または竹木を所有するために他人の土地を使用する物権である（265条）。

工作物とは，地上および地下の一切の施設をいう。建物，橋梁，トンネル，電柱などがその例である。

竹木の種類に制限はないが，植栽することが耕作とみられる場合（たとえば，果樹，茶など）に，その耕作のために物権である土地使用権が設定されるときは，永小作権の問題となる。

地上権は広く用いられているとはいいがたいが，区分地上権（269条の2）には以前から一定の需要がある。また，比較的近時においては，定期借地権（借地借家22条）の利用がみられる。さらに，強制競売または担保不動産競売が行われた場合に成立することがある法定地上権には実際的重要性がある。

2 地上権に対する法規制

建物や橋梁等を所有したり，林業を営んだりする場合には，長期にわたる安定した土地使用権が必要になる。地上権は，この必要に応えるものとして民法に設けられたものである。ところが，現実に利用されたのは土地賃借権であった。土地所有者にとって，地上権の負担は賃借権に比べて相当重いため（たとえば，①ともに対抗要件を備えれば第三者に対抗することができる〔177条，605条〕が，設定者に対する登記請求権を地上権者は有するが，土地賃借人は有しない〔大判大正10・7・11民録27輯1378頁〕，②約定による権利の存続期間につき，地上権には上限がないが，賃借権には上限がある〔50年間であり（604条），問題視するほどのことではないが，平成29年

民法改正前は20年間だった〕。また，存続期間の約定がない場合に，地上権は設定者の意思表示により消滅することはないが〔268条参照〕，賃借権は賃貸人の解約申入れにより消滅する〔617条参照〕，③賃借権は賃貸人の同意がなければ譲渡することができないが〔612条1項〕，地上権は設定者の同意がなくても譲渡することができる），土地所有者が地上権の設定を嫌ったからである。もっとも，安定した土地使用権の社会的必要性は変わらずあるため，これをどのようにして確保するかが問題になった。そこで，とくに問題が深刻に現れる建物所有を目的とする土地使用権について，特別法（歴史的に変遷があったが，現在では借地借家法）が制定されるに至った。そこでは，建物所有を目的とする地上権と土地賃借権を併せて「借地権」と呼び（借地借家2条1号），統一的な規律が設けられている。したがって，建物所有目的の地上権については，借地借家法の規定も適用される。

2 成立原因

地上権は，契約のほか，土地所有者の遺言（964条）や取得時効（163条）によって成立する。また，388条や民事執行法81条によって地上権が成立することもある（法定地上権）。

3 対抗要件

地上権の設定，移転等は，原則として，登記をしなければ第三者に対抗することができない（177条）。もっとも，建物所有目的の地上権については，地上権者がその土地の上に登記されている建物を所有していること（借地借家10条1項。この登記は，地上権者自身の名義である必要がある。最大判昭和41・4・27民集20巻4号870頁〔百選Ⅱ51事件。ただし，借地権たる賃借権について〕，最判昭和58・4・14判時1077号62頁），借地借家10条2項の要件を充たす掲示があることも対抗要件となる。

4 存続期間

1 存続期間の約定がある場合

当事者が存続期間を約定したときは，原則としてそれによる。「永久」とする約定も有効とされている（永小作権に関する278条にあたる規定がないから。大判明治36・11・16民録9輯1244頁）。「無期限」とする登記がある場合は，反証がない限り，存続期間の定めがないものであるとする大審院判決がある（大判昭和15・6・

26 民集 19 巻 1033 頁。反証を認めた例として，大判昭和 16・8・14 民集 20 巻 1074 頁参照〔運炭車道用レールを敷設するために地上権が設定された場合には，炭鉱経営が存続する限り地上権が存続するとした〕)。

建物所有を目的とする地上権については，存続期間は，原則として最低 30 年となる（借地借家 3 条。例外として，同 23 条 2 項，25 条)。

2　存続期間の定めがない場合

当事者が存続期間を定めなかったときは，慣習があればそれにより（268 条 1 項)，慣習がなければ，当事者の請求により裁判所が地上権設定当時の事情等を考慮して 20 年から 50 年の間で存続期間を定める（同条 2 項)。

建物所有を目的とする地上権については，存続期間は 30 年となる（借地借家 3 条)。

5　内　　容

1　地上権者の土地使用権

地上権者の土地使用権の内容は，地上権の成立原因ごとに次のようにして定まる。すなわち，契約または遺言による設定の場合はその契約または遺言の解釈により，時効取得の場合はそれまでの使用形態により，法定地上権の場合は地上建物の存続という制度趣旨により，定まる。

地上権者は，土地所有者に対して，その土地を地上権設定の目的に従った使用に適した状態に置くことを求める権利を有しない（賃借人には，この権利がある〔606 条 1 項本文参照〕)。地上権は物権であり，その設定により目的物の排他的支配権能が地上権者に移るからである。

2　地上権に基づく物権的請求権

地上権は物権であるから，地上権者は，物権的請求権を有する。ここには，妨害排除請求権，妨害予防請求権のほか，返還請求権も含まれる（地上権は土地占有権能を含むから)。

3　地上権の処分の自由

地上権は物権であるから，地上権者は，地上権の処分（たとえば，地上権の譲渡，地上権を目的とする担保権の設定）を自由にすることができる。

４　相隣関係の規定の準用

　地上権は土地の使用を内容とする物権であるため，隣接地間の使用関係を調整する場合には地上権も対象にする必要がある。そのため，相隣関係に関する209条〜238条の規定は，地上権者間または地上権者と土地所有者の間に準用される（267条本文。ただし，229条の準用には制限がある〔267条ただし書〕）。

５　地上権者の地代支払義務

　地上権には，地上権者が地代を支払う場合と支払わない場合がある。

　地上権者が地代を支払う場合には，地上権設定時に一括して支払うときと，定期的に支払うときがある。地代については，定期の支払の場合に永小作権に関する274条〜276条の規定が準用されるほか，性質に反しない限り賃貸借に関する規定が準用される（266条）。

　地代とその支払時期の定めは，地上権の登記の登記事項とされている（不登78条2号）。そこで，この登記がない場合に，土地所有者が地上権の譲受人に地代に関する約定を対抗することができるかが問題とされている。①登記がなければ対抗することができない（したがって，譲受人は地代支払を拒むことができる）とする説，②登記がなくても対抗することができるとする説（その理由として，現在では地代の支払を要することが一般的であること，地代支払義務は地上権の内容の一部をなす〔地上権に付着したものである〕ことが挙げられている），③借地借家10条により地上権の対抗要件が具備される場合には地代の登記をすることができないため，少なくともこの場合は登記がなくても対抗することができるとする説に分かれている。

６　地上権消滅時の地上物の収去と買取り

　地上権は，物権一般の消滅原因のほか，存続期間の満了，放棄（268条1項本文，266条1項が準用する275条），土地の所有者による消滅請求（266条1項が準用する276条）等により消滅する。

　地上権が消滅した場合には，地上権者は，土地を原状に復してその工作物および竹木を収去することができる（269条1項本文）。これは，地上権者の収去権を定めるとともに，収去義務をも定めるものと解されている。ただし，次の場合は，この限りでない。

　第一に，異なる合意がある場合である（契約自由）。

第二に，異なる慣習がある場合である（269条2項）。

第三に，土地の所有者が，時価相当額を提供して，その買取りを請求した場合である。もっとも，この場合も，買取りを拒む正当な理由があるときは，地上権者は付属物を収去することができる（269条1項ただし書）。

第四に，収去が不可能または著しく困難な場合である。この場合には，196条2項または608条2項を類推適用して，地上権者が費用の償還を土地所有者に請求することができるとする見解がある。しかしながら，これは土地所有者にその意思によらずに付属物の購入を強制するのも同然であり，問題がある（これについては，p.194の 補論 も参照）。また，必要費を請求することができない（土地所有者には土地を使用収益に適する状態におく積極的義務がないため）のに有益費なら請求することができるとすることは（使用貸借に関する595条はこれを認めているが）奇異に感じられる。

第五に，建物所有を目的とする地上権が存続期間の満了により消滅した場合において，地上権者が権原により付属させた建物その他の物の買取りを土地所有者に請求したときである（借地借家13条1項）。

6 区分地上権

地上権はさほど用いられていないが，その例外といえるものとして，**区分地上権**がある。たとえば，トンネル，電線，高架鉄道，道路などを敷設する場合には，土地を全面的に利用する必要はなく，地下または上空の一定の範囲を利用することで十分である。こういった利用のために認められているのが，区分地上権である。

区分地上権は，設定行為で定められた地下または上空の一定範囲にしか及ばないことが原則であるが（269条の2第1項前段），設定行為により，区分地上権行使のために土地所有者等のその他の土地部分の使用に制限を加えることができる（同項後段）。この制限は，登記することができ（不登78条5号），その登記がされたときは第三者に対抗することができる。

区分地上権は，第三者がすでに使用収益権を有する土地についても，その第三者とその権利を目的とする権利を有する者（たとえば，地上権を目的とする抵当権の設定を受けた者）全員の承諾を得れば，土地所有者と区分地上権者の間の契約により設定することができる（269条の2第2項前段）。この場合に，土地の使用収益権者が区分地上権の行使を妨害したときは，区分地上権者は，その妨害を排除す

ることができる（同項後段）。

2 永小作権

1 意義，設定，対抗要件

　永小作権は，耕作または牧畜をするために他人の土地を使用する物権である（270条）。

　永小作権は，契約により設定されるほか，土地所有者の遺言（964条）や取得時効（163条）による取得もありうる。もっとも，耕作または牧畜のために使用される土地については農地法の適用があるので（農地2条1項参照），永小作権の設定または移転には原則として農業委員会の許可が必要であり（農地3条1項本文），この許可がなければ，設定または移転の効力は生じない（農地3条6項）。

　永小作権の設定，移転等は，原則として，登記をしなければ第三者に対抗することができない（177条。農地賃借人は，農地法上，土地の引渡しを受けた場合も賃借権を第三者に対抗することができるとされており〔農地16条〕，永小作権についてもこれを類推適用すべきであるとする見解がある）。

2 内　　容

❶ 存 続 期 間

　永小作権の存続期間には，法定の制限がある。すなわち，存続期間は20年以上50年以下とされ，これより長期を定めても50年に短縮される。更新は可能だが，その存続期間も50年が上限となる。存続期間の定めがなければ，異なる慣習がない限り，30年となる（以上，278条）。なお，存続期間は登記事項とされている（不登79条2号）。

❷ 永小作人の権利

　永小作権を有する者（永小作人）は，設定目的（契約または遺言による設定の場合）または取得時効の基礎となった使用形態に従って，土地を使用収益することができる。ただし，土地に回復不可能な損害を生ずる変更を加えることはできない（271条。もっとも，異なる慣習があるときは別である〔277条〕）。

　永小作人は，物権的請求権を有する。ここには，妨害排除請求権，妨害予防請求権のほか，返還請求権も含まれる（永小作権は土地占有権能を含むから）。

永小作人は，永小作権を処分し（譲渡につき272条本文，抵当権設定につき369条
2項），またはその権利の範囲内で土地を第三者に賃貸することができる（272条
本文）。ただし，設定行為で禁じられたとき（272条ただし書），異なる慣習がある
とき（277条）は，この限りでない。

　永小作権は土地の使用を内容とする物権であるため，相隣関係に関する規定が
永小作権者と所有者その他の土地使用権者との間に類推適用される（⇒ p. 170 の
1）。

3　永小作人の義務

　永小作権については，地上権と異なり，小作料の支払が要素とされている
（270条の「小作料を支払って」。また，小作料は登記事項とされている〔不登79条1号〕）。
したがって，永小作人は，小作料支払の義務を負う。民法は小作料の減免請求を
認めないが（274条），農地法による修正がある（農地20条。減免だけでなく，増額
もある）。

　このほか，永小作人の義務については，性質に反しない限り，賃貸借に関する
規定が準用される（273条）。

　永小作権は，物権一般の消滅原因のほか，存続期間の満了，永小作人による放
棄（275条），土地の所有者による消滅請求（276条）等により消滅する。この場合，
地上物の収去につき，地上権の場合と同様の法律関係（⇒ p. 264 の**6**参照）が生
ずる（279条による269条の準用。ただし，借地借家法の適用はない）。

3　地　役　権

1　序　　論

1　地役権の意義

　地役権は，自己の土地の便益のために他人の土地を使用する物権である（280
条本文）。地役権によって便益を受ける土地を**要役地**，地役権の負担を引き受け
る土地を**承役地**という。

　地役権は，たとえば次のような場合に用いられる。

Case 46

A 所有の甲土地と B 所有の乙土地は右のような位置関係にあった。甲土地は，幅員 2 m の通路で公道に通じていた。A は，甲土地上に建物を所有し，そこで学習塾を営んでいたが，事業拡張のために建物の増改築をしたいと考えた。ところが，建築基準法と関連する条例により，通行の安全と災害時の避難の見地から通路の幅員が 3 m なければ建築確認が下りないことが分かった。

急　崖

甲土地
（A 所有）

急
崖

乙土地
（B 所有）

2m

公　道

甲土地が（準）袋地と認められれば，A は，210 条により乙土地の通行を認められる。しかしながら，この種の事例において，甲土地は（準）袋地に該当しないとし，A の隣地通行権を認めなかった最高裁判決がある（最判昭和 37・3・15 民集 16 巻 3 号 556 頁。これについては，p. 175 の 発展学習 参照）。そうすると，このままでは，A は，甲土地上の建物に増改築を施せない。その増改築をするためには，B から乙土地の一部を通路として使用する権利の設定を受けるほかない。この権利として，賃借権も考えられる。ただ，賃借権は債権であるため，甲土地または乙土地の所有者が変わった場合に使用権が維持されるかどうかに不安が残る。こういった場合に用いられるのが，地役権である。

地役権は，上の例のような通行のため，土地に水を引くため，土地の眺望や日照を確保するためといった，さまざまな目的に用いられる。

❷　相隣関係との違い

❶に述べたことからも明らかなように，地役権は，相隣関係上の権利と同様の機能を果たすことがある。もっとも，地役権と相隣関係には次の違いがある。

第一に，相隣関係上の権利は，法律の規定に基づく。それに対し，地役権は，主に当事者の契約によって設定される。

第二に，相隣関係上の権利は，法律の規定によって認められた種類しかないが，地役権については，目的となる便益の種類に制限がない。

第三に，相隣関係上の権利は，隣接地の間で生ずるが，地役権について，そのような制約はない。たとえば，眺望を確保するために，何区画か先の土地に地役権の設定を受けることもできる。

❸ 地役権の性質

　地役権は，要役地の便益のために設定される権利であり，承役地は，要役地のために負担を引き受けることになる。このことから，地役権には次のような性質が認められる。

　第一に，地役権は，要役地の所有権の従たる権利として扱われ，要役地とその法的運命をともにする（地役権の付従性）。すなわち，要役地の所有権が移転すれば地役権も移転し，要役地に地上権等の権利が設定されれば地役権もその権利の目的になる（281条1項本文。ただし，設定行為によって，地役権を設定時の要役地所有者限りのものとすることができる〔同項ただし書〕。もっとも，この特約は，登記〔不登80条1項3号〕をしなければ第三者に対抗することができない）。また，地役権は，要役地から分離して処分し，または権利の目的とすることができない（281条2項）。

　第二に，要役地または承役地が共有に属する場合に，地役権の取得や消滅は，共有者全員について一体的に認められる（地役権の不可分性）。すなわち，要役地または承役地の各共有者は，自己の持分権について地役権を消滅させることができない（282条1項）。地役権の共有者の一人に生じた消滅時効の完成猶予または更新は，他の共有者にも効力が及ぶ（292条）。共有者の一人が地役権を時効により取得したときは，他の共有者も，これを取得する（284条1項）。地役権の取得時効の完成猶予または更新は，要役地の共有者全員につきその事由がなければ効力を生じない（同条2項・3項）。要役地または承役地が分割されたり，その一部が譲渡されたりした場合には，地役権は，原則として，各部分につき存続する（282条2項本文）。

2 成立原因

　地役権は，契約のほか，承役地所有者の遺言によって設定される（964条）。また，「継続的に行使され，かつ，外形上認識することができるものに限り」，時効によっても取得される（283条）。

　時効による取得のためには土地の使用が外形上認識可能でなければならないので，たとえば，地上に通路や水路が開設されている場合は地役権の時効取得の可能性があるが，地下に通路や水路が設けられていても，地役権が時効取得されることはない（通路や水路が工作物にあたるときは，地上権の時効取得がありうる〔その場合，占有の公然性の要件がとくに問題になる〕）。これが要件とされているのは，承役地所有者が，地役権の行使に気づかず，時効の完成を阻止するための措置をと

る可能性が実際上ないままに，地役権を負担させられることを避けるためである。

　時効による取得のために土地の継続使用が要件とされているのは，時おりの使用ならば負担が少なく，承役地所有者が好意でそれを黙認することも普通であり，社会的にそれが望ましい場合も珍しくないのに，この場合に取得時効の成立を認めると，承役地所有者に時効の完成を阻止するための措置をとるよう促すことになってしまうからである。

　継続使用の要件は，通行地役権の取得時効に関して争われることが比較的多かった。判例によると，この要件が充たされるためには，通路が開設されており，かつ，その開設が要役地所有者によってされていなければならない（最判昭和30・12・26民集9巻14号2097頁，最判昭和33・2・14民集12巻2号268頁，最判平成6・12・16判時1521号37頁）。通路が開設されていない場合も，要役地所有者以外の者が通路を開設した場合も，承役地所有者が要役地所有者の通行を好意で黙認することが珍しくないため，地役権の時効取得を認めることは適当でないからである。

3 対抗要件

　地役権の設定，変更または消滅の対抗要件は，登記である（177条）。

地役権の登記の特殊性

　地役権の登記には，地役権の付従性からくる特徴がある。すなわち，地役権の付従性の結果として，地役権の権利者は，常に要役地の所有者と一致する（281条1項ただし書による場合も，所有権が移転されれば地役権が消滅し，要役地所有者以外の者が地役権を取得することにはならない）。そこで，不動産登記法80条2項は，地役権者の名称と住所の記載を要しないとしている。このため，地役権が設定されている旨さえ登記に記録されていればよく，要役地の所有権の移転による地役権の移転は，所有権移転登記がされれば，地役権移転の登記なしに第三者に対抗することができる（大判大正13・3・17民集3巻169頁参照）。

通行地役権の対抗の特殊性

　通行地役権（通行を目的とする地役権）も，地役権の一種である。したがって，登記をすることができ，その登記が第三者対抗要件となる。もっとも，通行地役権については，設定登記がされることが少ないこと，権利が認められなければ要役地の利便性（したがって，地役権者の利益）が大きく損なわれることがあること，黙示的に設定されることも珍しくなく，その場合には地役権者を保護する必要性が高いこと，地役権の負担は承役地にとってさほど重大でないことが多いこと，通路の開設や継続的な通行の事実があれば，通常，地役権の存在が外形上明らかになっていること，といった事情がある。そこで，判例上，その対抗について特殊な扱いが認められている。

　すなわち，承役地が譲渡された場合において，その譲渡の時に，その承役地が要役地

の所有者によって継続的に通路として使用されていることがその位置，形状，構造等の物理的状況から客観的に明らかであり（客観的要件），かつ，譲受人がそのことを認識していたか，または認識することができたときは（主観的要件），譲受人は，登記の不存在を主張する正当な利益を有する第三者（177条の第三者）に該当しない（最判平成10・2・13民集52巻1号65頁〔百選Ⅰ59事件〕〔⇒ p. 82の 発展学習 〕。なお，通行地役権者は，承役地の譲受人が177条の第三者に該当せず，その地役権を対抗することができる場合には，譲受人に対し，その地役権に基づいて地役権設定登記手続を請求することができる〔最判平成10・12・18民集52巻9号1975頁〕）。

　また，承役地が担保不動産競売により売却された場合において，最先順位の抵当権の設定時に，前掲最判平成10・2・13が示した客観的要件が充たされており，かつ，その最先順位の抵当権者につき主観的要件が充たされているときは，通行地役権者は，特段の事情がない限り，地役権の登記がなくても，買受人に通行地役権を対抗することができる（最判平成25・2・26民集67巻2号297頁）。

4 内　容

1 地役権者の権利と義務

　地役権者は，設定契約や遺言で定められた目的または取得時効の基礎となった使用形態に従って，承役地を使用することができる。この使用は，地役権の目的を達するために必要であり，かつ，承役地利用者に最も損害の少ない範囲に限られるべきであるとされている（285条と288条は，この考えの現れとされている）。

　地役権は物権であるので，地役権者は物権的請求権を有する。ここには，使用に対する妨害の排除請求権および予防請求権が含まれ，返還請求権は含まれない。地役権は，承役地の使用権能を含むが，占有権能を含まないからである。

　地役権の設定に際して対価（地代）の支払が合意された場合には，その合意をした地役権者は，地代支払の義務を負う。地役権が譲渡された場合に，譲受人が当然に地代支払義務を負うか（地代支払は地役権の内容を構成するか）については，その義務はない（地代支払は地役権の内容を構成せず，合意当事者間で債権的効力をもつにすぎない）旨を述べた大審院判決がある（大判昭和12・3・10民集16巻255頁。なお，地役権の登記において，地代は登記事項とされていない）。

2 承役地所有者の義務

　承役地の所有者は，地役権者の権利行使（たとえば，通行地役権者の通行）を忍容し，または一定の行為をしない（たとえば，眺望地役権者の眺望を妨げる建築をしない）義務を負う。

　もっとも，設定契約またはその後の契約により，一定の行為（たとえば，通路や

水路の設置または修繕）を積極的に行う義務を負うことが妨げられるわけではない。承役地の所有者が，契約によって，自己の費用で地役権行使のために工作物の設置または修繕の義務を負担したときは，承役地所有者の承継人も，その義務を負担する（286条）。この義務は，地役権の行使を保障するために，承役地の負担（地役権の内容）になるとされるのである。ただし，この義務負担の定めは，登記事項とされており（不登80条1項3号），その登記がなければ承役地所有者の特定承継人に対抗することができない。

　この積極的義務は，承役地所有者，とくにその承継人にとって重い負担となることがある。そのため，承役地所有者は，地役権に必要な土地の部分の所有権を「放棄して地役権者に移転」（地役権者に対する一方的意思表示により地役権者に移転）することができ，これによりその義務を免れることができる（287条）。

5 消滅原因

　地役権は，物権一般の消滅原因によるほか，存続期間の満了や287条など固有の消滅原因により消滅する。また，時効について特別の規定が置かれている。

1 承役地の時効取得による消滅

　「承役地の占有者が取得時効に必要な要件を具備する占有をしたときは，地役権は，これによって消滅する」（289条）。所有権の時効による取得は原始取得であるが，継続した事実状態を保護するために必要な限りでのみ，従前の権利の消滅が認められると解される（なお，p.156の 補論 も参照）。これによると，承役地が時効取得された場合において，取得者が地役権を排斥するような状態で占有を続けていた場合に，地役権が消滅することになる。289条は，この理を定めたものと解される（大判大正9・7・16民録26輯1108頁は，承役地の占有者が地役権の存在を容認して占有していた場合に，地役権は消滅しないとしている）。

　289条の規定による地役権の「消滅時効」（正確には，承役地の時効取得による地役権の消滅）は，地役権者の地役権行使によって中断する（290条）。この場合，承役地の占有が地役権を排斥するようなものとはいえないため，占有者は，地役権の負担つきで承役地を取得することになる。

2 地役権の消滅時効

　地役権の消滅時効についても，特別の規定がある。

地役権は，20年間の不行使により消滅するが（166条2項），その起算点は，「継続的でなく行使される地役権」（たとえば，通路の開設を伴わない通行地役権）については最後の行使の時であり，「継続的に行使される地役権」（たとえば，通路の開設を伴う通行地役権）についてはその行使を妨げる事実が生じた時（たとえば，通路が封鎖された時）であるとされる（291条）。

地役権者がその権利の一部を行使しないときは，その部分のみが時効によって消滅する（293条）。たとえば，通行地役権者が合意された幅員に満たない通路を設置し，その通路のみを使用し続けていた場合には，通行地役権はその通路部分についてのみ認められることになる。

4 入 会 権

1 意 義

入会権は，一定の地域の住民集団（入会団体）が山林原野など（入会地）を共同で利用する慣習上の物権である。

民法は，**共有の性質を有する入会権**と（263条），**共有の性質を有しない入会権**を認めている（294条）。入会地を入会権者が共有（総有）する場合が前者，第三者（国でもよい〔最判昭和48・3・13民集27巻2号271頁〕）が所有し，入会権者はその用益権能のみを準共有（総有）する場合が後者にあたる（大連判大正9・6・26民録26輯933頁）。後者の入会権は，用益物権の一つに位置づけられる。

民法は，慣習によるほか，前者については共有の規定を適用し（263条），後者については地役権の規定を準用することとしている（294条。「適用」ではなく「準用」とされているのは，入会権は，土地の便益のための権利ではなく，入会団体〔の構成員〕の権利だからである）。しかしながら，入会権について共有の規定が適用され，または地役権の規定が準用される余地はほとんどなく，ほぼもっぱら慣習によって規律される。入会権は実質的に入会団体に帰属するというのが実態であるため，入会団体の構成員に権利が帰属することを前提とする民法の規定を適用すると，実態にそくした処理ができないからである。この実態にそくした処理を可能にするために，総有という考え方（⇒p.204の **3** 参照）がとられるようになった。

入会権は，主として土地の利用にかかる権利関係の近代化および明確化の要請から，解体の過程にあるといわれている。

2 内容と対外関係

1 内　　容

　入会権者は，慣習と入会団体の規約に従って，採草，採薪，造林等のために共同して入会地の使用または収益をすることができる。

　使用収益の形態には，一般に，入会地を直接利用するのが個々の入会権者である場合（個別的利用形態）と，入会団体である場合（団体的利用形態）があるとされている。

　個別的利用形態は，利用地が入会権者に個別的に割り当てられているかどうかによって，さらに二つに分けられることが普通である。一つは，入会権者が入会団体の規制の下で共同して入会地に立ち入り，個別に利用するという，入会の古典的形態である（共同利用形態）。もう一つは，各入会権者に入会地の一部が割り当てられ，入会権者がそれを独占的に利用する形態である（分割利用形態）。

　団体的利用形態にも，二つの代表的な類型がある。一つは，入会団体が入会地を独占的に利用し，収益を得る形態である（たとえば，造林等の事業を行い，産物等を収取する。直轄利用形態）。もう一つは，入会団体が契約によって第三者に入会地の利用を認め（第三者は，たとえば，別荘地やゴルフ場の経営をし），入会団体が収益を得る形態である（契約利用形態）。

2 対　外　関　係

　1　入会権の公示　　入会権は，登記することができない（不登3条に挙げられていない）。そのため，入会権の変動は，登記なしに第三者に対抗することができる（大判明治36・6・19民録9輯759頁）。

　現実には，入会団体の代表者や一部の構成員の名義で登記がされることも珍しくない（所有権の登記。用益権の登記は，まずされない）。そのため，その登記を信頼して取引をした第三者との間で紛争を生ずることがある。この場合，94条2項は，適用も類推適用もされない（最判昭和43・11・15判時544号33頁，最判昭和57・7・1民集36巻6号891頁）。権利能力なき社団一般については，不動産の確実な保全を欲するならば法人化すればよいといえるが，入会団体については事情が異なり，94条2項の適用または類推適用の基礎となる帰責根拠が一般的に認められないからである。

　2　入会にかかる権利の対外的主張　　入会権者が入会にかかる権利を対外的

に主張する場合にどのようにすればよいかについて，判例は，次のように区別している。

　共有の場合における共有関係（共有権）の確認に相当する入会権の確認の訴え（最判昭和41・11・25民集20巻9号1921頁，最判平成20・7・17民集62巻7号1994頁）と，共有における共有関係（共有権）に基づく請求に相当する（抹消）登記手続請求（最判昭和43・11・15判時544号33頁）は，入会権者全員が共同してしなければならない（固有必要的共同訴訟。なお，入会団体の構成員の中に非同調者がある場合につき，前掲最判平成20・7・17は，ある土地が入会地であることの確認を第三者に対して求めようとするときは，非同調者を被告に加えて構成員全員が訴訟当事者となる形式で，第三者に対する入会権確認の訴えを提起することができるとした。p. 219の 発展学習 も参照）。

　入会団体の構成員としての地位の確認（最判昭和58・2・8判時1092号62頁）や，各入会権者の使用収益権に基づく請求（たとえば，使用収益権の確認請求，入会地の使用収益に対する妨害の排除請求）は，各入会権者がすることができる。ただし，入会地について無効な登記がされた場合には，その抹消登記手続の請求は，入会権に基づいて入会権者全員が共同でしなければならない（前掲最判昭和57・7・1〔入会地に無効な地上権設定登記がされた事例〕）。無効な登記によって害されるのは，入会権自体であって，各入会権者の使用収益権能の行使ではないからである。

　なお，権利能力のない社団に該当する入会団体は，入会財産が構成員全員の総有に属することの確認を求める訴えの原告適格を有する（最判平成6・5・31民集48巻4号1065頁〔百選I 74事件〕）。

第5章

占有（権）

1 序　　論

1 占有と占有権，占有権の物権性

　民法には，第2編物権において，第1章「総則」に続いて，第2章を「占有権」，第3章以下を「所有権」，「地上権」，「永小作権」等と題して規定が置かれている。これによると，**占有権**は，所有権等と並列される物権の一種であるかのようである。しかしながら，実際には，そうとはいえない。所有権等は，人が物に対して及ぼす（何らかの）排他的支配を正当化する権利（排他的物支配の源泉たる地位）である。これに対して，占有権は，人が一定の態様で物を支配している状態（占有）に対して与えられる法的保護の総体を指す概念（物支配の結果として認められる地位）である。

　180条によると，占有権は，「自己のためにする意思をもって物を所持する」ことによって取得される。「自己のためにする意思をもって物を所持すること」を**占有**というので，民法は，占有を要件として占有権が取得され，その占有権から各種の効果が認められる，という構造をとっていることになる。しかしながら，そうする必要があるか，あるいはそうすることが適切であるかについて，疑いもある。

Case 47

　Aは，自転車甲を占有するZとの間で，甲の売買契約を締結した。
①　Aは代金を支払い，後日Zに甲を配達してもらうことにした。ところが，その配達の途中で，Bの過失による交通事故のため甲は滅失した。Aが，Bに損害賠償を請求した。
②　Zは，甲をAに配達した。その後，Cが，甲は自己の所有物であるとして，Aに対し，甲の返還および甲の使用利益の返還を請求した。
③　Zから甲の引き渡しを受けたAは，その後，甲をDに無償で貸した。ところが，Eが，Dのもとから甲を勝手に持ち去った。Dが，Eに甲の返還を請求した。

Case 47 ①のAの請求は、甲の所有権の侵害を理由とする。したがって、Aの請求が認められるためには、Aが事故の時点で甲の所有権を有していなければならない。AはZとの間で売買契約を締結しているから、Zがその契約の当時甲の所有権を有していたならば、これは認められる。

　ところが、Aにとって、Zが甲を所有していたことの立証は容易でないことがある。これは、所有権を有することの立証が必ずしも容易ではないことを示している。権利の立証が困難であることは、権利者の地位を不安定にし、好ましくない。そこで、188条が、物の支配は正当に行われていることが普通であるということから、占有者は本権（占有を正当化する権利。所有権はその代表例）を有するものと推定し、その立証を容易にしている。この規定により、甲を占有していたZは甲の所有権を有していたと推定され、Aは、Zとの間で甲の売買契約を締結したこと、その当時Zが甲を占有していたことを主張立証することにより、甲の所有権を取得したと（ひとまず）認められる（Zが所有権を有しなかった場合には、Bが、そのことを主張立証して争うべきことになる）。ここでは、Zが甲を占有しているという事実から、Zの本権（所有権）が推定されるという効果が認められるとみることができる。占有の事実からZの占有権が認められ、その占有権から所有権推定の効果が生ずると考える必要はない。それどころか、そのように考えることは、むしろ不自然である。

Case 47 ②において、Cは、甲の返還をAに請求するために、甲の所有権を取得したこと、およびAが甲を現在占有していることを主張立証すればよい。この主張立証がされたならば、Aは、対抗要件の不存在で争うこと、それができなければ即時取得（192条）により争うことが考えられる。後者の場合、Aは、①Zとの間で甲の売買契約を締結したこと、②その契約に基づきZから甲の引渡し（ただし、占有改定による場合を除く。p.152の2参照）を受けたことを主張立証すればよい（Aの悪意等の即時取得の成立を妨げる事由は、186条1項および188条から、Aが①および②の主張立証をした場合に、Cが主張立証すべきことである〔⇒ p.149の 発展学習 〕）。民法に従えば、②の要件は、「占有権」の取得といい換えることができる（182条、184条参照）。しかしながら、192条も「占有を始めた」と表現しているとおり、端的に占有の取得といえばよく、占有の取得により占有権が取得され、この占有権の効果として即時取得が認められると説明する必要はない。

　即時取得が成立しない場合、Aは、取得時効により争えることもある。取得時効は、物を長期にわたって支配し続けているという事実状態（長期継続した占

有）を保護するために，その事実状態を正当化するための権利を認めるものである。これも，端的に（長期間の）占有の事実から認められる効果とみることができ，占有の事実から占有権が取得され，その占有権の長期保有の効果であると説明する必要はない。

Case 47 ②においてCが返還を求めている使用利益は，物の使用から取得される利益という点で同じであることから，法定果実と同一の扱いがされる（⇒p. 306の**1**）。この扱いに関して189条1項と190条が定めを置いているところ，186条1項により占有者の善意が推定されるため，Cは，Aに甲の使用利益の返還を求めるために，Aの（ある時点からの）悪意を主張立証する必要がある。もっとも，果実は，元物の所有者等それを収取する権利を有する者に帰属すべきものであり（89条参照），正当な権原によらずに物を占有する者は，本来，その物から得た果実を返還すべき立場にある（悪意の占有者が例外的に返還義務を負うのではなく，善意の占有者が例外的に返還を免れる）。これは，元物を正当な権原によらずに支配したこと（無権原の占有）による負担とみることができ，占有の事実から占有権が取得され，その占有権の効果として生ずる負担であると説明する必要はない。

Case 47 ③では，Eが甲を不法占有している。この場合，使用借主であるDは，使用借権に物の排他的支配権能が含まれていないため，使用借権に基づいて返還請求をすることはできない。また，使用借主は，使用貸主に対して使用収益供与請求権を有しないため，Aが甲の所有者であっても，Aの返還請求権を代位行使すること（423条）はできないとする見解が有力である。そうであっても，Dは，200条により，Eに甲の返還を請求することができる。これは，社会秩序を維持するために物の事実的支配を保護する（物の事実的支配を妨害することはできず，妨害しても排除されるとする）ものとみることができる。占有をする者は占有権を有しており，その占有権を保護するために認められる効果であると説明することもできるが，その必要はない。

2 占有法の捉え方

　以上に述べたことから，次のことがわかる（占有または占有権に関する規定や法制度はほかにもあるが，それらについても上記と同様のことがいえる）。

　第一に，民法は，占有権という権利を認め，占有に基づいて占有権が生じ，占

有権から種々の効果が認められるという構成をとっている。しかしながら，それらを占有の効果と捉えても支障はなく，占有と占有権を区別する必要はない。

　第二に，民法は占有権を物権に位置づけているが，これを権利と構成するとしても，所有権等と異なり，物の排他的支配を内容とする権利ではない。したがって，物権の一つとするにしても，その異質性を認識しておく必要がある（その異質性は，所有者等の物権者は一般に177条または178条の「第三者」にあたるが，占有者はそうでないことに端的に現れる。また，占有権を物権の一種とみることは，債権者たる賃借人，使用借主，受寄者等も占有権という物権を有するという奇妙な叙述を可能にし，物権概念の有用性を損なうために不当であるとする指摘もある）。

　第三に，民法は，「占有権」の章において，第1節を「占有権の取得」，第2節を「占有権の効力」，第3節を「占有権の消滅」と題して規定を置いており，ここに，占有権の要件と効果に関する原則的な事柄がある程度まとまった形で定められているかのようである。しかしながら，実際は，そうでもない。

　まず，占有を要件として認められる効果に関する規定が，他の箇所にもある。取得時効（162条以下），動産物権譲渡の対抗（178条），無主物先占（239条），遺失物拾得（240条）などがそうである。

　つぎに，188条〜202条に定められている「占有権の効力」にも，要件面で，占有という状態に与えられるものと（188条ほか），占有の取得に与えられるものがあり（192条），機能面で，占有そのものを維持させるためのもの（197条〜202条），所有権など本権を保護するためのもの（188条），物の返還に伴う利害調整のためのもの（189条〜191条，196条），信頼保護のためのもの（189条，192条，196条）等さまざまなものがあり，統一的とはいえない。

　さらに，「占有権の要件」に関する規定として，180条〜187条と203条，204条があるが，これらの規定の性格も一様とはいえない。たとえば，180条，181条，203条，204条は，占有（権）一般に広く関わるものということができるが，182条〜184条は即時取得（192条）と動産物権譲渡の対抗（178条）に，185条と187条は取得時効に，とくに密接に関わるものである。

　そうすると，占有（権）について知るためには，「占有権」の章の規定をみるだけでは足りず，また，「占有権」の章の規定をみるときも，その性質とほかの規定との関わりを意識しながらみることが必要になる。

2 占有(権)の一般的要件

　180条は，「占有権は，自己のためにする意思をもって物を所持することによって取得する」と定めている。これによると，占有（権）の取得要件は，①物の所持と，②自己のためにする意思の存在であることになる。

1 占有（権）の成立要件

1 物の所持

　物の所持とは，ある者が物を支配していると評価することができる客観的状態をいう。

　所持は，物理的支配があるといえない場合でも認められる。たとえば，建物の場合には，現実にそこに居住していなくても，施錠してその鍵を保管していれば所持があるとされる。また，施錠されていない建物について，隣家に住み，常に出入り口を監視して他人の侵入を容易に制止することができる状況にしていた建物所有者に，所持を認めた最高裁判決がある（最判昭和27・2・19民集6巻2号95頁）。

　反対に，物理的支配が一応あっても，所持が認められないこともある。たとえば，他人の物をごく一時的に借用しているだけの場合や，他人の物を奪ったが追跡を受けている場合である。こういった場合には，支配が未確立であまりに不安定であるため，法律効果の基礎とするに値しないからである。

2 自己のためにする意思（占有意思）

　自己のためにする意思（占有意思）とは，物の所持によって事実上の利益を受けようとする意思をいう。

　ここにいう事実上の利益は，積極的に利益を受けることのほか，物の所持により法的不利益を免れうることを含む。たとえば，保管をゆだねられて物を所持する者は，物の所持につき積極的な利益を有するわけではない。しかしながら，物の所持を失うと，寄託契約上の義務違反の責任を問われる可能性がある。物の所

持によりこの不利益を避けられることも，事実上の利益に含まれる。

　この意思は，現実に存在する必要はなく，一般的，潜在的に存在すれば足りる。そして，この意思が一般的，潜在的に存在するかどうかは，物の所持を生じさせた原因の性質から客観的に判断するものとされている。たとえば，売買や賃貸借，寄託などに基づく物の所持は，それらの契約は買主，賃貸人，受寄者が物の保管，利用または処分をするためのものであるから，自己のためにする意思があるものとされる（これらの契約が無効であっても，この理に変わりはない）。物を盗んだり，無断借用したりして所持する者にも，この意思が認められる。盗みや無断借用は，物を利用したり，処分したりするために行われるものだからである。また，郵便受けや宅配ボックスに投函された物については，郵便受けや宅配ボックスの設置者または管理者が所持し，かつ，自己のためにする意思があると認められる。郵便受けや宅配ボックスは，その設置者または管理者が物を保管，利用または処分しようとして受領し，支配下に置くために設置されるものだからである。

 自己のためにする意思を不要とする見解（客観説）
　　占有の保護の必要や法律効果の発生を基礎づけるのは，ある者が物を事実として支配している状態であるとして，「自己のためにする意思」は占有の要件として不要であるとする見解がある。この見解を，客観説と呼ぶ（これとの対比で，本文に述べた見解を，主観説と呼ぶ）。
　　客観説からは，とくに意思無能力者による占有に関して実益が主張されている。たとえば，所有者から動産（甲）を無償で借りていた A が事故等により判断能力を完全に喪失した後に，B が甲を持ち去ったという場合に，主観説によると，判断能力が全くない A に意思を認めることはできないから，A に占有は認められず，A から B への甲の返還請求が認められなくなるという不当な結果を生ずる。それに対し，客観説によるならば，A の請求が認められうる，というのである。
　　しかしながら，本文に述べたように，現在の主観説は「自己のためにする意思」として現実の意思の存否を問題にするわけではない。この例でいえば，A は，甲を所有者から無償で借り受けることによって，自己のためにする意思をもって所持を始めた，つまり，占有を取得したと認められる。そして，A が判断能力を失ったとしても，それだけでは所持を失ったことにも，占有の意思を放棄したことにもならないから，A は，甲の占有を失わない（203 条本文参照。それどころか，A が，契約の締結および甲の引渡しの時に意思無能力であったとしても，その契約は無効とされるが，占有意思がないために A は占有を取得しないことになるわけでもない）。したがって，主観説によっても，この場合に客観説が述べるような問題は生じない。

 占有の要件としての自己のためにする意思の位置づけ
　　占有（権）の（義務負担も含む）効力を根拠づける根幹的要素を，ある者が物を事実として支配しているという客観的状態（＝所持）にあるとみることは，不当なことではないと考えられる。たとえば，占有の本権表章機能（⇒ p. 292 の 2 ）の根本にあるのは，

物の支配は正当に行われている蓋然性が高いという考えであり，占有の訴えの根本には，無秩序化を防ぐために事実的支配の実力による妨害を認めないという考えがあり，占有者に対する妨害排除請求（占有者からみれば，妨害除去義務）の根本には，占有者が事実上物を支配することにより所有者等の物支配を妨げているという事情がある，と考えて差し支えないと思われる。

　もっとも，そうであるから客観説のように考えるべきかといえば，そうともいえない。所持すなわち占有としてしまうと，他人の意思の支配の下で所持するだけの者（後出の占有補助者）にも占有が認められ，そこから種々の法律効果が生ずることになるが，そのようなことは現に認められておらず，適切でもない。このように考える立場からは，占有意思の有無を権原の性質に従って判断する主観説によりつつ，自己のためにする意思の存在を占有の成立を認めるための積極的な要件とするのではなく，その意思の不存在を占有の成立を妨げる消極的な要件とすることが考えられる（現在の一般的な主観説はこの立場であると思われる）。

2 　他人を介してする占有

　占有は，観念化しており，物を直接所持している者とは別の者に（も）占有（権）が認められることがある。

1 代 理 占 有

1 意　　義

　「占有権は，代理人によって取得することができる」（181 条）。

　ここにいう代理人は，本人に代わって意思表示をする者（99 条以下でいうところの代理人）ではなく，本人のために占有をする者（**占有代理人**）をいう。直接の所持が占有代理人にある場合には，占有代理人だけでなく，本人にもその物の占有が認められる。この占有代理人を介した占有を，**代理占有**（または，**間接占有**）という。それに対して，占有者が物を直接所持する場合を，**自己占有**（または，**直接占有**）という。

　たとえば，AがBに物の購入を依頼して代理権を与えた場合において，BがAの代理人としてCとの間で売買契約を締結して目的物を受領したときは，Bに物の受領権限が与えられていないとする特段の事情がない限り，BだけでなくAも，その物の占有を取得する。また，Dが賃貸借契約や寄託契約に基づいて目的物を賃借人または受寄者であるEに引き渡した場合には，Eが自己占有（直接占有）を取得するが，これによってDがその物の占有を失うわけではない（Dの占有は，代理占有〔間接占有〕となる）。

② 効　　果

　占有代理人が占有がしている場合には，占有代理人だけでなく本人も，占有に基づく権利を有し，義務を負う。たとえば，両者ともに占有の訴えをすることができ，あるいは，他人の不動産を不法占有している場合には明渡しの義務を負う。

　占有が代理人を介して取得される場合には，平穏，公然，善意，無過失といった占有の態様は，原則として占有代理人について判断される。ただし，悪意や過失のある本人は，占有代理人の善意や無過失を主張することができない（101条2項および3項の類推適用）。

③ 要　　件

　代理占有の要件を直接定める規定はないが，①ある者（占有代理人）の所持と，②その者と他人（本人）の間に代理占有を基礎づける関係（代理占有関係）が存在することが要件であるとされている（さらに，③当事者に代理占有に向けた意思があることを要件とする見解もある。これについては，下の 発展学習 を参照）。

　代理占有関係は，物の所持者（占有代理人）と他人（本人）との間に，前者がその物を後者にいずれ返還または引き渡す（以下，単に「返還」という）ものとして占有することになる原因がある場合に認められる。たとえば，物の賃貸借や使用貸借，地上権や永小作権の設定，寄託，代理受領等の契約が，この原因にあたる（これらの契約が無効であり，または効力が消滅しても同じである）。また，物の所有権移転を生じさせる契約（売買，贈与，交換）等の無効，取消しまたは解除も，この原因にあたる。

　これらの原因がある場合には，本人は，返還を前提として他人（占有代理人）に所持させるのであるから，その他人を介して物を支配するものとみることができる。そのため，本人にも占有が認められる。

> **発展学習**　**本人のために占有する意思，代理人に占有させる意思の要否**
> 　代理占有の成立には，本文に挙げた要件①②のほかに，204条1項2号から，代理人が本人のために占有する意思（代理占有意思）を有することが必要になるとする見解も有力である。また，204条1項1号から，本人が代理人に占有させる意思を有することも必要であるとする見解もある。すなわち，204条1項2号によると，代理人が自己または第三者のために物を所持する意思を本人に表示すると，本人は占有（権）を失う。そうであれば，代理人が本人のために占有する意思を有することが代理占有の要件となるはずである。また，204条1項1号によると，本人が代理人に占有させる意思を放棄すると，本人は占有（権）を失う。そうであれば，本人が代理人に占有させる意思を有することが必要になるはずである，というわけである。

しかしながら，代理占有関係がある場合とは，本文に述べたとおり，占有代理人が本人への返還を前提として物を所持することになる原因がある場合である。この原因があると認められる場合には，占有代理人には本人のために占有する意思が（この際，本人は，特定されており，それが誰であるかを占有代理人が知っていることが通常であるが，占有代理人が特定の本人を知っている必要はない。たとえば，一定の手続または要件に従って請求する者に対し返還するというときも，占有代理人に本人のために占有する意思があると認められる），本人には占有代理人に占有させる意思があるとされる。反対に，少なくともどちらか一方の意思がないとされる場合には，その占有が上記のような原因によるものと認められることはないはずである。したがって，代理占有の成立のために，代理占有関係の存在に加えて，占有代理人や本人の意思の存在を要件とする必要はない。204条1項1号および2号は，上記の原因によって生じた代理占有を終了させる事由を定めているのであり，これらの定めから代理占有の成立要件を導く理由はない。

2　占有補助者（占有機関）

　本人が物を他人に所持させている場合に，代理占有と異なり，本人だけに占有（権）が認められ，物を所持する他人に占有（権）が認められないこともある。この場合の他人を，**占有補助者（占有機関）**という。建物賃借人の配偶者や子，他人の使用人として家屋に居住する者（最判昭和35・4・7民集14巻5号751頁），法人の代表機関（最判昭和32・2・15民集11巻2号270頁〔百選Ⅰ62事件〕）等がその例である。この場合には，占有に基づく効力は，本人にのみ生じ，占有補助者には生じない。

 占有補助者に占有（権）が認められない理由
　占有補助者に占有（権）が認められないのは，なぜか。
　占有補助者の物の所持は独立性を欠く（本人の占有に従属的である）からである，と説明されることが一般的である。
　これに対し，占有の要件は，①物の所持，②自己のためにする意思の存在であり，所持の独立性は要求されていないとして，占有補助者には②の意思が認められないから占有（権）がない，とする説明がある。
　占有補助者が単独で物を物理的に支配する状態が現実に認められることはある（たとえば，建物賃借人が転勤により遠方に住み，その配偶者がその建物に一人で住んでいる場合）。それに対し，占有補助者には占有取得の原因となるものがない（占有取得の原因となるものがないからこそ，物を事実として支配する外形があっても，占有代理人ではなく，占有補助者とされる）。したがって，②の意思の存在が認められないとするほうが適切であると考えられる。

3 　占有（権）の取得

　占有（権）の取得には，原始取得と承継取得がある。

　野良犬を自宅に連れ帰って飼育し始めること，他人の物を盗んで持ち帰ることは，前者の例である。占有者から引渡し（その方法については，p. 134 の 2 ～ 5 を参照）を受けることが後者の例である。

　占有（権）は，相続によっても承継取得される。相続人は，相続の開始により当然に（相続人が，その物を所持または管理しているか否か，相続の開始を知っているか否かにかかわらず），占有を被相続人から承継する（最判昭和 28・4・24 民集 7 巻 4 号 414 頁，最判昭和 44・10・30 民集 23 巻 10 号 1881 頁）。これは相続による権利または法的地位の包括承継の一内容であり，物が無占有状態になることによる不都合を避けるために必要であるという実質的考慮がその背後にある（そうしておかなければ，たとえば，被相続人の死亡が実質的に取得時効の自然中断事由になりかねない。また，被相続人が占有していた物につき占有の訴えを提起することができる者がいなくなり，他者による侵奪または妨害を排除することができないこと，反対に被相続人が他人の物を無権原で占有していた場合に，その他人がその物の返還を求めることができないことになりかねない）。

　占有（権）の承継取得の効果は，取得時効に関して重要な意味をもつ（⇒ p. 299 の 2 参照）。また，引渡しによる占有（権）の取得は，とくに動産物権譲渡の対抗（178 条）と即時取得（192 条）について重要な意味をもつ。

補論 　**引渡しと占有の「移転」または占有権の「譲渡」**
　　182 条から 184 条までには物の引渡しの方法，すなわち占有の「移転」または占有権の「譲渡」の方法が定められていると，説明されることが通常である（本書初版においても，そうであった）。もっとも，182 条から 184 条までに定められていることを占有の「移転」または占有権の「譲渡」の方法と表現することは，「移転」，「譲渡」の通常の語義に合わない場合がある（「承継取得」ということについても，同じである）。
　　移転とは，通常，権利や財産等がある者（前主）から別の者（後主）に移ることをいい，これにより，前主は権利等を失い，後主がその権利等を取得する。譲渡とは，移転のうち，当事者の意思表示によるものをいう。
　　これに対し，182 条から 184 条までの定めでは，前主が占有を失い，後主がその占有を承継取得することもあるが，そうとはいえないこともある。たとえば，①A が所有する甲につき，B が甲を A から賃借して現に占有している場合において，A と B の間で売買がされたとき，②A が所有し現に占有する甲につき，A と B の間で売買がされた場合において，その後も A が甲を B から賃借してその占有を継続するとき，③A が

所有する甲につき，CがAから保管を依頼されて甲を現に占有している場合において，AとBの間でBのAに対する債権を担保するために甲を目的とする質権が設定されたとき，などである。①では簡易の引渡し（182条2項）により，②では占有改定（183条）により，③では指図による占有移転（184条）により，それぞれAからBに甲の「占有が移転する」，あるいは甲の「占有権が譲渡される」，と表現される。しかしながら，①では，Bは，売買の前から甲を占有しており（または，甲の占有権を有しており），簡易の引渡しにより占有（権）を得るわけではない。ここで起こるのは，「所有者としての」占有のAからBへの移転であり，占有（権）そのものについては，Aの占有の喪失とBの占有の性質の変更である。②では，Aは，売買の後も甲の占有（または占有権）を保持し続けるのであり，占有改定によって甲の占有（権）を失うわけではない。ここで起こるのは，「所有者としての」占有のAからBへの移転であり，占有（権）そのものについては，Aの占有の性質の変更とBの占有の取得である。③では，指図による占有移転により，AがCを介した甲の占有（または占有権）を失うことはなく，また，その占有の性質が変わることもない。指図による占有移転によって，Bが（甲の質権者としての）占有（権）を取得し，CがBのためにも占有することになるだけである。

4 占有（権）の消滅

占有（権）は，目的物の滅失により消滅するほか，次の事由により消滅する。

1 自己占有の消滅事由

自己占有の場合には，占有意思の放棄または所持の喪失により，占有（権）は消滅する（203条本文。もっとも，自己占有者が所持を続けながら占有意思だけを放棄するという事態は，想定しがたい）。ただし，所持の喪失による消滅は，占有者が占有回収の訴えを提起することができる場合にこれをし，勝訴した場合には，生じなかったものとされる（同条ただし書）。

2 代理占有の消滅事由

代理占有の場合には，本人の占有（権）は，①本人が占有代理人に占有させる意思を放棄すること（204条1項1号），②占有代理人が自己または第三者のために物を所持する意思を本人に表示すること（同項2号），③占有代理人が物の所持を失うこと（同項3号）のいずれかにより，消滅する。

②については，占有代理人が単にその表示をすればよいと考えることはできない。この表示は代理占有関係を消滅させるものであるが，代理占有関係は，占有代理人が本人に対して物を返還すべき地位にある場合に認められるのであるから，②の占有代理人の表示は，この地位を消滅させるものでなければならないと考え

るべきである。

　「占有権は，代理権の消滅のみによっては，消滅しない」（204 条 2 項）。ここにいう「代理権」とは，代理占有を生ずる原因となった法律関係，たとえば，賃貸借や寄託などによる権限をいう。したがって，これは，賃貸借や寄託などが終了しただけでは本人は占有（権）を失わない，ということである。代理占有関係は，占有代理人が本人に物を返還すべき地位にあるときに認められるが，賃貸借や寄託など代理占有を生ずる原因（したがって，占有代理人の物を返還すべき地位を生ずる原因）が消滅するだけでは，占有代理人の物を返還すべき地位は消滅しないからである。

3 占有（権）の効力

1 序　論

　占有（権）の効力には種々のものがあり，さまざまに分類されている。以下で
は，占有（権）の効力を，占有の本権表章機能に基づく効力，占有に基づく本権
の取得，占有に基づく義務の負担，占有そのものの保護の四つに分けてみていく
（これらは整理の便宜のための分類であり，それ自体が意味をもつわけではない。また，
個々の制度は，どこか一つにしか位置づけられないわけでもない）。

　占有（権）には，本権との関係で多くの効力が認められている。

　物には，無主物を除き，誰かが正当な支配権を有している。占有者は物を支配
するが，占有者がその正当な支配権を有する者とは限らない。占有者が占有を正
当化する権利（本権）を有しなければ，その占有は違法なものである。ただ，世
の中で普通に行われていることが違法であることはそうあることではないから，
世の中で無数に行われている占有も，適法なものであることが普通と考えてよい
はずである。そこで，占有は，本権に基づいて行われている，いい換えれば本権
の所在を現していると，一応考えることができるとされている（占有の本権表章機
能）。そして，このことからいくつかの効力が認められている（それらの効力を，
占有の本権表章機能に基づく効力と呼ぶ）。ここには，本権の推定（188条），占有の
取得による動産物権譲渡の対抗（178条。占有が本権の存在を示す機能を有することか
ら，占有の取得によって本権の取得が公示されるとすることができる），即時取得（192
条。占有が本権の存在を示すために，取引相手の占有からその者が本権を有すると信じて
取得した者は保護されてよい）が含まれる。

　占有の背後には本権が普通あるといっても，そうでないこともある。この異常
な状態を放置することは適当でない。その状態の解消方法は，二つある。

　一つは，本権に基づく占有の否定を認めることである。この場合，占有者は，
占有しているがゆえに，物そのものや物から取得した利益の返還の義務を負うこ
とになる（占有に基づく義務の負担）。

もう一つは，本権の主張を許さないこととし，むしろ占有に正当性を付与することである。この場合，占有者が，その占有を正当化する本権を取得することになる（占有に基づく本権の取得）。これにあたるものとして，取得時効（162条），即時取得（192条），家畜外動物の拾得（195条），無主物先占（239条），遺失物拾得（240条）がある。

　以上のほかに，占有そのものの維持のために認められる効力もある。占有の訴え（197条〜202条）がこれにあたる。

2 占有の本権表章機能に基づく効力

1 序　　論

　占有の本権表章機能から認められる効力に位置づけられるものとして，188条が定める本権の推定，178条が定める動産物権譲渡の対抗，192条が定める即時取得がある。後二者についてはすでに扱ったので（⇒ p. 133 の *3*，p. 146 の *2*），ここでは本権の推定を取り上げる。

2 本権の推定（占有の権利推定力）

1 本権の推定とは

　「占有者が占有物について行使する権利は，適法に有するものと推定する」（188条）。これは，ある者の占有が立証された場合に，その者が占有を正当化する権利（**本権**）を有することを推定する規定と解されている。この推定の根拠は，占有者は本権を有することが普通（不法占有は稀）であるという蓋然性の高さに求められている。

　この規定によって推定されるのは，本権たる権利の存在であって，権利の取得原因や発生原因となる事実まで推定されるわけではない。

　推定される本権は，通常，所有権である（大判大正10・3・2新聞1834号17頁，大判大正13・9・25新聞2323号15頁）。占有者は，186条1項により，所有の意思があるものと推定されるからである。ただし，占有者に所有の意思がないことを示す外形的事実がある場合には，所有権の推定は覆る。もっとも，この場合にも，何らかの他主占有権原による本権が推定されることがあるとされている（大審院判決には，所有権以外の本権の推定を認めたものがある。たとえば，動産賃借権を主張する占有者につき動産賃借権を認めたものとして大判大正4・4・27民録21輯590頁，他

人の土地に建物を新築してその土地を使用している者につき借地権を認めたものとして大判大正 13・11・15 判例彙報 36 巻上（民）183 頁がある）。

② 推定の法的性質

　188 条の推定の性質については，法律上の権利推定であるとするのが一般的見解である（法律上の権利推定説）。もっとも，事実上の推定であるとする見解もある（事実上の推定説）。両説の違いは，訴訟上の立証活動に現れる。

　法律上の権利推定説によると，本権の効果を求める者は，占有を立証することにより，効果発生に必要な立証を済ませたことになる。相手方は，推定を覆すために，本証（推定を受ける時点における本権不存在の立証）を必要とする（つまり，本権の効果を求める者が本権の存在を立証しなければならないのが本来であるところ，立証責任が転換され，本権の効果を争う者が本権不存在の立証責任を負うことになる）。これに対し，事実上の推定説によると，本権の効果を求める者が占有を立証すれば，（占有は本権を伴う蓋然性が高いために）裁判官に本権が存在するとの心証が形成されることになる（本権の効果を求める者が本権の存在の立証責任を負うことに変わりはない〔立証責任の転換は起きない〕）。ただ，相手方が本権の存在に対する合理的疑いを生じさせる立証（反証）に成功すれば，本権の効果を求める者は，本権の取得原因を立証しなければならなくなる。

 法律上の権利推定説の問題点
　　法律上の権利推定説に対しては，次の問題点が指摘されている。
　　占有の立証は容易であるのに対し，本権の不存在を立証するには本権の発生原因がおよそないことの立証を要するはずであり，これはまず不可能である。したがって，法律上の権利推定説によると，占有者が相当手厚い保護を受ける反面，占有を有しない権利者の権利主張は相当困難になる。これは適当か，という問題である。

③ 本権の推定が問題になる場合

　188 条は，本権が推定される場合をとくに限定していない。しかしながら，占有の立証は容易であるのに対し，推定を覆すための本証または反証はかなり難しい（反証も，他人間の事情の立証を要するから，容易であるとはいいがたい）。そのため，188 条を広く適用することは，占有者を過度に保護し，真の権利者を著しく害する結果になることがある。そこで，188 条による本権の推定が働く範囲に，相当限定が加えられている。以下に，この推定が働く場合と働かない場合の代表的な例を挙げる。

1 所有権に基づく返還請求と占有者の本権推定

Case 48

　Aが，Zから自転車甲を買い受けた。Bが，甲は自己の所有物であるとして，甲の返還をAに求めた。

 　Bは，甲の返還を求めるために，①甲の所有権を取得したこと（たとえば，甲についての，Cとの間の売買契約の締結とCの所有権取得の原因）と，②Aが甲を占有していることを主張立証する必要がある。この主張立証がされた場合，②において，Aによる甲の占有が明らかにされている。これにより，188条によってAが甲の所有権または何らかの他主占有権原による本権を有すると推定され，Bは，この推定を覆す立証までしなければならないのだろうか。
　かりにそうでないとしたら，Aは，（対抗要件の不存在を主張して争えるときは別として）甲を即時取得したとして争うことが考えられる。その場合に，188条は（どのように）働くのだろうか。

　188条による本権の推定は，所有権に基づく返還請求に対しては働かないとされている（最判昭和35・3・1民集14巻3号327頁）。

　この場合に，占有者（A）の所有権が推定されると，取得が立証された所有権を，他者に占有があるという一事をもって喪失させることになりかねない（他者の占有が，実質上，所有権の喪失原因になる）。これでは，所有者は不法占有者すら排除することができないことになりかねず，およそ適当とはいえないため，所有権の推定は認められない。また，賃借権等の所有権以外の本権の推定も認められない。これを推定することについても，所有者が不法占有者を排除することすら困難になるという同じ事情が当てはまるからである（なお，返還請求が地上権や賃借権に基づくときも，状況は同じである）。

2 即時取得と本権推定　　Case 48 において，Aが甲を即時取得したとして争うときには，188条の本権推定が意味をもつ。

　この場合には，Aは，①Zとの間で甲の売買契約を締結したこと，②それに基づいて甲の引渡し（占有改定を除く〔⇒p.152の2〕）を受けたことを主張立証するだけでよく，これらの主張立証があると，Bが，Aの悪意または過失（あるいは，暴行もしくは強迫または隠匿による占有）を主張立証しなければならない。

　192条は，即時取得の成立のために占有者の占有開始時における善意無過失（ほかに，平穏公然）を要するとしているが，Aは，これらの要件の充足を（積極的に）主張立証する必要はない。善意（平穏公然）は，Aの占有取得の立証により186条1項から「推定」される（「推定」の性質につき，p.302の 発展学習 も参照）。

無過失については，188 条によって前主 Z が所有権を有すると推定されることから，A は Z の所有権を信頼してよいとされ，したがってこれも推定される（最判昭和 41・6・9 民集 20 巻 5 号 1011 頁，最判昭和 45・12・4 民集 24 巻 13 号 1987 頁）。188 条からこのように無過失の推定が引き出される基礎には，簡易迅速な動産取引の実現を図ることが望ましいという考慮がある。

3　**不動産の占有と本権推定**　　不動産についても，占有による本権推定が認められるとするのが一般的見解である。ただ，不動産については登記が権利の公示方法とされており，登記にも（事実上の）権利推定力が認められている（⇒ p. 118 の **2**）。そのため，占有による本権推定を動産の場合と同じように考えてよいかが問題になる。

Case 49

A が，甲建物を占有していた。

① A が，甲建物の登記名義人 B に対して，所有権移転登記手続を請求した。

② 甲建物の登記名義人 B が，甲建物は自己の所有に属するとして，A に明渡しを請求した。

③ 甲建物について，保存登記がされていなかった。C が甲建物の外壁に落書きをしたため，A は，それを消すために要した費用の賠償を請求した。

問題の所在

①～③のいずれにおいても，A が甲建物を占有していることから A の甲建物の所有権が推定されるかが問題になる。

①では，188 条が本権に基づく登記請求権の根拠になるかが問題になる。

②では，B が甲建物の所有権取得原因を主張立証して明渡しを求めた場合には，A のために 188 条の推定は働かない（⇒ 1）。では，B が甲建物につき登記名義を有することから，登記の権利推定力によって所有権を立証しようとする場合はどうか。この場合に 188 条による推定が働くとするならば，その働き方には次の二つがありうる。一つは，A の占有が B の所有権の推定を覆す事由になる（占有による所有権の推定が，登記による所有権の推定に優先する）という働き方である。これが認められるならば，所有権に基づいて不動産の返還を求める者は，登記による所有権の推定を利用することができず，常に所有権取得の原因を主張立証しなければならないことになる。もう一つは，登記による B の所有権の推定は A の占有だけでは覆らないが，A はその主張する占有を正当化する所有権以外の権利（たとえば，賃借権や地上権）を有すると推定される，という働き方である。これが認められるならば，B は，この推定を破らなければ，甲建物の返還を求められないことになる。

③では，不動産の場合には登記に権利推定力が認められているが，未登記不動産の場合にはどうなるか，占有による所有権の推定が働くかが問題になる。

---

(1)　登記手続請求と民法 188 条　　188 条は，登記請求権の根拠にはならな

い。登記制度は，登記される権利について，その存在だけでなく，取得原因も具体的に記録することによって権利を公示する制度である。これに対し，188条において推定されるのは，占有の性質上，本権の存在だけであり，本権の取得や取得原因については何らの推定も働かないからである（登記手続請求の場合には，その不動産につきすでに登記があることになるから，次の(2)によっても説明することができる）。

> ⓒⓐⓢⓔ 49 ①のＡは，甲建物の占有を主張立証するだけでは，請求を根拠づけることができない。

(2) *既登記不動産の占有の本権推定力*　　不動産に登記があることが明らかになった場合には，188条は適用されないとするのが一般的見解である。

不動産登記にも権利推定力が認められるが，その推定力の基礎には，名義人が登記どおりの権利を有することにつき高度の蓋然性が認められるという考えがある。その蓋然性の程度は，不動産の占有者が所有権を有することの蓋然性の程度をはるかに超えるということができる。そのため，既登記不動産について，登記による所有権の推定と占有による所有権の推定が衝突するときは，登記名義を有しない占有者の占有に，所有権の推定を認めるに足る権利表章力があるとはいえない。

所有権については登記による推定の優越を認めつつ，占有者が主張する所有権以外の本権（たとえば，賃借権や地上権）の推定を認めることはありうる。しかしながら，占有があるというだけでは，その占有の取得の原因は全くわからないため（この事情は所有権についても同じであるが，所有権については，186条1項が占有による所有の意思の推定を定めているために，その存在が推定される），所有権以外の特定の本権の存在を推定することはできない。そのため，占有者が所有権以外の特定の本権を単に主張するだけで，その権利が推定されることにはならない。

> ⓒⓐⓢⓔ 49 ②では，Ｂは，甲建物の所有権を有することと，Ａが甲建物を占有していることを主張立証すれば，Ａに対する甲建物の明渡請求を根拠づけることができる。その際，Ｂが甲建物につき自己名義の登記があることを主張立証すれば，甲建物についてのＢの所有権が一応推認されることになる。これに対し，Ａは，Ｂの請求を免れるために，Ｂの所有権の推定に対して反証を挙げるか（⇒ p. 119の

3），適法な占有権原（占有正権原。たとえば，Ｂとの賃貸借契約の締結）を主張立証する必要がある。

(3) 未登記不動産の占有の本権推定力　　これに対して，未登記不動産については 188 条が適用されるとするのが一般的見解である。この場合には，権利存在のより高度の蓋然性が認められる登記がないため，占有がある場合の本権存在の蓋然性が揺らぐことはないからである。

> (*Case 49*) ③では，Ａは，(1)甲建物を所有すること，(2)Ｃが甲建物に落書きしたこと，(3)それを消すために費用を要したこととその金額を主張立証すれば，所有権侵害を理由として損害賠償を請求することができる。そして，未登記不動産については占有の本権推定力が認められるという上記の見解に従うならば，Ａは，甲建物の占有を立証することにより，(1)の立証を済ませたことになる（法律上の権利推定説による場合。事実上の推定説による場合は，(1)につき裁判官に心証が形成されるにとどまる）。これに対し，Ｃが，Ａは甲建物の所有権を有しないことを主張立証すれば，Ａの請求は斥けられる（事実上の推定説による場合には，Ｃは，Ａの所有権を疑わせるに足る立証を行えばよい）。

 不動産の占有に本権推定力を認めない見解
　　不動産については，登記の有無にかかわらず，188 条は適用されないとする見解もある。
　　これは，次の三つの理由による。第一に，占有による本権推定は，沿革的に動産を対象とするものであったことである（実際，ドイツやフランスでは，この沿革に従った立法がされている）。第二に，不動産については登記によって権利の公示を一元的にすることが目指されているため，登記以外の方法により権利の存在を示すことを認める（つまり，登記以外の方法に権利表章機能を認める）ことは，好ましくないことである。第三に，不動産の場合には，動産の場合以上に所有者以外の者による占有が珍しくなく，所有権存在の蓋然性がそもそも高いとはいえないことである。
　　実際，未登記不動産について占有の本権推定力を認めることが疑問になることもある。たとえば，*Case 49* において，甲建物について保存登記がされていない場合に，Ａがその保存登記を得たいと考えたとする。その場合，Ａは，表題部所有者またはその相続人でない限り，所有権確認の判決を得る必要がある（不登 74 条 1 項参照）。所有権確認の訴えにおいては 188 条による権利推定を用いることができるとするのが一般的であるが，上記のＡによる確認の訴えについても同じように考えてよいのだろうか。未登記不動産に関する所有権確認の訴えは，保存登記手続のためだけにされるわけではないが，ここで 188 条の適用を肯定すると，Ａに，188 条に基づく登記手続請求権を認めることと同じ結果になる。これを避けるためには，未登記不動産に関する所有権確認の訴えについては，動産についてと異なり，188 条の適用はないとすべきことになる。

3 占有に基づく本権の取得

1 序　論

　占有に基づく本権の取得に位置づけられるものとして，取得時効（162条），即時取得（192条），家畜外動物の拾得（195条），無主物先占（239条1項），遺失物拾得（240条）等がある。これらのなかにはすでに扱ったものもあるので（即時取得につき p. 146 の *2*，無主物先占につき p. 183 の *1*，遺失物拾得につき p. 183 の *2*），ここでは，所有権の取得時効についてのみ，しかもその完成要件としての占有に焦点を絞って，取り上げることにする。

2 所有権の取得時効の完成要件としての占有

■ 所有権の取得時効の完成要件

　所有権の取得時効が完成するためには，162条によると，ある者が物の占有を所有の意思をもって平穏かつ公然に20年間または10年間継続すること，占有期間10年での時効完成の場合には，占有開始時に占有者が善意無過失であったことが必要である。以上の要件のうち，占有者の所有の意思の存在，占有の平穏性と公然性，占有の継続および占有者の善意無過失に関連する規定が，185条〜188条にある。これらの規定は，取得時効の完成要件の立証方法と立証責任の所在に大きな影響を及ぼす。このことにつき，次の例を随時用いて説明する。

> ### *Case 50*
> 　Aが，死亡した父 A′ の財産を単独で相続した。Aは，A′ の死後まもなく，A′ が所有していたと信じて甲建物に移り住んだ。Aが甲建物に住み始めてから12年後に，Bが，「甲建物は，父 B′ が所有し A′ に無償で貸していたが，B′ は死亡し，私が相続により取得した。A′ も B′ も亡くなったことでもあるので，甲建物を返してほしい。」と，Aに明渡しを求めた。
>
> 　Bは，所有権に基づいて A に明渡しを求めている。この請求は，B が甲建物の所有権取得原因の存在と A による甲建物の占有を主張立証すれば，根拠づけられる。これに対し A が，甲建物を時効により取得したとして争うことが考えられる。

■ 20年間または10年間の占有継続

　1　占有継続の立証　　取得時効が完成するためには，占有が20年間または

10 年間継続していなければならない。これは，取得時効完成の要件であるため，取得時効の効果を求める者（*Case 50* の A）が主張立証しなければならない。ところが，占有がある期間途切れることなく継続していたことを立証することは，不可能といってよい。そこで，この立証を容易にするための規定が 186 条 2 項に設けられている。それによると，二つの時点での占有が立証されると，その間は占有が継続していたと推定される。この推定は法律上の（事実）推定であるとされている。そのため，ある時点（α）とそれより 20 年前または 10 年前（β）における占有が立証された場合には，取得時効の効果を争う者（*Case 50* の B）が，α から β までの間のいずれかの時点で占有者（A）が占有を失ったことを主張立証しなければならない（その占有喪失事由として，164 条の定める自然中断があり，また，203 条もこれに関連する）。

2　占有の承継

(1)　占有期間の合算　　上に述べた二つの時点の占有は，同一人の占有である必要はない。187 条 1 項によって，占有の承継人は，その選択に従って，前の占有者の占有を併せて主張することができるからである。この結果，占有が承継されている限り，占有期間を合算することができることになる。

承継人には，買主のような特定承継人はもちろん（大判大正 6・11・8 民録 23 輯 1772 頁），相続人のような包括承継人も含まれる（最判昭和 37・5・18 民集 16 巻 5 号 1073 頁）。相続人は，一方で，被相続人の占有を相続により当然に承継するものの（観念的承継），他方で，独自の占有をするに至ることもある（相続人の占有の二面性）。そのため，相続人独自の占有のみを主張することも，被相続人の占有の承継を主張することもできる。

「前の」占有者は，承継人の直前の占有者に限られない。占有が承継されてきた限り，承継人に先立つすべての占有者が含まれる。そして，前の占有者の占有を併せて主張するかどうかと同様に，どの占有者の占有から併せて主張するかも，承継人の選択にゆだねられる（たとえば，占有が X，Y，Z と順次承継された場合に，Z の取得時効の完成を主張する者〔Z でも，他の者でもよい〕は，Z の占有期間だけを主張する，Y と Z の占有期間を合算して主張する，X，Y，Z の占有期間を合算して主張することのいずれを選択することもできる）。

 所有権に基づく占有の承継
　　判例によると，承継人は，所有者の占有も併せて主張することができる（大判昭和 9・5・28 民集 13 巻 857 頁）。

もっとも，これによると，不合理な結果を生ずることがある。たとえば，Zが，売買によって取得した乙土地を19年間占有した後にYに売り渡したが，その3か月後にYの詐欺を理由に契約の意思表示を取り消し，ただちに乙土地をXに売却し，移転登記が経由された。それから1年後に，Xが乙土地の明渡しをYに請求した，という場合である。この場合において，Yが所有権に基づいて占有していたZの占有も承継することができるとするならば，Yは，実際には1年3か月しか占有していないのに，時効完成前に現れた第三者Xに登記なくして乙土地の所有権取得を対抗することができることになる（⇒ p.109の1参照）。これは不合理に感じられる。そうであれば，争いの相手方がその存在を主張して争う所有権に基づく占有は，承継の対象にならないというべきである。

(2) 瑕疵の承継 前の占有者の占有を併せて主張する場合には，「その瑕疵をも承継」しなければならない（187条2項）。

瑕疵とは，取得時効の完成を妨げ，または困難にする事情をいう。すなわち，所有の意思の不存在，占有開始時の悪意または過失，暴行もしくは強迫または隠匿による占有（190条2項参照）といった事情である。

発展
学習　**悪意で占有を開始した者による，善意無過失の前主の占有の承継**

占有の承継について，悪意の占有開始者は，自己以前の善意無過失の占有を承継して，短期取得時効（期間10年の時効）を援用することができるかが問題とされている。

判例は，これを肯定する（最判昭和46・4・23裁判集民事102号293頁，最判昭和53・3・6民集32巻2号135頁〔百選I 42事件〕）。悪意の占有開始者（X）が善意無過失の前主（Y）の占有を併せて主張した場合には，この時効について問題となる占有開始の時点は，Yの占有開始の時点となる。したがって，その占有は，善意無過失で始まっていたことになる。悪意者Xがその占有を承継した場合には，その時点で，善意占有者が悪意に転じたのと同様であるとみることができる。一般に，善意無過失で始まった占有が時効期間の途中で悪意占有に転じても，そのことによって時効の完成は妨げられない。そこで，Xは，短期取得時効の完成を主張することができるというわけである。

これに対しては，短期取得時効は善意無過失で占有を取得した者をとくに保護する制度であり，現実に悪意で占有を取得したXを保護することは制度趣旨に反する，という批判もある。

Case 50 においては，Bが請求を根拠づけるために，請求の時点でAが甲建物を占有していることを立証している。Aが時効取得によって争う場合には，占有期間20年の取得時効（162条1項）によって争うこと，占有期間10年の取得時効（同条2項）によって争うことの，いずれも可能である。いずれの場合も，Bが請求を根拠づけた際に，請求の時点においてAが甲建物を占有していた事実が現れているから，Aとしては，それよりも20年前または10年前に甲建物を占有していたことを主張立証するだけでよい（186条2項。20年または10年より前に占有していたことが主張立証されたならば，その時から20年または10年が経過したときに時効が完成していたことになる）。占有期間10年の方については，Aは，甲建物を占有していたA′

が 12 年前に死亡し，これを単独で相続したことにより占有開始を立証することができる。時効期間 20 年の方については，A′ の占有開始が 20 年以上前ならば，A′ の占有を併せて主張することにして（187 条 1 項），その事実を立証すればよい。ただし，p. 302 の灰色の部分を参照。

❸ 「所有の意思をもって」する占有（自主占有）

1 所有の意思とは 所有権の取得時効が完成するためには，占有者に「所有の意思」がなければならない。なお，占有者が所有の意思をもってする占有を**自主占有**といい，そうでない占有を**他主占有**という。

「所有の意思」とは，所有者と同じように物を排他的に支配しようとする意思をいう。所有者は当然この意思を有するが，所有者以外にもこの意思は認められる。たとえば，他人の物を盗んだ者には，この意思が認められる。

2 所有の意思の有無の判断基準 所有の意思の有無は，占有取得の原因（権原）の客観的性質によって判断される（最判昭和 45・6・18 判時 600 号 83 頁）。占有者の内心の具体的意思によって定まるのではない。

たとえば，物の買主の占有は，所有の意思をもってする占有（自主占有）である。売買契約は，占有取得者がそれにより物の所有権を得ようとする性質のものだからである。この理は，売買が無効であっても異ならない（無効な売買の買主の占有も，自主占有とされる）。それに対し，物の借主の占有は，所有の意思のない占有（他主占有）である。貸借の契約は，占有取得者がそれにより物の所有権を得ようとする性質のものではないからである。

3 所有の意思の「推定」

(1) 「推定」規定（民法 186 条 1 項） 所有の意思の存在は，取得時効完成の要件であるから，取得時効の効果を求める者が，これを主張立証しなければならないはずである。ところが，これに関して 186 条 1 項が，「占有者は，所有の意思をもって，善意で，平穏に，かつ，公然と占有するものと推定する。」と定めている。この規定により，占有が立証されたならば，その占有は所有の意思等があるものと「推定」され，これを覆すためには反対の事実（占有が所有の意思がないものであること等）の主張立証を要するとされている（最判昭和 54・7・31 判時 942 号 39 頁）。このため，162 条 1 項は，次のように書き換えることができることになる。「20 年間，（他人の）物を占有した者は，その所有権を取得する。ただし，占有者に所有の意思がなく，または暴行もしくは強迫ま

たは隠匿による占有であったときは，この限りでない。」

民法186条1項の「推定」の性質
　通常の法律上の推定においては，ある事実が立証された場合に，何らかの権利や法律効果，その他の事実が推定されることになる（たとえば，188条では，占有の立証により，占有とは別の権利〔本権〕の存在が推定される）。それに対し，186条1項では，占有の立証があると，その占有が，所有の意思をもってするものであり，平穏であり，公然であるものと当然にされる。このように通常の法律上の推定と異なるため，186条1項の「推定」は，一般に（法律上の推定と区別して）暫定真実と呼ばれている。

(2)　推定を覆すための事実　　そうすると，相手方が所有の意思のないことをどのようにして根拠づければよいかが問題になる。これには，二つの方法がある。

　一つは，占有取得の原因が，その性質上，「所有の意思」がないとされるもの（**他主占有権原**）であること，たとえば，賃貸借，使用貸借，用益物権の設定であることを主張立証することである。

　もう一つは，占有者に所有の意思がないと推断される外形的事情（**他主占有事情**）が存在する場合に，それを主張立証することである。すなわち，「占有者が占有中，真の所有者であれば通常とらない態度を示し，もしくは所有者であれば当然とるべき行動にでなかったなど，外形的客観的にみて占有者が他人の所有権を排斥して占有する意思を有していなかったものと解される事情」（最判昭和58・3・24民集37巻2号131頁）を，主張立証することである。この事情の存在は，たとえば，土地の占有者が所有権移転登記手続の請求をしない（前掲最判昭和58・3・24），固定資産税を支払っていない（最判平成7・12・15民集49巻10号3088頁）といった具体的事実から評価的に認定される。ここに例示した具体的事実が一つまたはいくつかあることで，他主占有事情があると当然にされるのではない。それらの事実は，他主占有事情ありという評価を根拠づけうる要素の一つになるだけである（前掲最判平成7・12・15参照）。

> *Case 50* においては，Aが162条1項と2項のいずれで争う場合であっても，Bが，A′の占有はB′との間の使用貸借契約を原因とすることを主張立証すると，Aが主張する取得時効は完成しない。A′を相続したことの結果であるAの占有は，他主占有であることが明らかになるからである。ただし，p.304の灰色の部分を参照。

4 他主占有から自主占有への転換

(1) 民法185条　占有開始の時には他主占有であっても，次の二つのとき
には他主占有が自主占有に変わり（185条），取得時効の完成が認められうる。

第一に，他主占有者が，自己に占有させた者に対して所有の意思のあること
を表示（いわゆる「意思の通知」）した場合である（たとえば，Zから甲建物を無償
で借りていたXが，Zの死亡によりこれを単独で相続したYに対して，Zから甲の贈与
を受けていたとして甲の移転登記手続を求めた場合）。この場合には，その表示の時
点から自主占有となり，取得時効期間が進行し始める。

第二に，他主占有者が，新たに自主占有権原に基づいて占有を始めたと外形
的客観的に認められる場合である（たとえば，甲建物を賃借していたXが，賃貸人
Yから甲建物を譲り受けた場合。譲渡の契約が無効であっても構わない）。この場合に
は，新権原による占有開始の時点から自主占有となり，取得時効期間が進行し
始める

(2) 相続の新権原性　もっとも，相続による占有承継の場合には，この点
について特殊な問題がある。

相続によって占有が承継される場合には，被相続人の占有の観念的承継と相
続人独自の占有の開始を区別することができる（相続人の占有の二面性）。

このうち，被相続人の占有が観念的に承継されただけの場合には，相続人の
占有の性質は，被相続人の占有の性質によって当然に決まる。それに対し，相
続人が現実に物の支配を始める場合には，相続人が被相続人の占有と異なる性
質のものとして占有を始めることがありうる（たとえば，*Case 50* のAは，甲
建物に移り住んで自己の物として占有し始めている）。そこで，この場合には，185
条により，被相続人から承継された他主占有が相続人のもとで自主占有に転換
することがあるとされている（最判昭和46・11・30民集25巻8号1437頁）。

この自主占有への転換を認めるにあたっては，所有者の保護も考えなければ
ならない。たとえば，*Case 50* と異なりAがA′の生前から甲建物でA′と同
居していた場合に，A′の死後もそれまでと変わらない態様で甲建物に住んで
いるときは，使用貸借関係が継続した場合と外形上何ら異なるところがないた
め，B（B′）が，そのようなものとしてAによる甲建物の使用に異議を述べな
いだけであることが大いにありうるからである。そこで，相続人による占有開
始は新権原に該当しうるが，自主占有への転換が認められるのは，相続人によ
る「事実的支配が外形的客観的にみて独自の所有の意思に基づくものと解され

る事情」（「自主占有事情」）があるときであるとされている（最判平成 8・11・12 民集 50 巻 10 号 2591 頁〔百選 I 63 事件〕）。この事情の存在も，他主占有事情の存在と同じく，具体的事実からの評価をもって認定される。自主占有事情を根拠づける方向に働く具体的事実として，たとえば，相続人が，登記済証を所持していること，固定資産税を継続して納付していること，物の管理使用を専行していることなどがある（前掲最判平成 8・11・12 参照）。

　なお，自主占有事情の存在は，立証された他主占有原因の効果の発生を妨げる事由であるから，時効取得の効果を求める者（*Case 50* の A）がその評価を根拠づけなければならない（前掲最判平成 8・11・12）。

　Case 50 において，A が，(1) 12 年前に甲建物に移り住んだこと（独自の占有の開始）を主張立証し，かつ，(2) その占有が所有の意思に基づくものであることを示す外形的客観的事情（自主占有事情）があること，(3) 12 年前に甲建物に移り住んだ際に自己に所有権があると信じたことに過失がないこと（⇒下の**5**）を根拠づければ，162 条 2 項による取得時効の完成が認められる（なお，B は，(2) については自主占有事情が存在するという評価を妨げるために，(3) については A の無過失という評価を妨げるために，それぞれその方向に働く事実を主張立証することができる）。

---

❹　占有の平穏性と公然性

　取得時効の完成要件のうち，占有の平穏性と公然性も，186 条 1 項によって「推定」される。したがって，これらの要件についても立証責任が転換され，取得時効の効果を争う者が，取得時効の完成を妨げるために，暴行もしくは強迫または隠匿による占有であるという評価を根拠づけなければならない。

❺　善意無過失の占有開始

　占有期間 10 年での取得時効の完成には，占有者が占有開始の時点で善意無過失であったことが必要になる（占有開始後に悪意になってもよい）。

　ここでの善意とは，占有者が自己に所有権があると信じたことであるが（大判大正 9・7・16 民録 26 輯 1108 頁，最判昭和 43・12・24 民集 22 巻 13 号 3366 頁），これも 186 条 1 項により「推定」されるので，取得時効の効果を争う者が，取得時効の完成を妨げるために，占有者の占有開始時の悪意（所有権を信じていたとはいえないこと，すなわち，所有権の不存在を知っていたこと，または疑っていたこと）を主張立証しなければならない。

　無過失は，186 条 1 項に含まれていないため，この規定によっては「推定」さ

れない（最判昭和 46・11・11 判時 654 号 52 頁）。また，占有の本権推定効を定める 188 条は，即時取得については適用があるが（⇒ p. 294 の 2），取得時効の場合には適用されない（取得時効については，簡易迅速な取引の実現という考慮が働かないから）。そのため，この要件は，取得時効の効果を求める者が主張立証しなければならない（大判大正 8・10・13 民録 25 輯 1863 頁，前掲最判昭和 46・11・11）。

4 占有に基づく義務の負担

1 返還義務の発生根拠としての占有

占有は，占有者にとって有利な効果の基礎になるばかりではない。義務や不利益負担の根拠になることもある。たとえば，不法な占有が，占有者に占有物の返還を義務づけることになる。

2 占有者と回復者の間の法律関係

この返還に関連して，占有者と物の回復者（典型的には所有者であるが，それに限られない。もっとも，以下では所有者を念頭に置く）の間に種々の法律関係が生ずる。

Case 51

3 年間の海外赴任を終えて帰国した A が，その所有する別荘（甲建物）を数年ぶりに訪れたところ，見知らぬ他人 B が住んでいた。調べたところ，B は，所有者であると自称する A の叔父 C の言を信じて，C から，賃料を（その物件として一般的な額である）月額 20 万円，期間を 2 年として甲建物を借り受け，1 年前から居住していることが分かった。A の求めに応じて B と C は甲建物を明け渡すことになったが，A と B または C との間で次のことが問題になった。

① A が，C に対して，甲建物の賃料として取得した 240 万円の支払を請求した。

② A が，B に対して，1 年間の甲建物の使用利益として 240 万円の支払を請求した。

③ B がタバコの火の不始末により甲建物の一部を焼失させていたので，A は，その損害額 100 万円の支払を B に請求した。

④ B は，甲建物の雨漏りの修理を業者に依頼し，修理代金 20 万円を支払っていた。そこで，B は，A にこの 20 万円の支払を請求し，その支払を受けるまで甲建物を明け渡さないと主張した。

⑤ C は，50 万円の費用をかけて甲建物にサンルームを増設していた。C が，この 50 万円の支払を A に請求した。

---

1 果実，使用利益の扱い

Case 51 ①②では，占有を正当化する権原（占有正権原。たとえば，所有権や賃借権）によらずに占有がされている間（以下，この占有を「無権原占有」という）に占有物から生じた果実や占有物の使用利益の帰属が問題になっている。果実と使用利益は別ものであるが，法定果実の取得は元物使用の対価の取得であるところ，使用利益の取得も元物の使用価値の取得であり共通するため，物の使用利益は果実と同視することができる（大判大正14・1・20民集4巻1頁，最判昭和37・2・27判タ130号58頁参照〔ともに，占有者がかりに占有物を他へ賃貸していたとしたら，所有者がその賃料の返還を求めることができるかという観点から，占有者の使用利益返還の要否を検討している〕）。そのため，両者は一括して考えることができる。

無権原占有中に生じた占有物の果実の扱いについては，189条と190条に定めがある。それによると，善意の占有者は，果実を取得し（189条1項），所有者等の果実収取権者に対する返還義務を負わない。悪意の占有者は，残存する果実を返還する義務のほか，果実を消費した場合，過失により損傷した場合または果実の収取を怠った場合には，果実の代価を償還する義務を負う（190条1項。暴行もしくは強迫または隠匿による占有者も同じである〔同条2項〕）。また，本権の訴えに敗訴した善意占有者は，訴え提起後もかりに善意と認められる場合であっても，訴え提起の時から悪意とみなされる〔189条2項〕）。なお，果実には天然果実，法定果実ともに含まれる。

ここにいう**善意**とは，果実を取得する権能のある本権を有すると信じていることをいう。**悪意**とは，そのように信じているとはいえないことをいう。

190条は，他人の果実収取権の侵害の可能性を知っていた占有者に，権利者が受けた不利益のてん補を命ずるものであり，当然の内容を定めているということができる。それに対し，189条は，当然の規定とはいえない。善意占有者といえども，他人の権利を侵害していることに変わりはないから，少なくとも受けた利益のうち残存する部分は権利者に返還すべきであるともいえそうだからである（703条参照）。しかしながら，民法の起草者は，次の理由により189条を正当化している。第一に，果実は元物に労力と資本を投下した結果として生ずるものとみることができるが，現実に元物を支配している者は，この労力と資本を投下していることが多いこと。第二に，果実は日常生活に用いられることが多いこともあって，自己の占有権原を信じた占有者にその返還を命ずることは酷に失すること。第三に，無権原占有者が元物から果実が生ずるほどの期間占有していた場合

には，一般的にいえば，権利者にも権利を侵害されたのにそれを回復しなかった怠慢につき非難が可能であることが多いこと，である。

> **Case 51** ①では，Cは，Bを介して（Bを占有代理人として）甲建物を占有している。しかも，Cは，特設の事情がない限り，自己に甲建物を占有する権原がないことを知っているはずである。したがって，Aの請求は認められる。
> ②では，所有者と称するCの言を信じていたBは，善意の占有者であるため，Aの請求は認められない。

 主張立証責任
　回復者（A）は，占有者（B）が取得した果実の返還を190条によって請求するために，①元物（甲）の所有権等の果実を収取すべき権利を後記②以前に取得したこと，②Bが甲の果実を取得したこと，③その当時，Bが甲を占有していたこと，④果実取得の当時におけるBの悪意を主張立証しなければならない。

 不当利得法，不法行為法との関係
　189条または190条の適用が問題となる場合には，不当利得に関する703条または704条や不法行為に関する709条の適用要件も充たされることがある。その場合に，それらの規定の適用関係はどうなるかが問題になる。
　(1)　**不当利得に関する703条および704条との関係**
　703条および704条によると，法律上の原因なく他人の財産から利益を得て，そのために他人に損失を及ぼした者（受益者）がある場合，その他人（損失者）は，受益者に，原則として（損失を限度とする）利得全部の返還を求めることができる（704条）。もっとも，受益者は，利得の消滅を主張立証すれば（大判昭和8・11・21民集12巻2666頁，最判平成3・11・19民集45巻8号1209頁），消滅した利得の返還を免れる（703条）。これに対し，損失者は，受益者の悪意を主張立証すれば，利得全部の返還を求めることができる（704条）。
　これによると，悪意占有者の返還義務は，190条による場合と704条による場合とでそれほど異ならない（704条は，受益者の損害賠償義務も認めており，これは190条では認められないものも含むかのようにみえる。しかしながら，704条後段は，悪意の受益者が不法行為の要件を充足する限りにおいて不法行為責任を負うことを注意的に規定したものにすぎず，独立の責任根拠規定ではない〔最判平成21・11・9民集63巻9号1987頁〕）。それに対し，善意占有者（正確には，悪意を立証されていない占有者）は，189条によれば果実の返還を一切免れるのに対し，703条によれば，現存する果実（いわゆる出費の節約分を含む）を返還しなければならない。そうすると，所有者等の権利者（＝損失者。**Case 51**のA）が，物の不法占有者（＝受益者。**Case 51**のBとC）に対して，703条に基づく利得返還の請求をすることができるかが問題になる。
　本文に述べた民法起草者の189条の趣旨説明によると，189条は善意占有者に果実の終局的取得を認める特則であり，不当利得の規定の適用は排除されるとするのが素直である。また，判例もそのように解する立場ということができる（大判大正14・1・20民集4巻1頁，最判昭和42・11・9判時506号36頁参照）。
　これに対し，現在の学説では，不当利得法の理解の違いを反映して，さまざまな見解

が主張されている。

　学説においても，*Case 51* のように所有者等の権利者と占有者の間に物権侵害の関係しかない場合には，189 条または 190 条のみが適用されるとする見解が一般的である。

　それに対して，*Case 51* と異なり，売買等の契約によって給付された物がその契約の無効（取消しによる無効を含む）によって返還される場合については，物権の帰属状態の正常化という観点のみから問題を捉えることは適当でなく，契約関係の清算としての性格を重視すべきであるとする見解が有力に主張されている。この見解によると，189 条および 190 条は，物権の帰属状態が正常化される場面での当事者の関係を対象とする規定であり，当事者の間に契約関係がある場合について全く配慮していないから，契約の無効による給付の返還関係には適用されるべきではない。そうすると，契約関係の清算という性格を重視した処理はどうあるべきかが問題になるが，代表的な見解として，売買に関する 575 条が類推適用されるとする見解と，575 条は両当事者の給付が均衡していること（そうでなくても，当事者の真意による不均衡の引受け）を前提とするが，契約の無効の場合はその保障がないとして，両当事者が契約によって受け取ったものとその果実および利息を（同時履行関係の下で）互いに返還すべきことになるとする見解がある。平成 29 年民法改正により 121 条の 2 第 1 項が設けられたことにより，契約の無効による返還関係に 189 条および 190 条は適用されないと解することが素直である。もっとも，その上でどのように解すべきかは，なお今後に残された問題である。

(2)　不法行為に関する 709 条との関係

　709 条によると，故意または過失によって他人に損害を与えた者は，その他人に対し損害を賠償する義務を負う。そうすると，権利者が，占有者の過失を主張立証して（悪意の立証まで要することなく），709 条によって果実の（代価相当）額の賠償を請求することができるかが問題になる。

　本文に述べた民法起草者による 189 条の趣旨理解からすれば，不法行為の規定の適用も排除されるとするのが素直である。しかしながら，判例は，190 条は 709 条の適用を排除する趣旨を含まず，709 条に先立って適用されるべきものでもないとして，請求権競合を肯定するようである（大判昭和 18・6・19 民集 22 巻 491 頁，最判昭和 32・1・31 民集 11 巻 1 号 170 頁）。

2　占有物の滅失または損傷に対する占有者の損害賠償義務

　Case 51 ③では，無権原占有中に占有物が滅失または損傷した場合に，占有者が損害賠償義務を負うかが問題になっている。

　このことに関して，191 条が，悪意占有者と他主占有者は損害全部の賠償義務を負うこと，善意の自主占有者は滅失または損傷によって利益を受けた限度で（たとえば，占有物を売却して代金を受け取った場合や，占有物を滅失させた第三者から賠償金を受け取った場合に）賠償義務を負うことを定めている。なお，ここにいう滅失には，物理的滅失だけでなく，紛失の場合や，第三者に譲渡されてその第三者が即時取得したために物の回復が不可能になった場合も含まれる。また，損傷には，物理的損傷のほか，占有物の濫用による価値下落も含まれる。

この規定の特徴は，**善意の自主占有者の保護**にある。

無権原占有者は，占有物を権利者に返還すべき立場，したがって，物を権利者のために保管すべき立場にある。そのため，その責めに帰すべき事由によって占有物を滅失または損傷させたときは，損害賠償義務を負ってしかるべきである。しかしながら，無権原占有者であっても，所有権を有すると信じていたとすれば，自己の物として扱うのが当然であり，物を慎重に扱え，不注意によって損害を生じさせたならば責任を負え，とすることは適当でない。そこで，善意の自主占有者の損害賠償義務が軽減されている。

他主占有者は，占有正権原（たとえば，賃借権）に基づく占有であると信じていた場合であっても，全部の損害賠償義務を負う。他主占有者は，善意であっても占有物を他人に返還しなければならず，注意義務に従って物を保管しなければならない。そのため，帰責事由によってこの義務に違反して物を滅失または損傷させた場合には，もともとそれによる損害全部の賠償義務を負うべき立場にあるといえるからである。

> *Case 51* ③においては，Bは他主占有者であるから，Aの請求は認められる。

補論　**民法191条の規定内容**

所有者（A）が，占有者（B）に占有物（甲）の滅失による損害賠償を求める場合の主張立証責任の所在については，おそらく，一般に次のように考えられていると思われる。すなわち，Aは，請求を根拠づけるために，①甲の所有権を後記②以前に取得したこと，②甲が滅失したこと，③甲の滅失がBの帰責事由（故意または過失）によるものであること，④甲の滅失による損害額を，主張立証しなければならない（709条による損害賠償の請求）。それに対し，Bは，191条により，甲の滅失の当時甲を占有していたことと現存利益の額を主張立証することができ，（甲の占有の主張立証をもって，186条1項により，Bは善意の自主占有者であると推定されるので）これにより賠償額はその額となる。もっとも，その場合も，Aは，甲の滅失の当時におけるBの悪意，またはBの占有が他主占有権原または他主占有事情に基づくことを主張立証すれば，損害全部の賠償を請求することができる。

しかしながら，Bが，損害賠償責任の軽減のために，その責任の原因となった事由により自己の受けた利益とその額を主張立証すればよいとすることは，奇妙である。そうであるからといって，不当利得の返還の場合のように，Bに受けた利益の消滅を主張立証させるわけにもいかない。上記①～④では，Aが被った損害の額は現れているが，Bが受けた利益の額は現れていないからである。

このような問題が生じるのは，191条が占有者の回復者に対する損害賠償義務の範囲を定める規定と理解されているためであると思われる。しかしながら，191条は，善意の自主占有者以外の占有者が回復者に対し（不法行為による損害賠償の原則のとおり）損害賠償義務を負うこと，善意の自主占有者は回復者に対し損害賠償義務を負わないこと

（もっとも，大審院判決には，709条の適用を肯定するものがある。大連判大正7・5・18民録24輯976頁，大判昭和7・3・3民集11巻274頁〔ただし，傍論〕)，および善意の自主占有者は，現に利益を受けている限度での回復者に対する不当利得返還義務を免れるものではないことを，定めているとみるべきではないか。

このように解する場合には，回復者による損害賠償請求の主張立証責任は，Ａが甲の滅失による損害賠償をＢに請求するときを例にとると，次のようになると考えられる。すなわち，上記①〜④の主張立証により，Ａの709条による損害賠償請求がひとまず成立する。これに対し，Ｂは，191条により，甲の滅失の当時甲を占有していたことをもって争うことができる。その場合，損害賠償請求が認められるためには，Ａは，甲の滅失の当時におけるＢの悪意またはＢの占有が他主占有権原もしくは他主占有事情に基づくこと（186条1項による推定を覆す事由）を主張立証しなければならない。

Ａがの悪意等186条1項による推定を覆す事由の主張立証をしない（できない）場合，Ａは，Ｂに対し損害賠償の請求をすることができない（191条による善意の自主占有者の賠償義務の否定）。その場合であっても，Ａは，甲の滅失による損失の限度で，Ｂに対し，Ｂがその滅失により得た利益の返還を請求することができる。その請求が191条に基づいて認められるものであるならば，Ａは，①甲の所有権を後記②以前に取得したこと，②甲が滅失したこと，③その当時，Ｂが甲を占有していたこと，④甲の滅失がＢの帰責事由によるものであること，⑤甲の滅失による損失額（滅失当時の甲の価額)，⑥Ｂが甲の滅失によって利益を受けたこととその金額を，主張立証しなければならないと考えられる。これに対し，Ｂは，利得の消滅を主張立証することによりその消滅分の返還を免れるものの，Ａが，Ｂが（甲の滅失により利益を得た日以後で）悪意になった日を主張立証すれば，その日以後の利得消滅は認められないことになる。

ただ，善意の自主占有者に対する不当利得返還請求について，191条に実際上の意味はないと考えられる。191条による請求と703条（および704条）による請求の場合とでは，191条による請求では占有物の滅失が占有者の帰責事由によるものであるという要件が必要になる点が，異なるだけである。そうであれば，回復者は703条（および704条）によって請求すれば足りる。191条が善意の自主占有者に占有物の帰責事由によらない滅失等の場合には現受利益の返還も免れさせることを定めるものであるならば別であるが，不可抗力や第三者の不法行為による占有物の滅失により得た保険金や賠償金が現に残っているときに，その利益の返還を善意の自主占有者に免れさせるべき理由はない。そうすると，191条は，善意の自主占有者に関しては，不法行為による損害賠償義務を負わないことのほか，現受利益を限度とする不当利得返還義務を免れないことを注意的に規定するものということになる。

なお，191条が規定していることを上記のように解する場合，191条は善意の自主占有者以外の占有者の不当利得返還義務について何ら定めるものではないから，その占有者に対する不当利得返還請求については703条および704条が適用される。

❸ 占有物に関する費用の償還

Case 51 の④と⑤では，無権原占有者が，占有物の維持や改良のために支出した費用の償還を，回復者に請求することができるかが問題になっている。これについては，196条が，必要費と有益費に分けて，次のように定めている。

1 **必要費の償還**　**必要費**（物の原状を維持して保存するための費用〔例：修繕

費〕や，物の維持に当然に伴う費用〔例：租税〕）については，占有者は，原則として，回復者に全額の償還を請求することができる（196条1項本文。所有者以外の回復者が費用を償還した場合には，回復者と所有者との間の法律関係によって費用償還関係が定まることになる）。回復者は，必要費が投入されたことによって原状を維持した状態で物を回復することになるので，物の返還を受ける以上，その費用を負担すべきだからである。

ただし，占有者が果実を取得した場合には，通常の必要費は占有者の負担となり，占有者はその償還を請求することができない（196条1項ただし書）。通常の必要費とは，物の原状維持のために平常必要な費用をいう。物を普通に使用することで生ずる損耗の修理費，物の所有に当然に伴う税の負担などがこれにあたる。それに対し，たとえば突発的な出来事で物が壊れた場合の修理費は，通常の必要費にあたらない。

果実を取得した占有者が通常の必要費の償還を請求することができないとされるのは，果実は元物が保存された結果として生ずる利益と考えることができるため，利益（果実）を取得した者がその利益を生ずるための費用（通常の必要費）を負担すべきであるという考えによる。

2　有益費の償還　　物の改良費その他の**有益費**についても，物の返還時に価値増加が現存する限り，占有者は，回復者に償還を請求することができる。もっとも，償還額については，回復者が，占有者の支出額と増価額のいずれかを選択することができる（196条2項本文。回復者がこの選択をしなかった場合には，占有者に選択権が移る〔196条2項の請求権は選択債権である〕とする立場と，いずれか低額のほうに確定する〔回復者保護のために選択権が与えられたにすぎず，選択債権ではない〕とする立場がある。判例は後者である〔大判明治35・2・22民録8輯2巻93頁〕）。

しばしば，有益費とは物の価値を増加させる行為（有益行為）に要した費用をいうと説明される。しかしながら，物をどのように扱うかは所有者（回復者）が決めるべき事柄であり，「利得の押しつけ」はできるだけ避けるべきである。そのため，単に物の価値が増加したというだけでは足りず，その行為がされなければその物の（社会状況に応じた）通常の利用にも支障を来たしかねないと認められることを要すると考えるべきである（これによると，物の通常の利用に関係のない価値増加や，通常の利用に役立つにしても，あれば便利という程度の改良等のための費用は，有益費に含まれない。物が通常の利用のために備えているべき状態を欠くに至った場合において，その状態を確保するために物の原状の維持または回復にとどまらない措置が講じ

られたときに，その費用が有益費とされる）。

　回復者が所有者であるという典型的な場合でいえば，不当利得の一般規定によっても，所有者は，物を回復する時点で所有物に占有者の支出による価値増加がある場合には，増価額返還の義務を負う。したがって，196条2項の意味は，償還義務の対象を，有益性が認められる増価に限ったことにある（増価額が占有者の支出額を上回っている場合に，所有者が支出額を償還すればよいことは，不当利得の一般規定による場合も同じである）。これは，物をどのような状態にしておくかは所有者が決めるべきことであるため，占有者が改良等により物の価値を増加させたとしても，その増価は所有者にとって「押しつけられた利得」であるため，所有者保護の必要があることによる（なお，3に述べる期限の許与の基礎も同様である）。

発展
学習 **不当利得法との関係**

　占有者が投下した費用によって占有物の価値が返還時に増加しているならば，703条または704条の要件も充足される。そこで，占有者が，それらの規定によって利得の返還を回復者に請求することができるかが問題になる。

　これは，否定されるべきである。これを認めると，回復者の償還義務を有益性の認められる場合に限定した196条2項の趣旨が没却されるからである。

補論 **占有物に変更が加えられた場合の物の返還と有益費償還**

　占有物に変更が加えられた場合における物の返還のあり方と費用償還については，賃貸借の終了による目的物返還の場合と対比すれば，次のように考えるべきである。

　賃貸人は，賃借人に，原則として目的物を原状に復して返還するよう求めることができる（621条本文，622条による599条1項本文の準用）。目的物に変更が加えられた場合の返還のあり方と変更にかかる費用の負担についてはさまざまな見解があるが，目的物をどのような状態にしておくかは賃貸人が決めるべき事柄であるという考えを重視するならば，次のように解されるべきである。すなわち，賃貸人は，賃借人が目的物に加えた変更の結果の除去を求めることができる。ただし，除去が不可能または著しく困難なとき，または変更が「有益」と認められるときは，この限りでない。賃貸人は，結果の除去を求めることができない場合，変更が有益であるときは608条2項により有益費償還義務を負うが，有益と認められないときは結果取得の対価（償金）を支払う必要はない（⇒ p.194の <div style="border:1px solid">補論</div> 参照）。

　賃借人は，適法な原因に基づいて，他人の物をそれと知りながら占有する者である。それに対し，悪意占有者と（賃借人以外の）他主占有者は，賃借人と同じく，他人の物をそれと知りながら占有する者である。善意の自主占有者は，自己の物と信じてはいるが，適法な原因に基づかずに他人の物を占有する者である。そうであれば，これらの占有者を，回復者との関係において，賃借人より厚遇する理由はないはずである。そうすると，これらの占有者による物の返還については，次のようにいうことができる。すなわち，回復者は，占有者が目的物に加えた変更の結果の除去を求めることができる。ただし，除去が不可能または著しく困難なとき，または変更が「有益」と認められるときは，この限りでない。回復者は，結果の除去を求めることができない場合，変更が有益

であるときは 196 条 2 項により有益費償還義務を負うが，有益と認められないときは結果取得の対価（償金）を支払う必要はない。

　「有益」性の判断は，物の使用収益権を有する占有者については，その使用収益権の実現のために物が通常備えているべき状態を確保するために必要な措置であるかどうかが基準になるのに対し，使用収益権を有しない占有者については，その物の通常の利用のために物が備えているべき状態を確保するために必要な措置であるかどうかが基準になる。ただ，善意の占有者は，権原に応じた使用収益権があると信じており，保護の必要がある。そして，この権原が回復者との間の法律行為であり，その法律行為の無効（または〔遡及的失効を生じるなら〕解除）により給付物が返還される場合には，ともかくも回復者が占有者にその権原に応じた使用収益権を与えている。そこで，この場合の善意占有者（無効原因を知らない占有者〔または解除前の占有者〕）については，その権原に基づく使用収益権を有したときと同様に扱ってよいと思われる（これによると，たとえば，売買の無効を知らない買主については，所有者としての自由な使用収益権を有していたのと同様に扱い，目的物の価値を増加させる変更のすべてを有益としてよいことになる）。

3　費用償還債権の履行期　　占有者の費用償還債権は，占有者が占有物を返還する時に履行期が到来する（債権の発生は，費用支出時に認められると解される）。ただし，悪意の占有者（有益費発生の原因となる改良等の有益行為の時に悪意である者）への有益費償還については，回復者は，裁判所に期限の許与を求めることができる（196 条 2 項ただし書）。

　占有者の費用償還債権は，「他人の物の占有者」の「その物に関して生じた債権」（295 条 1 項本文）に該当する。そのため，占有者は，これを被担保債権として留置権を有する。そして，上述の期限の許与は，この留置権を否定することに実益があると説明されることがある（295 条 1 項ただし書参照）。もっとも，295 条 2 項は，占有が不法行為によって始まった場合に占有者の留置権を否定しているが，占有者が有益行為をした時に自己に占有正権原がないことを知り，または過失によって知らなかったときは，295 条 2 項を類推適用するのが判例である（大判大正 10・12・23 民録 27 輯 2175 頁，大判昭和 13・4・16 判決全集 5 輯 9 号 9 頁，最判昭和 41・3・3 民集 20 巻 3 号 386 頁）。これによると，回復者は，占有者の有益行為時の悪意を立証するだけで占有者の留置権を否定することができるから，留置権の否定のために期限の許与をわざわざ裁判所に求める意味はない。

> **Case 51**　④では，B が支出した 20 万円は必要費にあたる。B は，その償還を請求することができるならば，その償還を受けるまで，甲建物の返還を拒むことができる。ただし，B は善意占有者であり使用利益の返還を免れるため，雨漏りの修理代が通常の必要費にあたるときは，B は，その償還を請求することができず，したがって甲建物の返還を拒むことができない。

(Case 51)⑤では，サンルーム増設費が有益費にあたるかと，その増設による甲建物の増価が現存するかが，まず問題になる。サンルームなどなくても建物の利用上全く問題ないことが普通であるから，その増設費は，有益費に該当しないと思われる。かりに有益費に該当するとされ，甲建物の増価が現存したとすれば，Ｃは，Ａの選択に従い，増価額か支出した50万円の償還をＡに請求することができる。そして，Ｃは，その償還を受けるまで甲建物の返還を拒むこともできる。ただし，サンルーム増設時にＣが自己の無権原を知っていたか，無権原であることを知らなかったことにつき過失があったときは（Ｃは，特段の事情がない限り，占有開始時から知っていたはずである），Ｃは，甲建物の返還を拒めない。

主張立証責任

　所有者（Ａ）が占有者（Ｂ）に物（甲）の返還を求めた場合において，Ｂが196条の費用償還債権に基づいて甲を留置するためには，Ｂは，費用償還債権の発生を根拠づけたうえで，留置権を行使する旨の主張をしなければならない。このうち，費用償還債権の発生を根拠づけるためには，次の主張立証を要する。

　196条1項による必要費償還債権については，Ｂは，①甲の保存に必要な行為をしたこと，②その行為の当時，甲を占有していたこと，③その行為のために費用を支出したこととその金額を，主張立証する必要がある。ただし，これを受けて，Ａが，Ｂが果実を取得したことと，①の行為が平常の保存行為に該当することを主張立証すれば，Ｂの必要費償還債権は認められない。

　196条2項による有益費償還債権については，Ｂは，①甲につき有益行為をしたこと，②その行為の当時，甲を占有していたこと，③その行為のために費用を支出したこと，④(ア)Ａが支出分か増価分かの選択の意思表示をしたこと，または，(イ)1)ＢがＡに選択の催告をしたこと，2)催告後相当期間が経過したこと（これにより判例によると，償還額は支出額か増価額のいずれか低額の方に定まる），⑤上記③の支出額および甲の増価額を，主張立証すればよい。

　Ｂが費用償還債権に基づく留置権を行使する場合には，Ａが，それぞれ前記①の必要行為または有益行為の当時におけるＢの悪意または過失を主張立証すれば，Ｂの留置権は認められない。

5 **占有（権）そのものの保護——占有の訴え（占有訴権）**

　占有（権）について最後に，占有（権）そのものを保護する制度である**占有の訴え**を取り上げる。

1 序　論

❶　占有の訴えの意義

占有者は，占有が妨害された場合やそのおそれがある場合に，その占有が正当

な権原に基づくものか否かを問わず，妨害の停止や予防措置を求める権利を有する。これを**占有訴権**と呼ぶ（「訴権」というものの，裁判外でも行使可能な実体法上の請求権である）。そして，この権利の行使としての訴えを，**占有の訴え**という。

2 占有の訴えの種類

占有の訴えには，3種類ある。占有保持の訴え，占有保全の訴え，占有回収の訴えである。

占有保持の訴えとは，占有を妨害された占有者が，その妨害の停止を求める訴えである（198条）。たとえば，Aが占有する甲土地に，Bが所有する自動車乙を放置している場合に，Aが乙の引取りをBに請求することがその例である。

占有保全の訴えとは，占有を妨害されるおそれのある占有者が，その妨害の予防措置を求める訴えである（199条）。たとえば，Aが占有する甲土地に，B所有の乙建物が倒壊しかかっている場合に，AがBに乙建物の倒壊防止の措置を請求することがその例である。

占有回収の訴えとは，占有を奪われた占有者が，物の返還を求める訴えである（200条1項）。たとえば，Aの占有する自転車丙をBがAに無断で持ち去った場合に，Aがその丙の返還をBに請求することがその例である。

3 占有の訴えの効果

占有保持の訴えにおいては，占有者Aは，妨害者Bに妨害の停止（排除）を請求することができる。そのほか，妨害によって生じた損害の賠償を請求することもできる。この損害賠償債権は，実質的には不法行為を理由とするものである。また，占有侵害を理由とするので，その内容は利用利益の賠償となる。

占有保全の訴えにおいては，Aは，Bに妨害の発生を予防する措置を講ずることか，妨害が将来発生した場合の損害賠償債権を保全するための担保の提供を請求することができる。

占有回収の訴えにおいては，Aは，物の回収（返還）のほか，物の侵奪によって生じた損害の賠償を請求することができる。この損害賠償債権の実質および内容は，占有保持の訴えの場合と同じである。

占有の訴えについては，相当短期の行使期間制限がある（201条）。これは，占有の訴えによる保護は現状維持のための応急かつ仮の保護にすぎないと考えられていることによる。

4 占有の訴えの機能

占有の訴えは，本権の有無に関わりなく占有を保護するためのものである。その主な狙いは，**本権の保護，物の債権的利用の保護，社会秩序の維持**にある。

所有権など物権たる本権を有する者は，物権に基づいて妨害の排除や予防を請求することができるが，そのためには，物権を有することの立証が必要になる。この立証が困難なときに，占有を根拠として妨害の排除や予防を認めることで，本権を保護することができる。

また，物の借主は，物の利用を妨害されても，これを排除する権利を当然には有しない。借主は，排他性のない債権を有するにすぎないからである。しかしながら，借主にも物の利用を妨げられない利益を確保すべきであると考えられる。占有の訴えは，この利益の保護に役立つ。

さらに，占有の訴えが認められなければ，物の奪い合いを生じかねない。たとえば，動産甲の所有権をめぐってAとBの間で争いがあるとする。その場合に，占有の訴えがなければ，Bが甲をAから奪った場合には，Aは，本権の立証ができなければ甲を取り戻せない。そこで，Aが甲の占有をBから実力を行使して奪い返したとすると，Bも，本権の立証ができなければ甲を取り戻せない。この結果，実力行使の応酬になりかねない。このような場合に，占有の訴えがあると，物を無理に奪っても返還しなければならないことになり，自力救済の禁止，ひいては社会秩序の維持に役立つことになる。

もっとも，以上の機能は，いずれも大した意味をもっているわけではない。

本権の立証は，占有や登記の推定機能を利用すればそう難しくはない（ただし，本権に基づく請求に際して，占有の推定機能のみに依拠して本権を立証することは苦し紛れの印象をぬぐえないため，それを避けるために占有の訴えによることは考えられる）。

物の債権的利用の保護も，最も重要になる不動産賃借人の保護について，対抗要件を備えた不動産賃借人には，賃借権に基づく返還請求権や妨害排除請求権が認められている（605条の4。平成29年民法改正前の判例として，最判昭和28・12・18民集7巻12号1515頁〔百選Ⅱ50事件〕，最判昭和30・4・5民集9巻4号431頁）。とくに，建物賃借権は引渡しにより対抗要件が備わるから（借地借家31条1項），建物賃借人は，引渡しを受ければ賃借権に基づく請求をすることができる。また，賃借人は，一般に，賃貸人に対する使用収益供与請求権を被保全債権として，物の所有者（賃貸人）の物権的請求権を代位行使することができると解される（423条）。したがって，占有の訴えによらざるをえないのは，使用借主による目的物

の使用の保護くらいである（ここでも，423条の適用を認める見解もある）。

　実力行使の阻止は，実力行使を違法とすることにより相当程度実現することができる。人びとは，違法と評価される行為を思いとどまることが普通であり，違法行為に対する法的または社会的サンクションも歯止めになりうるからである（この予防的効果を過大視することはできないとしても，占有の訴えの存在がそれらのサンクション以上に自力救済の抑制につながるとは思えない）。

2 占有の訴えの要件

　占有の訴えにおける各請求の要件は，次のとおりである。

1　占有保持の訴え

　妨害停止請求の要件は，①請求者Aによる目的物（甲）の占有と，②相手方Bが（占有侵奪以外の方法で）甲の占有を妨害する事実の発生である。

　損害賠償請求の要件は，前記①②に加えて，③損害の発生とその額，④前記③と前記②の因果関係の存在，⑤Bの故意または過失である。

　ただし，これらの請求は，工事による妨害であって，工事着手から1年を経過したか，工事が完成したことのいずれかの事情があるときは認められない（201条1項ただし書）。また，妨害停止請求は，妨害がやんだときは認められない。損害賠償請求は，Aの訴えが妨害停止後1年を経過した後に提起されたときは認められない（201条1項本文）。

2　占有保全の訴え

　妨害予防請求の要件は，①Aによる甲の占有，②その占有をBが妨害する危険の発生，③妨害予防のために，訴えにおいて求める措置を講ずる必要性である。

　損害賠償の担保請求の要件は，前記①②に加えて，③その妨害が生じた場合にAが被るべき損害額である。

　ただし，これらの請求は，(a)妨害の危険がやんだこと（201条2項本文），または，(b)妨害のおそれが工事によるものであって，工事着手から1年を経過したか，工事が完成したこと（201条2項ただし書）のいずれかの事情があるときは認められない。

3 占有回収の訴え

　物の返還請求の要件は，①Ａが甲を占有していたことと，②Ｂが甲を占有していることである。

　損害賠償請求の要件は，前記①②に加えて，③損害の発生とその額，④前記③と前記②の因果関係の存在，⑤Ｂの故意または過失である。

　ただし，これらの請求は，(a)Ａの占有喪失の原因が侵奪（意思に基づかずに占有を奪われたこと）以外の原因であること，(b)Ｂが甲の占有を第三者Ｃから特定承継したこと（200条2項本文），(c)Ａの訴えの提起が占有を失った時から1年を経過した後にされたこと（201条3項）のいずれかの事情があるときは，認められない。

　もっとも，(b)に関しては，ＣがＡから甲の占有を奪った者であり，かつ，Ｂが甲の占有をＣから承継した時にそのことを知っていたときは，この限りでない（200条2項ただし書。特定承継人が侵奪の事実を「知っていた」というためには，承継人が何らかの形での侵奪があったことを認識していたことが必要であり，侵奪の可能性を認識していただけでは足りない〔最判昭和56・3・19民集35巻2号171頁〕）。

【発展学習】　「占有を奪われた」の意味と要件上の位置づけ

　200条1項は，占有者が「占有を奪われた」ときに占有回収の訴えを認めているが，この「占有を奪われた」という要件については，占有回収の訴えの要件における位置づけと，それがどのような場合をいうものかが問題になる。

　この要件を(a)に位置づけている本文は，「占有を奪われた」ことは請求を根拠づけるための積極的な要件ではなく，これを否定する事実が請求を否定するための要件であるとする判例にそくしたものである（大判大正4・10・22民録21輯1746頁，大判大正8・5・17民録25輯780頁）。もっとも，判例に反対する見解も有力である。

　占有回収の訴えが「占有を奪われた」ときに限定されているのは，この場合の請求者は現実には占有を失っているため，占有に基づく法的主張をすることができないことが本則であるところ，他人の不法行為によって占有を失ったときまでこれを貫くことは適当でないからである。この趣旨からすれば，占有回収の訴えは占有を失った者に例外的に与えられる保護であるから，その例外を根拠づける事情である「占有を奪われた」ことは，訴えの積極的要件になるとすることが自然ではある。

　「占有を奪われた」とはどのような場合をいうかについては，もと占有者が任意に物を他人に移転した場合がここに含まれないことは明らかであるが（たとえば，もと占有者が物を詐取された場合は，この要件に該当しない〔大判大正11・11・27民集1巻692頁〕），もと占有者がその意思によらずに物の所持を失い，他人が占有を取得した場合（たとえば，もと占有者が落としたり，置き忘れたりした物を他人が拾得した場合）をどう考えるかが問題になる。これは，本権と無関係に占有そのものを保護することは現状維持のための応急かつ仮の手段であるが，そのような占有保護のなかでも例外的な保護を，もと占有者にどのような場合に認めるのが適当か，という問題である。

なお，侵奪された物が特定承継された場合に，占有回収の訴えは悪意の特定承継人に
対してしか認められないのも，この訴えが例外的保護であることによる（もと占有者は
すでに占有を失っているため，占有に基づく法的主張をすることができないことが本則で
あるが，悪意の特定承継人は侵奪者と同視することができる）。

◢ 訴えの相手方

　訴えの相手方は，現在の（侵奪者も含む）妨害者または妨害の危険を現在生じ
させている者である。過去の妨害者または危険惹起者は相手方にならない（ただ
し，損害賠償請求については別）。占有の訴えは物の円満な所持を現に回復または
維持するためのものであり，現在の妨害またはそのおそれを除去しなければ意味
がないからである。

3 交互侵奪

　物の返還請求については，占有侵奪の応酬（交互侵奪）があった場合にどう考
えるかという問題がある。たとえば，Aが，所有者に無断でBが借用していた
自転車（甲）を盗み，施錠して駐輪していたところ，これを発見したBが鍵を壊
して持ち帰った場合に，Aは甲の返還を請求することができるか。

　Aは，盗んだものとはいえ甲を占有しており，それをBに奪われたのである
から，返還請求の要件は充たされている。ところが，この例では，もとはBが
甲の占有者であり，AがBから甲の占有を奪っている。そのため，Bは，盗難
から1年以内にAを相手に訴えを提起すれば，甲を取り戻すことができる。そ
うであれば，この場合にはAの請求を認めないとすることが端的といえそうで
ある。実際，学説には，Aによる侵奪から1年以内であれば，Aの請求は否定
されるべきであるとする見解もある。その最大の理由は，訴訟経済の観点から無
駄を省くことにある。

　しかしながら，大審院判決には，このような場合にAの返還請求を認めたも
のがある（大判大正13・5・22民集3巻224頁）。これは，自力救済の禁止を重くみ
たものである。

　訴訟経済を強調するならば，所有権など本権を有する者に対する返還請求も認
めるべきでないが，この請求は認められる（202条2項。次の**◢1**を参照）。また，
占有の訴えの制度趣旨は，物の支配の現状を維持することにあるから，より後の
支配（Aの占有）をひとまず保護することが制度趣旨に適う。したがって，Aの
請求は認められてよい（Bの請求も，要件がみたされるならば認められる。その場合，

最終的にはBの占有回復が優先される）。

4 本権の主張または訴えとの関係

■1 占有権と本権が別人に属する場合

先にみた占有の訴えの要件には，訴えの相手方Bが本権（所有権のほか，賃借権や地上権等の所有権以外の権利も含む）を有することは，Aの占有の訴えを斥ける事由として含まれていない。たとえば，Aが本権に基づかずに占有している甲土地にBが資材を運び込み，Aが資材の除去を求める訴えを提起し，請求を根拠づけた場合に，Bが，甲土地の所有権（その他の本権）を有することを理由に請求を免れることは認められていない。これは，202条2項が，「占有の訴えについては，本権に関する理由に基づいて裁判をすることができない」と定めていることによる。

もっとも，上の例で，Bは，甲土地の所有権等を有するならば，所有権等に基づいて返還を求める訴えを別に提起することができる（そうしなければ，所有権等が無意味になる）。そうすると問題になるのが，Bが，Aから提起された占有の訴えのなかで，所有権等に基づいてAに甲土地の返還を求める訴え（反訴という）を提起することができるかである。これを認めると，本権に基づいて裁判をすることとほぼ同じ結果になりそうにも思えるからである。

判例は，反訴を認めている（最判昭和40・3・4民集19巻2号197頁〔百選I 66事件〕）。一つの手続のなかで行われるとはいえ，Aの占有の訴えとBの本権の訴えは別の訴えであり，いずれの訴えも，根拠づけられれば認容されることになる。したがって，反訴を認めることは，占有の訴えを本権に基づいて判断してはならないとする202条2項に反することにならないからである。

> 発展学習　**占有の訴えと反訴としての本権の訴えがともに認容された場合の判決の実現方法と自力救済禁止の趣旨**
>
> 占有の訴えに対する反訴として本権の訴えを許すと，ともに認容判決が出されたときにどのように執行するか（同じ甲土地についてAの円満な占有状態の回復とBの占有回復が衝突するが，これをどう解決するか）が，問題になる。
>
> これについては，本権の訴えを優先させればよいとする見解と，本訴（占有の訴え）はそのまま認容し，反訴（本権の訴え）については，占有がAに回復されたという将来の状況を前提にして，返還請求を認めることにすればよいとする見解がある。
>
> 前者は，Bが別訴を提起すれば甲土地はBに戻るから，Aの訴えに対する認容判決を執行しても無益である，という考えに基づく。それに対し，後者は，前者によると本権者の自力救済を追認することになる点を問題視して，いったん占有者Aの占有を回

復した後で所有者Bに返還させることにして，自力救済禁止の理念を貫こうとするものである。

❷　占有（権）と本権が同一人に属する場合

　物の占有を妨害されたり，奪われたりした者が，その物につき本権を有する場合，たとえば，Aが所有し占有する甲土地にBが勝手に資材を運び込んだ場合について，202条1項が，「占有の訴えは本権の訴えを妨げず，また，本権の訴えは占有の訴えを妨げない」とする定めを置いている。占有の訴えと本権の訴えは互いに両立する，Aは，一方の訴えで負けても，他方の訴えを提起することができる，ということである。これは，二つの訴えは別個の請求権を行使するものであるということから正当化されている（これに対し，どちらも目的物の返還や妨害の除去または予防という同じ結果を求めるものであるのに，一方で負けても他方で争いを蒸し返せるとすることは，相手方の負担になり，訴訟経済にもかなわないとして，請求権は一つであるとみるべきであるとする見解もある）。

 　準　占　有
　占有は物の事実的支配の状態を問題とするものであるが，財産権についても，その事実的支配という状態を考えることができる。この場合（「自己のためにする意思をもって財産権の行使をする場合」）には，占有に関する諸規定が準用される（205条）。これを準占有と呼ぶ。
　占有に関する規定の準用のなかで最も重要な意味をもつのは，占有の訴えに関する規定の準用である。これによって，物以外の財産権の事実的支配が保護される。
　もっとも，財産権のうち所有権や地上権，賃借権等の場合には，その行使に占有を伴うので，準占有を問題とする余地がない。また，債権の準占有については，478条とその類推適用法理がむしろ重要である。そのため，205条による占有に関する規定の準用が実際的意味をもつのは，知的財産権等に限られている。

第6章

物権的請求権

物権的請求権についてはすでに何度か説明したが，断片的なものにとどまっていた。ここでそれらを整理するとともに，まだ触れていない問題を取り上げる。

1 序　論

1 物権的請求権の意義と種類

物権的請求権とは，物権者に認められた物の支配を他人が正当な権原なく妨げる場合，またはそのおそれがある場合に，物権者がその他人に妨害または妨害の危険の除去を求める権利である。

物権的請求権には，3種類の占有の訴えに対応して，次の3種類があるとされている。物を占有する者に返還を求める**返還請求権**，占有侵奪以外の方法で妨害する者に妨害の除去を求める**妨害排除請求権**，妨害を生じさせるおそれがある者に予防措置を求める**妨害予防請求権**である。ただし，すべての物権にこれら3種類の請求権の全部が認められるわけではない。たとえば，地役権者は，承役地の使用権能を有するだけで占有権能を有しないため，返還請求権を有しない。

2 物権的請求権の根拠

民法に，物権的請求権について直接定める規定はない。そのため，物権的請求権が認められる根拠が問題とされている。この根拠として，一般に，次の3点が挙げられている。

第一に，物権という権利の性質である。すなわち，物に直接の支配を及ぼすことが権利内容である物権においては，その支配に対する妨害を除去し，または予防することができなければ，権利の内容が実現されない。したがって，物権という権利を認める以上当然に，物の円満な支配を回復するための権利が物権者に認められる。第二に，占有（権）との比較である。すなわち，占有（権）について占有の訴えが認められているから（197条以下），それよりも強力な権利である本権たる物権に物権的請求権が認められることは当然であることである。第三に，202条が「本権の訴え」の存在を前提としていることである。

もっとも，占有権能を内容に含まない物権（たとえば抵当権）に基づく請求権が認められることからすると，第二と第三の根拠は十分なものとはいえない。

3 物権の妨害に対する他の保護手段との関係

　物権を侵害された者の保護のために働く法理は，物権的請求権のほかにもある。不当利得法や不法行為法がその代表例である。これらと比べて，物権的請求権には次の特徴が認められる。

　不法行為法との関係では，次の二つの特徴を挙げることができる。第一に，効果面で，不法行為を理由とする請求では現物の返還は認められないが（722条1項参照），物権的請求権ではそれが認められる。第二に，要件面で，不法行為を理由とする請求では相手方に故意または過失が原則として必要であるが，物権的請求権では侵害者の故意または過失を要しない。

　不当利得法との関係では，不当利得返還請求では妨害の予防を求めることはできないが，物権的請求権の場合はそれができる，という違いがある。

　不法行為を理由とする請求とも不当利得返還請求とも違う点として，権利行使期間がある。不法行為を理由とする請求は，724条による消滅時効にかかる。不当利得返還請求権は，166条1項による消滅時効にかかる。これらに対して，物権的請求権は，所有権などその基礎にある権利が存在する限り，消滅することがない（大判大正11・8・21民集1巻493頁）。物権的請求権の消滅を認めると，所有権など物権の権利の内容が実現されなくなるからである。

2　物権的請求の要件

1 各請求の要件

　物権的請求の要件を，所有権に基づく場合を例として請求の種類ごとに一般的にいえば，次のとおりである。

■1　返還請求の要件

　返還請求は，①Aが物（甲）を所有しており，②Bが甲を占有しているときに認められる。ただし，(a)Bの占有が正権原に基づくときは，この限りでない。

> **発展学習**　**主張立証責任**
> 　本文の要件①について，Aは，甲の所有権を取得したこと（所有権取得原因の存在）を主張立証すればよい。これを受けてBが，請求を妨げるために，Aに甲の所有権喪失事由があることを主張立証する必要がある。これは，権利は一度発生すれば消滅事由

が生ずるまで存在する，という理論から正当化される。もっとも，権利に基づく法的主張は，現に権利があってこそ認められるものであるから，本来，現に権利があることの立証を要すると考えることもできる。ただ，所有権が現に存在することの立証（取得した権利につき喪失原因がおよそ存在しないことの立証）は，極めて難しい（不可能といってもよい）。そこで，所有権に基づく法的主張が事実上不可能になるという不都合を避ける必要があるという実質的考慮から，このようにされているとみることもできる。

本文の要件②については，Aは，Bが甲を現在占有していること（Bの現占有）を主張立証しなければならないとするのが一般的見解である。これは，一般に，物権的請求権は妨害が存する限り毎時不断に発生するものであるため，権利の確定する時点である口頭弁論終結時に発生する物権的請求権を根拠づける必要があるためと説明されている。しかしながら，物権的請求権も権利であるから，権利は一度発生すれば消滅事由が生ずるまで存在するという考え方によるならば，Aが甲の所有権を取得した後のある時点でのBの占有が主張立証されれば，AのBに対する返還請求権が発生し，この返還請求権は，その消滅事由としてBの占有喪失が主張立証されない限り存在するとされてもよいはずである。これによると，要件②は，Aが甲を取得した後のある時点でBが甲を占有していたこと（Bのもと占有）でよいことになる。実際，これを支持する見解もある。もっとも，現占有の立証は，もと占有の立証に比べてそう難しいわけでもない。そのため，一般的見解において，要件②は，Bのもと占有ではなく，現占有とされていると考えられる。

② 妨害排除請求

返還請求は他人が正当な権原によらずに物を占有する場合に認められるものであるが，そのような占有は物の支配に対する妨害の形態の一つであるから，返還請求と妨害排除請求に本質的な差異はない。そのため，妨害排除請求の要件は，返還請求の要件②と(a)を一般化したものとなる。すなわち，妨害排除請求は，①Aが物（甲）を所有しており，②BがAの甲についての所有権の行使を妨げる事実があるときに認められる。ただし，(a)Bに（甲の利用権原があるなど）②の事実を正当化する事由があるときは，この限りでない。

③ 妨害予防請求の要件

妨害予防請求は，①Aが物（甲）を所有しており，②BがAの甲についての所有権の行使を妨げるおそれがあると認められる具体的事情（たとえば，Aの所有する甲土地上に，Bの所有する建物が崩れ落ちそうになっていること）があるときに認められる（具体的な措置を求めるためには，さらに，その措置を講じる必要性を主張立証しなければならない）。

2 請求の相手方

1 原　　則

物権的請求の相手方は，現在の妨害者（無権原占有者を含む）または妨害のおそれを現に生じさせている者である。過去の妨害者または危険惹起者は相手方にならない。物権的請求は，物の円満な支配を現に回復し，または維持するためのものであるので，現在の妨害またはそのおそれを除去しなければ意味がないからである。

2 例　　外

1　**建物の登記名義人を相手方とする建物収去および土地明渡しの請求**　　上記の原則によると，建物収去および土地明渡しの請求の相手方は，建物を現在所有して土地を現に占有する者になるはずである。ところが，この請求については，例外が認められている。

> **Case 52**
> 　Aが所有する甲土地に，Aの知らないうちにBが乙建物を建て，B名義の所有権保存登記がされていた。Aが，乙建物を収去して甲土地を明け渡すことを求めてBを訴えた。ところが，乙建物は，すでにBからCへと譲渡されていた。

判例によると，他人の土地の上にある建物の所有権を取得した者（B）は，自らの意思に基づいて所有権取得の登記を経由した場合には，建物を他に譲渡したとしても，その登記名義を保有する限り，土地所有者（A）に対して譲渡による建物所有権の喪失を主張して建物収去および土地明渡しの義務を免れることができない（最判平成6・2・8民集48巻2号373頁〔百選I 47事件〕）。判例は，物権の得「喪」は登記をしなければ第三者に対抗することができないとする177条の考え方に依拠して，土地所有者は，建物譲渡を認めて現在の所有者を相手方とすることも，建物譲渡を認めず登記名義人を相手方とすることもできるとしている。

2　**例外許容の実質的根拠**　　登記名義を基準に訴えの相手方を決めることができるとするこの立場の基礎には，土地所有者保護の必要性の高さ，登記名義人の帰責根拠の存在，建物所有者保護の必要性の乏しさがある。

まず，土地所有者をとくに保護する必要性が認められる。土地所有権は，地上建物によって妨害されている。この妨害は，建物の敷地部分の全面に及び，かつ，

建物が存続する間継続する。実質的に，その間，土地所有権が失われたも同然となる。ここでは，建物が存在することが妨害にあたるから，その建物の現在の所有者が物権的請求の相手方となることが本来である。ところが，そうすると，土地所有者は，地上建物の所有者の特定という難題を強いられ，土地所有権の円満な状態の回復が困難になりかねない。土地の不法占拠一般についていえば，誰が不法占拠しているかは，占拠の状況をみれば比較的容易に明らかになる。ところが，建物所有による不法占有の場合には，建物の存在により土地所有権が侵害されていることは明らかであるが，その建物が誰に帰属するかを建物自体やその利用状況から判断することは容易でない。そのため，土地所有者の保護のために，何らかの外形的事実（登記名義）による妨害者の確定も認められてよい。

つぎに，登記名義人に帰責根拠が認められる。不動産物権変動の当事者は，登記制度上，その物権変動に従った登記手続をとることを要請されており，これを怠るときは物権変動の効果を主張することができないことがあるとされている（177条）。自らの名義で所有権の登記を経由した建物所有者は，その建物を他に譲渡した場合，所有権移転登記の申請を問題なくすることができる。したがって，この者には，場合により建物所有権の喪失を主張することができないという不利益を負わせるに足る帰責根拠がある。それにもかかわらず，土地所有者からの建物収去および土地明渡しの請求の相手方となることを免れさせるならば，この者が，建物所有権を移転するだけで，土地所有権の回復にかかる上記の難題という土地所有者の犠牲の上に，それまで負っていた明渡しの義務を容易に免れうることになる。

最後に，現在の建物所有者を保護する必要性があまりない。登記名義人に対する請求が認められると，建物所有者は，自己が関与しないまま建物所有権を失うことになりうる。しかしながら，土地の使用権原がなければ，その建物はいずれにせよ収去される運命にある。しかも，その収去は，建物所有者にしかできないわけではなく，代替執行が可能である。そのため，最終的に問題となるのは，収去費用の負担と建物所有者に生じた損害のてん補にすぎない。これは，建物譲渡の当事者の間で，求償または担保責任の問題として処理されうるものである。

補論 **例外の許容と民法 177 条の関係**
　　　以上の考慮から土地所有権に基づく建物収去および土地明渡しの請求の相手方を登記名義を基準に決めることができるとして，このことと 177 条との関係が問題になる。
　　　土地所有者（A）からこの請求を受けた登記名義人（B）は，建物所有権を他人に譲

渡したこと，すなわち建物所有権の喪失を主張することになる。この所有権の喪失は，「不動産に関する物権の得『喪』」にあたるから，177条の適用がある。そして，民法起草者のように第三者無制限説をとるならば，177条の適用により問題が解決される。

　もっとも，現在では，177条の第三者とは，登記の不存在を主張する正当な利益を有する者をいう。そして，第三者とされるためには，当該物権変動の主張が認められると当該不動産に関する権利を失い，または負担を免れることができなくなることが必要である。Aは，収去請求権という建物に関する権利を有するが，Bによる建物所有権喪失の主張が認められても，その権利が失われるわけではない。したがって，Aは，177条の第三者にあたらず，177条が適用されることはない。

　しかしながら，建物の存立は，必然的に敷地の占有を伴う。そのため，Bによる建物所有権の喪失の主張が認められると，Aがその敷地部分の土地所有権の行使を全面的に妨げられる状態が継続する。Aにとってこの状態は，地上建物による負担とみることができる。そこで，Aは，Bの主張が認められると，建物所有権の隠れた移転によって，その建物所有権の負担を実質的に免れることができなくなりうる地位にあるということができる。これを177条の第三者に類似する地位とみるならば，177条の趣旨の援用が認められてよい。

3　例外許容の射程　　建物の登記名義人も建物収去および土地明渡しの請求の相手方となるという上記の例外は，177条を手がかりとするものであるため，次の場合には妥当しない。

　まず，未登記建物の所有者が未登記のまま建物を第三者に譲渡した後に，譲渡人の意思に基づかずに譲渡人名義の所有権取得の登記がされた場合である（最判昭和35・6・17民集14巻8号1396頁）。現在の建物所有者が請求の相手方であるところ，既登記建物の場合，建物所有者探索の負担を土地所有者に免れさせることが適当であること，登記名義人には所有権喪失の対抗要件となるところの譲受人への所有権移転登記の懈怠の非難が可能であることから，例外的に，登記名義人に請求することも認められている。ところが，未登記建物の場合には，土地所有者は，建物所有者の探索をするほかなく，登記名義人には所有権移転登記の懈怠がないため，例外は認められない（妨害の全面性，固定性といった重大性のみで例外が認められるのではない）ということであると思われる（もっとも，最判平成6・2・8民集48巻2号373頁〔百選Ⅰ47事件〕は，未登記建物の所有者は建物譲渡によって「確定的に所有権を失う」ことになるからと説明している）。

　つぎに，建物の登記名義人は，その建物を所有したことがなく登記名義だけを有する場合も，請求の相手方にならない（最判昭和47・12・7民集26巻10号1829頁）。この場合の登記名義人は，全くの無権利者であり，一度も土地を妨害した事実がなく（もともと明渡しの義務を負っていない），無効な登記があることのみを

もって土地明渡しの義務を創設することは適当でないからである。

　さらに，請求をする土地所有者の主観的態様のいかんによっても，建物の登記名義人を相手にすることができない場合があると思われる。登記名義人に対する請求が例外的に認められるのは，土地所有者が請求の相手方を確知することができないことの不都合を避けるためである。そうであれば，この保護の趣旨に適合しない土地所有者は，登記の不存在を主張する正当な利益を有しない者に準ずる者として，登記名義人に対する請求をすることができないと解される（それが具体的にどのような場合であるかについては，訴え提起前に建物譲渡の事実を知っていた場合とする，譲渡の事実を知りながら必要もないのに譲渡人を訴えた場合とする，譲渡の事実を容易に知りえたのに知らなかった場合も含まれるとするなど，種々の立場がありうる）。

> *Case 52* では，乙建物についての B 名義の保存登記が B の意思に基づいて行われていたのであれば，A の訴えは認められる。ただし，A が C への譲渡を訴えの提起前に知っていた場合などには，例外とされる可能性がある。

 主張立証責任

　Case 52 において，A が B に乙建物の収去と甲土地の明渡しを請求するために主張立証すべきことは，地上建物の登記名義の残存が所有権に基づく返還請求権の要件のなかでどのような意味をもつと考えるかによって，異なってくる。

　A が所有権に基づいて B に甲土地の返還を求めるには，本来，B が甲土地を占有していることが要件になる。そこで，甲土地の上に建物がある場合には，A は，①A が甲土地を取得したこと，②甲土地の上に乙建物が存在すること，③B が乙建物を取得したことを主張立証する必要がある。ただし，この場合には，B が乙建物を C に譲渡したことを主張立証すると，A の請求は認められない。

　そこで，B に乙建物の登記名義が残存していることをもって，（乙建物の存在による甲土地の占有とは別の）甲土地の現占有の一態様とみる見解がある。A は，B が自らの意思に基づく乙建物の登記名義を有することによって甲土地を占有しているとして，建物収去および土地明渡しを B に請求することができるとするのである。これによると，A は，上記①〜③に加えて，④乙建物につき B 名義の保存登記がされていること，⑤その登記は B の意思に基づくことを，主張立証すればよいことになる。

　もっとも，建物についての所有権の登記による敷地の占有という考え方は，不自然である。そこで，B は，自らの意思に基づいてされた登記の残存により，乙建物の所有権喪失を対抗することができず，したがって，乙建物の所有による甲土地の占有を否定することができなくなるとする見解がある（本文に述べた判例の立場は，この見解に親和的である）。この見解によると，A は，請求を根拠づけるために，①A が甲土地を取得したこと，②甲土地の上に乙建物が存在すること，③B が乙建物を取得したことを主張立証することになる。それに対して，B は，乙建物を C に譲渡したことを主張立証することができる。もっとも，これがされた場合には，A は，(1)B が乙建物を所有していた当時に，乙建物につき B 名義の保存登記がされたこと，(2)その登記は，B の意思

に基づくこと，(3)乙建物につき，現在，B 名義の保存登記があることを主張立証すれば
よい。なお，(3)については，B が，C への所有権移転登記を主張立証すべきであるとす
る見解もある。A が(3)を主張立証すべきであるとする見解は，所有権に基づく請求の
場合には妨害の現在性が要件となることを貫くのに対し，B が C への所有権移転登記
を主張立証すべきであるとする見解は，乙建物の所有権喪失の対抗という論理を重視す
るものである。

3 物権的請求権の内容

　ここまでの説明では，物権的請求は，物権者が円満な物支配の回復または侵害
防止のために必要となる行為を，相手方に求めるものであることを前提とした。
もっとも，物権的請求権の内容については，異論もある。

Case 53

　A が所有する甲土地の上に，自動車（乙）が放置されていた。A は，B が乙の所有
者であると分かったので，B に乙の引取りを請求した。
① 　B が甲土地に乙を乗り捨てていた。
② 　B から乙を盗んだ C が，乙を甲土地に乗り捨てていた。
③ 　乙は大洪水で甲土地に流されてきたものだった。

　　　　いずれの場合も，A の甲土地についての所有権が，甲土地の上に乙が存在す
ることによって侵害されている。ここで，二つのことが問題になる。第一に，A
は，B に対し，乙の引取りという積極的行為を請求することができるか。第二
に，①〜③では，侵害の発生について，B の責められるべき程度において違い
がある。このことが，A の B に対する請求に関して意味をもつか，である。

---

1 行為請求権説

　物権的請求権の内容について，主なものとして三つの見解がある。

　第一に，物権者は物の円満な支配の回復のために必要な行為（物の返還，妨害の
除去，妨害予防措置）を相手方に請求することができるとする見解である。これを，
行為請求権説と呼ぶ。この見解が通説であり，判例も基本的にこの立場である
（大判昭和 5・10・31 民集 9 巻 1009 頁〔*Case 53* ②に類似の事案〕，大判昭和 7・11・9
民集 11 巻 2277 頁〔隣地に土壌崩落のおそれがある土地の現所有者に，そのおそれの原因
が前所有者にあるか自己にあるかを問わず，崩落予防措置を講ずるよう命じた〕。ただし，
大判昭和 12・11・19 民集 16 巻 1881 頁〔百選 I 46 事件〕は，傍論ながら，不可抗力が侵
害の原因である場合の例外を示唆している〔土地所有者は，その土地の現状に基づいて隣

地所有者の権利を侵害し，またはその危険を生じさせた場合には，「侵害又ハ危険カ不可抗力ニ基因スル場合若クハ被害者自ラ右侵害ヲ認容スヘキ義務ヲ負フ場合ノ外」，その侵害または危険が自己の行為に基づくかどうか，自己の過失の有無を問わず，その侵害を除去し，または危険を防止すべき義務を負担するとした〕）。

この見解の基礎には，次の二つの考えがある。

一つは，物権者には物の円満な支配が法によって認められており，その支配を妨げられたならば回復を求める権利がある，という考えである。もう一つは，自らの行為や支配する物により物権者による物の円満な支配を妨げる者は，法が割り当てた権利内容を侵しており，客観的に違法な状態を作り出しているから，その状態の発生源を支配していた以上は責任を免れない，という考えである。

これらの考えからすれば，*Case 53* ③の場合にも，Aは，侵害除去を請求することができるはずである。大洪水という不可抗力が侵害発生の原因であるが，侵害を生じさせた乙をBが支配していることに変わりはないからである。かりにこの場合にBに侵害除去義務を免れさせるならば，制御をおよそ期待することができない原因による侵害発生であることを理由とする特別の免責となる。

> 行為請求権説によると，*Case 53* では，いずれの場合にもAの請求が認められる。Bが請求に応じないときは，Bは除去義務に違反することになるから，Aは，それによる損害（たとえば，乙を保管せざるをえなくなった場合に，それに通常要する費用）の賠償を請求することができる。

2 忍容請求権説

第二に，物権者は，物の円満な支配の回復のために必要となる行為の忍容を他人に求める（*Case 53* でいえば，Aは，乙を甲土地から除去すること，そのために必要となることを忍容せよとBに求める）ことができるだけである，とする見解がある。これを，忍容請求権説と呼ぶ。

この見解の基礎には，次の考えがある。

物権は，万人に対して主張することができる「強い」権利である。そういった強い権利であるからこそ，強い権利内容を認めることは，他者の自由を害することになりかねない。そのため，物権の権利内容は，一般に，契約など別個の法律関係で結ばれている他人に対するのでない限り，物の支配を妨げるなという不作為請求にとどめられている。この考え方は，物の支配が実際に妨げられた場合も

維持されるべきである。すなわち、物の支配の侵害に対しても、物権に基づいて認められるのは侵害の除去を妨げるなと不作為を求めること、つまり忍容の請求だけである。ただし、物権的請求権の行使は別個の法律関係に基づく権利行使を妨げるものではないから、侵害が不法行為に該当するならば、物権者は、不法行為者に対し損害賠償を請求することができる。

> 忍容請求権説によると、（*Case 53*）では、いずれの場合にも、Ａの引取り請求は認められない。ただし、Ａは、不法行為を理由とする損害賠償を、①の場合にはＢに、②の場合にはＣに請求することができる。

3 責 任 説

忍容請求権説によると、物権者は、現在の侵害者の不法行為が成立する場合には、損害賠償請求をすることで、実質的に、侵害除去を侵害者の負担で実現することができる。そうであれば、この場合には、侵害者に対する侵害除去の請求を認めることが端的である。このように考える見解を、責任説と呼ぶ。

> 責任説によると、（*Case 53*）では、①の場合にのみＡの請求が認められる。

4 侵害基準説

■ 「双方侵害」の場合を想定した各説に対する批判

上記の各説は、共通の前提から次のように批判されることがある。

Case 53 のような場合には、Ａの甲土地の所有権が乙によって侵害されているだけでなく、乙がＡ所有の甲土地にある以上はＢも乙を自由に使えないから、Ｂの乙の所有権も侵害されている。そうすると、ＡとＢは、互いに相手の所有物により所有権を侵害されているから、ともに物権的請求権を有する。そのため、*Case 53* ①のように一方に不法行為が成立するときは、損害賠償により最終的に妥当な解決が図られるが、*Case 53* ②③のようにどちらにも不法行為が成立しないときは、次の結果を生ずる。すなわち、行為請求権説によると、先に物権的請求権を行使したほうが、相手の費用で侵害を除去することができることになる（早い者勝ちになる）。忍容請求権説と責任説では、先に物権的請求権を行使したほうが、自己の費用で侵害を除去しなければならなくなる（我慢した者勝ちにな

る）。このような結果は，いずれにせよ合理性を欠くのではないか。

2 双方侵害の不発生——侵害基準説

しかしながら，*Case 53* では，この批判が想定するような，AとBが互いに所有権を侵害しあう事態が生じているとは考えられない。Bは，その所有する乙がAに無断で甲土地上に存在することによって，Aの甲土地の所有権を侵害しているが，Aは，甲土地を所有していることによって，Bの乙の所有権を侵害しているとはいえないからである。法的に表現すれば，Bは，乙によってA所有の甲土地のうち乙が存する部分を占有しているが，Aは，B所有の乙を所持しているものの，占有していないからである。

　自動車（ほかの動産も同じである）は，当然にその所在する場所を占めることになる。したがって，自動車の所有者（または占有者。以下，略）は，自動車を所有することによって当然に，その時々においてその自動車が所在する場所を支配することにならざるをえない。このため，自動車所有者は，自動車の所在場所を自己のためにする意思をもって所持する，つまり占有すると認められる（180条参照）。乙がA所有の甲土地の上にあるならば，Bは，その場所（土地部分）を占有していると認められるのであり，したがって，甲土地の所有者であるAから妨害排除を求められる（Bが占有しているのは甲土地の一部であり，その占有による支配は固定性を欠くため，Aから甲土地の占有を奪ったとまで評価されないことから，返還請求ではない）ことになる（なお，Bは，乙を甲土地に放置したままの状態では，乙の所有権を放棄した，したがって占有の意思を放棄した〔203条本文〕と主張することはできない〔⇒ p. 29 の 発展学習 〕）。

　それに対し，土地は他の物に依存せずそれ自体として存在するものである。また，土地の所有（または占有。以下，略）には，その上（下）にある物を自ら支配するという所有者の一般的意思が認められるわけでもない。したがって，土地所有者はその土地の上にある物を所持することになるが，自己のためにする意思があるかどうかは，所持を生じた原因次第である。土地所有者が関知しない原因で物が土地に入ってきた場合には，土地所有者にこの意思は認められない。*Case 53* において，乙はAの関知しない事情により甲土地上に存在することになったのであるから，Aは，占有意思がないため乙を占有しておらず，したがって，Bによる返還請求の相手方にならない。

　双方侵害の事態が生ずることはなく，物権の侵害は一つしかない，その侵害を

受けた者だけが物権的請求権を有することになるということは，*Case 53* のような場合に限らず，一般的に妥当すると考えられる（例外がおよそないとまではいえない。たとえば，上下の位置関係にある隣接地の境界付近の土壌が，いずれの土地所有者の帰責事由にもよらずに崩落した場合〔または，そのおそれが生じた場合〕。この場合には，結果的に上方の土地の土砂が下方の土地上に入り込むことになり，あるいは，さらなる崩落の危険を生ずることもあるだろうが，これらは所有権侵害の問題ではなく，相隣関係上の問題と捉える〔たとえば，223 条から 226 条までの趣旨を類推して，復旧，保存，予防等の費用は，相隣者が等しい割合で負担するものとする〕べきであろう）。このような見解を，侵害基準説と呼ぶ。

3 侵害基準説におけるいくつかの問題

　一つの事態において物権侵害は一つしかなく，その侵害を受けた者だけが物権的請求権を有するというだけでは，相互侵害の事態におけるような早い者勝ち，または我慢した者勝ちは起こらないというにとどまり，物権的請求権の内容は行為請求を含むのか，忍容請求にとどまることが基本であるかは決まらない。というのは，行為請求権説，忍容請求権説または責任説は，物権的請求権の内容が何であるかに関するものであるのに対し，侵害基準説は，物権侵害の有無の判断に関するものであって，次元を異にするからである。したがって，侵害基準説によるとしても，物権的請求権の内容をどのように考えるべきかという問題は残る。また，*Case 53* において B に物権的請求権がないとすれば，B が乙を取り戻すにはどうすればよいか，もし A が取戻しを妨げたならばどうなるかも問題になる。

　物権的請求権の内容は，行為請求を含むと考えられる。これは，*Case 53* の B に認められる地位と関係する。

　Case 53 の B は，A に物権侵害の事実が認められないために，A に対する物権的請求権を有しない。しかしながら，乙の引取りのために必要な行為（たとえば，甲土地への立入り）を，A の利益を害しない限度で認めるよう A に請求することはできると考えられる。B は，乙の所有権を有しており，その円満な実現を法によって保障されているが，その実現には A に上記のような忍容を求めることが必要になるからである。一般化していえば，物権者は，物権の効力として当然に（侵害があると認められなくても），その円満な実現に必要となる不作為を，他人の利益を害しない限度で求めることができる（この請求を物権的請求の一つであ

るとするかどうかは，概念整理の問題である。ただ，これを物権的請求とする場合，「客観的違法」を要件としない点で返還請求等と異なることに留意する必要がある）。

他人の物権を侵害する者であるＢにすらこのような請求が許されるならば，所有権を侵害されたＡが侵害者に対して有する物権的請求権は，それ以上の内容のものであってしかるべきである。したがって，物権的請求権は行為請求を含むものと解される。

Ｂが引取りを申し出たのに，Ａがこれを拒んだ場合はどうなるか。この場合には，Ａは，自らの意思により乙を甲土地にとどまらせ，乙を排他的に支配するに至ったのであり，これにより乙の所持に自己のためにする意思が伴うことになったということができる。したがって，Ｂは，乙の返還をＡに求めることができる（もっとも，たとえば，甲土地への乙の侵入によりＡが損害を受けたり，乙の保管にＡが費用を支出していたりした場合には，Ａは，賠償金や費用の支払まで乙を留置することができるから〔295条1項〕，その支払までは適法に返還を拒むことができる。また，そのような事情がなく，Ｂの返還請求が単純に認められる場合であっても，*Case 53* では返還の場所は甲土地であると考えられるから〔484条1項参照〕，Ｂが乙を甲土地まで引き取りに行かなければならない点では，Ａの拒絶前と変わらない。ただ，この場合には，拒絶によってＡは乙の不法占有者となり，それに従った効果が生ずることになる）。それに対し，Ａは，甲土地上に乙が存在することを認めたのであるから，もはや甲土地の所有権を乙によって侵害されているとはいえず，物権的妨害排除請求として乙の引取りをＢに求めることはできない。

事 項 索 引

控訴院・高等裁判所・地方裁判所

著者紹介　　佐久間　毅（さくま たけし）
　　　　　　1963年　大阪府に生まれる
　　　　　　1986年　京都大学法学部卒業
　　　　　　現　在　同志社大学大学院司法研究科教授
　　　　　　主　著　代理取引の保護法理（有斐閣，2001年）
　　　　　　　　　　信託法をひもとく（商事法務，2019年）
　　　　　　　　　　民法の基礎1　総則〔第5版〕（有斐閣，2020年）

民法の基礎2　物権〔第3版〕
Elements of Civil Law II ── Property, 3rd ed.

2006年9月30日　初　版第1刷発行　　2023年3月30日　第3版第1刷発行
2019年3月30日　第2版第1刷発行　　2024年1月25日　第3版第2刷発行

著　者　　佐久間　毅
発行者　　江草貞治
発行所　　株式会社有斐閣
　　　　　〒101-0051 東京都千代田区神田神保町2-17
　　　　　https://www.yuhikaku.co.jp/
装　丁　　島田拓史
印刷・製本　　共同印刷工業株式会社

落丁・乱丁本はお取替えいたします。定価はカバーに表示してあります。
©2023, Takeshi Sakuma.
Printed in Japan　ISBN 978-4-641-13898-8